徐复观全集

徐复观全集

两汉思想史

（三）

九州出版社

目 录

中国思想史工作中的考据问题　代序 1

《韩诗外传》的研究 1
　一、中国思想表达的另一方式 1
　二、韩婴及诗教与诗传的问题 6
　三、由《韩诗传》考查各家《诗》说的根源 10
　四、《韩诗传》所关涉到的其他典籍 18
　五、《韩诗传》中的基本思想及其与诸家的关涉 22
　六、《韩诗传》中特出的问题 31

刘向《新序》、《说苑》的研究 46
　一、刘向的家世、时代与生平 46
　二、《新序》、《说苑》的问题 59
　三、《新序》、《说苑》与《韩诗传》 65
　四、与其他典籍之关连 74
　五、刘向的政治思想 87
　六、以士为中心的各种问题 98

《盐铁论》中的政治社会文化问题 108
　一、背景 108

二、辩论的历程、态度及所反映出的社会地位 ……………… 115
三、盐铁专卖政策的形成 ………………………………………… 123
四、两方的政治原则问题 ………………………………………… 127
五、现实上的利害比较 …………………………………………… 133
六、边疆政策的歧见 ……………………………………………… 144
七、辩论中所反映出的社会问题 ………………………………… 159
八、文化背景问题 ………………………………………………… 175

原史——由宗教通向人文的史学的成立 ……………………… 196
一、有关字形正误 ………………………………………………… 196
二、由史的原始职务以释史字的原形原义 ……………………… 199
三、史职由宗教向人文的演进 …………………………………… 203
四、宗教精神与人文精神的交织与交融 ………………………… 211
五、古代史官的特出人物 ………………………………………… 216
六、孔子的学问与史的关系 ……………………………………… 225
七、孔子修《春秋》的意义 ……………………………………… 228
八、孔子学问的性格及对史学的贡献 …………………………… 239
九、《春秋左氏传》若干纠葛的澄清 …………………………… 243
十、左氏"以史传经"的重大意义与成就 ……………………… 252
十一、从史学观点评估《左氏传》 ……………………………… 257
十二、左氏晚年作《国语》，乃所以补《左氏传》所受的限制 ………………………………………………………………… 271

论《史记》 ………………………………………………………… 275
一、前言 …………………………………………………………… 275
二、《太史公行年考》的补正 …………………………………… 277
三、史公的家世、时代与思想 …………………………………… 283

四、史公的史学精神及其作史的目的……………………292

　　五、《史记》构造之一——本纪、世家………………………308

　　六、《史记》构造之二——表…………………………………318

　　七、《史记》构造之三——书及其中的存缺问题……………327

　　八、《史记》构造之四——列传中的若干问题………………351

　　九、《史记》构造之五——立传的选择………………………359

　　十、《史记》构造之六——表现方法上的若干特点…………376

读《〈论史记〉驳议》——敬答施之勉先生……………………397

《史》、《汉》比较研究之一例……………………………………412

　　一、问题的回顾…………………………………………………412

　　二、班氏父子的家世、思想及其著书的目的…………………426

　　三、班氏父子对《史记》的批评………………………………431

　　四、《汉书》之成立历程…………………………………………437

　　五、《史》、《汉》比较之一——纪………………………………440

　　六、《史》、《汉》比较之二——表………………………………451

　　七、《史》、《汉》比较之三——书、志…………………………459

　　八、《史》、《汉》比较之四——传………………………………475

　　九、《史》、《汉》比较之五——文字的比较……………………487

《史记》札记…………………………………………………………498

附　录[①]

帛书老子所反映出的若干问题

"清代汉学"衡论

[①] 编者注：两篇附录按文章性质，现收入《全集》之《中国思想史论集续篇》中。

中国思想史工作中的考据问题　代序

一

兹当《两汉思想史》卷三刊行之际，对自己年来在思想史中所下的考据工夫，应作一解说，因为有朋友曾向我提到此一问题。

我以迟暮之年，开始学术工作，主要是为了抗拒这一时代中许多知识分子过分为了一己名利之私，不惜对中国数千年文化，实质上采取自暴自弃的态度，因而感愤兴起的。我既无现实权势，也无学术地位，只有站在学术的坚强立足点上说出我的意见，才能支持我良心上的要求，接受历史时间的考验。考据不是以态度对态度，而是以证据对证据。这是取得坚强立足点的第一步，也是脱出"此亦一是非，彼亦一是非"的混乱之局的第一步。

一谈到考据，大家会立刻联想到乾嘉学派。以考据为专门之学，的确是出自乾嘉学派。但他们在以汉学打宋学的自设陷阱中，不仅不了解宋学，且亦不了解汉学。更糟的是，他们因反宋学太过，结果反对了学术中的思想，既失掉考据应有的指归，也失掉考据历程中重要的凭借，使考据成为发挥主观意气的工具。这在本书附录上的《"清代汉学"衡论》中已有较详实的陈述。其中在训诂校勘上卓有成就的,又都饾饤零碎,距离思想的层次很远。此种风气,为现代学人所传承,更向古典真伪问题上发展,应当是好现象。但发生影响最大的"古史辨"派,卤莽灭裂,更从文献上增加了中国传统学问的困扰。要从这种困扰中解脱出来,重新奠定学术工作起步的基础,只能出之以更谨慎更精密的考据,破除他们肤浅粗疏甚至是虚伪的考据。否则他们会斥抱有不同意见的人是"游谈无根",因而加以抹煞、讪笑。

乾嘉学派,一直到今天还是一股有力的风气。我留心到,治中国哲学的人,因为不曾在考据上用过一番工夫,遇到考据上已经提出的问题,必然会顺随时风众势,作自己立说的缘饰。例如熊师十力,以推倒一时豪杰的气概,在中国学问上自辟新境。但他瞧不起乾嘉学派,而在骨子里又佩服乾嘉学派,所以他从来不从正面撄此派之锋,而在历史上文献上常提出悬空的想象以作自己立论的根据,成为他著作中最显著的病累。其他因乘风借势,而颠倒中国思想发展之绪的,何可胜数。所以我从《中国人性论史·先秦篇》起,考据工作,首先指向古典真伪问题之上。

二

关于两汉思想,现时一般的说法:陆贾的《新语》、贾谊的《新书》、董仲舒的《春秋繁露》,都是不可信赖的文献;《说苑》则系成书于刘向之前,并非刘向所著。诸如此类,我若不自己下一番考据工夫,要便是把这些著作,从两汉思想中,武断地加以剔除;要便是不考虑异同之见,我行我素地加以阐述。这都不是真正负责的态度。自己下过一番工夫后,凡是他人在证据上可以成立的便心安理得地接受，用不着立异；凡是他人在证据上不能成立的，便心安理得地抛弃，无所谓权威。我每一篇文章中，几乎都作了这种程度不同的努力。对较有关键性的一词一语、一事一物，亦必探索其来源，较量其时代。未曾无批判地接受过传统的说法，也未曾无批判地否定过时人的说法。在证据的打擂台上所得出的结论，这才是可资信赖的结论。若由后起的坚强证据将已得出的结论推翻，这是学术上的进步，我由衷地期待这种进步。

三

在治思想史中言考据，必然地向另外三个层面扩展。一是知人论世的层面。思想史的工作，是把古人的思想，向今人后人，作一种解释的工作。我深深体悟到，解释和解释者的人格，常密切相关，这在当前的中国，表现得最为突出，不必一一举例。由此可以断言，古人的思想，必然与古人的品格、个性、家世、遭遇等，有密切关系。我更深深体悟到，在二十余年的工作中，证明了克罗齐（Croce，一八六六至一九五二年）"只有现代史"的说法。没有五十年代台湾反中国文化的压力，没有六十年代大陆反孔反儒的压力，我可能便找不到了解古人思想的钥匙，甚至我不会作这种艰辛的尝试。江青辈以《盐铁论》为儒法斗争的样板，郭沫若、冯友兰也加入在里面，由厚诬贤良文学以厚诬孔子、儒家，我便在他们的声势煊赫中，写了《〈盐铁论〉中的政治社会文化问题》，彻底解答了此一公案。这是最突出的例子。由此可以断言，古人思想的形成，必然与古人所遭遇的时代有密切关系。上面两种关系，总是纠缠在一起。把这种关系考据清楚，是解释工作的第一步。我每篇文章中，都走了这样的第一步，却走得并不够。

其次，是在历史中探求思想发展演变之迹的层面。不仅思想的内容，都由发展演变而来；内容表现的方式，有时也有发展演变之迹可考。只有能把握到这种发展演变，才能尽到思想史之所谓"史"的责任，才能为每种思想作出公平正确的"定位"。我每篇文章中，在这方面的努力，是非常显然的。这是一种考据，也是考据中的一种重要方法。

第三是以归纳方法从全书中抽出结论的层面。在此一层面中，首先须细读全书，这便把训诂、校勘、版本等问题概括在里面。我不信任没有细读全书所作的抽样工作，更痛恨断章取义、信口雌黄的时代风气。仔细读完一部书，加以条理，加以分析，加以摘抄，加以前后贯通、左右比较，尚且不一定能把握得周到、真切，则随便抽几句话来作演绎的前提，尽量演绎下去，这只能表现个人思辨之功，大概不能算是为学术做了奠基工作。我最多的工夫，常常是花费在这一层面上，这是古人所易，却为今人所难的。虽然如此，我的著作，便可全资信赖吗？决不敢这样讲。所以我总是希望读者能由我的文章引起亲读原典的兴趣。但要得到可信赖的结论，我所提出的考据工作总是值得参考的。

《韩诗外传》的研究

一、中国思想表达的另一方式

由先秦以及西汉，思想家表达自己的思想，概略言之，有两种方式。一种方式，或者可以说是属于《论语》、《老子》的系统。把自己的思想，主要用自己的语言表达出来，赋予概念性的说明。这是最常见的诸子百家所用的方式。另一种方式，或者可以说是属于《春秋》的系统。把自己的思想，主要用古人的言行表达出来；通过古人的言行，作自己思想得以成立的根据。这是诸子百家用作表达的一种特殊方式。

孔子作《春秋》的意义，可以说至孟子而大明。《孟子·滕文公下》："世衰道微，邪说暴行有作。臣弑其君者有之，子弑其父者有之。孔子惧，作《春秋》。《春秋》，天子之事也。是故孔子曰，知我者其惟《春秋》乎？罪我者其惟《春秋》乎？"孔子行褒贬于二百四十二年历史之中，代替礼废乐坏后的周天子的赏罚，想以此来建立人类行为的大标准，所以说"《春秋》，天子之事也"。这是就孔子担当人类历史命运的大纲维来说的。《离娄下》："孟子曰，王者之迹息而《诗》亡；《诗》亡然后《春秋》作。晋之《乘》，楚之《梼杌》，鲁之《春秋》，一也。其事则齐桓晋文，其文则史。孔子曰，其义，则丘窃取之矣。"这是就孔子把自己的思想（义），具体化于历史判断之中，使一般人能易于领受来说的。孟子的两段话，其意义本互相通贯，但后者更扩散而给诸子百家以广大的影响。

董仲舒《春秋繁露·俞序》第十七："仲尼之作《春秋》也……引史记，理往事，正是非，序王公。史记十二公之间，皆衰世之事，故门人惑。孔子曰，吾因其行事，而加乎王心焉。以为见之空言，不如行事博深切明。"司马迁《史记·自序》对此加以引述说："余闻董生曰，周道衰废……孔子知言之不用，道之不行也，是非二百四十二年之中，以为天下仪表。贬天子，退诸侯，讨大夫，以达王事而已矣。子曰，我欲载之空言，不如见之于行事之深切著明也。"载之"空言"，是把自己的思想，诉之于概念性、抽象性的语言。用近代的术语，这是哲学家的语言。"见之于行事"，是把自己的思想，通过具体的前言往行的重现，使读者由此种重现以反省其意义与是非得失。用近代术语说，这是史学家的语言。哲学家的语言，是把自己的思想，凭抽象的概念，构成一种理论，直接加之于读者的身上；读者须通过自己的思考能力，始可与哲学家的理论相应。而相应以后，由理论落实到行为上，还有一段距离。历史家的语言，则是凭具体的历史故事，以说向具体的人。此时读者不是直接听取作者的理论，而是具体的人与具体的人直接接触，读者可凭直感而不须凭思考之力，即可加以领受。并且，此时的领受，是由"历史人"的言行，直接与"现存人"的言行，两相照应，对读者可当下发生直接作用。也可以说，这是由古人行为的成效以显示人类行为的规范，不须要有很高的文化水准，便可以领受得到的。一部伟大的小说所发生的社会性的影响，必大于一部伟大的哲学著作；因为哲学著作是"空言"，而小说则诉之于小说家所塑造的具象化的人物的"行事"。由此可以了解董氏所说的孔子用《春秋》这一方式所显示的意义。卡西勒（E. Cassirer，一八七四年七月二八日至一九四五年五月十三日）在他所著的《人论》（An Essay on Man）第十章《历史》，以下面的一段话作结：

> 没有历史，我们便看不出在此有机体的进化中的根本的连结。
> 艺术与历史，为我们探求人性的最有力的工具。若没有这两种知识的源泉，我们对于人会知道什么呢？……我们可以作心理学的实验，或搜集统计的事实。然而由这些客观方法所得的人间像，常常是无力的，没有色彩的；我们仅能看出"平均的"人间，作日常实际活动及社会交涉的人间。在历史及艺术的伟大业绩里面，我们才能在习惯性的人间的假面背后，看出真正的人格的人间之姿……诗不是模写单纯的自然，历史不是死的事实或事件的故事。历史与诗，同样是我们了解自己的研究方法，为了作成人的世界所不可缺少的工具。①

两千多年后卡西勒所说的话，可以与两千多年前董氏所说的孔子作《春秋》的意义，互相印证。

孔子以作《春秋》的方式，表达他对人类的理想、要求以后，

---

① 日本宫城音弥日译本页二九二至二九三，岩波书店出版。

到战国中期以后的诸子百家,发生了重大影响。《史记·十二诸侯年表》序:

> 是以孔子明王道,干七十余君,莫能用,故西观周室,论史记旧闻,兴于鲁而次《春秋》。上起隐,下至哀之获麟,约其文辞,去其烦重,以制义法,王道备,人事浃。七十子之徒,口受其传指,为有所刺讥褒讳挹损之文辞,不可以书见也。鲁君子左丘明,惧弟子人人异端,各安其意,失其真,故因孔子史记,具论其语,成《左氏春秋》。铎椒为楚威王傅,为王不能尽观《春秋》,采取成败,卒四十章,为《铎氏微》。赵孝成王时,其相虞卿,上采《春秋》,下观近世,亦著八篇,为《虞氏春秋》。吕不韦者,秦庄襄王相,亦上观尚古,删拾《春秋》,集六国时事,以为八览、六论、十二纪,为《吕氏春秋》。及如荀卿、孟子、公孙固、韩非之徒,各往往捃摭《春秋》之文以著书,不可胜纪。

孔子据鲁史记以作《春秋》,因年月首尾完具,除"取其义"外,更有史学的重大意义。上述诸人"捃摭《春秋》之文以著书",乃偏在"取其义"的方面,不一定有史学的意义。《孟子》采用此种方式不多;《荀子》采用此一方式的比率,则较《孟子》为重。尤其是疑成于荀卿弟子之手的《大略》、《宥坐》等六篇,更为《韩诗外传》所承继。

以抽象性的语言表达思想,其语言可以概括的范围较大,其中的夹杂性较少,因而富有条贯性与明确性。所谓"理论"、"原理"、"原则",即由此种语言所构成。所以即使以《春秋》的方式表达思想，亦不能排除抽象性的语言。《公羊传》、《穀梁传》，即是借助于此种语言以释明"行事"所含的意义。《韩非子》在《解老》篇以前，抽象性的语言重于故事。自《喻老》篇起，则故事重于抽象性的语言。《说林》上、下，则全由故事所构成。而《内储》、《外储》，则有计划地以简单的抽象语言，提挈后面的故事；以后面的故事，证明前面抽象的语言。大约成书与《韩非子》相先后的《晏子春秋》，则主要由晏子的故事以构成全书的结构。《吕氏春秋》十二纪，除纪首外，每纪安排有四篇文章；这四篇文章的前两篇，以理论的陈述为主，而以历史故事，为理论的证明。但在第三、第四篇，则历史故事的成分比重加大。八览、六论，则几乎是以历史故事为主。一个人，想把自己的体验与观察构成理论，必须经过抽象思辨的历程，始能用语言表达出来。但由周初所开始的人文精神，认为人的行为决定一切，所以偏重在行为实践上用心，不向抽象思辨方面去发展。古典中，凡是言与行对举时，总是重行而压低言在人生中的意味，这在《论语》中最为明显。所以在以抽象言语表达思想时，也不像希腊系统的哲人样，穷思辨之所至，以构成理论的格局。但此种格局愈高大愈深邃，其离具体的人生、社会也愈远。中国在这方面，有如《荀子》、《吕氏春秋》等，则使抽象语言与具体事例，取得均衡的地位，而不让其偏向抽象思辨的方面发展。《韩非子·解老》篇，以抽象的语言解释《老子》的思想内容；《喻老》篇，则以具体的事例晓喻《老子》思想的功用。《淮南子》多以抽象而又带有描绘性的语言阐明《老子》之所谓道，但在《道应训》中则以具体的事例陈述道的应验，这恐受有韩非的影响。所有这些以故事为主的著作体裁，与起于南北朝时代的汇书的性质不同，汇书只是按类抄录，以为写文章时铺辞摛藻之资，在抄录的后面，没有思想性的活动。而先秦的这种体裁，乃是想加强思想在现实上的功用性与通俗性，尤其是想加强对统治集团的说服力。西汉著作，除扬雄的《太玄》、《法言》①外，几无一不受此种体裁的影响，其中最为突出的则是韩婴的《韩诗外传》。②而刘向的《新序》、《说苑》、《列女传》，则又是承《韩诗外传》之风而兴起的。

二、韩婴及诗教与诗传的问题

《汉书·儒林传》：

> 韩婴，燕人也。孝文时为博士，景帝时至常山太傅。婴推诗人之意而作内、外《传》数万言。其语颇与齐、鲁间殊，然归一也。淮南贲生受之。燕、赵间言《诗》由韩生。韩生亦以《易》授人，推《易》意而为之传。燕、赵间好《诗》，故其《易》微，唯韩氏自传之。武帝时，婴常与董仲舒论于上前，其人精悍，处事分明，仲舒不能难也。后其孙商为博士。孝宣时涿郡韩生其后也，以《易》征，待诏殿中，曰，所受《易》，即先太傅所传也。尝受《韩诗》，不如韩氏《易》深，太傅故专传之。司隶校尉盖宽饶，本受《易》于孟喜；见涿韩生说《易》而好之，即更从受焉。
>
> 赵子，河内人也。事燕韩生，授同郡蔡谊。谊至丞相，

---

① 《法言》中所陈述的许多故事，乃扬氏表现他对历史的看法，其用意与由事以明理者不同。
② 本文用《畿辅丛书》新安周廷寀校注本。

自有传。谊授同郡食子公与王吉。吉为昌邑中尉，自有传。食生为博士，授泰山栗丰。吉授淄川长孙顺。顺为博士，丰部刺史。由是《韩诗》有王、食、长孙之学。丰授山阳张就，顺授东海发福，皆至大官，徒众尤盛。

《汉书·艺文志·六艺略·易》下录有《韩氏》二篇（亡）。《诗》下录有《韩故》三十六卷（亡），《韩内传》四卷（亡），《韩外传》六卷，《韩说》四十一卷（亡）。按班氏《序》，谓："汉兴，鲁申公为《诗》训故，而齐辕固、燕韩生皆为之传，或取《春秋》，采杂说，咸非其本义。与不得已，鲁最为近之。"据此，则韩婴所著者仅有内、外《传》。《韩故》、《韩说》，殆皆其孙韩商为博士时所集录。韩婴在文帝时为博士，鲁申公与楚元王之子郢，在吕后时同事浮丘伯；而辕固生在景帝时为博士，是韩的年辈，在鲁申公齐辕固生之上，而与荀卿弟子浮丘伯的年辈相先后。他在《外传》中共引用《荀子》凡五十四次，其深受荀子影响，可无疑问。即《外传》表达的形式，除继承《春秋》以事明义的传统外，更将所述之事与《诗》结合起来，而成为事与诗的结合，实即史与诗互相证成的特殊形式，亦由《荀子》发展而来。由春秋贤士大夫的赋诗言志，以及由《论语》所见之诗教，可以了解所谓"兴于诗"[①]的兴，乃由《诗》所蕴蓄之感情的感发，而将《诗》由原有的意味，引申成为象征性的意味。象征的意味，是由原有的意味，扩散浮升而成为另一精神境界。此时《诗》的意味，便较原有的意味为广为高为灵活，可自由进入到领受者的精神领域，而与其当

[①]《论语·泰伯》。

下的情景相应。尽管当下的情景与《诗》中的情景，有很大的距离。此时《诗》已突破了字句训诂的拘束，反射出领受者的心情，以代替了由训诂而来的意味。试就《论语》孔子许子贡、子夏可与言《诗》的地方加以体悟，[①]应即可以了然于人受到《诗》的感发的同时，《诗》即成为象征意味之诗的所谓"诗教"。此时的象征意味与原有的意味的关联，成为若有若无的状态，甚至与之不甚相干。

历史的特性，是一个人，一件事，绝不会再度呈现。由此可以了解，孔子作《春秋》以为百世法，此时《春秋》中人物的言行，亦必破除其特定的时间空间与具体人物个性的限制，而把其中所蕴含的人的本质与事的基义，呈现出来，使其保有某种的普遍性、妥当性。于是历史上具体的人与事，此时亦成为此普遍性与妥当性的一种象征。此虽较诗的象征为质实，但在领受者的精神领域中，都是以其象征的意味而发生作用，则是一致的。这样便开了由荀子到《韩诗外传》的诗与史相结合的表现方式。

《荀子·劝学》篇第一的头三段，皆引《诗》作结；第四段则以《诗》作结时，在诗后加一句"此之谓也"。此后大体上成为荀子引《诗》的格式。《修身》篇用此格式者三，《不苟》篇三引《诗》，其中用上述格式者二。此后各篇，或多或少，率有此种引《诗》的格式。此格式的意义，认为他所说的道理及所引的故

[①]《论语》"子贡曰：'贫而无谄，富而无骄，何如？'曰：'可也，未若贫而乐，富而好礼者也。'子贡曰：《诗》云，如切如磋，如琢如磨，其斯之谓与？'子曰：'赐也始可与言《诗》已矣，告诸往，而知来者。'"（《学而》）"子夏问曰：'巧笑倩兮，美目盼兮，素以为绚兮，何谓也？'子曰：'绘事后素。'曰：'礼后乎？'子曰：'起予者，商也。始可与言《诗》已矣。'"（《八佾》）

事，皆为他所引的两句或四句《诗》所涵摄，此时诗的意味的象征化，自不待论。到了《韩诗外传》，未引《诗》作结者仅二十八处；[①]而此二十八处，可推定为文字的残缺。其引《诗》作结时，也多援用荀子所用的格式。西汉附丽于经之所谓传，皆所以发明经的微言大义。由此可以了解，《韩诗外传》，乃韩婴以前言往行的故事，发明《诗》的微言大义之书。此时《诗》与故事的结合，皆是象征层次上的结合。《左传·襄公二十八年》卢蒲癸谓"赋诗断章"，郑康成谓诗有正义，有旁义。断章，旁义，以今语表达，即是诗的象征的意义。《汉志》谓"咸非其本义"，韩氏乃直承孔门"诗教"，并不否定其本义，但不仅在本义上说诗，使诗发挥更大的教育意义。《汉志》带批评性的话，对韩氏乃至对齐辕固生而言，实没有什么意义。因为鲁申公未为诗作传，而仅为之作故训，则就诗的文义以言诗，所以"惟鲁为近之"；这都是由用心的不同，而立言因之异体，无关于三家的得失。

问题是，在《汉志》的《韩诗内传》四卷，《隋书·经籍志》已未见著录；而《汉志》上的《外传》六卷，在《隋志》则成为十卷；虽流传唐宋间，字句不免有残缺，但今日仍能看到十卷的面貌。而《内传》四卷亡佚，早成定论。于是自王应麟起，不少人作了辑佚的工作。但近人杨树达氏，则以为《内传》已附合于《外传》，并未曾亡佚。他在所著《汉书窥管·艺文志》第十中谓"愚谓《内传》四卷，实在今本《外传》之中。《班志》《内传》四卷，《外传》六卷，其合数恰与今本十卷相合。今本《外传》第五

[①] 梁章钜《退庵笔记》："今本非唐宋之旧，书中未引诗词者凡二十八处。又……凡五条今本所无，则阙文脱简，均所不免。"

《韩诗外传》的研究

卷首章为'子夏问曰,《关雎》何以为国风始'云云,此实为原本《外传》首卷之首章。盖内、外《传》同是依经推演之词,故后为人合并,而犹留此痕迹耳。《隋志》有《外传》十卷而无《内传》,知其合并在隋以前矣。近人辑《韩诗》者皆以训诂之文为《内传》,意谓内、外《传》当有别,不知彼乃《韩故》之文,非《内传》文也"。按《韩非子》之《内储说》、《外储说》,及《晏子春秋》之《内篇》、《外篇》,在性质与形式上,并无分别。以意推之,或者先成的部分,称之为内;补写的部分,便称之为外。所谓内外者,不过仅指写成的先后次序而言。据《儒林传》"婴推诗人之意而作内、外《传》数万言"的话加以推测,《韩诗》内、外《传》,在性质上完全相同。且就今日十卷的字数合计,约五万字左右,也与"数万言"者相合。前四卷共引《荀子》者三十一,后六卷共引《荀子》者二十三。或者可由此推证他在先写前四卷时,受《荀子》的影响较大;而补写后六卷时,因学问的增益,受《荀子》的影响较小。综合地看,杨氏谓《内传》在隋以前合并于《外传》之中的说法,是可以成立的。惟他以卷五首言《关雎》,以作此是原《外传》首卷之证,则不必如此拘泥;盖卷一乃首引《召南·采蘩》;而全书引《诗》,并未按《诗》的先后次序。内、外《传》合并后,应正名为《韩诗传》;编《隋志》的人,只援用未合并以前《汉志》名称之一,遂引起不少误解。本文后面,即概称为《韩诗传》。

三、由《韩诗传》考查各家《诗》说的根源

皮锡瑞《经学通论》二"论《诗》有正义有旁义,即古义亦

未可尽信"条："《史记》载三家，以申培、辕固、韩婴为初祖；而三家传自何人，授受已不能详。三家所以各成一家，异同亦无可考。"按镂板盛行以后，同一典籍，在版本上尚有异同。由此可以推知，在先秦以逮汉初，典籍因传抄的分布流传，而文字上有所出入，有如帛书《老子》甲本乙本的情形，乃意料中事。至于训诂上的不一致，即五经博士成立以后，同说一经，博士间亦不能无异说。所以三家《诗》在传本上文字训诂的小有异同，决不能成为分门立户，各成一家的根据。皮氏论《诗经》，主要在说明三家《诗》皆有《诗序》，而《诗序》"同出一原"，其论证皆可成立。惟其用意则在联合三家为同一阵线，以加强对《毛诗》的贬抑，则出自清代今文家的成见陋见，此处不必辩难。这里所要首先指出的是，在《韩诗传》中，韩氏也有就诗的本义以言诗义的。以象征意义言诗，各家可以不同；就本义以言诗，鲁、齐、韩、毛四家，并无可以分门立户的畛域。《韩诗传》卷一：

　　传曰，夫行露之人许嫁矣，然而未往也。见一物不具，一礼不备，守节贞理，守死不往，君子以为得妇道之宜，故举而传之，扬而歌之，以绝无道之求，防污道之行乎。《诗》曰，虽速我讼，亦不尔从。

按此处对《召南·行露》诗的解释，与刘向《列女传》四"召南申女"条，文字有详略之不同（《韩传》略而《列女传》详），但内容则完全一致。而韩氏此处先用"传曰"，以见此种解释，系本于先已存在的诗传。此诗传刘向尚能看到，所以抄录得较韩氏为详细。《列女传》："召南申女者，申人之女也。既许嫁于酆，夫家礼不备而欲迎之……夫家轻礼违制，不可以行，遂不肯往，夫家讼之于理，致之于狱，女终以一物不具，一礼不备，守节持义，必死不往，而作诗曰……君子以为得妇道之仪，故举而扬之，传而法之，以绝无礼之求，防淫欲之行焉。又曰'虽速我讼，亦不女从'，此之谓也"。此处的"召南申女"，不可能是刘向随意加上去的，当为韩氏所引的"传曰"所固有；特韩氏引用时加以删节，此乃汉人引书常例。一般人认为刘向习《鲁诗》。《鲁诗》之名，起于申公；申公年辈后于韩氏；且《鲁诗》有"故"而无传，乃《儒林传》所明言，《艺文志》所录者可以互证。是刘向所习的《鲁诗》，与《韩传》乃同一来源。因此，我推测，先秦本有一叙述《诗》本事并发挥其大义之"传"，为汉初诸家所共同祖述，而不应强分属于某一家。《毛诗·小序》："《行露》，召伯听讼也。衰乱之俗微，贞信之教兴，强暴之男，不能侵陵贞女也。"《小序》以此诗为"召伯听讼"，盖承顺上面《甘棠》一诗而言；《毛传》更因此认为"此殷之末世，周之盛德，当文王与纣之时"，这是都不可信的。但对诗内容的解释，与韩氏所引"传曰"，则并无不同。意者《诗序》与三家所本者，亦为同一根源；毛公在此同一根源上作了删节修润的工作，以成今日所能看到的《诗序》。推《诗序》之所自来，一定说是出于子夏，本可启后人之疑。但在战国中期前后，孔门后学，集录孔门言《诗》者以为传，有如传《礼》、传《易》的情形，而为三家及《毛诗》所共同祖述，应当是合理的。王先谦《诗三家义集疏》，对三家《诗》既妄分门户，引刘向所著《新序》、《说苑》、《列女传》及其他文字引用及《诗》的，以属于《鲁诗》；又展转迂曲附会，以立《齐诗》，使与《韩诗》并立。一若其上更无共同的根据，实不可信。又《召南·甘棠》：

昔者周道之盛，邵伯在朝，有司请营邵以居。邵伯曰，嗟，以吾一身而劳百姓，此非吾先君文王之志也。于是出而就蒸庶于阡陌陇亩之间，而听断焉。邵伯暴处远野，庐于树下，百姓大悦，耕桑者倍力以劝。于是岁大稔，民给家足。其后在位者骄奢，不恤元元，税赋繁数，百姓困乏，耕桑失时，于是诗人见召伯之所休息树下，美而歌之。诗曰"蔽芾甘棠，勿剪勿伐，召伯所茇"，此之谓也。（卷一）

按此诗王先谦所谓"鲁说"、"齐说"，因征引者使用之便利，与《韩传》仅有文字之不同，内容则完全一致。《毛诗序》："《甘棠》，美召伯也。召伯之教，明于南国。"《毛传》："召伯，姬姓，名奭，食采于召，作上公，为二伯。后封于燕。此美其为伯之功，故言伯云。"郑《笺》："召伯听男女之讼，不重烦劳百姓，止舍小棠之下，而听断焉。国人被其德，说其化，思其人，敬其树。"把序、传、笺合在一起，与《韩传》所述者并无二致。并由此可以了解删定原始的《诗传》以成《诗序》的人，在文字上力求简括，并非另有所本。所以周廷寀《校注》，亦谓《毛传》"与韩传义同"。又，《鄘·载驰》：①

　　高子问于孟子曰，夫嫁娶者非己所自亲也，卫女何以得编于《诗》也？孟子曰，有卫女之志则可，无卫女之志则怠……夫道二，常之谓经，变之谓权。怀其常道而挟

---

① 按周廷寀引《毛诗序》云，《柏舟》，共姜自誓也……则韩与《毛诗》同义也"；又谓"此卫女不知是《诗》何篇，所引载驰，不可谓即指此"，实大误。

其变权,乃得为贤。夫卫女行中孝,虑中圣,权如之何。《诗》曰,既不我嘉,不能旋返。视尔不臧,我思不远。(卷二)

王先谦引《列女传》卷三:"许穆夫人者,卫懿公之女,许穆公之夫人也。初许求之,齐亦求之,懿公将与许。女因其傅母而言曰:'古者诸侯之有女子也,所以苞苴玩弄,系援于大国也。言今者许小而远,齐大而近……如使边境有寇戎之事,维是四方之故,赴告大国,妾在不犹愈乎。今舍近而就远,离大而附小,一旦有车驰之难,孰可与虑社稷?'卫侯不听,而嫁之于许。其后狄人攻卫,大破之,而许不能救……许夫人驰驱而吊唁卫侯,因疾之而作诗云……"《韩传》之所谓"非己所自亲也",而许卫女能行权,正指卫女主张嫁齐而言。王氏所引齐说,与《韩传》、《列女传》同。《毛诗序》:"《载驰》,许穆夫人作也。闵其宗国颠覆,自伤不能救也。卫懿公为狄人所灭,国人分散,露于漕邑。许夫人闵卫之亡,伤许之小,力不能救,思归唁其兄,又义不得,故赋是诗也。"《韩传》重在知权,故就卫女在选嫁时为卫国利害计所作之主张以立言。《诗序》则欲切就诗之内容,故仅述卫为狄所灭时许夫人吊唁卫侯之心境,而略其选嫁时之一段。《列女传》则将故事作比较完整之抄录。要皆同出一源,可无疑问。又:

子夏读诗已毕,夫子问曰,尔亦可言于诗矣。子夏对曰,诗之于事也,昭昭乎若日月之光明,燎燎乎如星辰之错行。上有尧舜之道,下有三王之义。弟子有所受于夫子者，志之于心①不敢忘。虽居蓬户之中，弹琴以咏先王之风，有人亦乐之，无人亦乐之，亦可发愤忘食矣。诗曰，衡门之下，可以栖迟。泌之洋洋，可以乐饥。夫子造然变容曰，嘻，吾子始可以言诗已矣。然子以（已）见其表，未见其里。颜渊曰，其表已见，其里又何有哉？孔子曰，窥其门，不入其中，安知其奥藏之所在乎？然藏又非难也。丘尝悉心尽志，已（以）入其中，前有高岸，后有深谷，泠泠然如此，既立而已矣。不能见其里，未谓精微者也。（卷二）

上一段，《孔丛子·论书》第二及《尚书大传》，皆谓孔子与子夏所言者乃读《书》（《尚书》）的情形；《韩传》除文字有异同外，多出"《诗》曰"、"颜渊曰"数句。就内容言，虽言《书》言《诗》，皆无不可；但就子夏自述其因有所得而生命升华的状态言，则以言《诗》为切。盖各有传承，并非《韩诗》袭《孔丛子》而加以窜改。《尚书大传》成书，乃出自伏生的后学，更在《韩传》之后。由此一故事及下面所录之故事，也未尝不可谓《韩诗》系出于子夏，与《毛诗》自谓出于子夏者正合。此亦可作四家同出一源之证。

子夏问曰，《关雎》何以为国风始也？孔子曰，《关雎》至矣乎。夫《关雎》之人，仰则天，俯则地。幽幽冥冥，德之所藏。纷纷沸沸，道之所行。虽（如）神龙变化，斐斐文章，大哉《关雎》之道也，万物之所系，群生之所悬命

---

① "有所受……"十一字依赵怀玉校本补。

也。河洛出《书》《图》,麟凤翔乎郊。不由《关雎》之至(道),则《关雎》之事,将奚由至矣哉。夫六经之策,皆归论汲汲,盖取之乎《关雎》。《关雎》之事大矣哉。冯冯翊翊,自东自西,自南自北,无思不服;子其勉强之,思服之。天地之间,生民之属,王道之原,不外乎此矣。子夏喟然叹曰,大哉《关雎》,乃天地之基也。《诗》曰,钟鼓乐之。(卷五)

按此处所述,乃由表至里,尽其精微的诗教之一例。由男女真而且正的感情,结合而为夫妇,这是由个人构成家庭社会的基点。在此一基点上,有琴瑟钟鼓之乐,由此而呈现出真正"人的社会",便是天地位、万物育的气象。"王道"乃实现"人道",使人能过着个体与群体得到谐和向上的生活的政治。《关雎》为王化之原,正在此等处领取。《毛诗序》"《关雎》,后妃之德也,风之始也,所以风天下而正夫妇也,故用之乡人焉,用之邦国焉(按此言其义通于上下,故歌亦通于上下)","故正得失,动天地,感鬼神,莫近于诗。先王以是经夫妇,成孝敬,厚人伦,美教化,移风俗","然则《关雎》、《麟趾》之化,王者之风……《周南》、《召南》,正始之道,王化之基。是以《关雎》乐得淑女以配君子,忧在进贤,不淫其色,哀窈窕,思贤才,而无伤善之心焉,是《关雎》之义也"。《毛诗序》与《韩传》,在内容上完全是一致的。至《史记·十二诸侯年表》序"周道缺,诗人本之衽席,《关雎》作",《儒林列传》序谓"周室衰而《关雎》作",扬雄《法言·至孝》篇"周康之时,颂声作乎下,《关雎》作乎上,习治也",《后汉书·皇后纪》序"康王晚朝,《关雎》作讽",《杨赐列传》"康

16　　两汉思想史(三)

王一朝晏起,《关雎》见机而作",历来注者皆谓此为出自《鲁诗》,实亦无确据。谓《关雎》为因康王晏起而作,乃就作诗时的本事以言;而《毛诗》、《韩传》,则意在发挥诗的本义。本事起于康王之晏起;本义则发于孔子及其门人。诗人追咏《关雎》之德,亦以《关雎》之德,乃王道之原,康王应以此为法。故两者之不同,乃在所指谓的重点不同,对《关雎》的重大意义并无二致。王先谦引为齐说的"孔子论诗,以《关雎》为始……此纲纪之首,王教之端也"云云,与《韩传》、《毛诗》亦相符合。又:

诗曰,恺悌君子,民之父母。君子为民父母何如?曰,君子者貌恭而行肆,身俭而施博,故不肖者不能逮也。……笃爱而不夺,厚施而不伐。见人有善,欣然乐之。见人不善,惕然掩之……授衣以最,授食以多。法下易由,事寡易为,是以中立而为人父母也……(卷六)

按上所引者,乃《大雅·泂酌》诗的两句。《毛传》"乐以强教之,易以悦安之,民皆有父之尊,有母之亲",此乃以"乐""易"两字释"岂(恺)弟(悌)",即顺"岂弟"两字以释其义。《韩传》则推广君子之道(即君道)以言之,基本的意义是一致的。又:

……若申伯、仲山甫,可谓救世矣。昔者周德大衰,道废于厉。申伯、仲山甫辅相宣王,拨乱世反之正,天下略振,宗庙复兴。申伯、仲山甫,乃并顺天下,匡救邪失,喻德教,举遗士,海内翕然向风,故百姓勃然咏宣王之德。诗曰,周邦咸喜,戎有良翰;又曰,邦国若否,仲山甫明之。既明且哲，以保其身。夙夜匪懈，以事一人。如是可谓救世矣（卷八）。

按上引两诗，一为《大雅》的《崧高》，一为《大雅》的《烝民》。《崧高诗序》："崧高，尹吉甫美宣王也。天下复平，能建国亲诸侯，褒赏申伯焉。"《烝民诗序》："烝民，尹吉甫美宣王也。任贤使能，周室中兴焉。"《诗序》谓此两诗为尹吉甫所作，《韩传》则谓"故百姓勃然咏宣王之德"，似有不同。然可解释为尹吉甫因百姓勃然咏宣王之德，乃总百姓之意而作此两诗；而其所以咏宣王之德，乃因宣王褒赏申伯、仲山甫有救世之功。《韩传》探其本，《诗序》述其成。《诗序》、《韩传》，在基本上仍是一致的。另一问题是，就全传八引《商颂·长发》"汤降不迟，圣敬日跻"之句的叮咛郑重的情形来观察，说韩婴主张《商颂》是歌颂宋襄公的诗，是很难令人置信的。

四、《韩诗传》所关涉到的其他典籍

在这里，顺便谈到《韩诗传》中引用到与经学史有关的其他典籍。《汉书·儒林传》："韩婴推《易》意而为之传，《韩诗》不如《韩氏易》深。"《汉志·易》下著有"《韩氏》二篇"，班固注"名婴"。早亡。马国翰《周易子夏传·辑佚序》谓："王俭《七志》引刘向《七略》云，《易传》子夏，韩氏婴也。荀勖《中经簿》云，《子夏传》四卷，或云丁宽所作。张璠云，或馯臂子弓所作，薛虞记……盖此书自馯臂传之，至丁宽韩婴得而修之，载入己书中……诸儒所指伪《子夏传》，乃此十卷后出之本（按指《国史志》、《中兴书目》所著录的十卷），非二卷残出之本也。"于是他所辑的《周易子夏传》、《丁氏传》、《韩氏传》，内容完全相同，殆全出傅会。《韩氏易传》的情形，以《诗传》的情形推之，盖仍在引申《易》的大义，以表达自己的思想。而班氏谓《易传》较《诗传》为深，是《易传》更能代表韩婴的根本思想。《汉书》七十七《盖宽饶传》："是时上（宣帝）方用刑法，信任中尚书宦官。宽饶奏封事曰：'方今圣道浸废，儒术不行。以刑余为周召，以法律为《诗》、《书》。'又引《韩氏易传》言：'五帝官天下，三王家天下；家以传子，官以传贤。若四时之运，功成者去。不得其人，则不居其位。'"由此可知《韩氏易传》之深，乃在于《易传》中发挥了战国末期盛行于儒家中的天下为公的思想。其《易传》所以传习者少的真正原因在此。

《韩诗传》中大约有八次引用到《易》。卷三述"周公践天子之位七年"中各种虚己下士的情形，接着并告诫伯禽说：

吾于天下亦不轻矣。然一沐三握发，一饭三吐哺，犹恐失天下之士。吾闻德行宽裕，守之以恭者荣。土地广大，守之以俭者安。禄位尊盛，守之以卑者贵。人众兵强，守之以畏者胜。聪明睿智，守之以愚者善。博闻强记，守之以浅者智。夫此六者皆谦德也。夫贵为天子，富有四海，由此德也。不谦而失天下亡其身者桀纣是也。可不慎欤。故《易》有一道，大足以守天下，中足以守其国家，近足以守其身，谦之谓也。夫天道亏盈而益谦，地道变盈而流谦，鬼神害盈而福谦，人道恶盈而好谦。是以衣成则必缺衽，宫成则必缺隅，屋成则必加拙，示不成者，天道然也。

《易》曰，谦亨，君子有终吉。《诗》曰，汤降不迟，圣敬日跻。戒之哉，其无以鲁国骄士也。（卷三）

上面这段话是发挥《谦卦》大义的。卷八"孔子曰，《易》先《同人》，后《大有》，承之以《谦》，不亦可乎……五帝既没，三王既衰，能行谦德者其惟周公乎"一段，内容与上面所引者略同。又：

《易》曰，困于石，据于蒺藜。入于其宫，不见其妻，凶。此言困而不见据贤人者也。昔者秦穆公困于殽，疾据五羖大夫、蹇叔、公孙支，而小霸。晋文公困于骊氏，疾据咎犯、赵衰、介子推而遂为君。越王勾践困于会稽，疾据范蠡、大夫种，而霸南国。齐桓公困于长勺，疾据管仲、宁戚、隰朋，而匡天下。此皆困而知疾据贤人者也。夫困而不知疾据贤人而不亡者，未尝有之也。《诗》曰，人之云亡，邦国殄瘁，无善人之谓也。（卷六）

上引三段，虽皆引诗作结，而列入《诗传》，但也未尝不可由此以窥见他的《易传》的情形。我推测，这三段，可能是他的《易传》、《诗传》都有的。至于他特别援周公以强调《谦卦》的意义，应当是和他充任太傅，教导骄王有关系。他引周公之言中，加"夫天道亏盈而益谦"数语，出于《谦》之《象传》。引孔子之言中"《易》先《同人》，后《大有》"数语，取自《序卦》；其皆非出自周公、孔子，固甚明显。然此两故事，必已见于先秦典籍，韩氏乃得而引之。故不仅由此可以推论《象传》成篇甚早，即《序卦》

两汉思想史（三）

亦必成篇于战国中期以后，末期以前，乃得援引傅会，以为孔子之言。故凡谓《说卦》、《序卦》成于汉初者皆妄。卷二"孔子曰，口欲味，心欲佚，教之以仁……《易》曰，艮其限，列其夤，厉薰心；《诗》曰，吁嗟女兮，无与士耽。皆防邪禁佚，调和心志"，卷八"齐崔杼弑庄公，荆蒯芮使晋而反"一段，引"《诗》曰，夙夜匪懈，以事一人"以美荆蒯芮的"守节死义"，引"《易》曰，不恒其德，或承之羞"，以叹荆之仆夫为荆而死，又与卷八"官怠于有成，病加于小愈，祸生于懈怠，孝衰于妻子。察此四者，慎终如始。《易》曰，小狐汔济，濡其尾。《诗》曰，靡不有初，鲜克有终"的一段合在一起看，可证明韩氏乃融贯《诗》、《易》之义以期达到教育的目的。而韩氏所言《易》义，皆与《易传》相符合，毫无以象数卦气言《易》的痕迹，由此可以窥见汉初易学的本来面貌。

其次值得我们注意的是：《韩诗传》中两引《左传》，[①]两引《公羊》，[②]两引《穀梁》。[③]至文字上的出入，因竹简繁重，不便检阅，乃汉人引书常例。由此可知《春秋》三传，在汉初皆自由传习，毫无家法的限制。

此外，《书》则一引《盘庚》，一引《无逸》；《礼记》则两引

[①] 卷三"楚庄王寝疾，卜之曰，河为祟"条，见《左传·哀公六年》；惟"庄王"作"昭王"；而《韩传》引"孔子曰"，切合楚庄王；《左传》引孔子曰则切合楚昭王。又"传曰，宋大水，鲁人吊之曰，天降淫雨"条，见《左传·庄公十一年》。惟《韩传》"孔子闻之曰"，《左传》作"臧文仲曰"。
[②] 卷二"楚庄王围宋，有七日之粮"条，见宣公十五年《公羊传》。卷六"楚庄王伐郑"条，见宣公十二年《公羊传》。
[③] 卷八"一谷不升谓之嗛"条，见襄公二十四年《穀梁传》。"梁山崩"条，见成公五年《穀梁传》。

《韩诗外传》的研究

《檀弓》（卷一"鲁公甫文伯死"及卷七"正直者顺道而行"条），二引《学记》（卷三"剑虽利，不厉不断"条，及"凡学之道"条），一引《孔子闲居》（卷五"天有四时，春夏秋冬"条），一引《表记》（卷十"君子温俭以求于仁"条）；《大戴记》一引《本命》篇（卷一"传曰，天地有合"条），一引《礼察》篇（卷三"传曰，丧祭之礼废"条。此条又见于《礼记经解》）。由此可知大戴、小戴所集结成书的，皆传承有自。全书中引《论语》、《老子》、《孟子》者更不一而足。且亦引及《庄子·天道》篇轮扁问读书的故事。惟《天道》篇作"桓公读书于堂上"，此作"楚成王读书于殿上"。其所援引在时间上最后者为卷六"问者曰，古之谓知道者曰先生，何也"一条，乃贾谊《新书·先醒》篇"怀王问于贾君"之文。盖两人同为文帝时博士，贾生的著作先于韩婴，而年岁则当少于韩婴。由此亦可反映出贾生在当时之影响。

五、《韩诗传》中的基本思想及其与诸家的关涉

现在想通过这部《诗传》来把握韩婴的思想。

首先我们应注意到他大量征引了《荀子》的材料，甚至其著书体裁，亦由《荀子》发展而来，即可了解他受荀子影响之深。《荀子》的第一篇是《劝学》，而学的骨干是礼。所以在《诗传》中也特别强调了学与礼，但这是与时代要求密切关联在一起的。

荀子的强调学，一方面是由封建制度解体后，大量平民可以自由进入到士大夫阶层，而学则是他们进入的正当途径。汉初大一统的局面，此一要求更为加强。《诗传》卷五引《荀子·王制》篇"虽庶民之子孙也，积文学，正身行，能礼仪，则归之士

大夫",正反映此一方面的要求。另一方面,则是针对统治阶级而言的。统治阶级多囿于眼前利害,且易陷于行为的纵恣;他们便希望由学以通古今成败之端,由学以知修己治人之道。《诗传》卷五引《荀子·大略》篇"哀公问于子夏曰,必学然后可以安国保民乎?子夏曰,不学而能安国保民者,未之有也"一段,正反映出此另一方面的要求。尤其是汉承秦灭学之后,此种黑暗时代的反弹,社会人民中的优秀分子,向学的心理更为迫切;申公"退居家教","弟子自远方至,受业者千余人",①即其一例。但韩婴虽受荀子的影响很大,而在他自己,则是要由融合儒门孟、荀两大派以上合于孔子的。《诗传》卷四引《荀子·非十二子》篇,韩氏去子思、孟子,将《荀子》的"此十二子者",改为"此十子者",并将《荀子》的仲尼、子弓并称,去子弓而仅称仲尼;这都足以表现他在思想上的自主性。且全传六引《孟子》,两引孟子之母教。卷四"孟子曰:仁,人心也;义,人路也……故学问之道无他焉,求其放心而已"则是他接受了孟子以心善言性善的主张。所以卷六:"子曰,不知命,无以为君子,言天之所生,皆有仁义礼智顺善之心。不知天之所以命生,则无仁义礼智顺善之心,谓之小人。故曰,不知命,无以为君子……"这很明显地以善为天之所命。因此,《韩诗传》中专言学者大约共有十四条,引自《荀子》者仅两条;有六条引自孔子,有一条引自孔门弟子闵子,一条引自孔门弟子冉有,两条出自《学记》。卷二"玉不琢,不成器。人不学,不成行"条,卷四"南苗亦狩(异兽)之鞹,犹犬羊也……夫习之于人也,微而著,深而固"条,皆不知所出,盖皆言学之

---

① 《汉书·儒林传》。

通义；而他的强调"习"，实本于《论语》的"学而时习之"的"习"。荀子因主张性恶，所以学是为了"化性而起伪"，这中间便多勉强迫促之意。韩婴承性善之说，所以仅取荀子"凡治气养心之术，莫径由礼，莫优得师，莫慎一好"（卷二）。《诗传》中有由学以忘忧忘贫之意，绝无以学为利禄之媒之念，亦未尝取荀子化性起伪之义。卷六"子曰，不学而好思，虽知，不广矣。学而慢其身，虽学，不尊矣。不以诚立，虽立，不久矣。诚未著而好言，虽言，不信矣。美材也而不闻君子之道，隐小物以害大物者，灾必及身矣。《诗》曰，其何能淑，载胥及溺"。这段话，笃实广大，真足以代表孔子言学教人的精神。

经战国两百年的大混乱，至荀子时代而达到了顶点。此时要求从混乱的顶点中脱出，则必须对政治人生社会重新赋予以能作合理运行的大方向，这是荀子特别重视礼的真正背景与意义。汉承秦后，刘邦起自草莽，虽大一统的格局尚能保持，但除一套严刑峻罚的法令外，如何重建合理的人伦关系，使上下之间，使个人与群体之间，能相安共进，以巩固此大一统的天下，实为当时迫切的问题。所以在武帝中期以前，有良心而又有远见的知识分子，无不特别重视礼及法度重建问题。对人生社会而言，则为礼；对政治而言，则礼要求成为政治结构运行中的法度。《论语》上的"礼让为国"，及"谨权量，审法度"，① 是礼在政治上的精神与形式的具体表现。所以荀子言礼，已包含法度的法在里面；西汉儒生言礼，也是包含法度以为言。他们的重视礼，盖出于奠定大一统天下于长治久安的实际要求，不应仅以儒家礼的学统，亦

---

① 上句《论语·里仁》；下句《论语·尧曰》。

即荀卿的学统来加以解释。韩婴则把礼与诗结合起来,《诗》被引用得最多的,消极方面,五引《相鼠》之诗,积极方面,八引《长发》之颂。①而《诗传》言礼,当然多引荀卿之言。其中一个有趣味的问题是,韩婴以礼来作孔子、老子政治理想的注脚。卷四"君子(子字衍文)者以礼分施,均遍而不偏。臣以礼事君,忠顺而不解(懈);父宽惠而有礼,子敬爱而致恭。兄慈爱而见友,弟敬诎而不慢。夫临照而有别,妻柔顺而听从……偏立则乱,具(俱)立则治。请问兼能之奈何?曰,审礼",这是抄自《荀子·君道》篇的。荀子的意思是说明只有"审礼"才可建立人伦间对等义务的合理关系,使政治人生社会,能在谐和中向前向上发展。韩婴抄了这段话,却以之作为《论语·公冶长》孔子自言其志的解释,而说"若是,则老者安之,少者怀之,朋友信之"。孔子只说明了自己的志;韩婴则认为要达成孔子之志,必须通过礼。

韩婴对孔子的了解,或可以卷五下面的一段话为代表:"孔子抱圣人之心,彷徨乎道德之域,逍遥乎无形之乡,倚天理,观人情,明终始,知得失。故兴仁义,厌势力,以持养之。于时周室微,王道绝,诸侯力政,强劫弱,众暴寡,百姓靡安,莫之纪纲,礼义废坏,人伦不理;于是孔子自东自西,自南自北,匍匐救之。"

韩婴也和汉初其他思想家一样,以儒家思想为主,却在处世上,也受到道家的若干影响。《诗传》卷一引:"传曰,喜名者必多怨,好与者必多辱。唯灭迹于人,能随天地自然,为能胜理而

---

① 《诗·鄘风·相鼠》序:"刺无礼也。"中有"人而无仪,不死何为","人而无礼,胡不遄死"。《商颂·长发》:"帝命不违,至于汤齐。汤降不迟,圣敬日跻。"盖韩氏以敬言礼。

无爱名……"以此发挥《诗》"不忮不求，何用不臧"之义，固可与儒家相通，但与道家更为接近。又"传曰，水浊则鱼喁，令苛则民乱……故吴起峭刑而车裂，商鞅峻法而支解"的一条，是反法家的；但于引《诗》之后，以"故惟其无为，能长生久视而无累于物矣"作结。这在他的心目中，不仅儒家与法家不能并存，道家与法家也是不能并存的。卷三引"故老子曰，后其身而身先，外其身而身存，非以其无私乎，故能成其私"之言，以发挥《诗》"思无邪"之义。卷五"福生于无为，而患生于多欲"条，是受有道家影响。又"哀公问于子夏"条，承认"仲尼学乎老聃"。卷七"昔者司城子罕相宋"条引"故老子曰，鱼不可脱于渊，国之利器，不可以示人"。卷九"贤士不以耻食"条，全引老子有关知足不辱之各种说法。但第一，他对老子有批评。如卷四"诈伪不可长，空虚不可守"条，"空虚不可守"当然是对老子思想的批评。第二，他以儒家的观点，补充、解释老子的思想。老子"不出户而知天下，不窥牖而见天道"的话，他引用了三次，有两次作了补充、解释。卷三"昔者不出户而知天下，不窥牖而见天道，非目能视乎千里之前，非耳能闻乎千里之外，以己之情量之也。己恶饥寒焉，则知天下之欲衣食也……"这是以儒家"絜矩之道"为老子之言作解释，解释得非常合理，但与老子此说的根据是相去很远的。卷五："夫百姓内不乏食，外不患寒，则可御教以礼义矣。《诗》曰：'蒸畀祖妣，以洽百礼。'百礼洽，则百意遂。百意遂，则阴阳调……如是而天道得矣。是以不出户而知天下，不窥牖而见天道……"这是以老子所菲薄之礼，来为老子的两句话找出如何而有其可能的根据。上面这两点，都与荀子有密切关系，①亦可由此了解礼在韩婴思想中的贯通性。以礼立身行己，其归结必证验于人伦之上，亦即必证验于人与人相互间的合理关系之上，否则会流于怪诞、空谈。这是作为儒家大统的最基本标志。

此处更提出《诗传》卷四下面的一段话稍加疏释，因为这是韩氏的微言所在。

> 《韶》用干戚，非至乐也。舜兼二女，非达礼也。封黄帝之子十九人，非法义也。往田号泣，非尽命也。以人观之则是也，以法量之则未也。《礼》曰，礼仪三百，威仪三千。《诗》曰，静恭尔位，正直是与。神之听之，式谷以女。

上面这段话中，主要是对传说中的黄帝与舜的批评。对黄帝的批评，是反对将政权视为家庭产业，由家长作任意的分配，这是彻底的天下为公的精神的表现，对当时皇权专制之局，作了完全的否定，里面含有许多丰富的政治思想内容，在大环境压迫之下，仅在此处灵光一现。但与盖宽饶所引《韩氏易》的话互相印证，可断定这是韩氏在政治上的最根本的思想。对舜的批评有三点。《韶》而用干戚，则其中有诛伐之意，故认为非至乐。此乃以孔子谓《韶》为尽美尽善之言，不尽恰当。其余两点，均见于《孟子·万章上》万章与孟子的问答。"往田号泣，非尽命也"，或者

---

① 《荀子·不苟》篇："操五寸之矩，尽天下之方。"《非相》篇："圣人者，以己度者也。"此乃《大学》"此之谓絜矩之道"之所本，亦即《韩诗传》此处之所本。而《荀子》重礼原因之一，以为礼可以通类尽伦，以一知万，为《韩诗传》此处所本。

《韩诗外传》的研究

是觉得舜在力田时而思念父母就可以了；思念父母而至于每天号泣，未免太过而不安于在父母面前的遭遇。"达礼"，是可通行于一切人之礼。韩婴证定一夫一妻，乃人人可行之达礼；而舜兼尧的二女，与一夫一妻的要求不合的。这当然是针对当时盛行的妻妾动辄百十人的风气所下的针砭。人的动机，是主观的，而法是客观的。他所说的"以人观之则是也"，是说黄帝和舜的行为，在他们的主观动机上，是无可厚非的。但以客观性的法去衡量，便不见得是合理。综括上下文加以了解，此处之法，即是礼在政治上的具体化，实际也就是礼。再由"达礼"一词推测，法的客观性，乃成立于社会大众都应当承认、都能够实行的条件之上，亦即卷五所说的"义简而备，礼易而法，去情不远，故民之从命也速"。这便须摆脱带有特殊性的主观动机的限制，以统一于大众可以共同承认的礼法之上。这一条，不论在政治思想的内容上，及仅就礼的意义上，都是很突出的见解。

荀子长于言礼，但对仁的体悟不深。韩婴由荀子而兼摄孟子以上契孔子，所以《诗传》中除重言礼外，也重言仁，而最有特色的是卷一中下面的一段话：

> 仁道有四，磏（廉）为下。有圣仁者，有智仁者，有德仁者，有磏仁者。上知天，能用其时；下知地，能用其财；中知人，能安乐之，是圣仁者也。上亦知天，能用其时，下知地，能用其财，中知人，能使人肆之，是智仁也。宽而容众，百姓信之。道所以至，弗辱以时，是德仁者也。廉洁直方……非其民不使，非其食弗尝，疾乱世而轻死，弗

顾弟兄。以法度之，比于不祥，是碌仁者也……碌仁虽下，然圣人不废者，匡民隐括，有在是中者也。

按韩氏由仁的效用的大小及有无而分为四等。以旧式语言表达，则体用该备者为圣仁。以今日语言表达，则能发挥科学效用以达到安人的实效者为圣仁。这也是对仁而提出客观的要求与标准，在各种言仁的语言中，我觉得韩氏之言，有其特定的意义。

政治是诸子百家讨论的主题，而儒家则是站在人民的立场来衡量此一主题，韩婴自不例外。《诗传》中不止一次地引用到《韩非子》内、外《储说》中的材料，是他研究过法家思想。但除前引卷一中严厉批评法家以外，卷五下面的一段话，则是反秦的。

天设其高，而日月成明。地设其厚，而山陵成名。上设其道而百事得序。自周衰坏以来，王道废而不起，礼义绝而不继。秦之时，非礼义，弃《诗》《书》，略古昔，大灭圣道，专为苟妄；以贪利为俗，以告猎（訐）为化，而天下大乱……

西汉知识分子，在政治上不反法反秦，便是完全脱离了人民而以佞幸残暴自甘，这是评断历史人物的大标志。韩氏当然不能离开此一大标识。此外，对君道臣道、仁民爱物、知人纳谏等儒家的政治思想，《诗传》中都有所发挥，这里只录下面几段话，作他的政治思想的代表；其余的则加以略过，以后只讨论比较有特色的问题。

《韩诗外传》的研究

太平之时，民行役者不逾时，男女不失时以偶，孝子不失时以养，外无旷夫，内无怨女；上无不慈之父，下无不孝之子。父子相成，夫妇相保；天下和平，国家安宁。人事备乎下，天道应乎上……万民育生，各得其所，而制国用。故国有所安，地有所主。圣人刳木为舟，剡木为楫，以通四方之物，使泽人足乎木，山人足乎鱼，余衍之财有所流。故丰膏不独乐，硗确不独苦，虽遭凶年饥岁，禹、汤之水旱，而民无冻饿之色。故生不乏用，死不转尸，夫是之谓乐。诗曰，于铄王师，遵养时晦。（卷三）

古者八家而井田，方里为一井；广三百步，长三百步为一里。其田九百亩。广一步，长百步为一亩。广百步，长百步为百亩。八家为邻，家得百亩，余夫各得二十五亩，家为公田十亩；余二十亩共为庐舍，各得二亩半。八家相保，出入更守，疾病相忧，患难相救，有无相贷，饮食相召，嫁娶相谋，渔猎分得，仁恩施行，是以其民和亲而相好。诗曰，中田有庐，疆场有瓜。今或不然，令民相伍，有罪相伺，有刑相举，使构造怨仇，而民相残，伤和睦之心，贼仁恩，害士（上）化，所和者寡，欲败者多，于仁道泯焉。诗曰，其何能淑，载胥及溺。（卷四）

齐桓公问于管仲曰，王者何贵？曰，贵天。桓公仰而视天。管仲曰，所谓天，非苍莽之天也。王者以百姓为天，百姓与之则安，辅之则强，非之则危，倍之则亡。诗曰，民之无良，相怨一方。民皆居一方而怨其上，不亡者未之有也。（同上）

总结地说一句，他所传承的是以民为主，个体与群体互相尊重谐和的政治思想。

六、《韩诗传》中特出的问题

（1）士的问题的突出

第一个特出的问题，是士的立身处世的立足点的问题；通过《诗传》，韩氏要求以节义为士的立身处世的立足点。

第二个特出的问题，是站在士的立场，身与禄孰重的问题，君与亲孰重的问题，也是忠与孝孰重的问题。通过《诗传》所提出的答案，则是亲重于君，忠次于孝。而身与禄孰重的答案，应联系到君与亲孰重的问题上来作判断。

第三个特出的问题是，《诗传》中较过去任何一部书，更多提出了妇女的问题，其影响也值得重视。

上面前两个问题，有一个共同的背景，即是士的生活贫困所及于士的德行与人格的巨大压力与抗拒。

由农耕之士、武士，演变而为半农半武半下级政治工作分子之士，更演变而为完全脱离生产，成为政治预备军及知识的担当者的士，士自身存在的意义与存在的根据、能力，在现实上便成为严重的问题。老子、孔子的时代，正是封建贵族政治开始解体，有的贵族已经没落，有的平民中的优秀分子，开始向上争取社会政治中的地位；此时的士，恰成为下落与上升的连结点。孔门弟子的成分，有贵族，有没落的贵族，有由社会各种职业而来的平民，正是此一时代上升与下落的情形的综合反映。在《论语》中，对士的职业与形态而言，有"执鞭之士"，有"避人之士"，有"避世之士"。①孔子及其门人则对士提出了新的要求与警惕。"子曰，士志于道，而耻恶衣恶食者，未足与议也"(《里仁》)。"子曰，士而怀居，不足以为士矣"(《宪问》)。"子曰，志士仁人，无求生以害仁，有杀身以成仁"(《卫灵公》)。"曾子曰，士不可以不弘毅，任重而道远。仁以为己任，不亦重乎。死而后已，不亦远乎"(《泰伯》)。"子张曰，士见危受命，见得思义。祭思敬，丧思哀，其可已矣"(《子张》)。还有"子张问，士何如斯可谓之达矣？子曰……夫达也者，质直而好义，察言而观色，虑以下人……"(《颜渊》)"子贡问曰，何如斯可谓之士矣？子曰，行己有耻。使于四方，不辱君命，可谓士矣。曰，敢问其次？曰，宗族称孝焉，乡党称弟焉。曰，敢问其次？曰，言必信，行必果，硁硁然，小人哉，②抑亦可以为次矣。曰，今之从政者何如？曰，噫！斗筲之人，何足算也"(《子路》)。把上面的材料稍加综合，孔子不许无才德的从政之人可称为士，则孔子所要求于士的，是突破个人生活的要求，建立自己的人格，担当各层次的救世责任。这是孔子对历史新演变出的士，站在教育与救世的立场所赋予的新内容、新形象。因此，这不是社会阶层中的士，而是人格世界中的士。孔子即是这种士中的圣人。但以杖荷蓧的丈人，在子路面前责以"四体不勤，五谷不分，孰为夫子"(《论语·微子》)时，子路虽有"欲絜其身，而乱大伦。君子之仕也，行其义也"的大道理，可是当时子路面对此一丈人，也自然"拱而立"地流露出敬意。同时"游于艺"，"何其多能也"，并且在学问上由多闻多见立基的孔子，绝不是四

---

① 分见《论语·述而》及《微子》两章。
② 按此处之小人，乃指识量之狭小而言。

体不勤、五谷不分的人。但丈人对由生产浮离出来了的一般之所谓士，站在社会立场上提出了一个根本问题，而为孔子、子路所不能不承认，也是一个重要的事实。

到了战国中期，脱离了生产的士的数量更大为增加。此时各种学团辈出，寄食于国君贵族，有如齐的稷下，燕的碣石；而孟尝、平原、信陵、春申四君等，亦各养客数千人。因士的大量出现及各学团的成立，把古代文化发展到高度，对政治社会结构的变化，也发生了很大的功用。但站在社会的立场，士本身所含的问题，当更为严重。这在《孟子》一书中有清楚的反映。"彭更问曰，后车数十乘，从者数百人，以传食于诸侯，不以泰乎？"使彭更觉得"泰"的，正是孟子所领导的士的一个集团。《孟子》中两称"士庶人"，① 又"孟子曰，在国曰市井之臣，在野曰草莽之臣，皆谓庶人"（《万章下》），则是士包括在"庶人"一词的范围之内。但又谓"以士之招招庶人，庶人岂敢往哉"（《万章》），则是士的地位与庶人很接近而又有点分别。这分别大概只在一般的庶人没有做官的机会，而士则保有做官的机会。孟子又说"士之仕也，犹农夫之耕也"（《滕文公下》）。这便反映出士实际是以仕为常业。士在社会上得以自由产生，而可仕的职位则有限；且选用之权，乃属于统治阶层，而士只能被动地处于待选的地位，则未被选用之士，在社会上实际成为无业游民、寄生阶级，乃势所必至。于是士自身的栖栖遑遑，及社会对之投以怀疑的眼光，也是事所必至的。所以公孙丑情难得已地援诗"不素餐兮"之义而问"君子之不耕而食何也"（《尽心上》）。上面引用到的彭更也干

---

① 《孟子·梁惠王上》："士庶人曰，何以利吾身。"《离娄上》："士庶人不仁，不保四体。"

《韩诗外传》的研究

脆说"士无事而食，不可也"。而王子垫也向孟子发出"士何事"的质问（《尽心上》）。孟子于此，仅以"为仁义"，"尚志"于仁义，[1]作士的无事而食的正当理由；孟子的话，若由社会上讲出来，可以有文化上的意义，但由士自身讲出来，总觉得歉然有所不足。尤其是孟子对"其徒数十人，皆衣褐，捆屦织席以为食"的许行，斥其为"从许子之道，相率而为伪者也，恶能治国家"！把许行所倡导的士在历史沉沦中要由自力求生的奋起的意义抹杀掉，是万分可惜的。于是法家们以自己本是士的立场，在政治上却彻底反对士的存在，连自食其力的隐士也不容许，这便牵涉到他们愚民弱民的基本用心，形成历史文化上的反动。但在反映出士的大量出现后所酿成的严重危机上，法家的态度，也不是完全没有历史上的意义。

（2）"士节"的强调

脱离了生产后的士，除了在社会功能上有得有失，并且得少而失多以外，士的自身也必然经常处于窘境之中：一是生活问题，一是人格问题。两个问题，都密切关联在一起。当孔子说"士志于道，而耻恶衣恶食者，未足与议也"，及孟子说"志士不忘在沟壑，勇士不忘丧其元"[2]这一类的话时，已深切反映出士的生活与人格上的冲突。绝大多数的士，不可能像孔子所要求的为了人格

---

[1] 孟子对彭更的答复是"于此有人焉，入则孝，出则弟，守先王之道，以待后之学者，而不得食于子，子何尊梓匠轮舆而轻为仁义者哉"。对公孙丑的答复是"君子居是国也，其君用之则安富尊荣；其子弟从之则孝悌忠信。不素餐兮，孰大于是"。对王子垫的答复是"尚志……仁义而已矣"。
[2] 此二语，一见于《滕文公下》"陈代曰"章；再见于《万章下》"万章曰，敢问不见诸侯何义也"章。

而甘心于恶衣恶食的生活困苦；于是由发冢以至鸡鸣狗盗，士成为社会上人格最有问题者的存在，这对士所担当的文化责任，完全发生反作用；而士的中间，当然也会引起若干人的反省，要在生活贫困中作人格的抗拒。韩氏《诗传》，便集结了这类的故事，形成对"士节"的要求，亦即是对所谓"节义"或"名节"的要求。兹节录若干材料如下：

（一）王子比干杀身以成其忠，柳下惠杀身以成其信，伯夷、叔齐杀身以成其廉。此三子者，皆天下之通士也，岂不爱其身哉？为夫义之不立，名之不显，则士耻之，故杀身以遂其行。由是观之，卑贱贫穷，非士之耻也。天下举忠而士不与焉，举信而士不与焉，举廉而士不与焉。三者存乎身，名传于后世，与日月并而不息，天不能杀，地不能生（亡），当桀纣之世，不之能污也。然则非恶生而乐死也，恶富贵，好贫贱也。由其理，尊贵及己而仕也，不辞也。孔子曰，富而可求，虽执鞭之士，吾亦为之。富而不可求，从吾所好。故厄穷而不悯，劳辱而不苟，然后能有致也。《诗》曰，我心匪石，不可转也。我心匪席，不可卷也。此之谓也。（卷一）

（二）传曰，不仁之至忽其亲，不忠之至倍其君，不信之至欺其友。此三者，圣王之所杀而不赦也。（同上）

（三）原宪居鲁，环堵之室，茨以蒿莱……上漏下湿，匡坐而弦歌。子贡乘肥马，衣轻裘……而往见之，原宪楮冠黎杖而应门，正冠则缨绝，振襟则肘见，纳履则踵决。子贡曰，先生何病也？原宪仰而应之曰，宪闻之，无财之谓贫，学而不能行之谓病。宪贫也，非病也。若夫希世而行，比周而友，学以为人，教以为己，仁义之匿，车马之饰，衣裘之丽，宪不忍为之也。子贡逡巡，面有惭色，不辞而去。原宪乃徐步曳杖，歌《商颂》而反，声沦（盈）于天地，如出金石；天子不得而臣也，诸侯不得而友也。故养身者忘家，养志者忘身。身且不爱，孰能忝之……（引诗与上同）（同上）

（四）传曰（按《荀子·哀公》篇）所谓士者，虽不能尽备乎道术，必有由也。虽不能尽乎美著（善），必有处也。言不务多，务审所行而已。行既已尊之，言既已由之，若肌肤性命之不可易也……（引上诗）（同上）

（五）荆伐陈，陈西门坏，因其降民使修之。孔子过而不式。子贡执辔而问曰，礼，过三人则下，二人则式。今陈之修门者众矣，夫子不为式，何也？孔子曰，国亡而弗知，不智也；知而不争，非忠也；亡而不死，非勇也。修门者虽众，不能行一于此，吾故弗式也……（同上）

按此上五条皆引《柏舟》之诗。

（六）传曰，聪者自闻，明者自见。聪明则仁义著而廉耻分矣……故智者不为非其事，廉者不求非其有，是以害远而名彰也。诗云，不忮不求，何用不臧。（同上）

按此处前后共有三条，皆引《邶风·雄雉》此二句。

（七）申徒狄非其世，将自投于河。崔嘉闻而止之曰……今为濡足之故，不救溺人，可乎？申徒狄曰不然。……亡国残家，非无圣智也，不用故也。遂抱石而沉于河。君子闻之曰，廉矣，如仁何……（同上）

（八）鲍焦衣弊肤见，挈畚持蔬，遇子贡于道。子贡曰，吾子何以至于此也？鲍焦曰，天下之遗德教者众矣，吾何以不至于此也……子贡曰……非其世而持其蔬，诗曰，溥天之下，莫非王土，此谁有之哉。鲍焦曰，於戏，吾闻贤者重进而轻退，廉者易愧而轻死，于是弃其蔬而立槁于洛水之上。君子闻之曰，廉夫！刚哉。夫山锐则不高，水径则不深，行磏者德不厚，志与天地拟者其为人不祥，鲍焦可谓不祥矣……（同上）

（九）子路曰，士不能勤苦，不能轻死亡，不能恬贫穷，而曰我行义，吾不信也……（卷二）

（十）宋燕相齐见逐，罢归之舍，召门尉陈饶等二十六人曰，诸大夫有能与我赴诸侯者乎？陈饶等皆伏而不对。宋燕曰，悲乎哉，何士大夫易得而难用也？饶曰……且夫财者君之所轻也，死者士之所重也。君不能行君之所轻，而欲使士致其所重，譬犹铅刀蓄之，而干将用之，不亦难乎……（卷七）

（十一）贤士不以耻食，不以辱得……（卷九）

除上面所录的以外，卷二有"楚昭王有士曰石奢"的故事，因其父犯罪而自己"刎颈而死乎廷"，君子叹其"贞夫！法哉！石先生乎"。卷二又有"晋文侯使李离为大理"的故事，因过听杀人，不受文侯之宽赦,"不能以虚自诬,遂伏剑而死",君子叹其为"忠矣乎"。又有"子路与巫马期薪于韫丘之下"的故事,子路被巫马期引夫子"勇士不忘丧其元,志士仁人不忘在沟壑"的话所感动。卷六有子夏与公孙悁论勇的故事,而谓"所贵为士者,上摄万乘,下不敢敖乎匹夫"。卷七有"孔子困于陈蔡之间"的故事,以"夫学非为通也,为困而不忧,穷而志不衰"教告子路。又有"齐崔杼弑庄公,荆蒯芮使晋而反","驱车而入死其事",其仆亦"结辔自刎于车上"的故事,君子叹"荆蒯芮可谓守节死义矣;仆夫则无为死也,犹饮食而遇毒也"。卷九有"田子方之魏,魏太子从车百乘而迎之郊,太子再拜谒田子方,田子方不下车,太子不说"的故事,田子方因谓"贫贱可以骄人","安往而不得贫贱乎"的话。又有"戴晋生敝衣冠而往见梁王"的故事,而说出雉的"乐其志"与"不得其志"两种神情。

试将前录十一条加以条理:(一)是韩婴对此问题的总的看法。忠、信、廉,是士节的节的实质内容。(二)所提出的亲、君、友三种士节实践的对象,大体上概括了东汉节义的对象。而士节的成就,必须突破贫穷困辱,乃至生死等问题,与(九)的子路的话,正互相印证。此中最现实的是贫穷的问题。要突破贫穷问题,消极方面须如(六)的不忮不求;在这一点上,韩婴接上了老子的态度。积极方面,须有"不可转"、"不可卷"之心;且能如原宪样的有所乐。如(十一)样的有所耻。(四)是说士的立身,总要有一个立足点;此立足点应即视为一己之性命,守死不渝。此一观点,对东汉的名节,有最大的解释力。(七)(八)不奖励过当之行,矫激之行。卷五"朝廷之士为禄,故入而不出。山林之士为名,故往而不返。入而亦能出,往而亦能返,通移有常,圣也"。这段话,是韩婴认为是士的合理的出处态度。(十一)则说明士可以不计生死,但并非盲目地为他人而死。东汉名节之士的规范,在这里大概已经标指出来了。

(3) 养亲及君亲间的矛盾

成就士节的共同条件,是要能安贫贱而轻富贵。但有一个例外,这便是养亲的问题。为了养亲,可以暂时贬抑自己的志节。这里含有身、亲、君三者相互间的孰轻孰重的问题。《诗传》对此,则是亲重于身,身重于君。所以建立这种分别,还是来自生活贫穷的现实背景。卷一的第一条故事,即说明了这点。

> 曾子仕于莒,得粟三秉。方是之时,曾子重其禄而轻其身。亲没之后,齐迎以相,楚迎以令尹,晋迎以上卿。方是之时,曾子重其身而轻其禄。怀其宝而迷其邦者,不可与语仁。窘其身而约其亲者,不可与语孝。任重道远者,不择地而息。家贫亲老者,不择官而仕。故君子矫(跻,草履也)褐趋时,当务为急。传云,不逢时而仕,任事而敦其虑,为之使,而不入其谋,贫焉故也。诗曰,夙夜在公,实命不同。

所谓"重其禄",因此时之禄,是为了养亲的。"重其禄,而轻其身",等于说重其亲而轻自身的志节。所谓"轻其禄",因此时之禄,已无亲可养,只代表人君所给与于自己的报酬。"重其身而轻其禄",等于说"重自身的志节而轻君之禄"。轻君之禄,即是不能因君而贬抑自己的志节。"传云"数语的"贫焉故也",是说因贫而不能养亲，此时只好把自身的志节放在一旁，"不择官而仕"。这种仕，非为行其道，但在职业本位上，还是"任事而敦其虑"的。

此一故事，应由卷七所述的加以补充：

> 曾子曰，往而不可还者亲也，至而不可加者年也。是故孝子欲养而亲不待也；故吾尝事齐为吏，禄不过钟釜，尚犹欣欣而喜者，乐其逮亲也。既没之后，吾尝南游于楚，得尊官焉……犹北乡而泣涕者，非为贱也，悲不逮吾亲也。故家贫亲老，不择官而仕。若夫信（伸）其志，约其亲者，非孝也。

卷一"枯鱼衔索"条谓"贤士欲成其名，二亲不待。家贫亲老，不择官而仕"。卷七"齐宣王谓田过……君与亲孰重"条，田过答以"凡事君，以为亲也"。卷九"孔子行，闻哭声甚悲"条，皋鱼答孔子"何哭之悲也"之问，谓："树欲静而风不止，子欲养而亲不待也。往而不可得见者亲也。"卷十"传曰，卞庄子好勇，母无恙时，三战而三北"条，"及母死三年，鲁兴师，卞庄子……见于将军曰，前犹与母处，是以战而北也，辱吾身。今母没矣，请塞责"。皆与前引曾子的故事相合。

现在所要追问的是，这种观念的形成，首先是来自孔子把周初封建政治中的孝的意义，扩及于社会，以适应新出现的平民家族①团结的需要。于是孝成为各种道德实践的基点，以至演变而

---

① 古代只贵族有姓有氏，平民则有名而无姓氏。自春秋末期起，平民开始有姓，有姓而后有族。详见拙著《两汉思想史》卷一中《中国姓氏的演变与社会形式的形成》一文。

使孝居于各种道德的首位。其次，还是来自脱离了生产关系之士，生活经常陷于贫困。但因孝的观念的要求，觉得自己为了名节可以抗拒贫穷，但父母的晚年也随自己过贫穷生活，感到于心不安，便产生出贬抑自己以禄养亲的观念。同时，在此观念的后面，实隐藏着当昏乱之世，对政治实在非常的厌离，而在生活上又有时不能不沾染的无可奈何的心情在里面。但是，上述观念，当与人君发生关涉，而把"君臣之义"浮出在意识上，君亲之间，又不能两全时，便不能不发生冲突矛盾，而使人生更陷于窘境。卷一：

> 楚白公之难，有庄善者，辞其母，将死君。其母曰，弃母而死君，可乎？曰，闻事君者，内其禄而外其身。今之所以养母者，君之禄也，请往死之。比至朝，三废车中。其仆曰，子惧，何不反也。曰，惧，吾私也。死君，吾公也。吾闻君子不以私害公。遂死之。君子闻之曰，好义哉，必济已夫……

上一故事，很显明地反映出权衡于君亲之间的窘境。卷六下面的故事，反映此种窘境，更为深刻。

> 田常弑简公，乃盟于国人曰，不盟者死及家。石他曰，古之事君者，死其君之事。舍君以全亲，非忠也；舍亲以死君之事，非孝也。他则不能。然不盟，是杀吾亲也；从人而盟，是背吾君也。呜呼，生乱世，不得正行，劫乎暴人，不得全义，悲夫。乃进盟以免父母，退伏剑以死其君。

闻之者曰，君子哉，安之，命矣。《诗》曰，人亦有言，进退维谷。石先生之谓也。

奇怪的是，士由生活的穷困所引起的这些严重问题，却没有引起回向生产方面的反省，没有引起由知识分子去从事生产，因而引起生产技术进步的反省，而只在一条政治的独木桥上，以极少数人的人格去抗拒政治权力的巨轮，真是螳臂当车，知识分子的悲剧，历史的悲剧，大概在这里可以看出它的根源了。但不应因此而否认螳螂的勇气，及一勺清泉所给与于污流在对比上的意义。同时，只要想到，这是两千年前的社会所出现的情形，便也不觉得奇怪了。但以后历史的演变，因科举制度的出现而更加剧了士对生产劳动的游离，更加剧了士对势利的依附，更加剧了士的人格上的破产，以致卑污下流，连自己最基本的认知能力也放弃了；这是士的沉沦，也是历史的沉沦。

（4）妇女地位的被重视

《诗经》中，除了许多男女怨慕的诗篇以外，已不止一次地提到妇女与政治兴亡的关系。《春秋》中，也有不少贤或不肖的妇女的纪录。战国时代，是一个封建政治解体，大一统的专制尚未建立起来的过渡时代；因此，也是比较开放的时代。在此一比较开放，而又是平民开始得到姓氏，因而也取得确固的家族地位的时代，妇女的地位，有相对的提高。成立于战国中期前后的《易传》，已反映出此一情势。《咸卦·彖传》"咸，感也。柔上而刚下。二气感应以相与，止而说，男下女，是以亨利贞，取女吉也"。《家人卦·彖传》"家人，女正位乎内，男正位乎外。男女正，天地之大义也。家人有严君焉，父母之谓也。父父子子，兄兄弟弟，夫夫妇妇，而家道正。正家而天下定矣"。男女只有内外的分工，绝没尊卑的异分。汉初吕后的政治权力，与后世女祸不同之点，在于她并非全凭床笫的恩宠而来，殆亦与战国时代男女平等的观念有关系。但她的凶悍之性，几亡汉室，西汉初年的统治阶层及知识分子，无不引以为大戒。他们特别强调《关雎》之诗，各家皆发挥女德对政治影响之巨，其原因在此。韩婴在上述各种背景之下，《诗传》中特注意到妇女在社会、人生中的意义，而集结了有关的材料。

已经引用到《诗传》卷一的"传曰，夫行露之人许嫁矣，然而未往也"条，这里说明韩氏肯定了妇人的贞节观念。接着是"孔子南游适楚，至于阿谷之隧，有处子佩瑱而浣者"，孔子三遣子贡借"乞一饮"，"借子以调其音"，及拟赠"绨絺五两"，"以观其语"的故事，此故事似乎是孔子故意使子贡去挑逗浣衣的处女，以试其是否知礼，很不近人情，所以《孔丛子·儒服》篇谓"阿谷之言，起于近世"。此故事的出现，乃为最后所引的"诗曰，南有乔木，不可休思。汉有游女，不可求思（《周南·汉广》），此之谓也"作证明。其用意一如上引的《行露》之诗一样，所以表彰妇女的贞节。妇女的贞节，有三种意义。第一种意义，所以维护妇女自身的人格尊严，以见不是可任男人随意玩弄。第二种意义，是安定社会的秩序。淫奔成风，必然影响社会正常的生活。这本是男女双方面的责任，所以"义夫"、"贞妇"，是两个并行的观念，而事实上责任比较偏重在女方，这是历史条件的限制与偏差。第三是维护一个家庭的继续存在。假定一个家庭中的丈夫，三四十岁死去，剩下的父母已老，子女尚幼，此时若妻子改嫁以去，此家庭很可能因之瓦解消灭。妻子如肯养老抚幼，守节不嫁，此家庭便可延续下来；而此种妇女意志的坚强，生活的辛苦，确是高出常人一等。因此，儒家对贞妇节妇加以鼓励，而汉代自文帝即位，赐女子百户牛酒起，至宣帝，在其社会政策中，特加入对贞女节妇的恩典，自有其重大意义，不应仅因后世流于虚伪残酷的少数特例而完全向黑暗面去加以解释。

卷一"鲁公甫文伯死"，其母因其"不足于士而有余于妇人"，因之不哭的故事；卷九"孟子少时诵，其母方织，孟子辍然中止"，"其母引刀裂其织，以此戒之"，并"买东家豚肉以食之，明不欺也"的故事；及"孟子妻独居踞，孟子入户视之"，欲去妻，孟母责以"乃汝无礼也"，于是孟子自责不敢去妻的故事，这都是伸张母教的重要。中国古代，与古希腊相反，母亲在家庭中一直保有崇高的地位；而母教对子女影响之大，是不必多加说明的。卷二"鲁监门之女婴"，"闻卫世子不肖"，而忧其"男弟三人"将因此及于战祸，与《列女传》鲁漆室女故事略同，所以表彰少女富于"连带感"的远见，因家事而忧及国事。卷八"齐景公使人为弓，三年乃成"，"不穿三札，景公怒，将杀弓人"，弓人之妻往见景公，告以此弓选材之精，及"射之之道"，遂穿七札，而其夫得救的故事，乃所以表见妇女之贤能。卷九"秦攻魏，破之"，魏公子之乳母背千金之赏，挟公子逃泽中，秦军射之，以身蔽公子，"着十二矢"，"秦王闻之，飨以太牢"的故事，所以表彰妇女之义。又"孔子出游少源之野"，有妇人因亡其蓍簪而哭的故事，乃嘉妇人"非伤亡簪也，盖不忘故也"之意。卷二楚狂接舆因其妻之言而却楚王请"治河南之聘"的故事，及卷九"楚庄王使使赍百金聘北郭先生"，北郭先生听其妇的意见"遂不应聘"的故事，所以嘉许妇人以贫自甘的高节。没有这样的妇人，士要完成自己的高节，便更困难了。刘向根据上面的故事，加以扩充，以写成《列女传》。范蔚宗的《后汉书》，则增设《列女传》，使妇女在历史中取得一确定的地位。此在今日看来，似有所不足。但若嵌入在世界史中，作比较性的了解，则不能不惊叹范氏卓越的社会眼光，历史眼光。而其端实启自《诗经》中的若干诗人；韩氏《诗传》，因得而发扬称道，这应当可以说是他的特点之一。

刘向《新序》、《说苑》的研究

一、刘向的家世、时代与生平

《汉书》三十六《楚元王传》：

> 楚元王交，字游。高祖同父少弟也。好书，多材艺。少时尝与鲁穆生、白生、申公，俱受《诗》于浮丘伯。伯者，孙卿门人也。及秦焚书，各别去。……汉六年，既废楚王信（韩信），分其地为二国，立贾（刘贾）为荆王，交为楚王……元王既至楚，以穆生、白生、申公为中大夫。高后时，浮丘伯在长安，元王遣子郢客与申公俱卒业。文帝时，闻申公为《诗》最精，以为博士。元王好《诗》，诸子皆读《诗》。申公始为《诗》传，①号《鲁诗》。元王亦次之《诗》传，号曰《元王诗》，世或有之。

---

① 据《汉书·艺文志·六艺略》"汉兴，鲁申公为《诗》训故，而齐辕固、燕韩生，皆为之传"。《儒林传》"申公独以《诗经》为训故以教，亡传。疑者则阙弗传"。故《艺文志·诗》下仅录有"鲁故二十五卷"。由此可知，申公实只有《诗》训故而未尝为之作传。故此处之"申公始为《诗》传"之"传"，或为"故"字之讹。传所以发挥大义。"毛诗传"，乃"毛诗故训传"之简称，《毛诗》既有故训，又有传，如《大序》者是。后人因不知"毛诗传"系简称，见《毛诗》有故训，遂以为传乃与故训同义，引起许多纠葛，特于此加以澄清。

两汉思想史（三）

由此可知刘交在刘邦的家庭中，要算是最有文化教养的一人。刘交死后，其子郢客嗣，是为夷王。郢客死，子戊嗣。在景帝三年与吴王濞同反，兵败自杀；景帝乃立元王交之子刘礼为楚王（文王），奉元王祀；再五传至延寿，以欲倚附武帝子广陵王胥谋立为天子的嫌疑，于宣帝地节元年自杀，国除。这里应特别指出的是，由高祖六年（前二〇一年），到地节元年（前六十九年），凡一百三十二年之间，这一王国，经过了两次叛乱的大罪。楚王戊谋叛自杀后，景帝依然立刘交之子、刘戊之叔父刘礼为王，由此可知因刘交在文化上的声望，得到了皇室的重视。又传：

　　文帝尊宠元王，子生，爵①比皇子。景帝即位，以亲亲封元王宠子五人。子礼为平陆侯，富为休侯，岁为沈犹侯，埶为宛朐侯，调为棘乐侯。

按元王的长子辟非先卒。由次子郢客嗣王位，合计起来，他共有七个儿子。当刘戊与吴通谋时，元王的第四个儿子休侯刘富使人谏王，"王曰：'季父不吾与，我起（起兵），先取季父矣。'休侯惧，乃与母太夫人奔京师"。及戊因反自杀，"富等皆坐免侯，削属籍。后闻其数谏戊，乃更封为红侯。太夫人与窦太后有亲，憎山东之寇，求留京师，诏许之。富子辟彊等四人……辟彊字少卿，亦好读诗，能属文。武帝时以宗室子随二千石论议，冠诸宗室。清净少欲，常以书自娱，不肯仕"。霍光秉政，"拜辟彊为光禄大夫，守长乐卫尉，

---

①《汉书补注》引刘奉世疑爵字衍。又引李慈铭曰："爵犹秩也。此特其礼秩比皇子耳，非封爵也。"按当以刘说为是。

刘向《新序》、《说苑》的研究　　　　　　　　　　　　　　　　　　　　　　　　　*47*

时年已八十矣，徙为宗正，数月卒"。据《公卿表》，这是始元二年（前八十五年）的事。刘辟彊是楚元王刘交之孙，是刘向的祖父。

辟彊的儿子刘德"字路叔"，当登用辟彊时，正"待诏丞相府，年三十余"，"修黄老术，有智略。少时数言事，召见甘泉宫，武帝谓之千里驹"。元凤元年（前八十年）德以太中大夫迁宗正，"常持《老子》知足之计。妻死，大将军光欲以女妻之，德不敢取，畏盛满也"。侍御史承霍光指"劾德诽谤，诏狱，免为庶人，屏居山田。光闻而恨之，复白召德守青州刺史，岁余，复为宗正（元凤三年，前七十八年）"。《公卿表》谓"二十二年薨"，则当是死于宣帝的五凤二年（前五十六年）。因曾参与立宣帝的事，地节四年（前六十六年）封为阳城侯。"德宽厚好施生……家产过百万，则以振昆弟宾客饮食。曰：'富，民之怨也。'"他的长子安国，次子更生，即刘向。他死前，因向坐铸伪黄金当伏法，德"上书讼罪"，被"赐谥缪侯"。

综计刘向的家世，一面是宗室懿亲，得到封王封侯及仕进上的优厚凭借。同时，因两次叛逆的打击，也常在避嫌远祸、居安思危之中。在学术上与《诗》有长久的渊源；又因处于宗室的猜嫌地位，及当时窦太后提倡黄老，所以与道家思想，也有深远密切的关系。这都给刘向在政治与文化的活动上以深远的影响。

又《楚元王传》：

向字子政，本名更生。年十二，以父德任为辇郎。既冠，以行修饬擢为谏大夫。是时，宣帝循武帝故事，招选名儒俊才，置左右。更生以通达能属文辞，与王褒、张子侨等并进对，献赋颂凡数十篇。上复兴神仙方术之事，而淮南有《枕中鸿宝苑秘书》，书言神仙使鬼物为金之术，及

附刘向世系表

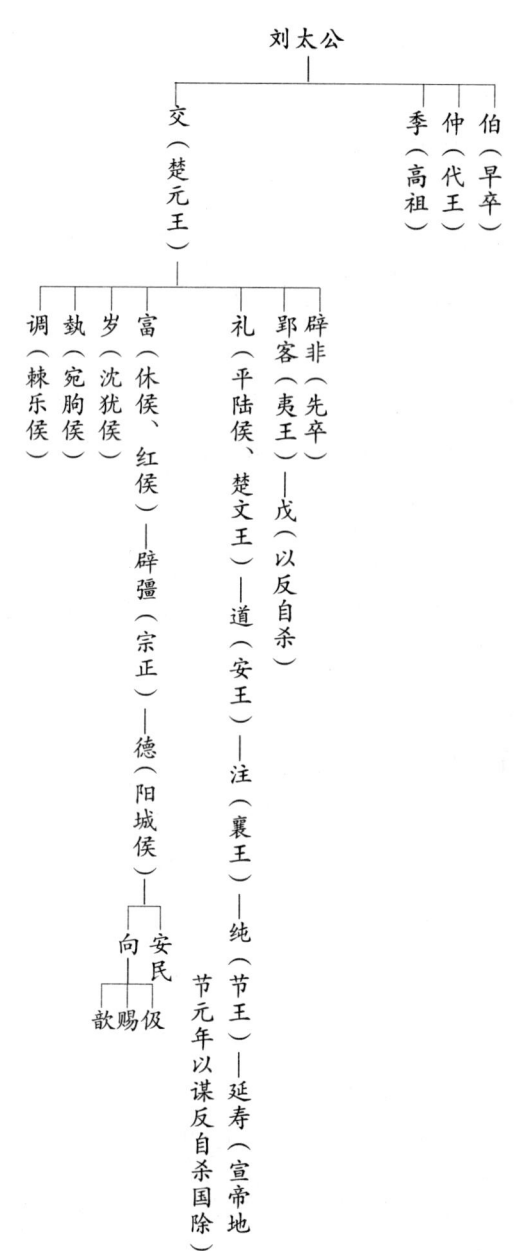

```
                    刘太公
         ┌────────────┴──────┬──┬──┐
       交(楚元王)          季 仲 伯
                           (高(代(早
                            祖)王)卒)
    ┌──┬──┬──┬──┬────────┬──┐
   调 郁 岁 富  礼       郢 辟
   (棘(宛(沈(休  (平陆侯、  客 非
   乐 朐 犹 侯、  楚文王)    (夷(先
    侯)侯)侯)红  │          王)卒)
              侯)戊(以反自杀)
              │
              辟疆(宗正)
              │
              道(安王)
              │
              德(阳城侯)
              │
              注(襄王)
              │
            ┌─┴─┐
            向  安民
            │
          ┌─┼─┐
          歆 赐 伋
            纯(节王)
              │
            延寿(宣帝地
                节元年以谋反自杀国除)
```

刘向《新序》、《说苑》的研究   49

邹衍重道延命方，世人莫见。而更生父德，武帝时治淮南狱，得其书，[①]更生幼而读诵，以为奇，献之，言黄金可成。上令典尚方铸作事，费甚多，方不验。上乃下更生吏，吏劾更生铸伪黄金，系当死。更生兄阳城侯安民，上书入国户半，赎更生罪。上亦奇其材，得逾冬减死论。会初立《穀梁春秋》，征更生受《穀梁》，讲论五经于石渠，复拜为郎中，给事黄门，迁谏大夫、给事中。

以上是刘向早年在宣帝时代的活动。按宣帝即位改元为本始元年（前七十三年），霍光死于地节二年（前六十八年）。霍氏以谋反族诛，为地节四年（前六十六年）。霍氏族诛后，他才有"循武帝故事"的完全权力。次年的元康元年（前六十五年）秋八月，"诏博举吏民，厥身修正，通文学，明于先王之术，宣究其意者"，此乃其发端。若依钱大昕刘向生于昭帝元凤二年（前七十九年）之说，向此时年十四。而为谏大夫当为神爵三年（前五十九年）。若依叶德辉向生于昭帝元凤四年（前七十七年）之说，向此时年十二，而为谏大夫当为五凤元年（前五十七年）。据传，向既冠（年二十）为谏大夫，接着以能属文并进对，献赋颂凡数十篇。再接着才"典尚方铸作事，费甚多而方不验，系当死"。其父刘德临死前为其"上书讼罪"，是五凤二年（前五十六年）。若刘向在五凤元年为谏大夫，次年（五凤二年）即因铸金不验犯法，一年之

[①]《补注》引刘奉世曰："淮南事元朔六年，是时德甫数岁。传误纪。"按刘德两为宗正，第二次居官二十二年之久。淮南狱所没收之有关资料，必保管于宗正。刘德因修黄老术，因而涉猎及主管中所没收之淮南著作，刘向亦得预闻，乃情理中事。班氏之误纪，殆因此而来。

间，容纳不了上面许多转折。所以我和钱宾四先生一样，认为钱大昕所推之刘向生年为不误。① 黄龙元年（前四十九年）宣帝死时，向年三十。甘露三年（前五十一年）与诸家讲论五经异同于石渠，因而得立《梁丘易》、《夏侯尚书》、《穀梁春秋》博士时，向年二十八。在此十年中，虽有散骑的加官，但尚未真正介入政治问题，主要是发挥少年好奇的心理，并在文学上求表现。在经学上除其世传的《诗》学外，加上了《穀梁春秋》。而《艺文志·诸子略·道家》中有"刘向《说老子》四篇"，当系向三十岁前后所作。道家为刘氏家学之一，而就《新序》、《说苑》看，刘向所受道家思想的影响，愈老而愈薄，故此书当成于早年。又：

元帝初即位（初元元年，前四十八年），太傅望之（萧望之）为前将军，少傅周堪为诸吏光禄大夫，皆领尚书事，甚见尊任。更生年少于望之、堪，然二人重之，荐更生宗室忠直、明经有行，擢为散骑宗正给事中，与侍中金敞拾遗于左右。四人同心辅政，患苦外戚许、史在位放纵，而中书宦官弘恭、石显弄权。望之、堪、更生议，欲白罢退之，未白而语泄，遂为许、史、恭、显所谮诉，堪、更生下狱，及望之皆免官……其春地震……上感悟，下诏赐望之爵关内侯，奉朝请。秋，征堪、向，欲以为谏大夫，恭、显白皆为中郎。冬地复震。时恭、显、许、史子弟侍中诸曹，皆侧目于望之等，更生惧焉，乃使其外亲上变事，言……地动殆为恭等，

---

① 见钱穆先生所著《刘向歆父子年谱》。一九五八年港版页一至二。我与钱先生之取证不同，而结论则一致。又钱先生此著，主要为拓清康有为《新学伪经考》之谬说而发。其立论之明快坚实，大有功于经学史。

臣愚以为宜退恭、显，以彰蔽善之罚。进望之等，以通贤者之路……书奏，恭、显疑其更生所为，白请考奸诈，辞果服，遂逮更生系狱……坐免为庶人……望之自杀。

宣帝临死时以史高为大司马车骑将军，萧望之为前将军光禄勋，周堪为光禄大夫，皆受遗诏辅政。望之、周堪援引刘向、金敞，四人同心协力，与史高成对立之局。接着是刘向下狱，望之免官；接着望之赐爵关内侯，周堪、刘向为中郎；再接着刘向免为庶人，望之自杀；这些剧烈变化，都是在元帝即位的次年——初元二年（前四十七年）一年中所发生的。这便使刘向接触到专制政治中的一个最基本问题，即是宦官外戚的问题。由此一问题，又引出由专制所形成的统治者的心理状态的问题。为了解决此种问题，刘向又遇着他自身理论上难以克服的破局，即是灾异说自身的破局。

《汉书》九十三《佞幸传》：

石显字君房，济南人；弘恭，沛人也。皆少坐法腐刑，为中黄门，以选为中尚书。宣帝时，任中尚书官。恭明习法令故事，善为请奏，能称其职。恭为令（中尚书令），显为仆射。元帝即位数年，恭死，显代为中书令。是时，元帝被疾，不亲政事，方隆好于音乐，以显久典事，中人无外党，精专可信任，遂委以政。事无小大，因显白决；贵幸倾朝，百僚皆敬事显。显为人巧慧习事，能探得人主微旨。内深贼，持诡辩以中伤人，忤恨睚眦，辄被以危法。初元中，前将军萧望之，及光禄大夫周堪、宗正刘更生，皆给事中。望之领尚书事，知显专权邪辟，建白：以为尚书

52　　两汉思想史（三）

百官之本，国家枢机，宜以通明公正处之。武帝游宴后庭，故用宦官，非古制也。宜罢中书宦官，应古不近刑人。元帝不听，由是大与显忤，后皆害焉。

宰相制度，本质上是将以平衡一人专制，与专制难以相容的制度。汉代专制政治演进的过程，也可以说是宰相制度破坏的过程；此到武帝而完成了此一破坏工作。宰相不能实际过问政治，政治便逐渐落在主管文书档案的尚书手上。由尚书直达皇帝，必须有帮助皇帝处理之人。皇帝主要生活于后庭，能在后庭行走的只有宦官，于是朝廷的尚书所经手的公文，最后送到皇帝手上时，皇帝因太忙或老病或年幼，只有由被指定的宦官帮着处理，乃至代为处理，此即"中尚书"出现的原因。宣帝以曾皇孙，实际是以平民而登帝位，更不信任外朝，此弘恭、石显之所以得势。其生母王夫人，生宣帝几个月后，随着卫太子的事变而同时被杀。他年幼得祖母史良娣（卫太子之妻）之兄史恭的抚养，有感恩及为祖母抱屈的深厚感情。许广汉女平君，以微时故剑，得立为后，立三年而被霍光之妻所谋杀，这在宣帝也都是难言的隐痛。汉代的社会政策中，由宣帝即位的本始元年起，经常有赐"女子百户牛酒"，我以为与上述的情形有关系。所以武帝惩吕后之祸，闲防外戚特严，[①] 宣帝追摹武帝，但对史、许两家，恩宠优渥。即位时史恭已死，乃封史恭子史高、史曾、史玄及高子丹皆为侯；史高至大司马大将军，宣帝死时，为受遗诏辅政者之一。封许皇后的父亲许广汉为平恩侯，位特进。广汉

[①] 武帝晚年欲立钩弋夫人之子为太子，即后之昭帝，乃先杀钩弋夫人以预为之防。事见《史记·外戚世家》褚先生补传。

的两弟许舜、许延寿亦皆封侯,更以延寿为大司马车骑将军辅政；这都是元帝的外祖父。所以元帝即位后,形成政治动力的是与他生活在一起的宦官及这批外戚。萧望之们,实质上是处于"客卿"的地位。这是专制政治中所必然出现的局面,也即是刘向自关涉到政治后,所全力要加以改变而卒无可奈何的局面。所以成帝即位,石显虽被"徙归故郡",但王氏又代之而起。

其次,元帝的"中人无外党,精专可信"的心理,是皇权专制下所必然形成的心理,因此,这可以说是凡当皇帝的人的共同心理。而元帝又有种特殊情形。《汉书》卷九《元帝纪》赞："元帝多材艺,善史书,[①]鼓琴瑟,吹洞箫,自度曲,被歌声,分刌节度,穷极幼眇(要妙)。少而好儒,及即位,征用儒生,委之以政,贡(贡禹)、薛(薛广德)、韦(韦贤)、匡(匡衡),迭为宰相。而上牵制文义,优游不断,孝宣之业衰焉。然宽弘尽下,出于恭俭,号令温雅,有古之风烈。"西汉到了元帝,儒者在政治上的分量,的确比以前加重。但西汉儒生,与其他出身的政治活动者,假定他们都是属于品德良好的这一类的人,也有两个大的区分点。第一个区分点,儒生必定把人民的要求安放在第一位；而其他出身的政治活动家,则在这一点上较为含糊。第二个区分点,儒生有一套把现实政治向理论上推进的原则,因此,他们的政治主张,常倾向于改革的这一方向。尽管他们表达得有时不够明显。其他出身的政治活动家,没有这种原则,因此,他们多表现在现实的利害比较,及处理的技术。像弘恭、石显这种人,则有一套"档案"性的知识及处理

[①] 应劭以"周宣王太史史籀所作大篆"释"史书",本来是不错的。《补注》引钱大昕谓,指的是当时流行的隶书。不知此乃其材艺之一,即今日所谓艺术活动之一,并非为了应用。故凡特纪某人善史书者,皆应如应劭所释。

的技术；而他们的动力，又说不上是现实政治上的利害比较，而仅是个人利害上的比较。元帝的性格，是"风流才子"的性格。他的"少而好儒"，乃来自当时儒家已在社会上成为文化中的主流的风气；儒家对他的影响，止限定在"出于恭俭"这一点上。他的性格本可以走上荒淫的路上去，但他并未曾如此，这是儒家思想所给予他的制约。当时政治的实权，实际已落在以大司马大将军为中心的内朝之臣的手上，宰相名位高而无实权。他初即位时，形成萧望之、周堪、金敞、刘向四位儒生同心辅政之局。因为望之是前将军，而周堪有"诸吏"的加官，刘向有"散骑"的加官，金敞则系"侍中"的加官，加入到了内朝的行列，① 能与皇帝亲近，取得帮皇帝处理政务的关系。但此时内朝，本以宦官弘恭、石显及外戚的大司马车骑将军史高、左将军史丹、大司马车骑将军许延寿及延寿的中子大司马车骑将军许嘉为主体。这一批人的子弟，充斥内朝，根深蒂固；恭、显有"文案"才，② 而心性贼险；史、许集团则系一批无知识的纨绔子弟。萧、周、刘等参入到这样一个政治核心的集团，其不能相容，乃是必然之事。元帝处在此一斗争中，尊敬萧、刘诸儒生之心，终不敌在生活上与他融成一体的宦官外戚们的逸间。加以他是一个苟安现实的人，内心实厌恶萧、刘们突破现状的

---

① 内朝外朝之分，以属于宰相系统的正常官职，亦即是普通所谓之"朝廷"为外朝。直属于皇帝，不在宰相系统的为"内朝"。内朝事实上之存在甚早，至武帝而始造成内朝在事实上取代外朝实权之局，霍光即正式将内朝与外朝对举。官制中主持军政军权的太尉，属宰相系统，这是朝廷的正常官制。武帝废太尉而设将军，并以大司马"冠将军之号"，所以凡是大司马及各将军，皆直属于皇帝，皆属于内朝。武帝更设"加官"制度，即是在本职以外，更给以另外的头衔，使属于宰相系统的，可进入到内朝，直属于皇帝。故不论地位如何，一经加官，其身份便特为贵重。
② 满清幕府中实际处理日常公文的称为文案。此借用。

刘向《新序》、《说苑》的研究

要求，但表面上又不愿断然拒绝；于是始而模棱两可，终而偏向宦戚的一边。纪赞所谓"优游不断"，乃指他处理内廷人事斗争中的心理状态而言。所谓"牵制文义"的"文义"，乃指石显们所"明习法令故事"而言。他不愿有杀师傅之名，也知"萧太傅素刚，安肯就吏"，但依然听石显"诎之于牢狱"的处置，使望之"饮鸩自杀"。闻望之自杀，又"却食为之涕泣，哀恸左右"，[①]而显等安然无恙。望之死后，再起用周堪及堪弟子张猛。但终于"堪希得见，常因显白事，事决显口，会堪疾瘖，不能言而卒。显谮谮猛，令自杀于公车"。[②]向被免为庶人后，上封事中谓"今贤不肖浑淆，白黑不分，邪正杂揉，忠谗并进"，这反映出了当时政治上的真实；而此一真实，与皇权专制的共性及元帝的特性是不可分的。

另一是萧望之、刘向们以灾异说作为推动政治的武器，是完全无效的。《萧望之传》，"地节三年夏，京师雨雹，望之因是上疏愿赐清闲之宴，口陈灾异之意"，他由此受知于宣帝。但弘恭、石显们为什么不可以此反射到刘向这批人身上呢？《向传》"冬地复震"，向使其"外亲上变事"，一面谓"不为三独夫（匹夫）动（指望之、周堪、刘向）"，另一面谓"地动殆为恭等"。但"是岁夏寒，日青无光，恭、显及许、史皆言堪（周堪）、猛（张猛）用事之咎"。在经验世界之上，建立一种由灾异以见意的天意，这种天意，在解释上本来是可以有很大的出入的。要凭此以衡断现实问题上的是非，根本是董仲舒以下的无可奈何的迂愚之举。在成帝时代，一群儒生以灾异压垮了许皇后，间接捧起了赵飞燕，这是最坏的

---

① 见《汉书》七十八《萧望之传》。
② 见《汉书》三十六《刘向传》。

例子之一。但刘向一生，似乎未能跳出自己所划的圈套。

刘向自元帝的元初二年（前四十七年）冬免为庶人后，一直到成帝建始元年（前三十二年）起用时，中间废弃了十五年之久。永光四年，周堪以扼于石显而卒，张猛自杀，"更生伤之，乃著《疾谗》、《摘要》、《救危》及《世颂》，凡八篇，依兴古事，悼己及同类也"。"依兴古事"，乃刘向著书的体例。此后所著的《新序》、《说苑》、《列女传》，皆系依兴古事。按《艺文志·诗赋略》，有刘向赋三十三篇。其中有踵屈原之《九歌》、《九章》及宋玉之《九辩》而作《九叹》，盖自伤其遭遇与屈原相同，悼屈原，实所以自悼。更"哀屈、宋诸赋，定名《楚辞》"，为总集之祖，应当都是此一废弃期间的产物。又本传：

成帝即位，显等伏辜，更生乃复进用，更名向。向以故九卿召拜为中郎，使领护三辅都水。数奏封事，迁光禄大夫。是时帝元舅阳平侯王凤为大将军秉政，倚太后专国权；兄弟七人，皆封为列侯。时数有大异，向以为外戚贵盛，凤兄弟用事之咎。而上方精于《诗》、《书》，观古文，诏向领校中五经秘书；①向见《尚书·洪范》，箕子为武王陈五行阴阳休咎之应。向乃集合上古以来，历春秋六国至秦、汉符瑞灾异之记，推迹行事，连传祸福，著其占验，比类相从，各有条目，凡十一篇，号曰《洪范五行传论》，奏之。天子心知向忠精，故为凤兄弟起此论也，然终不能夺王氏

---

① 按《成帝纪》河平三年，光禄大夫刘向校中秘书。谒者陈农使求遗书于天下。向年此时五十四。

权。久之，营起昌陵，数年不成，复还归延陵，制度泰侈，向上疏谏曰……书奏，上甚感向言，而不能从其计。向睹俗弥奢侈，而赵、卫之属起微贱，逾礼制。向以为王教由内及外，自近者始。故采取《诗》、《书》所载贤妃贞妇，兴国显家，可法则，及孽嬖乱亡者，序次为《列女传》，凡八篇，以戒天子。及采传记行事，著《新序》、《说苑》，凡五十篇，奏之。数上疏言得失，陈法戒。书数十上，以助观览……向雅奇陈汤知谋，与相亲友，独谓汤曰，灾异如此，而外家日盛，其渐必危刘氏。吾……历事三主，上以我先帝旧臣，每进见，常加优礼，吾而不言，孰当言者？向遂上封事极谏曰……书奏，天子召见向，叹息悲伤其意，谓曰，君且休矣，吾将思之。以向为中垒校尉。向为人简易无威仪，廉靖乐道，不交接世俗，专积（精）思于经术。昼诵书传，夜观星宿，或不寐达旦。元延中，星孛东井，蜀岷山崩，雍（壅）江，向恶此异，语在《五行志》，怀不能已，复上奏，其辞曰……上辄入之（召入），然终不能用也。向每召见，数言公族者国之枝叶。枝叶落，则本根无所庇荫。方今同姓疏远，母党专政，禄去公室，权在外家，非所以强汉宗，卑私门，保守社稷，安固后事也。向自见得信于上，故常显讼宗室，讥刺王氏及在位大臣；其言多痛切，发于至诚。上数欲用向为九卿，辄不（衍文）为王氏居位者及丞相御史所持（挟持），故终不迁。居列大夫官，前后三十余年。年七十二卒，[①]卒后十三岁而王氏代汉。

---

① 钱《谱》刘向卒记于绥和元年（前八年）。

两汉思想史（三）

按刘向在元帝时扼于石显。成帝即位，石显被斥逐以死，所以他得再起。但他在元帝时的政治问题，是弘恭、石显及外戚许、史之属。成帝时，政治权力则由王太后一家取而代之，遂成为刘向后半生的最大政治问题。成帝上制于母后，而自己又"湛于酒色，赵氏乱内"，便无法不使"外家擅朝"，①所以刘向扶枝叶以固根本的企图，又完全落空。但他能三十余年"居列大夫官"，依然是成帝保全之力。他开始以中郎（秩比六百石）迁光禄大夫。光禄大夫虽秩比二千石，但在官制中乃居于可上可下的地位。宣、元以后，愈为清要。周堪为光禄勋，秩中二千石，乃九卿之位。及受遗诏辅政，改为光禄大夫；其地位尊崇亲近可知。②此时成帝"诏向领校中五经秘书"，则以清要之官，领职责以外，与现实政治疏离之事。最后由光禄大夫迁中垒校尉，秩二千石，掌北军垒门内，外掌西域，而校书如故，与政治的枢机相去更远。这种职掌上的特殊安排，及迁徙上的由近而远，不是出于成帝对他的尊信，乃是出于成帝怕他当政治之冲，难免于元帝时萧望之、张猛们之祸。而刘向终以校书之故，在中国学术史中取得一特殊不朽的地位；则一时现实政治上的沉沦，就个人而言，常是塞翁失马，安知非福的。

二、《新序》、《说苑》的问题

刘向在学术上最大的贡献，在他的校雠中秘书。此已有不少

---

① 《汉书》十《成帝纪》赞。
② 请参阅陈树镛《汉官答问》卷二，页七。

人作过专题研究；这里只以《新序》、《说苑》为对象，探索他的思想及关涉到的若干经学史上的问题。

前引《刘向传》，对《列女传》则言"序次"，序次云者，编定其次序之谓。所以《列女传》，刘向只是根据材料，分类编定其次序；除"颂"外，向未加意见。《新序》、《说苑》则言"著"，与《疾谗》等八篇之言"著"者同。《疾谗》等八篇是"依兴古事"，而《新序》、《说苑》是"采传记行事"，这是直接受到韩婴《诗传》的影响；但在传记行事之外，必加入有他自己的意见，甚至是以自己的意见为主导地去采传记行事，始可谓之著。《新序》、《说苑》是"著"而不是"序次"，《汉书》本传是说得很明白的。至于《汉志·诸子略·儒家》中"刘向所序六十七篇"的所序，指的是刘向把自己几种著作，以篇为单位，编（序）在一起而言。与"扬雄所序三十八篇"的意思相同。乃今人竟据此认为《新序》、《说苑》仅是刘向所"编辑"的，而以"曰撰曰著者非"；[①]且在今日几成为定论。然则扬雄所序三十八篇中，据班固注《太玄》十九，《法言》十三，《乐》四，《箴》二"，《太玄》、《法言》，也是编辑而不是撰著的吗？这是应首先加以澄清的问题。

此问题应始于黄震的《黄氏日钞》的一段文字。"《说苑》者，刘向之所校雠，去其复重与凡已见《新序》者，而定为二十卷，名《说苑》"。沈钦韩《汉书疏证》卷二十七："此二书旧本有之，向重为订正，非创自其手也。"余嘉锡氏《四库提要辨证》卷十《新序》十卷一条，亦踵其说而有所发挥。大家所根据者，为宋本《说苑》有如下的叙录：

[①] 见张心澂著《伪书通考》页六三八"心澂按"。

护左都水使者光禄大夫臣向言，所校中书说苑杂事，及臣向书，民间书，诬①校雠。其事类众多，章句相溷，或上下谬乱，难分别次序。除去与《新序》复重者。其余者，浅薄不中义理，别集以为百家后，令以类相从，一一条别篇目，更以造新事，十万言以上，凡二十篇，七百八十四章，号曰《新苑》，皆可观，臣向昧死。

《初学记》二十四引《风俗通》："苑，蕴也，言薪蒸所蕴积也。"上面的叙录，文字似有讹缺，但仍可分三部分来了解。第一应了解"所校中书说苑杂事"的"说苑"，乃刘向对许多积聚在一起的一堆零星言论所加的统一称呼，并非先有"说苑"一书。也如刘向对许多积聚在一起的零星故事，而统称之为"杂事"，并非早有"杂事"一书，是同样的情形。正因为说苑杂事，仅指中秘所藏的一堆材料，并非如其他诸子百家之勒为一书，所以又可加入自己及民间所藏的这类材料，而至"事类众多"；不似已勒为一书者之有一定范围。第二是刘向说他对这一堆材料的整理。刘向先已从这一堆材料中，撰为《新序》一书。所以整理的第一步是"除去与《新序》复重者"。第二步是把"浅薄不中义理者，别集以为百家后"。②所谓"别集以为百家后"者，是把这些不中义理的材料，也不轻易抛弃，另外编在一起（"别集"），以列于百家

---

① 按卢文弨《群书拾补》"说苑"条"案《论语》曰，焉可诬也。《汉书·薛宣传》作可忨。苏林曰，忨，同也，兼也。晋灼曰忨音诬。疑此诬与忨同义"。
② 章宗源《隋书经籍志考证》，以"后当为复"，属下句读，大误。

刘向《新序》、《说苑》的研究

之后。①《汉志·小说家》末有百家百三十九篇，可能便是收录的这批被淘汰的材料。这里应注意的是，刘向校雠已勒成一书的诸子百家时，是把来路不同的篇简，收集在一起，除掉其中复重的，并互补残缺，加以校雠，编次写定。如《晏子叙录》"所校中书《晏子》十一篇，臣向谨与长社尉臣参校雠太史书五篇，臣向书一篇，参书一十三篇，凡中外书三十三篇，为八百三十八章，除复重二十二篇，六百三十八章，定著八篇，二百一十五章。外书无有三十六章，中书无有七十二章，中外皆有以相定。中书以天为芳……如此类者多，谨颇略笔，皆已定，以杀青，可缮写。"《晏子春秋》也是由二百一十五个故事所组成，但是已于战国末期，勒为一书，故其"复重"皆为一书自身之"复重"。而"说苑杂事"，仅刘向对一堆材料所加的统称，并非先有此书，所以没有一书自身复重的问题，而只是与他所著的《新序》相校，把已经采用过的除掉。第三，是他说的著《说苑》的情形。"余者令以类相从，一一条别篇目，更以造新事。"这是说把《新序》里已经采用过的，及浅薄不合义理的除掉，剩下的材料（余者），则以类相从地分配到拟定的篇题中去，再加上新的材料，即汉代的材料，勒为十万言以上的《新苑》一书，可供皇帝的观览。

把上面的叙录弄清楚了，更把"依兴古事"以著书，乃战国中期以后，受孔子作《春秋》之影响，成为表达思想之另一方式②的情形弄清楚了，便不应误解到《新序》、《说苑》"旧本有之"。更重要的是：《新序》三十卷，到北宋而只剩十卷，其全貌虽不可见；

---

① "其余者浅薄不中义理"一句中之"余者"两句，似应加在"令以类相从"句的"令"字之上，而为"余者令以类相从"。
② 详具见于拙文《〈韩诗外传〉之研究》的第一节。

但如《杂事一》、《杂事二》，开始的一段，系融铸许多故事以表达一个中心思想，这实际已是一篇的总论。更就《说苑》二十卷而言，其篇题由《君道》而至《反质》，反映出刘向的时代，并组成一个思想系统，此已可见其经营构造的苦心。且除《君道》外，其余十九篇，篇首皆有刘向所写的总论性的一段文章，以贯穿全篇；篇中也和韩婴《诗传》一样的，加入了许多自己的议论，此非有计划的著书而何？《君道》篇之所以缺少篇首的总论，我推测，这是他对成帝说话的技巧；君道应如何？只让历史讲话，不把自己的话摆在当头，致贬损了皇帝的自尊心。但收尾两段的意思，是刘向固根本、抑外戚的奏疏的提要。总言之，每一篇皆有由刘氏所遭遇的时代问题而来的特别用心，而二十篇又构成一个思想系统。过去的人，没有就两书内容下过切实的功夫，对其精神脉络略无理解，所以认为不是刘氏所自著。至余嘉锡氏以《新序》、《说苑》与刘向校理《战国策》的情形相比，《战国策》中，有刘氏自己的片言只字吗？《本传》、《汉志》，曾言《战国策》是刘向自著的吗？

至于《说苑》叙录"号曰新苑"，不必如张宗源所说的"新苑疑新说苑，夺说字"。以陆贾之《新语》，贾谊之《新书》，及刘氏成书在先的《新序》推之，可能刘向本自定名为新苑；至班氏写《刘向传》时，改称或误称为说苑，而新苑之名，反因之泯没。

两书成书的年代，马总《意林》："《七略别录》曰，《新序》三十卷，河平四年都水使者谏议大夫刘向上言。"王应麟《汉书艺文志考证》："《新序》总一百八十三章，阳朔元年二月癸卯上。"按河平四年（前二五）为成帝即位后之第八年，其次年即为阳朔元年（前二四），两说相去甚近，刘向于此时上《新序》，有其可能。但向为谏大夫，为宣帝甘露三年（前五十一年）；而光禄勋中之谏大夫、议郎为二职，谏议大夫之名，始于后汉。《新序》原三十卷，亦不应仅总一百八十三章。所以马总《意林》所引之《七略别录》，实不可信。①但所言上《新序》之时间（河平四年），应出入不远。至王应麟《汉志考证》"说苑"条下"鸿嘉四年（前一七）三月己亥上"，此时上距阳朔元年为七年，上距河平四年为八年；则于此时上《说苑》，亦颇为可信。

《新序》在《唐书·艺文志》尚著录三十卷，至《崇文总目》则已著录为十卷；《全汉文》辑了五十二条佚文，其中多断章零句。且有吴汉一条，并非出于《新序》。而现存十卷中各篇，有的恐亦非全文。其亡佚者当在三分之二以上。《说苑》卷数虽全，亦有亡佚，②但无损于其完整性。《新序》与《说苑》的分别，约有三端。一为《新序》"杂事"共有五篇，未按内容性质标题；盖《韩诗传》全未标题，《新序》则大部分标题，《说苑》则全部标题。③由此可见此种体裁演进之迹。二为刘向在《说苑》中之思想性，较《新序》为强；孔子之地位，更为突出。三为《新序》卷十之《善谋下》，全录汉事；而《说苑》虽录有汉事共约十七条，但无通篇全录汉事者。至《新序》与《说苑》之偶有重复，乃删除未净，或

---

① 诸书所引《七略别录》多不足轻信。如《文选》注引《七略》谓扬雄"甘泉赋，永始三年正月上"。永始三年无行幸甘泉之事，扬雄何缘上赋。
② 严可均《铁桥漫稿·书〈说苑〉后》略谓"卢抱经《群书拾补》所载宋本有刘向叙一首，叙言二十篇七八四章。今本《君道》至《反质》凡六三九章。《群书拾补》有佚文二十四事，当是二十四章，都计六六三章，视向少一二四章，非完书也。"
③《说苑》中之《丛谈》、《杂言》两篇，亦皆有其特定之内容，形成全篇之统一性。

因材料之出处不同而小有异同，故两者并录，① 所以"除去与《新序》重复者"之言为可信。

又《史通·杂说下》谓刘向"自造《洪范五行》及《新序》、《说苑》、《列女》、《神仙》诸传，而皆广陈虚事，多构伪辞。非其识不周而才不足，盖世人多可欺故也"。《四库提要·新序》十卷下引叶大庆《考古质疑》，摘其谬误，谓"皆切中其实"。按刘知几《史通》多意气武断之谈。《新序》、《说苑》，刘向写成后，皆上之成帝，以当谏书，② 岂有存心欺世之理。严可均谓"向所类事，与《左传》及诸子，间或时代牴牾，或一事而两说三说兼存，《韩非子》亦如此。良由所见异词，所闻异词，所传闻异词，不必同李斯之法，别黑白而定一尊。浅学之徒，少见多怪；谓某事与某书违异，某人与某人不相值。生二千载后，而欲画一二千载以前之事，甚非多闻阙疑之意"。③ 我以为刘向所录者皆系先秦旧录，间或加入汉代言行，决非出自臆造。观其"删去其浅薄不中义理者"之言，可知其取舍之标准，在义理不在真伪，此与作史不同。今人若能就《韩非子》、《吕氏春秋》、《韩诗传》、《淮南子》及《新序》、《说苑》等书所引各故事，以矜慎之心，较其同异，判其讹伪，勒成专书，以补史书之所遗缺，这是很有意义的事情，但此无关于《新序》、《说苑》两书自身之得失，本文则将此类问题，置之于讨论范围之外。下面所提出的，是站在学术思想上，考查刘向所涉及之问题。

---

① 例如《新序·杂事一》之"楚共王有疾"条，与《说苑·君道》篇"楚文王有疾"条，内容全同，而一称共王，一称文王，盖分见中之小有出入。
② 谭献《复堂日记》卷六，"《新序》以著述当谏书，皆与封事相明"，其言甚确。
③ 见严氏《铁桥漫稿》卷八《书〈说苑〉后》。

刘向《新序》、《说苑》的研究　　　　　　　　　　　　　　　　　　65

三、《新序》、《说苑》与《韩诗传》

首先我想对《新序》、《说苑》与《韩诗传》的关系，要得到一个明确的印象。将《新序》、《说苑》与《韩诗传》互相对照的结果，有的故事之内容相同，引诗相同，仅文字稍有出入，即视为与《韩诗传》相同。此外有的内容大体相同。此即视为故事录自《韩传》而注明缺诗。有的内容在文字上出入颇大，且亦缺诗的，则或因《韩传》文字之本有残缺；或因《韩传》抄录时较略，而刘向较详；即可推知韩婴所本者，亦为刘向所见。此外还有须待继续查证的。

《新序》与《韩诗传》完全相同的计卷一共二条，卷四共四条，卷五共六条，卷六共二条，卷七共六条，卷八共二条。缺诗者卷一有二条，卷五有一条。文字出入颇大而又缺诗者，卷一有三条，卷五有二条，卷六有一条，卷七有三条，卷八有一条。待继续查证的，卷一有三条，卷二有五条，卷三有一条，卷六有一条，卷七有三条，卷九有一条。卷十全引汉事，与《韩传》无涉。《韩诗传》卷九"楚有善相人者"条，与《新序》卷五"楚人有善相人"条，两故事仅文字稍有出入；但《韩传》引"《诗》曰，彼己之子，邦之彦兮"，意在称美相者能启发楚庄王之求贤用贤。《新序》则引"《诗》曰，济济多士，文王以宁"，则意在称美楚庄王之能求贤用贤。此乃两人意有所偏重，不关于诗在传承上之异同。《新序》有的在抄录《韩传》后，更多出一段；如卷六"齐景公饮酒而乐"条，与《韩传》卷九"齐景公纵酒"条，仅文字小有出入，引诗亦同，但《新序》在"《诗》曰，人而无礼，胡不遄死"之后，多出"故礼不可去也"以下"公曰"七十五字，乃补足此一故事；此补足之故事，似见于《韩传》他处。其他亦有多出之一段，常为刘向发挥此故事之意义。卷五"田饶事鲁哀公"条；见于《韩传》卷二"伊尹去夏入殷"条，《新序》除节去开首三句外，将《韩传》引诗的"适彼乐国"改引"适彼乐土"，后更增"《春秋》曰，少长于君，则君轻之，此之谓也"；此盖补证田饶"以其所从来近也"之言。凡此类者，皆无关于《韩传》、《新序》间之异同。又有在《韩传》开始有"传曰"两字，《新序》卷七有两处加以删去；此种情形，在《说苑》更为习见。又《新序》卷五"君子曰，天子居闉闍之中"条，实来自《韩传》卷五"传曰，天子居广厦之下"条，但《新序》改"传曰"为"君子曰"；凡此或系韩婴著传时，尚得见原典，故以"传曰"两字著其出自先秦，至刘向时则原典已不可见，故将"传曰"两字去掉，或系出自刘向著书之惯例；其确实原因，今日无由断定。又《韩传》卷二"楚昭王有士曰石奢"条的结语为"石先生之谓也"，《新序》卷七全引此条，惟将"石先生"改为"石子"；而《说苑》则将《诗传》中之"先生"皆改为"生"，由此可以推知"先生"一词，流行于西汉初年，景、武以后，则不甚流行，或称"子"，或简称"生"。

《说苑》卷一与《韩传》相同者一条。故事同而缺诗者三条。故事中文字之出入颇大而又缺诗者两条。其"周公践天子之位，布德施惠，远而愈明，十二牧方三人"条，实本于《韩传》卷六"王者必立牧方二人"条。后文的"以人告乎天子"的情形，皆泛说，不应有《说苑》之开首三句。且就周初言，周公、召公为二伯，"伯"相当于此处之所谓"牧方"，亦当为二人而非三人。而《说苑》"十二牧方三人"，意谓十二州之牧方，此承《尧典》而误。

而《韩传》引"《诗》曰,邦国若否,仲山甫明之。此之谓也";刘向既以此事属之周公,即不能引美仲山甫之诗,故改引"《诗》曰,柔远能迩,以定我王。此之谓矣",此不关于《诗》之家法、门户。

《说苑》卷二有两条故事与《韩传》大体相同而缺诗。卷三有三条与《韩传》相同。又"子路曰,负重道远者不择地而休……枯鱼衔索,几何不蠹……"此盖合《韩传》之两条以为一条,而缺《韩传》所引之诗。卷四与《韩传》同者一条,故事同而缺《韩传》所引之诗者两条。另有"齐崔杼杀庄公"条,实即本于《韩传》卷八"齐崔杼弑庄公"条。而刘向对韩婴之观点作了修改。兹略录两者于下,借作比较。

《韩传》:

> 齐崔杼弑庄公,荆蒯芮使晋而反。其仆曰,君之无道也,四邻诸侯莫不闻也。以夫子而死之,不亦难乎?荆蒯芮曰,善哉而言也。早言,我能谏。谏而不用,我能去。今既不谏,又不去,吾闻之,食其食,死其事。吾既食乱君之食,又安得治君而死之。遂驱车而入,死其事。仆曰,人有乱君,犹必死之。我有治长,可无死乎?乃结辔自刎于车上。君子闻之,曰,荆蒯芮可谓守节死义矣。仆夫则无为死也,犹饮食而遇毒也。诗曰,夙夜匪懈,以事一人,荆先生之谓也。《易》曰,不恒其德,或承之羞,仆夫之谓也。

《说苑》:

齐崔杼杀庄公，刑蒯聩使晋而反。其仆曰，崔杼弑庄公，子将奚如？刑蒯聩曰，驱之，将入死而报君。其仆曰，君之无道也（按以下与《韩传》同，故略去）……君子闻之，曰，刑蒯聩可谓守节死义矣。死者人之所难也。仆夫之死也，虽未能合义，然亦有志士之意矣。《诗》云，夙夜匪懈，以事一人。刑生之谓也。孟子曰，勇士不忘丧其元。仆夫之谓也。

按将两者加以比较，出入之点有三。一、《韩传》称"荆蒯芮"，《说苑》称"邢蒯聩"；荆邢形近，芮聩音近，皆易为混误，今难断其孰是孰非。二、《说苑》多"其仆曰……将入死而报君"数句，对故事之线索较为明白。三、刘向很显然修正了韩婴对仆夫之观点，而韩所引"《易》曰"，实对仆夫的一种贬辞，故刘向改引"孟子曰"以赞美之。总之，此条应可断定出于《韩传》。

卷五与《韩传》相同者一条。其"武王克殷，召太公而问曰"条，与《韩传》卷三之"武王伐纣，至于邢邱，楯折为三"条内，太公、周公之言，大约相同；但《传》详而《说苑》略。此在《说苑》为特例。因两者有异同时，多《传》略而《说苑》详。且叙者乃伐纣及克殷两阶段之事。《说苑》以伐纣的事混为克殷之事。此一重要史料，《韩传》记录较详。《韩传》引"牧野洋洋"及"胜殷遏刘"两诗，《说苑》皆未录。

卷六"晋文公亡时，绚叔狐从"条，盖出于《韩传》卷三"传曰，晋文公尝出亡，反国"条，引诗亦同；但《韩传》文字似有残缺。"楚庄王赐群臣酒"条，见于《韩传》卷七。然《韩传》谓"殿上烛灭，有牵王后衣者"，《说苑》则作"乃有人引美人之衣者"，易"王后"为"美人"，且文字亦较详备，缺诗；此盖刘向据《韩传》而加以修饰。另有一条内容与《韩传》同而文字有出入，且缺诗。

卷七有两条同《韩传》，其中"鲁有父子讼者"条，与《韩传》卷三"传曰，鲁有父子讼者"条，文字互有详略。有两条与《韩传》内容同而缺诗。另"孔子谓宓子贱曰，子治单父而众说"条，当本于《韩传》卷八"子贱治单父，其民附。孔子曰，告丘之所以治之者"条。惟韩婴重在"所师者一人"，刘向则将此句删去，侧重在"此地民有贤于不齐者五人，不齐事之"。前又易"不齐时发仓廪，振困穷，补不足"为"不齐父其父，子其子，恤诸孤而哀丧纪"。此或因刘向着眼点之不同而加以改编，或刘向另有所本。《韩传》有诗而《说苑》无诗。

卷八有两条与《韩传》同。"伯牙子鼓琴"一条，本于《韩传》卷九之"伯牙鼓琴"条；特结尾处刘向在"苟非其时"下，增易数语，以加强知贤之重要。两皆缺诗。故此条亦可视为完全相同。另有故事内容大体相同而缺诗者三条。故事内容相同而文字出入颇大，且缺诗者五条。

卷九"景公好弋"条，与《韩传》卷九"齐景公出弋昭华之池"条，故事之内容同，而文字出入颇大，缺诗。按《说苑》当取自《晏子春秋·外篇》第七，《韩传》当另有所出。

卷十"昔成王封周公，周公辞不受，乃封周公子伯禽于鲁"条，实出自《韩传》卷三"成王封伯禽于鲁"条，虽《说苑》此处多出十三字，但后文及引《易》引《诗》皆同。"孔子观于周庙"，与《韩传》卷三"孔子观于周庙"条，皆出于《荀子·宥坐》篇，而文字互有出入。盖韩出自荀，而刘出自韩，韩、刘又各以意发挥"持满"之道，而《韩传》引"《诗》曰，汤降不迟，圣敬日跻"，《说苑》引《易》曰，不损而益之，故损；自（始）损而终，故益"。《孔子家语·三恕》篇引此故事，与《荀子》原文最接近。"曾子有疾"条，"官怠于宦（《韩传》作有）成，病加于少（《韩传》作小）愈，祸生于懈惰，孝衰于妻子，察此四者，慎终如始。《诗》曰，靡不有初，鲜克有终"，与《韩传》卷八同。惟《韩传》少"曾子有疾"以下共九十二字；又于"《诗》曰"上多《易》曰，小狐汔济濡其尾"九字；我以为《韩传》有脱失，而"《易》曰"九字，又被刘向删去。所以此条实出自《韩传》。此外故事之内容同而文字有出入，且缺诗者四条。

卷十一"齐景公问子贡曰，子谁师"条，实出于《韩传》卷八"齐景公谓子贡曰，先生何师"条，而此处之文字有删节，又缺诗。

卷十二"赵王遣使者之楚"条，虽文字稍有出入，实出自《韩传》卷七"赵王使人于楚"条。惟《韩传》引《大雅·烝民》之诗"征夫捷捷，每怀靡及"；而《说苑》引《小雅·皇华》之"駪駪征夫，每怀靡及"。盖刘向以《皇华》本为"君遣使臣"（《诗序》）之诗，于此为更切。"魏文侯封太子击于中山"条，与《韩传》卷八"魏文侯有子曰击，次曰诉；诉少而立以嗣，封击中山"条，故事之骨干完全相同，故事中所引的《晨风》、《黍离》的诗，及结尾引《大雅·卷阿》之诗亦同，而文字的出入颇大，且各有长短。尤其是《韩传》引《卷阿》之诗，乃韩所自引；而《说苑》作"太子乃称《诗》曰"。岂此故事，各有所本？这是很难断定的。"越使诸发执一枝梅遗梁王"条，与《韩传》卷八"越王勾践使廉稽献民于荆王"条，内容大部分相同，然各有讹夺。周显王

刘向《新序》、《说苑》的研究

三十五年魏（梁）始称王，是年楚灭越。故越未亡时，魏尚未称王，不得有通使于梁王之事。越未亡时，未尝臣服于楚，亦无"献民"于荆王之理。意者"献民"乃"献梅"之误，而"梁"王乃"荆"王之误。《说苑》引"诗云：维君子使，媚于天子。若此之谓也"作结，而《韩传》无之，盖在流传中佚去。此条可大体断定出于《韩传》。另有一条与《韩传》大体相同而缺诗，另一条文字颇有出入而缺诗。

卷十三有一条之故事与《韩传》同而文字颇有出入，又缺诗。

卷十五"孔子北游，东上农山"，使子路、子贡、颜渊言志一条，故事之骨干，分见于《韩传》卷七"孔子游于景山之上"条，及卷九"孔子与子贡、子路、颜渊游于戎山之上"条。但从文字看，《说苑》出于《韩传》卷九，而《韩传》卷九此条之文字有讹脱，"戎山"亦疑系"农山"之误。且卷七之此条引诗作结，《韩传》卷九及《说苑》皆缺诗。《孔子家语·致思》篇"孔子北游于农山"条，殆取自《说苑》而加以修饰，故文义较为合理。另有两条故事与《韩传》同而文字有出入，且缺诗。

卷十七有五条与《韩传》同。有两条之故事与《韩传》同而缺诗。有一条之故事与《韩传》同而文字有出入，且缺诗。

卷十八有两条与《韩传》同。

卷十九有一条与《韩传》同。有一条之故事同而缺诗，有一条之故事同而文字有出入，且缺诗。

卷二十"魏文侯御廪灾"条，与《韩传》卷十"晋平公之时，藏宝之台烧"条，故事之意义相同，而人物及详略（《传》详而此略）不同，且缺诗，殆各有所本。

由上面的粗略统计，《新序》较《说苑》，吸收《韩传》者为多。若《新序》之三十卷未残，则《韩传》几全为两书所吸收。由此可以断言《新序》、《说苑》之作，盖承《韩传》之统绪而有所发展。其非先秦本有《新序》、《说苑》之书，更为明显。

一般认为刘向是《鲁诗》世家，所以刘向有关《诗》的说法，是代表《鲁诗》的说法。此虽出于推测，但在学术传授的实际情况中，并非不合理。不过由上面的陈述，刘向实际引用了大量的《韩传》及《韩传》中所引用的"《诗》曰"；至于有些引用了《韩传》而节去其"《诗》曰"，这是因为《韩传》本是为传《诗》而作，《新序》、《说苑》则并非专为传诗而作，所以对诗的采用与否，有较大的自由，并非出于传承中门户的不同。因此可以证明，《齐诗》、《鲁诗》、《韩诗》，仅是由传承上的地与人的不同而来的称呼，不是对诗内容解释上的分门别户的称呼；他们本出一源，在内容上没有门户，于是刘向不感到他家传的《鲁诗》和他大量采用的《韩诗》，有什么门户，须加以界域。此外，《新序》卷七"卫宣公之子伋也寿也朔也"条，谓："伋，前母子也。寿与朔，后母子也。寿之母与朔谋，欲杀太子伋、而立寿也，使人与伋乘舟于河中，将沉而杀之。寿知不能止也，遂与之同舟，舟人不得杀伋。方乘舟时，伋傅母恐其死也，闵而作诗，《二子乘舟》之诗是也……"《毛诗序》"《二子乘舟》，思伋、寿也。卫宣公之二子，争相为死，国人伤而思之，作是诗也"。两者所述此诗的本事，完全相同。惟一谓伋之傅母作，一谓国人作，我认为这是《毛序》作了合理的修正。又上面提到《说苑》卷十二，刘改韩氏所引《燕民》之诗为《皇华》之诗，与《毛传》又完全相合。是毛与三家所根据的亦完全相同。至刘氏又谓"寿闵其兄伋之且见害，作忧思之诗，《黍离》之诗是也"，这是不合理的，因为《黍离》属于《王风》

而不属于《卫风》，所以《毛序》说是"闵宗周也"，这也是传承中的修正。在传承中而有所修正，这在先秦及汉初，是常见的现象。《说苑》卷五在"《诗》曰，蔽芾甘棠，勿剪勿伐，召伯所茇"下，引"传曰，自陕以东者周公主之。自陕以西者召公主之。召公述职，当桑蚕之时，不欲变民事，故不入邑中，舍于甘棠之下，而听断焉。陕间之人，皆得其所。是故后世思而歌咏之"。此与《韩诗传》卷一"昔者周道之盛"条及《毛诗序》，虽文字有详略异同，而内容则完全一致。在"故后世思而歌咏之"下，接着是"善之故言之。言之不足，故嗟叹之。嗟叹之不足，故歌咏之。夫诗思然后积，积然后满，满然后发"。这段话，试与《毛诗大序》"在心为志，发言为诗。情动于中，而形于言；言之不足，故嗟叹之。嗟叹之不足，故永歌之。永歌之不足，不知手之舞之，足之蹈之也"的一段相对照；又试与王褒《四子讲德论》"传曰，诗人感而后思，思而后积，积而后满，满而后作。言之不足，故嗟叹之。嗟叹之不足，故咏歌之。咏歌之不厌，不知手之舞之，足之蹈之也"的一段相对照，应可断定王褒之"传曰"，《说苑》之"传曰"，与《毛诗大序》，其为同出一源，可无疑义。至其间文字之异同，可以发明汉人用典籍时，有所增删润饰之通例。

四、与其他典籍之关连

《新序》、《说苑》，除大量吸收到了《韩诗传》及《韩诗传》中所引用之《诗》外，刘向自己也引用了大量的《诗》，两书随处可见。我虽没有加以统计，但可说，《诗》是他引用得最多的典籍，我以为这还是受了《韩诗传》的影响。其次，我注意到，《新序》、

《说苑》中引用孔子的材料，在比例上超过了《韩诗传》。《新序》引用《论语》者有十一条，《杂事第五》（卷五）"孔子侍坐于季孙"条，正式出有"论语"之名称。《论语》以外，引用孔子的故事或语言的共九条。此九条中《杂事》第四（卷四）"郑人游乡校"条的"仲尼闻是语也曰，以是观之，人谓子产不仁，吾不信也"，全出自襄公三十一年的《左氏传》。《杂事第五》（卷五）"孔子北之山戎氏"条，内容与《礼记·檀弓下》"孔子过泰山侧"条，内容全同；惟《檀弓》之文字较精简，而此处文字较平衍。如《檀弓》"夫子曰，小子识之，苛政猛于虎也"，此处作"孔子顾子贡曰：'弟子记之，夫政之不平而吏苛，乃甚于虎狼矣。'《诗》曰：降丧饥馑，斩伐四国。夫政不平也，斩伐四国，而况二人乎，其不去宜哉。"按汉人引书，虽有在文字上加以敷衍的情形，但不致于凭空加入人名地名的。所以这一条我怀疑是近于故事传承的本来面貌，而《檀弓》则系由一位很有文学素养的编定者加了文字上的雕琢，难怪历来古文家，多从文学上推重《檀弓》在文学上的价值。其他各条，盖皆有所出，或为我一时未能考出，或为今日已难于推考。又引用孔子弟子者二。卷五"鲁哀公问子夏曰"条，及"颜渊侍鲁定公于台，东野毕御马于台下"条，皆见于《韩诗》卷五及卷二。《说苑》引用《论语》十六条。其中《杂言》篇（卷十七）"夫智者何以乐水也"条，及"夫仁者何以乐山也"条，皆出自《韩诗传》卷三，乃对《论语》"智者乐水，仁者乐山"的解释。《修文》篇（卷十九）"孔子曰，可也，简。简者易野也，易野者无礼文也"条，凡二百五十八字，皆释《论语·雍也》章"子曰，雍也可使南面"及"仲弓问子桑伯子，子曰，可也，简……雍之言然。"又卷七《政理》篇"齐之所以不如鲁者，太公之贤不如伯禽"条凡一百四十九字,虽未出孔子或《论语》之名,殆亦释《论语·雍也》"子曰,齐一变至于鲁,鲁一变至于道"之语。引《论语》以外有关孔子言行的一百零一条。而卷十九《修文》篇"孔子曰,无体之礼,敬也"条,盖引自《礼记·孔子闲居》孔子答子夏"何谓三无"之问。孔子以"威仪棣棣,不可选也","威仪迟迟","威仪翼翼",言"无体之礼";而刘向则以"敬也"加以概括。孔子以"夙夜基命宥密","气志不违","气志既得",言无声之乐;刘向则以"欢也"加以概括。孔子以"凡民有丧,匍匐救之","内恕孔悲","施及四国",言无服之丧;刘向则以"忧也"加以概括。其概括未必能得到孔子的深意,但他大概是为了便于成帝的了解而加以概括的。说到孔子的门人的凡二十四。《善说》篇(卷十一)有三条是子贡答复"孔子何如"、"孔子为人何如"、"仲尼贤乎"的。有一条是子路答仲尼"安得为圣"的。

孔子在刘向心目中的特别地位,更从《新序》、《说苑》中引用《春秋》的分量,可以反映出来。两书中引用《春秋》时代故事的,多出于《左传》,但都不出"春秋"或"传曰"之名。引用春秋时故事,亦有出于《公羊》、《穀梁》两传的。例如《新序》卷四"昔者齐桓公与鲁庄公为柯之盟"条,记曹刿迫桓公返汶阳之田的故事,出于《公羊传·庄公十三年》。而卷九"楚平王杀伍子胥之父,子胥出亡"条,则出于《穀梁传·定公四年》。《说苑》也有这种情形。但我在这里特别对出有"春秋"之名的加以考查。

《新序》七出"春秋"之名。卷五"田饶事鲁哀公而不见察"条,取自《韩诗传》卷二。但引诗后,刘向更加上"《春秋》曰,少长于君,则君轻之,此之谓也"。出自《穀梁传·僖公二年》荀息论宫之奇之语。卷七"尧治天下"条"《春秋》曰,五帝不告誓,信厚也",出自《穀梁传·庄公二十七年》。"曹公子喜时字子臧,曹宣公子也"条,叙事综合成公十三年、十五年、十六年《左传》,而"《春秋》贤而褒其后",则出自昭公二十年《公羊传》。"延陵季子者,吴王之子也"条,述季札让国的情形,而结以"君子以其不受国为义,以其不杀为仁。是以《春秋》贤季子而尊贵之也",是将襄公二十九年《公羊》、《穀梁》两传加以融和的。又"许悼公疾疟饮药毒而死"条,谓许太子止因"痛己之不尝药,未逾年而死,故《春秋》义之",是出于昭公十九年的《穀梁传》。"鲁宣公者鲁文公之子也"条,谓宣公之同母弟公子肸不受宣公之禄,"《春秋》美而贵之",是出于宣公十七年《穀梁传》。卷九"楚平王杀子胥之父"条,以子胥劝吴王兴师伐楚,"故《春秋》美而褒之",出于定公四年《穀梁传》。《新序》在七出"春秋"之名中,五用《穀梁》,一用《公羊》,一用《穀梁》与《公羊》之合义。

《说苑》出"春秋"之名凡二十四。[①]卷一"晏子没十有七年"条,谓"人君行其私意而不顾其人",《春秋》不予能君而夷狄之","故曰有君者不可以不学《春秋》",出于闵公二年《公羊传》。"孔子曰,文王似元年,武王似春王,周公似正月"条,不知所出。《春秋繁露·三代改制质文》篇有"故君子曰,武王其似正月矣"之言;刘向所引者,恐出于纬书,而《春秋》纬书系由董仲舒之说,滋演而出。[②]"孔子曰,夏道不亡,商德不作……周德不亡,《春秋》不作。《春秋》作而后君子知周道亡也",刘向针对当时王氏柄政,借此以发挥"私门盛而公家毁"之意。而所引孔子之

[①] 本文所得此类统计数字,可能有少数遗漏。
[②] 详见拙著《两汉思想史》卷二中《先秦儒家思想发展中的转折及天的哲学的完成》一文中"董氏的春秋学之二"。

言，恐亦系纬书作者演董仲舒"新周王鲁"之说。卷三"公扈子曰，有国者不可以不学《春秋》……《春秋》，国之鉴也。《春秋》之中，弑君三十六，亡国五十二；诸侯奔走不得保其社稷者甚众。未有不先见而后从之者也"条，亦不知所出，与《春秋繁露·盟会要》第十及《俞序》第十七两篇"故卫子夏言"中一部分的语言近似。卷五"圣人之于天下百姓也"条中，谓孔子历七十二君而"卒不遇，故睹麟而泣，哀道不行，德泽不洽，于是退作《春秋》，明素王之道，以示后人"，其意盖出于哀公十四年《公羊传》。又"周天子使家父、毛伯求金于诸侯，《春秋》讥之"条，事见桓公十五年，三传皆以为讥，惟《穀梁》有"金"字，故可认为系用《穀梁》。又在同一条中"今隐公贪利而身自渔济上，而行八佾，以此化于国人，国人安得不解（懈）于义"。按隐公五年"公观鱼于棠"，《公羊传》："何以书？讥。何讥尔？远也。公曷为远而观鱼？登来之也。百金之鱼，公张之。登来之者何？美大之之辞也。"刘氏以隐公为贪利，当出于此。刘氏又谓"而行八佾"，此盖指是年经文"九月考仲子之宫，初献六羽"而言。《左氏》不以初献六羽为僭，《公羊》则谓"始僭诸公也"，《穀梁》则谓"始僭乐矣"，但皆谓六羽，而刘氏此谓"行八佾"，此盖根据《春秋繁露·王道》第六"献八佾，讳八言六"之语。卷七"《春秋》曰，四民均，则王道兴而百姓宁。所谓四民者，士农工商也"条，尚未能查出其出于何传。卷八"春秋之时，天子微弱"条凡六百零七字，乃综述春秋时代之情势及《春秋》之作用。其中"故传曰，患之起，必自此始也"之传，乃成公二年之《公羊传》。故其推"五始之要"的"五始"，亦出于《公羊》。卷九"《易》曰，王臣蹇蹇，匪躬之故"条结尾处"《春秋》序义，虽俱贤，而曹羁合礼"，未知所出。

卷十"楚恭王与晋厉公战于鄢陵之时"条,"羞小耻以构大怨,贪小利以亡大众,《春秋》有其戒,晋先轸是也",出自僖公三十三年《穀梁传》。卷十二"《春秋》之辞,有相反者四。既曰大夫无遂事,不得擅生事矣。又曰,出境可以安社稷,利国家者,则专之可也";此出于桓公八年《公羊传》。后面又说"公子结擅生事,《春秋》不非,以为救庄公危也",出于庄公十九年《公羊传》。结尾的"传曰,《诗》无通故,《易》无通占,《春秋》无通义,此之谓也",我以为此系转引自《春秋繁露·精华》第五的"所闻《诗》无达诂,《易》无达占,《春秋》无达辞";以"通"易"达",以"故"易"诂",此乃汉人引书通例。惟以"通义"易"达辞",则在文意上不通顺,或出刘氏一时之疏,或由《说苑》在传承中之误。卷十四"夫子行说七十诸侯……而道不行,退而修《春秋》,采豪毛之善,贬纤介之恶,人事浃,王道备,精和圣制,上通于天而麟至"条,盖融和董仲舒及传董氏《春秋》之学的司马迁的说法而成。《春秋繁露·玉杯》第二"《春秋》论十二世之事,人道浃而王道备";《王道》第六谓孔子作《春秋》"善无细而不举,恶无细而不去","《春秋》纪纤介之失,反之王道",《史记·十二诸侯年表》序"是以孔子明王道,干七十余君莫能用;故西观周室,论史记旧闻,兴于鲁而次《春秋》……以制义法,王道备,人事浃"。卷十五"《春秋》记国家存亡,以察来世",此殆本《史记·自序》"述往事,思来者"之通义。又"内治未得,不可以正外"条之"《春秋》先京师而后诸夏,先诸夏而后夷狄",实本于成公十五年《公羊传》的"《春秋》内其国而外诸夏,内诸夏而外夷狄",刘氏易"国"为京师,盖国乃诸侯之都,而京师乃天子之都。刘向时中央集权之制已经完成,可谓有京师而无诸侯之国。

卷十八"夫水旱，俱天地阴阳所为也"条，全出于《春秋繁露·精华》第五"大雩者旱祭也"一段，而文字稍有增删改易。《精华》第五"此亦《春秋》之不畏强御也。是故胁严社而不为不敬灵，出天王而不为不尊上"，刘氏此处作"故劫严社而不为不惊灵，出天王而不为不尊上"，易"胁"为"劫"，尚可说得通；易"敬灵"为"惊灵"，则于义未尽洽；此系《说苑》在传承之讹误。卷十九"夏，公如齐逆女。何以书，亲迎，礼也"；此出于庄公二十四年《公羊传》。又"《春秋》曰，壬申，公薨于高寝。传曰，高寝者何？正寝也……"一段，盖出于定公十五年《穀梁传》。在此段文字中，混入了"《春秋》曰，天王入于成周。传曰成周者何？东周也"十八字，当系错简。而此处之"传曰"，盖出于昭公二十六年之《公羊传》。"《春秋》曰，正月公狩于郎。传曰，春曰蒐，夏曰苗，秋曰狝，冬月狩"条，"苗者奈何？曰，苗者毛也……春蒐者不杀小麛及孕重者。冬狩皆取之，此苗狝蒐狩之义也。故苗狝蒐狩之礼，简其成事也。"将此段文字前后互校，应订正为"传曰春曰苗，夏曰狝，秋曰蒐，冬曰狩。春苗者奈何？曰苗者毛也……秋蒐者奈何……冬狩皆取之"，后文"夏不田，何也……"此皆出自桓四年《公羊传》。惟《公羊传》无"夏曰狝"之文，仅《春秋繁露·深察名号》第三十五"猎禽兽者号，一曰田（统名为田）。田之散名，春苗秋蒐冬狩夏狝"。《春秋繁露》以"田"为猎禽兽之总名；《说苑》此条下文"其谓之畋（田）何？圣人举事必反本。五谷者以奉宗庙，养万民也。去禽兽害稼穑者，故以田言之。圣人作名号，而事义可知也"；是刘氏此处亦以田为猎禽兽之总称，此亦为《公羊传》所无。故刘氏此处所用之《公羊》义，系加上了《春秋繁露》的内容。又"生而相与交通"条中之"《春秋》曰，天王使宰咺来归惠公仲子之赗。赗者何"以下之解释，出自隐公元年的《公羊传》。又"《春秋》曰庚戌，天王崩。传曰，天王何以不书葬？"以下的解释，出自隐公三年的《公羊传》。

上述二十四条中，有三条尚未查出，有一条系言《春秋》之通义。出于《公羊》者共十一条，其中入有《春秋繁露》者二条。出于《穀梁》者三条，见于今之《春秋繁露》者六条，其中入有《公羊》者三条。《春秋繁露》此时尚未编成，但董氏之"百二十三篇"中之"说《春秋》事得失"（《汉书·艺文志》儒家）已经流布，而董氏之《春秋》说固出于《公羊》。由此所述情况，可以了解：（一）刘向三传并用，无专经师法之说。（二）刘向虽引用《左氏传》甚多，其中并有"君子"之论断。如《新序》卷一"晋大夫祁奚老"条后"君子谓祁奚能举善矣……祁奚有焉"凡八十字；见襄公三年《左氏传》。即其一例。但凡以"春秋"之名所称之传，皆属于《公羊》、《穀梁》，乃至董仲舒之《春秋》说。由此可知，因《公羊》与《穀梁》先后立于官，设有博士，刘向即以《公羊》、《穀梁》所传者为能得《春秋》之意。故对两传，极少数称"传曰"，大多数即称《春秋》或"《春秋》曰"。（三）刘向受命习《穀梁传》；《新序》中用《穀梁传》之比例高于《公羊》；而《说苑》用《公羊传》之比例，则远过于《穀梁传》；由此可以推知，刘向晚年，实以《公羊传》优于《穀梁传》。（四）由《说苑》中之用到董仲舒的《春秋》说，亦可证明《春秋繁露》内容之真实性。

至于他对孔子作《春秋》的意义，及对孔子的总评价，可由下面的材料窥见一般：

孔子曰，夏道不亡，商德不作。商德不亡，周德不作。

周德不亡,《春秋》不作。《春秋》作而后君子知周道亡也。(《说苑》卷一《君道》篇)

此言孔子作《春秋》之原因,与《史记·十二诸侯年表》序之观点略同。

圣人之于天下百姓也,其犹赤子乎?饥者则食之,寒者则衣之,将之养之,育之长之,唯恐其不至于大也。……是以孔子历七十二君,冀道之一行,而得施其德,使民生于全育,烝庶安土,万物熙熙,各乐其终。卒不遇,故睹麟而泣,哀道不行,德泽不洽,于是退作《春秋》,明素王之道,以示后人。恩施其惠,未尝辍忘。是以百王尊之,志士法焉,诵其文章。传今不绝,德及之也。(《说苑》卷五《贵德》)

夫子行说七十诸侯无定处,意欲使天下之民,各得其所,而道不行。退而修《春秋》,采豪毛之善,贬纤介之恶,人事浃,王道备。精和圣制,上通于天而麟至,此天之知夫子也。于是喟然而叹曰,天以至明为不可蔽乎?日何为而食?地以至安为不可危乎?地何为而动?天地而尚有动蔽,是故圣贤说于世而不得行其道,故灾异并作也。夫子曰,不怨天,不尤人,下学而上达,知我者其天乎。(《说苑》卷十四《至公》)

孔子生于乱世,莫之能容也……孔子怀天覆之心,挟仁圣之德,悯时俗之污泥,伤纪纲之废坏,服重历远,周流应聘,乃俟幸施道,以子百姓。而当世诸侯,莫能任用,是以德积而不肆,大道屈而不伸,海内不蒙其化,群生不被其恩。故喟然叹曰，而有用我者，则吾其为东周乎。故孔子行说，非欲私身，运德于一城；将欲舒之于天下，而建之于群生者耳。（同上）

下面对儒的辩护，当然也是以孔子为根据。

今夫辟（闢）地殖谷以养生送死。锐金石，杂草药，以攻疾，各知构屋室以避暑雨，累台榭以避润湿。入知亲其亲，出知尊其君，内有男女之别，外有朋友之际，此圣人之德教，儒者受之传之，以教诲于后世。今夫晚世之恶人，反非儒者曰，何以儒为？如此人者，是非本也（这是非难到人之所以能生存的根本）。譬犹食谷衣丝，而非耕织者也……此言违于情，而行蒙于心者也。如此人者，骨肉不亲也，秀士不友也，此三代之弃民也，人君之所不赦也。故《诗》云：投畀豺虎，豺虎不食。投畀有北，有北不受。投畀有昊。此之谓也。（卷三《建本》）

《新序》、《说苑》中所引其他儒家典籍，计《新序》引《易》者三，引《书》者一，引《孟子》者二，引《荀子》者二。《说苑》引《易》者十八，引《书》者十六，其内出有篇名者有卷二《臣术》篇之"《泰誓》曰，附下而罔上者死，附上而罔下者刑，与闻国政而无益于民者退，在上位而不能进贤者逐"。卷三《建本》篇"河间献王曰……《尚书》五福，以富为始"，出《尚书》之名。又"文公见咎季"条有"《吕刑》云，一人有庆，兆民赖之"。卷十《敬慎》篇"孔子曰，存亡祸福，皆在己而已"条有"太甲曰，天作孽，犹可违；自作孽，不可逭。"引《礼记》者六。① 卷五《贵德》篇"圣人之于天下百姓也"条，"《礼记》曰，上牲损，则用下牲。下牲损，则祭不备物。"② 卷十九《修文》篇两引《乐记》，而未出《乐记》之名。卷二《臣术》篇"《王制》曰，假于鬼神时日卜筮以疑于众者杀也"。自贾谊《新书》起，迄《春秋繁露》、《盐铁论》，凡引《王制》者皆出《王制》之名。卷三《建本》篇"周召公年十九"条，"《中庸》曰，好问近乎智，力行近乎仁，知耻近乎勇"。卷十《敬慎》篇"存亡祸福，其要在身"条"《中庸》曰，莫见乎隐，莫显乎微，故君子能慎其独也"。引《王制》而出《王制》之篇名，引《中庸》而出《中庸》之篇名，以之与引《礼记》中其他各篇而不出其篇名的情形，互相对照，我推测，这是因为《王制》与《中庸》，有单篇独行的关系，所以《汉书·艺文志》有《中庸说》二篇。《说苑》引《孟子》者八，引《荀子》者四。这与《韩诗传》引《荀子》者五十四，成一明显的对照。刘氏有《孙卿书录》，今日《荀子》的三十二篇，乃由他所校定，但其征引《荀子》者反不及《孟子》之多，大约《荀子》到了武帝时代，其影响即大为减低，其原因，我以为是《荀子》主张天人分途，与董仲舒"天人相与"的感应之说相背反；董说大行而《荀子》因之减色了。

儒家以外，《新序》仅卷四"梁大夫有宋就者"条引有"老子曰：报怨以德。此之谓也"。《说苑》则五引《老子》，卷一《君道》篇"司城子罕相宋"条老子曰，鱼不可脱于渊，国之利器，不可以示人"。卷七《政理》篇"鲁国之法"条"故老子曰，见小曰明"。

---

① 因对《礼记》原典不熟而必有遗漏。
② 此出于《礼记》何篇，待查。

卷十《敬慎》篇三引《老子》。一为"常枞有疾，老子往问焉……张其口而示老子曰：'吾舌存乎？'老子曰：'然。''吾齿存乎？'老子曰：'亡。'常枞曰：'子知之乎？'老子曰，夫舌之存也，岂非以其柔耶？齿之亡也，岂非以其刚耶……"此故事当出于先秦后起道家之依托。一为"韩平子问于叔向曰：'刚与柔孰坚？'对曰：'臣年八十矣，齿再堕而舌尚存。老聃有言曰，天下之至柔，驰逐乎天下之至坚。又曰，人之生也柔弱，其死也刚强。万物草木之生也柔脆，其死也枯槁。因此观之，柔弱者生之徒也，刚强者死之徒也……是以两军相加，而柔者克之。两仇争利，而弱者得焉。《易》曰，天道亏满而益谦，地道变满而流谦，鬼神害满而福谦，人道恶满而好谦。夫怀谦不足之柔弱，而四道者助之，则安往而不得其志乎？'平子曰善。"此故事亦当出于先秦道家者流的依托。又"老子曰，得其所利，必虑其所害。乐其所成，必顾其所败。人为善者天报以福，人为不善者天报以祸也。故曰，祸兮福所倚，福兮祸所伏。戒之慎之，君子不务，何以备之。"这里引老子之言，而自己加以敷衍。卷十六《谈丛》篇"士不以利移，不以患改"条，"所以贵虚无者，得以应变而合时也。"此当系对道家虚无之教，在现实生活上加以解释。卷二十《反质》篇"仲尼问老聃曰，甚矣道之于今难行也……老子曰，夫说者流于听，言者乱于辞。如（知）此二者，则道不可委矣"。此当亦系依托之言。《汉书·艺文志》，录有《刘向说老子》四篇，但综观《新序》、《说苑》所采的老子之说，在政治上已无多大意义，而特转重在人生处世的态度，这与汉初言黄老术者大不相同。此一趋向，自西汉中期一直贯彻于东汉。卷十一《善说》篇引有"庄子贫"的故事，与现行《庄子》中所记者稍有出入。而卷三《建本》篇"周召公年十九"条中"今人诚能

刘向《新序》、《说苑》的研究　　　　　　　　　　　　　　　　　　　　　　　85

砥砺其材，自诚其神明，睹物之应，通道之要，观始卒之端，览无外之境，逍遥乎无方之内，彷徉乎尘埃之外，卓然独立，超然绝世，此上圣之所游神也"的几句话，当然是受有庄子思想的影响。而《反质》篇所录杨王孙裸葬的故事，这实系西汉一位突出的道家的故事，为《汉书》六十七《杨王孙传》之所本。

卷二十《反质》篇引了"禽滑厘问于墨子"，墨子历述"古者无文"尚俭的故事。与《墨子》之本旨相合，是否为今《墨子》书中所有，尚待查阅。《新序》引《列子》之故事者一（卷七）。引屈原故事者一，大体取材于《史记·屈原列传》（卷七）。引宋玉者三（卷一、卷五）。录商鞅者一，大体取材于《史记·商君列传》而加以批评（卷九）。录《吕氏春秋》中《尊师》中之一段（卷五），而称之为"吕子曰"，由此可知刘氏对吕不韦之重视。《说苑》录杨子者二（卷七、卷十三），录尹文者一（卷一），录邹子（衍）者一（卷八），录鬼谷子者一（卷十一）。刘向有《管子书录》、《晏子叙录》。今日流行的《管》、《晏》两书，皆由刘氏所校录。他以管子"可以晓合经义"，以晏子为"皆合六经之义"，故两书中所引管、晏子的故事及言论，皆在其他诸子百家之上。引《太公兵法》者一（卷十五），引《司马法》者二（卷十五）。

两书所录汉人、汉事，在刘向认为皆系有教训的意义；在今日，有的可以补《史》、《汉》之缺。《新序》卷二"昔者唐虞崇举九贤"条中谓"秦不用叔孙通，项王不用陈平、韩信，而皆灭"。卷三全录邹阳《上梁孝王书》，这大概与他全录乐毅《报燕王书》，有同样的感慨。卷七录苏武使匈奴守节不屈事，卷十则全录汉事。首由《史记·高祖本纪》及《淮阴侯列传》录刘邦由汉中还定三秦之经过，而结之以"收诸侯兵，讨项王，定帝业，韩信之谋也"。

按刘向之先,封于韩信之故地而称为楚王,彼在《九叹》的《愍命》中亦谓"韩信蒙于介胄兮,行夫将而攻城",从这种地方,可以看出他的"历史的良心"。"孝武皇帝时,大行王恢数言击匈奴之便"条,详叙韩安国与王恢对伐匈奴利弊的反复辩论,可补《史记》之过于简略。若《新序》三十卷具在,则其所录汉事必更多。《说苑》共录汉事十六条;卷五具录路温舒《尚德缓刑书》,用意深切。此外,卷一录了两条河间献王的言论,卷三又录了两条,使一代保有高度儒家教养的名王,尚得留下他以人民为政治主体的言论风采于万一。

五、刘向的政治思想

政治问题,是西汉知识分子思想的主题。以刘向的家世及其遭遇,他的思想是始于政治,终于政治,乃当然之事。

刘向的政治思想,有由其及身遭遇而来的针对现实的一方面;有由其学识恢宏、志行纯洁,因而突破现实限制,所提出的理想性的一面。

(1) 针对现实政治的一方面

针对现实的一方面,主要是说人君应任贤纳谏,而不信谗言,尤其是人君能任贤纳谏的主要关键,这正是他在元帝时亲身所得的经验教训。《新序》卷二开始由编聚事类以为议论的约有九百六十七字,即反复申明此义。

    昔者,唐虞崇举九贤,布之于位,而海内大康……商汤用伊尹，而文武用太公、闳夭，成王任周召，而海内大治……皆由任贤之功也。无贤臣，虽五帝三王不能以兴……夫失贤者，其祸如彼，用贤者，其福如此。人君莫不求贤以自辅，然而国以乱亡者，所谓贤者不贤也。或使贤者为之，与不肖者议之，使智者图之，与愚者谋之。不肖嫉贤，愚者嫉智，是贤者之所以隔蔽也，所以千载不合者也。或不肖（二字疑衍）用贤，或用贤而不能久也，或久而不能终也；或不肖子废贤父之忠臣，其祸败难一二录也。然其要，在于己不明而听众口。谮愬不行，斯为明也。

接着举了许多例证，而结之以"故非至明，其孰能毋用逸乎"。《说苑》卷一《君道》篇所引故事中，以任贤纳谏，占最大的比例。任贤则须知人，所以他在"当尧之时，舜为司徒"条中谓"是故知人者王道也，知事者臣道也。王道知人，臣道知事"。

他对君臣的关系，假郭隗答燕昭王之问，谓："帝者之臣，其名，臣也；其实，师也。王者之臣，其名，臣也；其实，友也。霸者之臣，其名，臣也；其实，宾也。危国之臣，其名，臣也；其实，虏也。"俘虏即变为奴隶。他之所以要提高人臣的地位，是为了使人君不能把政治专之于一己，而必须公之于有德有才之人。他在《建本》篇"孔子曰，行身有六本"条谓"夫君臣之与百姓，转相为本，如循环无端"，此中即含有人臣与人民皆应随人君一人之意志而转动的意思在里面。在《君道》篇中谓"尊君卑臣者，以势使之也"；其意认为君臣尊卑的来源，乃在便于以势相使，以适应政治上的要求；君臣作为人的存在时，则不能不是平等的。所以《君道》篇"汤问伊尹曰"条，将人臣分为三公、九卿、大夫、士四等，各配以道、德、仁、义的标准，"凡此四者，明王臣而不臣"。

刘向在《臣道》篇中，首先说明"人臣之行有六正六邪"。"六正"中的"圣臣"，虽带点理想的性质，而"良臣"、"忠臣"、"智臣"、"贞臣"、"直臣"，则皆切合实际上的要求。至于"六邪"中的"具臣"、"谀臣"、"奸臣"、"谗臣"、"贼臣"、"亡国之臣"，乃刘向将当时人臣的情形，由综合而分类所得出的结论，等于是一面照妖镜。

《说苑》除《君道》、《臣术》两篇，专就政治上立论外，尚有卷七的《政理》，卷八的《尊贤》，卷九的《正谏》共三篇，可以看作是针对现实政治所构成的有系统的意见。《政理》篇所说的是政治的一般原则与要求。开始是：

> 政有三品，王者之政化之，霸者之政威之，强者之政胁之。夫此三者各有所施，而化之为贵矣。夫化之不变，而后威之；威之不变，而后胁之；胁之不变，而后刑之。夫至于刑者，则非王者之所得已也。是以圣王先德教而后刑罚，立荣耻而明防禁，崇礼义之节以示之，贱货利之弊以变之。修近理内，政（正）椷机①之礼，壹妃匹之际，则莫不慕义礼之荣，而恶贪乱之耻。其所由致之者，化使然也。

上面这段话中，一方面是反映出西汉儒家的政治思想，重教化而轻刑罚之大流，同时也反映出成帝时代宫廷紊乱之实况。在"齐

---

① 卢文弨《群书拾补》："政椷机，谓门内也。"按政字不应连读。

刘向《新序》、《说苑》的研究　　　　　　　　　　　　　　　　　　　89

人甚好毂击相犯以为乐"条中"故曰，禁之以制而身不先行也，民不肯止。故化其心莫若教也"，此处之教为"身教"。此其"化之"的实例。"季孙问于孔子曰，如杀无道以就有道"条，据孔子"焉用杀"之言，而发挥了刑与德的意义。

  治国有二机，刑、德是也。王者尚其德而希（稀）其刑。霸者刑德并凑。强国先其刑而后德。夫刑德者，德者化之所由兴也，德者养善而进阙者也，刑者惩恶而禁后者也。故德化之崇者至于赏，刑罚之甚者至于诛。夫诛赏者，所以别贤不肖，而列有功与无功也，故诛赏不可以谬。诛赏谬，则善恶乱矣。

在"文王问于吕望，为天下若何"条中，吕望谓"王国富民，霸国富士，仅存之国富大夫，亡道之国富府库，是谓上溢而下漏"。在"武王问于太公曰，治国之道若何"条中，太公答以"治国之道，爱民而已……利之而勿害，成之（而）勿败，生之（而）勿杀；与之（而）勿夺，乐之（而）勿苦，喜之（而）勿怒。……民失其所务，则害之也。农夫失其时，则败之也。有罪者重其罚，则杀之也。重赋敛者则夺之也。多徭役以罢民力，则苦之也。劳而扰之，则怒之也"。又"武王问于太公曰，贤君治国何如"条，太公答以"贤君之治也，其政平，其吏不苛，其赋敛节，其自奉薄。不以私善害公法，赏赐不加于无功，刑罚不施于无罪，不因喜以赏，不因怒以诛。害民者有罪，进贤举过者有赏，后宫不荒，女谒不听，上无淫慝，下不阴害。不幸宫室以费财，不多观游台池以罢民，不雕文刻镂以逞耳目。官无腐蠹之藏，国无流饿之民，此贤君之治国也"。这分明是针对成帝时代的政治情形来说的。在《说苑》中，所引伊尹、太公的材料，有的出于先秦，有的出于汉文帝时的《王制》成篇以后，因为伊尹说到了三公、九卿、二十七大夫、八十一元士的官制，此必出于《王制》无疑。这里的太公，我推测，也是很后出的材料。又"武王问于太公曰：'为国而数更法令者何也？'太公曰：'为国而数更法令者，不法法（不以既定之法为法），以其所善为法者也。故令出而乱，乱则更为法。是以其法令数更也。'"这是儒法两家都可承认的思想。因为只有"法法"而不以统治者主观之所谓善来代替法，政治才会上轨道。"齐侯问于晏子曰，为政何患"条，晏子答以"患善恶之不分。公曰：'何以察之？'曰：'审择左右'"；这很明显地反映出他和萧望之、周堪们在元帝时代的遭遇。"晋侯问于士文伯曰，三月朔，日有蚀之"条，在士文伯的答复中，有谓"政有三而已：一曰因民，二曰择人，三曰从时"，这是很有概括性的说法。

尊贤，乃儒家不同于道家、法家的大传统。《说苑》卷八《尊贤》篇，是特为发挥此一大传统的。此篇一开始便说"人君之欲平治天下，而垂荣名者，必尊贤而下士……此（贤）霸王之船乘也。释父兄与子孙，非疏之也。任庖人（伊尹）、钓屠（吕尚）、仇雠（管仲）、仆虏（百里奚），非阿之也，持社稷、立功名之道，不得不然也"。又"春秋之时"条中有谓"夫智不足以见贤，无可奈何矣。若智能见之，而强不能决，犹豫不用，而大者死亡，小者乱倾，此甚可悲哀也"，"而强不能决"，正说的是元帝的情形。

贤之所以为贤，以能谏诤人君的过失，为其基本条件之一。人君对谏诤的能否接受，即为其能否用贤的决定因素。而贤臣的悲剧，多由谏诤而来。并且在民主政治未出现以前，贤臣的谏诤，实代表了今日的议会与舆论的双重责任，对政治的良否，处于决定性的地位。所以刘向在《说苑》卷九，便特设《正谏》一篇，希望能对人君发生说服性的作用。《正谏》篇一开始便说：

《易》曰：王臣蹇蹇，匪躬之故。人臣之所以蹇蹇为难而谏其君者，非为身也，将欲以匡君之过，矫君之失也。君有过失者，危亡之萌也。见君之过失而不谏，是轻君之危亡也。夫轻君之危亡，忠臣不忍为也。三谏而不用，则去；不去则身亡；身亡者，仁人所不忍为也。

上面这段话，正反映出他在成帝时数上书言事时的心境。

刘向是笼罩政治的各个方面以立言的。刘向认为"存亡祸福，其要在身……不诫不思，而以存身全国者，亦难矣。"此《敬慎》篇之所以成立（卷十）。《善说》篇（卷十一）可以说是《正谏》篇的补充，希望由善说以达到"尊君全身，安国全性"的目的。权谋在皇权专制政治中，有特定的意义。它是政治活动，尤其是在政治斗争中所必定出现的一种手段，因而不知不觉地也认为是政治中必不可少的一种手段。刘邦以权谋取天下，以权谋御臣僚。自此以后，可以说，权谋形成了皇权专制政治中的基本动力，同时即是皇权专制政治中最阴暗残酷的源泉。刘向全面性地言政治，不能忽视这种事实。

汉儒为了通贯《春秋》三传所言的书法，使其前后无滞碍与矛盾，只好设"经"与"权"两观念以济其穷。而在援经、援《春秋》以断时事时，亦盛言经与权以通其变。于是政治上的权谋，有时依托经学上之所谓"权"，以增其气焰，刘向曾参与现实的政治斗争，对于弘恭、石显及其他宵小之徒的阴谋诡计，体验既深，便在《权谋》篇（卷十三）中对于现实政治上的这一最大毒窟，设定公与私、诚与诈的判断标准；并以对人民的利益，作为公与诚的内容，以判断权谋中的孰邪孰正，想由此而将它作根本的转化。这在皇权专制政治的阴霾中，有慧日当空的意义。他一开始说：

> 圣王之举事，必先谛之于谋虑，而后考之于蓍龟。白屋之士，皆关其谋；刍荛之役，咸尽其心。故万举而无遗筹失策。传曰，众人之智，可以测天。兼聪独断，惟在一人。此大谋之术也。谋有二端，上谋知命，其次知事。知命者，预见存亡祸福之原，早知盛衰废兴之始，防事之未萌，避难于无形。……彼知事者亦尚矣。见事而知得失成败之分，而究其所终极，故无败业废功。孔子曰，可与适道，未可与权也。夫非知命知事者，孰能行权谋之术。夫权谋有正有邪，君子之权谋正，小人之权谋邪。夫正者其权谋公，故其为百姓尽心也诚。彼邪者好私尚利，故其为百姓也诈。夫诈则乱，诚则平……知命知事而能于权谋者，必察诚诈之原，而以处身焉，则是亦权谋之术也。夫知者举事也，满则虑溢，平则虑险，安则虑危，曲则虑直，由重其豫，惟恐不及，是以百举而不陷也。

权谋之流于阴谋诡计，必系出于一二人的隐密策画。刘向要白屋之士、刍荛之言，亦可参加，则一二人的阴与诡无所施其技。权谋常与诈连在一起，但刘向却把它和"诚"连在一起，即是权谋的目的，是否是"为百姓也诚"；如此，则权谋在运用时的术策，

刘向《新序》、《说苑》的研究　　　　　　　　　　　　　　　　　　　　　　　　　　　　　　　　　93

也自然受到制约。本篇言权谋而特深论存亡之几，欲使言权谋者指向这一基本问题上去用心，而下面的故事，我觉得也有多方面的意义。

晋太史屠余见晋国之乱，见晋平公之骄而无德义也，以其国法归周。周威公见而问焉曰，天下之国其孰先亡？对曰，晋先亡。威公问其说，对曰，臣不敢直言，示晋公以天妖，日月星辰之行多不当。曰，是何能然。示以人事多不义，百姓多怨，曰，是何伤。示以邻国不服，贤良不与，曰，是何害。是不知所以存，所以亡，故臣曰晋先亡。居三年，晋果亡。威公又见屠余而问焉曰，孰次之？对曰，中山次之。威公问其故，对曰，天生民令有辨。有辨，人之义也，所以异于禽兽麋鹿也，君臣上下所以立也。中山之俗，以昼为夜，以夜继日，男女切倚，固无休息。淫昏康乐，歌讴好悲，其主弗知恶，此亡国之风也。臣故曰中山次之。居二年，中山果亡。威公又见屠余而问曰，孰次之？屠余不对。威公固请，屠余曰，君次之。威公惧，求国之长者，得錡畤、田邑而礼之。又得史理、赵巽以为谏臣，去苛令三十九物，以告屠余。屠余曰，其尚终君之身。臣闻国之兴也，天遗之贤人，与之极谏之士。国之亡也，天与之乱人与善谀者。威公薨，九月不得葬，国乃分而为二，故有道者言，不可不重也。

《指武》篇（卷十五）主要指出："《司马法》曰，国虽大，好战必亡。天下虽安，忘战必危"，而提出他的"上不玩兵，下不废武"

的主张。西汉所行的是"民兵制度",并由朝廷的太尉,以至郡都尉、县尉、乡游徼、亭长,形成由中央到地方基层组织的军事系统。太尉虽自武帝初年的田蚡以后完全废罢不设,但郡以下的系统完整如故。并于每岁八月,由太守都尉及县令长丞会都试之,即是举行秋操与校阅;这是汉武帝对外作战三十余年的资本。此种全民皆兵的制度,容易因地方政治的败坏而成为有名无实。刘向的"上不玩兵,下不废武"的两句话,是有实际内容的。《修文》篇(卷十九)发挥"礼乐者行化之大者也",这是西汉政治社会理想的大统,其意义重大,将另文专述。终之以《反质》篇(卷二十),这是针对汉代自武帝时代起,朝廷社会的奢侈浮虚的风习以为言。乃承董仲舒之说而特加发挥,[①]且较董氏之说,远为平实。而"积恩为爱"条中"商者常也,常者质,质主天。夏者大也。大者文也,文主地。故王者一商一夏,再而复者也。正色,三而复者也……故三王术如循环",这是根据《春秋繁露·三代改制质文》第二十三而说的。

(2) 突破现实政治的理想性的一方面

刘向在现实政治问题上,多少挟带着"宗室"的感情。但他并没有陷在这份宗室感情里面。当他讲到政权成立的根本原则时,却突出了儒家在政治上的愿望,即是天下为公的基本愿望。

《新序》卷七《节士》篇一开首是:

[①] 按恕(忠)、质(敬)、文三统之说,始于邹衍。董仲舒《春秋繁露·三代改制质文》第二十三,盛衍其说,而主张汉应以质救文之弊。

> 尧治天下，伯成子高为诸侯焉。尧授舜，舜授禹，伯成子高辞为诸侯而耕。禹往见之，则耕在野。禹趋就下位而问焉曰……及吾在位，子辞诸侯而耕，何故？伯成子高曰，昔尧之治天下，举天下而传之他人，至无欲也；择贤而与之其位，至公也。以至无欲至公之行示天下，故不赏而民劝，不罚而民畏，舜亦犹然。今君赏罚而民欲且多私，是君之所怀者私也。百姓知之，贪争之端自此始矣……

他把天下为公的理想，作为《节士》篇的开端，这反映出了"节士"在政治上的基本立足点，此之谓"大节"；在"私天下"情形下之所谓节，相对的显出其为小节了。

《说苑》卷一《君道》篇在"晏子没十有七年"条，把弦章因直言而得景公赐鱼五十乘，固辞不受的故事，加以发挥：

> 君子曰，弦章之廉，乃晏子之遗行也。夫天之生人也，盖非以为君也。天之立君也，盖非以为位也。夫为人君，行其私欲，而不顾其人（疑失一"民"字），是不承天意，忘其位之所以宜事也。如此者，《春秋》不予能君，而夷狄之。郑伯恶一人而兼弃其师，故有夷狄不君之辞……

又：

> 齐人弑其君，鲁襄公援戈而起曰，孰臣而敢杀其君乎？师惧曰，夫齐君治之不能，任之不肖，纵一人之欲，以虐万夫之性，非所以立君也。其身死，自取之也。今君不爱

万夫之命,而伤一人之死,奚其过也。其臣已无道矣,其君亦不足惜也。

《说苑》卷三《建本》篇"魏文侯问元年于吴子"条,"君身必正,近臣必选,大夫不兼官,执民柄者不在一族,可谓不权势矣。此皆《春秋》之意,而元年之本也"。他对此故事所重视的是"近臣必选",分明是有弘恭、石显们的背景。"执民柄者不在一族",或许是有当时的王氏专政的背景,但这故事的根据仍然是天下为公。

最难得的是,他特立"《至公》"一篇(卷十四),以集结儒家天下为公的愿望。此篇一开始是:

《书》曰,不偏不党,王道荡荡,言至公也。古有行大公者帝尧是也。贵为天子,富有天下,得舜而传之,不私于其子孙也,去天下若遗躧。于天下犹然,况其细于天下乎,非帝尧孰能行之。孔子曰,巍巍乎惟天为大,惟尧则之。《易》曰无首吉,此盖人君之公也。夫以公与天下,其德大矣。推之于此,刑(法)之于彼,万姓之所戴,后世之所则也。彼人臣之公,治官事则不营私家,在公门则不言货利,当公法则不阿亲戚。奉公举贤,则不避仇雠。忠于事君,仁于利下,推之以恕道,行之以不党,伊、吕是也。故显名存于今,是之谓公。《诗》云,周道如砥,其直如矢,君子所履,小人所视。此之谓也。夫公生明,偏生暗,端悫生达,诈伪生塞,诚信生神,夸诞生惑。此六者,君子之所慎也。而禹桀之所以分也。《诗》云,疾威上帝,其命多僻。言不公也。

熊师十力《读经示要》第一讲，拈"九"义以概括六经的精髓及人类最后的归趋。而以《易·乾卦》"用九，见群龙无首吉"，为"至治之隆，无种界，无国界，人各自由，人皆平等，无有操政柄以临于众庶之上者"。与《象》曰用九，天德不可为首也"，及《文言》曰"乾元用九，天下治也"相合。刘氏此处"《易》曰，无首吉，此盖人君之公也"，其意盖以人君能以天下为公，则自以其君位乃为人民担负一分责任，而无君临天下之心。引申刘氏之意，亦未尝不与熊师之意相合。此乃天下为公之极谊，而刘氏能见及此，不可谓非豪杰之士。

《至公》篇多引层次不同之公的故事，下面的一个故事最有意义。

> 秦始皇帝既吞天下，乃召群臣而议曰，古者五帝禅贤，三王世继，孰是？将为之。博士七十人未对。鲍白令之对曰，天下官，则让贤是也；天下家，则世继是也。故五帝以天下为官，三王以天下为家。秦始皇帝仰天而叹曰，吾德出于五帝，吾将官天下，谁可使代我后者……

由此一故事，可知先秦天下为公之说，深入于人心。故《吕氏春秋》在《孟春纪》中亦甚弘此论。

六、以士为中心的各种问题

在直接的政治问题以外，对士的要求，亦有可述的。

首先是对学的重视。《新序·杂事》第五，多录《韩诗传》劝学之言，而加以扩充。兹录为《韩传》所无者的一条以见一般：

哀公问于孔子曰，寡人闻之，东益宅不祥，信有之乎？孔子曰，不祥有五，而东益不与焉。夫损人而益己，身之不祥也。弃老而取幼，家之不祥也。释贤用不肖，国之不祥也。老者不教，幼者不学，俗之不祥也。圣人伏匿，天下之不祥也。故不祥有五，而东益不与焉……

《说苑·建本》篇（卷三）下面的一段材料，更言之深切。

人之幼稚童蒙之时，非求师正本，无以立身全性。夫幼者必愚，愚者妄行。愚者妄行，不能保身。孟子曰，人皆知以食愈饥，莫知以学愈愚。故善材之幼者，必勤于学问以修其性。……夫学者，崇名立身之本也。仪状齐等，而饰貌者好；质性同伦，而学问者智。是故砥砺琢磨非金也，而可以利金。《诗》、《书》辟立非我也，而可以厉心。夫问讯之士，日夜兴起，厉中益知，以分别理。是故处身则全，立身不殆。士苟欲深明博察，以垂荣名，而不好问讯之道，则是伐智本而塞智原也。何以立躯也……水积成川，则蛟龙生焉；土积成山，则豫樟生焉；学积成圣，则富贵尊显至焉。千金之裘，非一狐之皮；台庙之榱，非一木之枝；先王之法，非一士之智也。故曰，讯问者，智之本、思虑者智之道也。《中庸》曰，好问近乎智，力行近乎仁，知耻近乎勇。积小之能大者，其惟仲尼乎？学者所以反情治性尽才者也。亲贤学问，所以长德也；论交合友，所以相致也。诗云，如切如磋，如琢如磨。此之谓也。

在先秦诸子百家中，惟儒家最重视学问。所以《建本》篇中历引孔子、子思、孟子励学之言。而师旷答晋平公"吾年七十，欲学，恐已暮矣"之问，谓，"少而好学，如日出之阳。壮而好学，如日中之光。老而好学，如炳烛之明"，也意味深切。学问的目的，则在能成为一个"成人"。《辨物》篇（卷十八）一开始：

> 颜渊问于仲尼曰，成人之行何若？子曰，成人之行，达乎情性之理，通乎物类之变，知幽明之故，睹游气之源，若此而可谓成人。既知天道，行躬以仁义，饬身以礼乐。夫仁义礼乐，成人之行也。穷神知化，德之盛也。《易》曰，仰以观于天文，俯以察于地理，是故知幽明之故。夫天文地理人情之效存于心，则圣智之府……

要把天文地理人情存于心，然后可以为成人，这正是西汉博士系统以外的儒者治学的规模，所以扬雄《法言》也说"通天、地、人之谓儒"。在此一系统中，知识占有很重要的地位。尽管从现代的立场看，他们所求的知识，多半是不可靠的，这是时代的限制。所以《辨物》篇便列举了当时所认为知识上的重要课题，及由好奇心而来的若干异闻异事。他把价值系统的天道，直接与知识系统的天文，连结在一起。在上引的一条中说："故《易》曰，一阴一阳之谓道。道也者，物之动莫不由道也。是故发于一，成于二，备于三，周于四，行于五。是故玄象著明，莫大于日月。察变之动,莫著于五星。天之五星,运气于五行。其初由发于阴阳,而化极万一千五百二十。①所谓二十八星者……"以下言天文、时历、及地理等等。但我注意到韩婴言学,未尝涉及利禄之途,而刘向则以利禄为诱进之具,我认为此真所谓风气移人,贤者不免。

《韩诗传》的思想中,特别提倡士节,此全为刘向所承受。《新序·节士》第七,《义勇》第八,多录《韩诗传》中这一方面的材料,《节士》录了九条,《义勇》录了六条,而又加以扩充。义勇是节士所以能立节的基本条件。《说苑》则除《立节》篇(卷四)外,更有《复恩》(卷六)一篇,我怀疑自董仲舒本《公羊》以盛张复仇之义以后,复仇成为"士节"的一部分,而报仇之风盛行,甚至可得到刑法上的宽恕。故刘氏特立此篇,以与当时复仇的风气取得均衡发展,以充实士节的内容。此在东汉发生了巨大影响。刘向在《立节》篇一开始便说:"士君子之有勇而果于行者,不以立节行谊,而以妄死非名,岂不痛哉。士有杀身以成仁,触害以立义,倚于节理,而不议(议乃迟疑之意)死地,故能身死名流于来世。非有勇断,孰能行之。"西汉知识分子特征之一,是不轻受侮辱而果决敢死,此处亦可反映出来。对复仇而提出复恩,在当时是一个新观念,所以在此篇开始时,说得更郑重。

孔子曰,德不孤,必有邻。夫施德者贵不德,受恩者尚必报。是故臣劳勤以为君,而不求其赏。君持施以牧下,而无所德。故《易》曰,劳而不怨,有功而不德,厚之至也。君臣相与,以市道接,君悬禄以待之,臣竭力以报之。

---

① 此句疑原作"而化极万、千、百、十";"一"、"五"、"二"三字皆衍。

逮臣有不测之功，则主加之以重赏。如主有超异之恩，则臣必死以复之。孔子曰，北方有兽，其名曰蹷，前足鼠，后足兔。是兽也，甚矣其爱蛩蛩巨虚也。食得甘草，必啮以遗蛩蛩巨虚。蛩蛩巨虚见人将来，必负蹷以走。蹷非性之爱蛩蛩巨虚也，为其假足之故也。二兽者亦非性之爱蹷也，为其得甘草而遗之故也。夫禽兽昆虫犹知比假而相有报也，况于士君子之欲与名利于天下者乎。夫臣不复君之恩，而苟营其私门，祸之原也。君不能报臣之功，而惮刑赏者，亦乱之基也。夫祸乱之原基，由不报恩生矣。

这里刘氏只说到君臣之间，实则此观念弥纶于人与人之各种关系。

在同样砥砺士节的要求中，《韩诗传》对士贫困的问题特别用心。至刘向而对此方面之关注较少，盖汉武以前，由朝廷以至郡县，多用军人任职。至武帝后，政治中容纳了多数士人，其生活情况，或较韩婴时代有所改进。

《说苑》更有《谈丛》（卷十六）、《杂言》（卷十七）两篇，多言一般立身处世之道。《谈丛》共七十四条，仅五条系引用故事，其余可能是当时流行的立身处世的格言，或刘氏陈述自己的经验。一条之中，既有来自道家的消极的一面，也有来自儒家积极的一面，且多为韵语。而其归，常为光明正大的人生态度。例如：

无不为者，无不（疑当作"所"）能成也。无不欲者，无不（疑当作"所"）能得也。众正之积，福无不及也；众邪之积，祸无不逮也。力胜贫，谨胜祸，慎胜害，戒胜灾。

为善者，天报以德；为不善者，天报以祸。君子得时如水，小人得时如火。谤道己者，心之罪也；尊贤己者，心之力也。心之得，万物不足为也；心之失，独心不能守也。子不孝，非吾子也；交不信，非吾友也。食其口而百节肥，灌其本而枝叶茂。本伤者枝槁，根深者末厚。为善者得道，为恶者失道。恶语不出口，苟言不留耳。务伪不长，喜虚不久。义士不欺心，廉士不妄取。以财为草，以身为宝。慈仁少小，恭敬耆老。犬吠不惊，命曰金城。常避危殆，命曰不悔。富必念贫，壮必念老。年虽幼少，虑之不（疑当作"必"）早。夫有礼者相为死，无礼者亦相为死。贵不与骄期，骄自来。骄不与亡期，亡自至。跛人日夜愿一起，盲人不忘视。知者始于悟，终于谐；愚者始于乐，终于哀。高山仰止，景行行止，力虽不能，心必务为。慎终如始，常以为戒；战战栗栗，日慎其事。圣人之正，莫如安静；贤者之治，故与众异。

各条率多意味深长的格言；若有人把此篇与《淮南子》中的《说山训》、《说林训》及《太公家训》与今日之所谓"增广贤文"者，作一关连对照的研究，我以为对我国一般的生态度的了解，会很有帮助。

《杂言》篇与《谈丛》篇稍有不同。《谈丛》篇多就一般的立身处世之道而言；《杂言》篇则多就艰危变动之际的立身处世而言。全篇五十三条，孔子或与孔子有关之故事即有三十一条。兹仅录开始的一段话，以见刘向特立此篇之意。

刘向《新序》、《说苑》的研究　　　　　　　　　　　　　　　　　　　　　*103*

贤人君子者，通乎盛衰之时，明乎成败之端，察乎治乱之纪，审乎人情，知所去就。故虽穷，不处亡国之势；虽贫，不受污君之禄。是以太公年七十而不自达，孙叔敖三去相而不自悔。何则？不强合非其人也。太公一合于周而侯七百岁，孙叔敖一合于楚而封十世。大夫种存亡越而霸，勾践赐死于前。李斯积功于秦，而卒被五刑。尽忠忧君，危身安国，其功一也。或以封侯而不绝，或以赐死而被刑，所慕所由异也。故箕子弃国而佯狂，范蠡去越而易名，智过去君弟而更姓，皆见远识微，而仁能去富势，以避萌生之祸者也。夫暴乱之君，孰能离絷以役其身，而与于患乎哉。故贤者非畏死避害而已也，为杀身无益，而明主之暴也。比干死纣而不能正其行，子胥死吴而不能存其国。二子者强谏而死，适足明主之暴耳。未始有益如秋毫之端也。是以贤人闭其智，塞其能，待得其人然后合，故言无不听，行无见疑，君臣两与，终身无患。今非得其时，又无其人，直私意不能已，闵世之乱，忧主之危，以无赘之身，涉蔽塞之路，经乎谗人之前，造无量之主，犯不测之罪，伤其天性，岂不惑哉。故文信侯李斯，天下所谓贤也。为国计，揣微射隐，所谓无过策也。战胜攻取，所谓无强敌也。积功甚大，势利甚高。贤人不用，谗人用事。自知不用，其仁不能去，制敌积功，不失秋毫。避患去害，不见丘山。积其所欲，以至其所恶，岂不为势利惑哉。《诗》云，人知其一，莫知其他。此之谓也。

刘向在上面这段话中，有由深刻的现实经验而来的感慨在里面，可以说是他早年所作的《九叹》的缩影。

刘向的《洪范五行传论》，在《汉书·五行志》中保留了不少，极牵强附会之能事，可以说，完全是非合理主义的。由《说苑·辨物》篇（卷十八）"夫水灾，俱天下阴阳所为也"条看，他对灾异的观点，是直承董仲舒而来。① 但在他所引的有关灾异故事中，反较董、刘两氏自己所立之说为合理。如《政理》篇（卷七）：

晋侯问于士文伯曰，三月朔，日有食之，寡人学慴焉。诗所谓彼日而蚀，于何不臧者，何也？对曰，不善政之谓也。国无政，不用善，则自取谪于日月之灾，故不可不慎也。政有三而已，一曰因民，二曰择人，三曰从时。

灾异之说，以意推之，在原始宗教时代为最盛。后因人文精神的兴起，把祸福与人的行为密切关连在一起，神对人的作用减轻，灾异之说，亦渐为减少；故由《春秋》三传以窥春秋时代贤士大夫及孔门之意，其由宗教向人文的转移，至为明显；此一趋向，至荀子的《天论》而得一总的合理归结。故西汉在景帝以前，言灾异者颇为少见。至董仲舒以灾异盛言天人相与之际，灾异说又因之大盛。刘向们承之，遂泛滥于西汉中期以后的思想中。《新序》、《说苑》，乃因缘古义，故其言灾异者分量最少，且不似《五行传》之汗漫无归。

又王充《论衡·本性》篇：

---

① 此条内容主要来自《春秋繁露·精华》第五，已见前言《春秋》的一节。

刘向《新序》、《说苑》的研究

> 刘子政曰，性，生而然者也，在于身而不发。情，接于物而然者也，出形于外，则谓之阳；不发者则谓之阴。

此语未见于《新序》、《说苑》；而王充引他人之说，辞意每有所出入。由《说苑·贵德》篇（卷五）下面的一段话，或可窥见刘氏言性之一端。

> 凡人之性，莫不欲善其德。然而不能为善德者，利败之也，故君子羞言利名。言利名尚羞之，况居求利者也？

按《论语》以"德行"二字连词，[①]故德亦有行义；"欲善其德"，即"欲善其行"。欲善其行，而系出于人性之要求，则刘氏实亦以性为善。从《建本》篇"学者所以反情治性尽才者也"的话来观察，则他承董仲舒的影响，大概认为性善而情恶，所以"反情"即所以治性。

刘氏的道德意识，系以仁居于首位，所以最后把刘氏对仁的把握录两段在下面。

> 孔子曰，里仁为美，择不处仁，焉得智。夫仁者必恕然后行。行一不义，杀一无罪，虽以得高官大位，仁者不为也。夫大仁者爱近以及远，及其有所不谐，则亏小仁以就大仁。大仁者恩及四海，小仁者止于妻子。妻子者以其知营利，以妇人之恩抚之，饰其内情，雕画其伪，孰知其非

[①]《论语·先进》："德行，颜渊、闵子骞、冉伯牛、仲弓。"

真。虽当时蒙荣，然士君子以为大辱。故共工、驩兜、符里、邓析，其智非无所识也，然而为圣王所诛者，以无德而苟利也。竖刁、易牙，毁体杀子以干利，卒为贼于齐。故人臣不仁，篡弑之乱生；人臣而仁，国治主荣。明主察焉，宗庙大宁。夫人臣犹贵仁，况于人主乎。故桀纣以不仁失天下，汤武以积德有海土，是以圣王贵德而务行之。孟子曰，推恩足以及四海，不推恩不足以保妻子。古人所以大过人者无他焉，善推其所有而已。（卷五《贵德》篇）

积恩为爱，积爱为仁，积仁为灵，灵台之所以为灵者，积仁也。神灵者天地之本，而为万物之始也。是故文王始接民以仁，而天下莫不仁焉。文，德之至也……德不至，则不能文。（卷十九《修文》篇）

"夫仁者必恕然后行"，此释仁与恕之关系，至为精当。而"积仁为灵"之说，亦意义深远。

刘向因校书中秘的关系，能读西汉一般士人所无法读到的书。因为他的家世及其遭际，对政治真相的了解，与对政治的责任感，亦非并时士大夫所易企及。《汉书·艺文志》对诸子百家叙录的态度，率能作持平之论。此恐系刘歆秉承其父的遗教而成。通过《新序》、《说苑》来了解刘向的思想，是在平实的基础、开明的态度上，由诸子百家而归结到儒家，归结到孔子；这是在他对当时现实政治社会所具有的深切笃至的责任感的背景下，所作的理性、良心的抉择，而不关于风气、利禄乃至见闻的限制。在西汉思想史上，应占一坚实的地位。

《盐铁论》[1]中的政治社会文化问题

一、背景

《汉书》七《昭帝纪》，始元六年（西纪前八十一年）二月："诏有司问郡国所举贤良文学，民所疾苦，议罢盐铁榷酤。"又六十六《车千秋传》："讫昭帝世，国家少事，百姓稍益充实。始元六年，诏郡国举贤良文学士，问以民所疾苦，于是盐铁之议起焉。"传赞：

> 所谓盐铁议者，起始元中，征文学贤良，问以治乱，皆对愿罢郡国盐铁酒榷均输，务本抑末，勿与天下争利，然后教化可兴。御史大夫桑弘羊以为此乃所以安边竟，制四夷，国家大业，不可废也。当时相诘难，颇有其议文。至宣帝时，汝南桓宽次公，治《公羊春秋》，举为郎，至庐江太守丞，博通，善属文。推衍盐铁之议，增广条目，极其论难，著数万言。亦欲以究治乱，成一家之法焉。其辞曰……

---

[1] 本文采用世界书局王利器《盐铁论校注》本为底本，再参以诸家校注。

"其辞曰"以下，节录《盐铁论·杂论》第六十之言。《杂论》第六十，盖即桓宽整理《盐铁论》的自序。

这里我们应首先了解此一大争论得以发生的背景。按汉武时代，国力最大的消耗为北伐匈奴。自元光二年（前一三三年）与匈奴绝和亲，经元光六年（前一二九年）、元朔二年（前一二七年）、五年（前一二四年）、六年（前一二三年）、元狩二年（前一二一年）、四年（前一一九年）各战役，匈奴受创北徙，中国亦大为虚耗。这本是对匈奴政策应作一转换的时机，但武帝仍穷兵不已。其中最无意义的，为太初元年（前一〇四年）到三年（前一〇二年）遣李广利伐大宛求善马，使匈奴得到喘息机会，而中国的虚耗益甚。太初二年（前一〇三年）遣赵破奴将二万骑出朔方，败没不还。天汉二年（前九十九年）遣李广利将三万骑出酒泉击匈奴，匈奴围之，司马赵充国溃围得出，别将李陵终以败降。四年（前九十七年）遣李广利将六万骑步兵七万人出朔方，另有将军公孙敖将骑步三万人，韩说将步兵三万，路博德将步兵万余人与李广利会合，与单于战吾余水上，不利引退。征和三年（前九十年）李广利将七万人出五原，另有御史大夫商丘成将二万人出西河，重合侯马通将四万骑出酒泉，与李广利呼应，广利败降匈奴。再过三年（后元二年，前八十七年），武帝便死了。[①]可以说，武帝前期对匈奴用兵，是有所得而实则不偿所失。[②]后期对匈奴用兵，则几乎可说是只有所失而并无所得。仅因中国土广民众，在相对消耗之下，匈奴终于不振。但由武帝

---

① 参阅《汉书》六《武帝纪》。
② 参阅《史记·平准书》及《匈奴列传》。

后期对匈奴用兵的情形，已可反映出武帝之"武"，已成为强弩之末。

与对外的国力消耗并行的，是内部社会政治的惶惶不安。《汉书》六《武帝纪》天汉二年（前九十九年）"泰山、琅邪群盗徐敦等阻山攻城，道路不通。遣直指使者暴胜之等衣绣衣杖斧，分部逐捕。刺史郡守以下皆伏诛。"《史记》卷一二二《酷吏列传》，"自温舒（王温舒）等以恶为治，而郡守、都尉、诸侯二千石欲为治者，大抵尽效温舒，而吏民益轻犯法，盗贼滋起。南阳有梅免、白政，楚有殷中、杜少，齐有徐敦；燕赵之间有坚卢、范生之属，大群至数千人，擅自号，攻城邑，取库兵，释死罪，缚辱郡太守都尉，杀二千石，为檄告县趣具食。小盗以百数，掠卤乡里者不可胜数也。于是天子……乃使光禄大夫范昆，诸辅都尉及故九卿张德等，衣绣衣，持节，虎符发兵，以兴击。斩首，大部或至万余级；及以法诛通行饮食，坐连诸郡，甚者数千人。数岁，乃复得其渠率；散卒失亡，复聚党阻山川者，往往而群居，无可奈何。"可以说，山东郡国的社会已经动摇了。

在以全力扑灭山东群盗的天汉二年，"冬十一月诏关都尉曰：'今豪杰多远交，依东方群盗。其谨察出入者'"。是由山东郡国的动摇，影响到了关中。天汉元年（前一〇〇年）"秋，闭城门大搜"；征和元年（前九十二年）"冬十一月，发三辅骑士大搜上林，闭长安城门索，十一日乃解。"是武帝当时对于肘腋之下的安全也发生了疑问。同年巫蛊事起。征和二年（前九十一年）闰四月："诸邑公主、阳石公主皆坐巫蛊死。夏，行幸甘泉。秋七月，按道侯韩说、使者江充等掘蛊太子宫。壬午，太子与皇后谋斩充，以节发兵与丞相刘屈氂大战长安，死者数万人。"结果，皇后太子皆先后自杀。这一连串惊心动魄的事实,使耽于夸大侈泰的武帝,也不能不发生反省;对他摇摇欲坠的政权,作最后的挽救。因而在征和四年(前八十九年)作了政策的转变。

《汉书》九十六下《西域传》:

> 自武帝初通西域,置校尉,屯田渠犁。是时军旅连出,师行三十二年,海内虚耗。征和中,贰师将军李广利以军降匈奴。上既悔远征伐。而搜粟都尉桑弘羊与丞相御史[①]奏言,故轮台以东,捷枝、渠犁皆故国,地广,饶水草,有溉田五千顷以上……臣愚以为可遣屯田卒诣故轮台以东,置校尉三人分护……上乃下诏,深陈既往之悔,曰:前有司奏,欲益民赋三十助边用,是重困老弱孤独也。而今又请遣卒田轮台,轮台西于车师千余里……乃者贰师败,军士死略离散,悲痛常在朕心。今请远田轮台,欲起亭隧,是扰劳天下,非所以优民也。今朕不忍闻……当今务在禁苛暴,止擅赋,力本农,修马复令,以补缺,毋乏武备而已……由是不复出军,而封丞相车千秋为富民侯,以明休息,思富养民也。

桑弘羊田轮台之议,实为经营西域要著之一,所以昭帝元凤四年"霍光用桑弘羊前议,以赖丹为校尉将军,田轮台"。[②]而武帝卒不采用,由此可知当时国力的疲敝。再过年余,是后元二年二月,

---

[①]《补注》引徐松曰,《通鉴》系此事征和四年。
[②]《资治通鉴》卷二十三。

武帝便死于鳌屋五柞宫。由此可知武帝已表现出政策转换的开端。霍光在武帝左右几十年，对这种情势，及武帝死前的心境，会感受得很清楚。及领遗诏辅八岁的幼主——昭帝，首要之务，即在如何能稳定经长期军事消耗以致动摇的社会。《汉书》六十《杜延年传》，延年"见国家承武帝奢侈师旅之后，数为大将军光言，年岁比不登，流民未尽还，宜修孝文时政，示以俭约宽和，顺天心，悦民意，年岁宜应。光纳其言，举贤良，议罢酒榷盐铁，皆自延年发之"。"宜修孝文时政"这句话的真正意思，即是要修改武帝时的政策与作风。《汉书》七《昭帝纪》赞谓"承孝武奢侈余敝，师旅之后，海内虚耗，户口减半。光知时务之要，轻繇薄赋，与民休息。至始元、元凤之间，匈奴和亲，百姓充实，举贤良文学，问民所疾苦，议盐铁而罢榷酤。尊号曰昭，不亦宜乎？"正是具体地反映这种情势。文帝与武帝不同的主要点之一，在于文帝以忍让的态度，息事宁人。武帝则以夸侈的态度，开边黩武。因黩武的关系，便逐渐实施战时经济政策。因实施战时经济政策，不能不使用残酷的刑罚。三者互相因缘的情形，在《史记·平准书》中，作了有机性的陈述。武帝的战时经济政策，以盐铁榷酤，为最有经常性，而又影响社会的幅度最大。要修改财经政策，势必讨论到盐铁的问题。

内外朝之分，实始于霍光。霍光以大将军居内朝主政，但朝廷的官僚结构及政令推行的机能，依然是在外朝而不是内朝。车千秋缘讼戾太子冤事受知于武帝，以高寝郎超升大鸿胪；不数月，遂于征和四年（前八十九年），取宰相封侯。他虽为外朝的领袖，但资望既浅，亦"无他材能学术"，乃是一位有名无实的宰相。桑弘羊"以心计，年十三，侍中"，约略为武帝即位之年。[①] 元鼎二年（前一一五年）"为大司农中丞，管诸会计事，稍稍置均输以通货物"，[②] 参与财经政策的制定与推行。元封元年（前一一〇年）为治粟都尉，领大农，尽代孔仅斡天下盐铁。至天汉元年（前一〇〇年）为大司农，天汉四年（前九十七年）为搜粟都尉，[③] 至后元二年（前八十七年）为御史大夫，参预了受遗诏辅政。他的政治生涯，不仅由武帝即位之年一直到昭帝元凤元年，约六十年之久；且由元鼎二年一直到他之死，掌握财经大权亦三十年。其资望远出车千秋乃至霍光之上，为事实上的外朝领袖人物。要修改桑弘羊三十余年所掌握的财经政策，不是一件容易的事情。霍光接受了杜延年的建议，于始元五年（前八十二年），令三辅太常，举贤良各二人，郡国文学高第各一人；在六年二月，展开了前所未有的以盐铁为中心的大辩论。这是霍光在政策上要假借此次辩论来压倒桑弘羊，亦即是压倒外朝所承袭的武帝的战时财经政策，以便作若干修正转换的一种手段。

其次，霍光为了达到专政的目的，既创出内外朝分权对峙之局，势必进一步削弱外朝以伸张自己的权力。《汉书》六十六《车千秋传》载"每公卿朝会，光谓千秋曰，始与君侯俱受先帝遗诏，今光治内，君侯治外，宜有以教督，使光毋负天下。千秋曰，唯将军留意，即天下幸甚。终不肯有所言，光以此重之。"即是车千秋甘以傀儡宰相自居，故得勉强保全性命。形成政权骨干的，一为军事，一为财经。武帝建元二年（前一三九年）省去掌军权的

[①] 据马元材著《桑弘羊年谱》。
[②] 《史记·平准书》。
[③] 以上皆据马著《桑弘羊年谱》。

太尉，于元狩四年（前一一九年），初置大司马，"以冠将军之号"，[1]军权遂直属皇帝，不关丞相。霍光由侍中奉车都尉一跃而为"大司马大将军，受遗诏辅少主"，军权已经在握；但财经大权，虽不能收在内朝手上，他也不甘心继续放任在资深望重的桑弘羊手上。要从桑弘羊手上夺取财经大权，必先打击桑弘羊所凭借的财经政策。由贤良文学在朝廷上公开反映出人民对盐铁政策的反对，即足以使桑弘羊失掉他所挟以自重的政治资本。所以在盐铁争论之后，霍光即以"给事大将军莫府"的杨敞为大司农。杨敞迁御史大夫，霍光又以给事大将军莫府的田延年为大司农，把财经大权，紧紧地掌握在自己的僚属手上，再进一步便是用自己的僚属占据外朝的高位，以完成由他在内朝专政的目的。霍光与上官桀的斗争，本是内朝的权利斗争，无是非可言。而桑弘羊之所以参与到里面去，并不仅是"欲为子弟得官，怨望霍光"，[2]而是怨望霍光夺取了他数十年手上的财经大权。盐铁之议，也成为霍光夺权的一种手段。

不了解盐铁会议是霍光为了转换政策及夺取财经大权所运用的双重手段，[3]便不能了解何以会出现此一大规模的辩论，及贤良文学，何以展开对桑弘羊的切直批评，桑弘羊及御史们虽一再加以威胁，却终未因此遭祸。至说霍光想因此而想与地方豪族层提携，已未免失之推论太过；更说贤良文学自身，也可能是这种地

---

[1]《汉书》十九《百官公卿表》七上。
[2]《汉书》六十六《车千秋传》。
[3] 日本讲谈社《中国历史》之西嶋定生教授所著的《秦汉帝国》页二六五至二七一，特别谈到"论争的政治背景"问题。他似乎太偏重在内外朝的斗争的一面，忽视了政策需要修正的一面。西嶋氏是日本治汉代史极有成就的学者，故特别值得提出。

方豪族层的出身，①便更违反大夫御史们再三指谪贤良文学们出身贫寒的实情了。

但贤良文学也只是利用此一机会反映出社会多数人民的愿望，及由儒家思想而来的政治主张。说到利用，也是互相利用。所以参与此次有声有色的辩论的六十多个贤良文学中，若非桓宽在《杂论》中因汝南朱子伯的传述而保留有贤良茂陵唐生、文学鲁万生、中山刘子雍、九江祝生等四人的姓氏，便将完全湮没无闻。在皇权专制政治之下，知识分子只有在矛盾对立、相持不下的夹缝中，才有机会反映出一点政治的真实，《盐铁论》的价值正在于此。至玩弄内廷专制，不学而有术的霍光，决不能容这一批謇谔之士。《汉书》六十八《霍光传》霍山谓"今丞相（魏相）用事，县官（宣帝）信之，尽变易大将军（霍光）时法令……又诸生多窭人子，喜妄说狂言，不避忌讳，大将军常仇之。今陛下好与诸儒生语，人人自使书对事，多言我家者……其言绝痛"。此可反映出这一批贤良文学，在霍光时代的遭遇。而辩论的结果，也只是暂时废除了郡国的榷酤及关内的铁官；此外则一仍桑弘羊之旧。因为霍光取得财经直接控制权后，对于政府收入所在，决不会轻轻放弃的。

二、辩论的历程、态度及所反映出的社会地位

其次的问题是，现在可以看到的《盐铁论》，其性质，到底还是来自当时的纪录，桓宽仅加以整理，抑系桓宽托事立言，"亦欲以究治乱，成一家之法"？班氏在《车千秋传》赞中，说得不够

---

① 西嶋定生教授所著《秦汉帝国》页二七一。

清楚。就《盐铁论》所记的辩论经过的情况，及各人立言的分寸来看，决不是未参与其事的人所能悬拟的。班氏说"当时相诘难，颇有其议文"，意者参与其事的贤良文学，退后有所记录，且记录者亦非一人。日人山田胜美氏在他所译《盐铁论》的前面，有《桓宽与〈盐铁论〉编著》一文。其中指出"当此之时"与"方此之时"的意义完全相同的两句话，但在书中各篇使用时，发现有秩序的不同。我的推测，这是反映出当时发言者的不同，因而记录也不相同的实况。但当时并未集结成一部完整之书。桓宽有感于汝南朱子伯之言，收集流传的记录，序其次第，饰其语言，增其条目，遂成为今日所看到的形式。所以它的性质是当时的集体意见，而不应视为桓宽一家之言。由书中所述两方辩论的过程，可以证明这一点。

从《本议》第一到《刺权》第九，都是大夫（桑弘羊）与文学间的诘难。《刺复》第十，大夫说"今贤良、文学，臻者六十余人……信往而乖于今，道古而不合于世务，意者不足以知士也。将多饰文诬能，以乱实邪？何贤士之难睹也"；文学反责以"蔽贤妒能，自高其智；訾人之才，足己而不问，卑士而不友，以位尚贤，以禄骄士，而求士之用，亦难矣。"桑弘羊受此反责后，"大夫缪然不言，盖贤良长叹息焉"；于是"御史进曰"，代桑弘羊诘难。《论儒》第十一，系由御史发言。及文学提出"今民陷沟壑，虽欲无濡，岂得已哉"后，"御史默不对"。《忧边》第十二，《园池》第十三，便又由大夫发言。但《园池》第十三以"大夫默然，视其丞相、御史"作结，故《轻重》第十四，《未通》第十五，又由御史发言。《未通》第十五以"御史默不答也"作结，于是由《地广》第十六到《讼贤》第二十二，皆由大夫发言。《遵道》第二十三"大夫曰,御史,御史未应。谓丞相史曰",这是桑弘羊要御史代为发言;大概他又觉得不应放过丞相史,所以改呼丞相史而问之;于是由《遵道》第二十三到《刺议》第二十六,皆由丞相史发言。及《刺议》以"丞相史默然不对"作结时,于是《利议》第二十七又由大夫发言,责"诸生阘茸无行""若穿窬之盗",并以秦王的焚坑相威胁。在《国疾》第二十八,文学反讥以"百姓贫陋困穷,而私家累万金","今执政患儒贫贱而多言,儒亦忧执事富贵而多患也"。桑弘羊碰了这个钉子,"大夫视文学,悒悒而不言也"。于是丞相史出来打圆场说"大夫言过,而诸生亦如之。诸生不直谢大夫耳"。贤良、文学听了丞相史打圆场的话,"皆离席曰,鄙人固陋,希涉大庭,狂言多不称,以逆执事。"桑弘羊"色少宽,面(背)文学而苏(向)贤良曰……文学皆出山东,希涉大论。子大夫(指贤良)论京师之日久,顾(愿)分明政治得失之事,故所以然者也"。因贤良选自三辅及太常,而文学则选自郡国;汉都长安,故郡国皆可谓之山东。桑弘羊想拆散贤良文学的阵容,意思说文学是乡下人,没有见过世面;贤良则选自三辅及朝廷中的官吏,[①]应当可以了解他所掌握的朝廷的政策。这样便由贤良担当起发言的责任。未想到贤良的发言更为激切,所以在《散不足》第二十九"大夫曰,吾以贤良为稍愈,乃反其幽明……不顾其患,患至而后默,晚矣",这是出之以威胁。及贤良以孔墨之道自任,不畏威胁,"大夫"只好"默然"。丞相车

[①] 按《汉书》四十九《晁错传》记文帝十五年"诏有司举贤良文学士",晁错对策称:"平阳侯臣窋,汝阴侯臣灶,颍阴侯臣何,廷尉臣宜昌,陇西太守臣昆邪,所选贤良太子家令臣错。"而董仲舒"以贤良对策"时已为博士,公孙弘对贤良策时亦曾为博士,所以在"制曰"中称"子大夫",是贤良多选自朝廷中的官吏。

千秋，本是不愿得罪霍光的，此时便说"愿闻散不足"，这是要贤良提出具体办法。贤良便提出政治社会上三十二种不合理的现象，总结之以"聚不足"；"聚"是指财富聚积于上，"不足"是指百姓不足于下。这便提到了根本的病根。"丞相曰，治聚不足奈何"，这是接受了贤良的陈述。《救匮》第三十贤良对丞相的答复，牵涉到公卿大夫子孙生活的奢侈及均输盐铁专卖等基本问题，桑弘羊便责以"若疫岁之巫，徒能鼓口耳，何散不足之能治乎"？这里便露出桑弘羊与车千秋之间，亦有相当距离。及贤良说出"不耻为利者满朝市，列田畜者弥郡国。横暴掣顿，大第巨舍之旁，道路且不通，此固难医而不可为工"的话，"大夫勃然作色，默而不应"。《箴石》第三十一是丞相出来打圆场，劝贤良、文学不要"被不逊之名"。从《除狭》第三十二到《备胡》第三十八，皆是大夫与贤良的相对诘难。但《备胡》第三十八以"大夫默然不对"作结，于是《执务》第三十九，成为丞相与贤良的诘难。《能言》第四十，《取下》第四十一，又回到大夫与贤良的诘难。在《取下》第四十一中，贤良痛陈人民疾苦，遂使"公卿愀然，寂若无人，于是遂罢议止词。"其结果是"奏曰，贤良文学，不明县官事，猥以盐铁为不便。请且罢郡国榷酤，关内铁官。奏曰可"。此次的大辩论，至此告一段落。

从《击之》第四十二起，到《论菑》第五十四，则是以边政为中心，大夫与文学间展开的第二次辩论。《刑德》第五十五，则由边政转到刑罚问题，开始是由大夫与文学的对辩。中途"大夫俯仰未应对"，便由御史接着向文学提出辩论。《申韩》第五十六，《周秦》第五十七，都是御史与文学间的辩论。《诏圣》第五十八，开始还是由御史负责。中途"御史默然不对"，大夫便又接上去。

《大论》第五十九，又是大夫与文学的辩论。结果是"大夫曰，诺，胶车倏逢雨，请与诸生解"。《盐铁论》的正文，以此收束。第二次辩论，车千秋没有出场。

从他们记录的辩论过程看，是相当的曲折生动。而当车千秋出面时，口气比较温厚，意在调和，这与本传所述他的性格及他对霍光的态度，甚相吻合。由此可以断定，必先有此种记录，桓宽才再加以增删润饰。不要误解了班氏所说的"成一家之法"的话。

我们暂时把他们所讨论的问题放在一边，先看两方对于对方"人身"所采的态度。在讨论问题时，两方不应牵涉到对方的人身问题，除非对方的人身与讨论的问题有密切关系。但不幸，由"大夫"方面，首先失掉了感情控制而牵涉到人身上面去了。

《晁错》第八，大夫引"《春秋》之法，君亲无将，将而必诛"的话，接着暗中以霍光比淮南，衡山；以四方游士、儒墨及晁错，比贤良文学，在辩论中已经是磨刀霍霍了。

《忧边》第十二："大夫曰，诸生……发于畎亩，出于穷巷，不知冰水之寒，若醉而新寤，殊不足与言也。"《论诽》第二十四"丞相史曰……此（言）人本枉，以己为拭，此颜异所以诛黜，而狄山死于匈奴也。处其位而非其朝，生乎世而讪其上，终以被戮而丧其躯，此独谁为负其累而蒙其殃也？"《孝养》第二十五、"丞相史曰……往者陈余背汉，斩于泜水；伍被邪逆，而夷三族。近世主父偃，行不轨而诛灭。吕步舒弄口而见戮……全身在于谨慎，不在于驰语也。"《利议》第二十七、"大夫曰……吴铎以其舌自破，主父偃以其舌自杀……"《散不足》第二十九、"大夫曰……不顾

《盐铁论》中的政治社会文化问题

119

其患，患至而后默，晚矣。"上面这些话，直欲诬贤良文学为叛逆，对其人身要加以毁灭的威胁。

其次，则大夫这一集团，从富贵贫贱阶级的立场，对贤良文学，加以鄙薄非笑，并认为贫贱者没有资格谈国家大事。

《刺权》第九："大夫曰……居编户之列，而望卿相之子孙，是以跛夫之欲及楼季也。无钱而欲千金之宝，不亦虚望哉。"《地广》第十六："大夫曰，……夫禄不过秉握者，不足以言治。家不过儋石者，不足以计事。儒皆贫羸，衣冠不完，安知国家之政，县官之事乎？①何斗辟造阳也。"《贫富》第十七："大夫曰，……小不能苞大，少不能赡多。未有不能自足而能足人者也……文学不能治内，②安能理外乎？""……陶朱公以货殖尊当世……原宪，孔伋，当世被饥寒之患。颜回屡空于穷巷。当此之时，迫于窟穴，拘于缊袍。虽欲假财信奸佞，亦不能也。"《毁学》第十八："大夫曰……昔李斯与包丘子③俱事荀卿。既而李斯入秦，遂取三公……包丘子不免于瓮牖蒿庐，如潦岁之蛙……今内无以养，外无以称，贫贱而好义。虽言仁义，亦不足贵也。"而拘儒布褐不完，糟糠不饱，非甘菽藿而卑广厦，亦不能得已。虽欲吓人，其何已（以）乎？"《褒贤》第十九："大夫曰，伯夷以廉饥，尾生以信死，由小器而亏大体……今举亡而为有，虚而为盈。布衣穿履，深念徐行，若有遗亡；非立功名之士，而亦未免于世俗也。"《论诽》第二十四："丞相史曰……故饭荞（蔬）粝者不可以言孝，妻子饥寒者不可以言慈，绪业（事业）不修者不可以言理。居斯世，行斯

---

① 《盐铁论》中之县官，有的指朝廷、天子，有的即指郡县之县令。
② 汉代人在与我对言时，常以我为内，人为外。
③ 王佩净《盐铁论札记》引"徐曰，包丘子即浮丘子或作浮丘伯……"论证颇详。

120　　　　　　　　　　　　　　　　　　　　　　　　两汉思想史（三）

身，而有此三累者，斯亦足以默矣。"《孝养》第二十五："丞相史曰……夫以家人言之，有贤子当路于世者，高堂邃宇，安车大马……无者褐衣皮冠，穷居陋巷，有旦无暮，食荠粝荤茹，腰腊而后见肉……夫荠粝乞者所不取，而子以养亲，虽欲以礼，非其贵也。"

综上所述，大夫们认定贤良文学是贫穷的一批人，所以没有资格谈国家大事。因为在当时重孝的风气之下，孝是成为贤良的条件之一，于是说贫穷的人，连孝的资格也没有。其中还有值得注意的是，站在官僚豪富的阶级立场，对贤良文学，加以威吓、讥笑的，除了桑弘羊本人以外，最出力的不是御史而是丞相史。大概这批人看错了政治行情，以为车千秋不过是一个傀儡宰相；由御史大夫升宰相，是正规的前途。

桑弘羊在辩论中，既在主题之外，指向对方的人身上面，然则贤良文学这批贫羸之徒，对这些官僚豪富集团的看法，又是怎样呢？

《地广》第十六："文学曰，夫贱不害智，贫不妨行……公卿积亿万，大夫积千金，士积百金，利己并财以聚；百姓寒苦，流离于路。儒独何以完其衣冠也？"上面所说的大夫士的财富，是指当时一般官僚而言。说"公卿亿万"，当然是指桑弘羊。在《贫富》第十七，一开始，桑弘羊便为自己的财富作辩护说："余结发束脩。年十三，幸得宿卫，给事辇毂之下，以至卿大夫之位，获禄受赐，六十年矣……节俭以居之，奉（俸）禄赏赐，一二筹策之，积浸以致富成业……运之方寸，转之息耗，取之贵贱之间耳。"桑弘羊很坦率地承认他的财富，是靠放高利贷及屯积居奇而来。文学当下加以指谪说"因权势以求利者，入不可胜数也。食湖池，管山河，刍荛不能与之争泽，商贾不能与之争利。子贡以布衣致之，而孔子非之；况以势位求之乎"？直指出桑弘羊的财富，主要是凭权势以侵占夺取而来。并表明"君子能修身以假道者，不能枉道而假财也"，以为自己的贫羸作解释。

《毁学》第十八曰："文学曰……今之在位者，见利不虞害，贪得不顾耻。以利易身，以财易死。无仁义之德，而有富贵之禄，若蹈坎阱，食于悬门之下，此李斯之所以伏五刑也"，"今之有司，盗主财而食之于刑法之旁，不知机之是发，又以吓人，其患恶得若泰山之鸱乎？"《褒贤》第十九"文学曰……今有司盗秉国法，进不顾罪。卒然有急，然后车驰人趋，无益于死"。《论诽》第二十四，丞相史既以"生乎世而讪其上，终以被戮而丧其躯"，威胁文学；文学即答以"今子不听正义以辅卿相，又从而顺之。好须臾之说，不计其后，若子之为人吏，宜受上戮，子姑默矣"。《利议》第二十七"文学曰……有司窃周公之位。文学桎梏于旧术，有司桎梏于财利。主父偃以舌自杀，有司以利自困"。

综合贤良、文学的反论，不出二点，一则以贪权势者亦多被显戮，以答复桑弘羊们对他们的威胁。一则以桑弘羊官僚集团的财富，乃来自凭借权势的侵渔，以答复桑弘羊们对他们贫羸的讥讽。像这样的诘难，对政策问题的本身而言，似乎是没有意义的。但一则可由此了解在皇权专制下的政治辩论，常有刀光剑影隐藏在后面，所以辩论常决于势而不是决于理。幸而此次辩论，内朝与外朝，在财经政策上的斗争，尚处于势均力敌的地位，而此问题亦不是权力斗争的决定点，所以在剑拔弩张之余，两方依然暂时平安无事；二则此时的财富，主要集中在官僚集团手上，因而官僚集团的自身，即是豪富阶级；贤良文学则显然来自社会的平民，因而显出豪富与平民两阶级在利害上的尖锐对立。由此种尖锐对立，必然影响到对财经政策所含的社会意义的歧见。

三、盐铁专卖政策的形成

政策争论的基点是"与所举贤良文学语，问民间所疾苦"的民间疾苦，是以"愿罢盐、铁、酒榷、均输，所以进本（农）退末（商），广利农业"①为主题而展开的。天汉三年（前九十八年）初榷酒酤，开始实行酒专卖制度。实行了十一年，即始元六年"秋七月，罢榷酤官，令民得以律占租，②卖酒升四钱"而告结束。文学说"盖古之均输，所以齐劳逸而便贡输，非以为利而贾万物也"（《本议》第一），是他们并不反对均输制度的自身，而系反对与平准结合在一起的均输。所以酒榷、均输，似乎都不是争论的重点。争论的重点，是盐铁专卖问题。下面将此政策形成的历史，略加叙述。

《史记·平准书》：

> 于是县官大空，而富商大贾，或蹛（贮）财役贫，转毂百数，废（出卖）居（贮积）居邑（置之于邑），封君皆低首仰给。冶铸煮盐，财或累万金，而不佐国家之急。

按《史记·货殖列传》中之富商大贾，皆战国及秦汉间人物。其

---

① 《盐铁论·本议》第一。
② 按"以律占租"者，当为根据律令所规定以自报（占）其所应纳之租。律令所规定者，即为下文"卖酒升四钱"也。师古注恐不确。

致富的原因，一为独占盐铁之利，另一为利用战争的特殊情势，屯积居奇。所以《平准书》说"汉兴，接秦之弊……约法省禁。而不轨逐利之民，蓄积余业（资），以稽（屯积）市物，物踊腾粜，……天下已平，高祖乃令贾人不得衣丝乘车，重租税，以困辱之"。但大一统的天下，日用品的制造及货物的流通，皆赖此辈；此辈的活动，成为社会所不能缺少之机能。而贪利为此辈活力的源泉，工于心计为此辈贪利的本领，所以刘邦虽加以困辱，并未真能影响到此一阶层的发展。于是此一阶层便一直成为汉初政治、社会中的矛盾问题。至武帝开边黩武，而现象更为严重。《汉书》二十四《食货志上》曰："贾谊说上（文帝）曰……今背本而趋末食者甚众，是天下之大残也。淫侈之俗，日日以长，是天下之大贼也。"这是文帝即位不久时的情形。"晁错便说上（文帝）曰……而商贾大者积贮倍息，小者坐列贩卖……无农夫之苦，有千百之得；因其富厚，交通王侯，力过吏势……此商人之所以兼并农人，农人所以流亡者也。"按晁错对策为文帝十五年，此时商贾的势力，已更有发展。《平准书》又说：

> 于是以东郭咸阳、孔仅为大司农丞，领盐铁事。[①] 桑弘羊以计算用事，侍中。咸阳，齐之大煮盐；孔仅，南阳大冶；皆致生（产）累千金，故郑当时进言之。弘羊，洛阳贾人子，以心计，年十三侍中。故三人言利，事析秋豪矣。
> 大农上盐铁丞孔仅、咸阳言，山海，天地之藏也，皆宜

[①]《年谱》系元狩三年（前一二〇年）下。

属少府。陛下不私，以属大农佐赋。愿募民自给费，①因官器作；煮盐，官与牢盆。浮食奇民（不务正业之民），欲擅管山海之货，以致富羡，役利细民；其沮事之议，不可胜听。敢私铸铁器煮盐者，釱左趾，没入其器物。郡不出铁者置小铁官（《集解》：服虔曰，铸故铁），便属所在县。使孔仅、东郭咸阳，乘传举行天下盐铁，作官府。除故盐铁家富者为吏。吏道益杂，不选，多贾人矣。

乃拜式（卜式）为御史大夫（元鼎六年，前一一一年）。式既在位，见郡国多不便县官作盐铁，铁器苦恶，贾（价）贵，或强令民买卖之。而船有算，商者少，物贵，乃因孔仅言船算事，上由是不悦卜式。

元封元年（前一一〇年），卜式贬秩为太子太傅，而桑弘羊为治粟都尉，尽代仅筦（管）天下盐铁。弘羊以诸官各自市，相与争，物故腾跃。而天下赋输，或不偿其僦（运）费。乃请置大农部丞数十人，分部主郡国；各往往县置均输盐铁官，令远方各以其物贵（《汉书》"贵"作如"异"者是）时商贾所转贩者为赋，而相灌输。置平准于京师，都受天下委输。召工官治车诸器，皆仰给大农。大农之诸官，尽笼天下之货物，贵即卖之，贱则买之。如此，富商大贾，无所牟（取）大利，则反本（农耕），而万物不得腾踊；故抑天下物，名曰平准。天子以为然，许之。于是天子北至

---

① 按李剑农《先秦两汉经济史稿》页二四九引此项材料时，在此句下加注谓"官自给费也"。

《盐铁论》中的政治社会文化问题

朔方，东到太山，巡海上，并北边以归。所过赏赐，用帛百余万匹，金钱以巨万计，皆取足大农。①

上面叙述了桑弘羊经济政策的大要。这里有几点须加以说明。

管仲相齐，"通货积财，富国强兵"，②但《管子·海王》篇所言对盐铁的计算，非常纤密，未必即当时施政之实；不过其官山府海，发展鱼、盐、铁的商业价值，殆无可疑。但由后出之《海王》篇"谨正（征）盐策"来看，其重点在于鼓励、流通、征税，而未尝由政府专卖。《轻重》第十四"御史进曰……今大夫各修太公、桓、管之术，统一盐铁，通山川之利而万物殖"。这是援管仲以自重，实则两者之间，恐有很大的差别。《华阳国志》三谓"成都县，本治赤里街。若（张若）徙置少城内城，营广府舍，置盐、铁市官并长丞，修整里阓，市张列肆，与咸阳同制"。此乃在新辟城市中，置盐官铁官市官，以管理盐铁的税收及一般市政，并非官府以盐铁自市。③《史记·太史公自序》谓司马昌为秦主铁官，恐亦止于征税，而非专卖。因据《史记·货殖列传》，卓氏被迁至临邛，即铁山鼓铸。程郑，山东迁虏，亦冶铸，富埒卓氏。孔氏（按即孔仅之先）由梁被迁南阳，大鼓铸。此其落落大者。小手工业者当不止此数。则秦未尝专卖，至为明显。《汉书·食货志上》，④董仲舒谓商鞅治秦，"颛川泽之利，管山林之饶"，"田赋口赋盐铁之

---

① 《汉书·食货志下》自"武帝因文景之畜，忿胡、越之害，即位数年"以下至"亨弘羊，天乃雨"；皆取自《平准书》。
② 《史记·管晏列传》。
③ 孙楷《秦会要》过录此一材料时，因太简，易引起误会。
④ 《校注》引杨树达以为此数语出于《史记·货殖列传》引《周书》，今《周书》无此文。

利,二十倍于古"。《盐铁论·非鞅》第七,亦谓"商君相秦","外设百倍之利,收山泽之税,国富民强"。秦之税及盐铁,是否始于商鞅,无他材料可资证明。即始于商鞅而为秦始皇所继承,亦仅于收税。并如后所述,商鞅是反对由政府专卖的。所以盐铁专卖,农器专卖,只是始于东郭咸阳、孔仅,以适应战时财政上的要求,与管、商并无关系。

其次,盐及铁器专卖,虽始于孔仅、咸阳,但约略经过了十年,到了桑弘羊手上,有了进一步的发展。因孔仅、咸阳时,主管盐铁专卖的官府,是分属于各郡县,弘羊则使其直属于大司农。且将其形成均输、平准的骨干。即是以盐铁为垄断全国商业活动的骨干。换言之,弘羊把这些战时的财经措施,推进为一个由朝廷所统一的财经机构,而大司农的权力,更大为增强了。

首先反对此一措施的当为董仲舒。《汉书·食货志》记仲舒向武帝进言的主要内容是"限民名田以澹(赡)不足;塞并兼之路。盐铁皆归于民,去奴婢,除专杀之威;薄赋敛,省繇役,以宽民力"。按杨树达《汉书窥管》卷六,以"仲舒之卒,当在元狩五至六年及元鼎元年间(前一一八年至前一一六年)也"。则实行不久,仲舒已提请废除。其次当为卜式。尤为可异的是,孔仅为创办人之一,而卜式的反对意见,竟凭借孔仅表达出来;卜式、孔仅,皆由此而失宠,则其农器专卖政策之推行并不顺利,不难想见。

四、两方的政治原则问题

所谓政治原则,是指对具体政策的形成与反对,必有其动机和所欲达成的目的。在盐铁争论的后面,也必有这种政治原则的问题。《本议》第一："文学对曰，窃闻治人之道，防淫佚之原，广道德之端，抑末利而开仁义，毋示以利，然后教化可兴，而风俗可移也。""孔子曰，有国有家者，不患寡，而患不均；不患贫，而患不安。故天子不言多少（不为自己言多少，下同），诸侯不言利害，大夫不言得丧。畜仁义以风之，广德行而怀之，是以近者亲附，而远者悦服。""夫导民以德，则民归厚。示民以利，则民俗薄。俗薄则背义以趋利，趋利则百姓交于道而接于市。老子曰，'贫国若有余'，非多财也，嗜欲众而民躁也。是以王者崇本退末，以礼义防民，欲实菽粟货财。市、商不通无用之货财，工不作无用之器。故商所以通郁滞，工所以备器械，非治国之本务也。""国有沃野之饶而民不足食者，工商盛而本业荒也。有山海之货，而民不足于财者，不务民用而淫巧众也……高帝禁商贾不得仕宦……排困市井，防塞利门，而民犹为非也，况上之为利乎？《传》(《公羊传》)曰，诸侯好利则大夫鄙，大夫鄙则士贪；士贪则庶人盗。是开利孔为民罪梯也"。《力耕》第二："文学曰……是以古者尚力务本而种树繁，躬耕趣时而衣食足……故衣食者民之本，稼穑者民之务也。""理民之道，在于节用尚本，分土井田而已。""故耕不强者无以充虚，织不强者无以掩形。虽有凑会之要，陶宛之术，无所施其巧。自古及今，不施而得报，不劳而有功者，未之有也"。《水旱》第三十六："方今之务，在除饥寒之患，罢盐铁，退权利，分土地，趣本业，尽地力也。寡功节用，则民自富。"

《盐铁论》中在贤良、文学这一方面，不断提到政治原则问题，但都不出上面所引的范围，兹略条理于下：

一、在政治功用上，主张兴教化，要把政府成为一大教育机构；政府的作用，即是教育的作用。"移风俗"，要将社会不良的生活习惯，改变为良好的社会生活习惯，使人民生活在良好社会生活习惯之中，收"徙恶迁善而不自知"的效果，亦即是成为道德与自由，得到谐和统一的效果。这两者是密切关连而不可分，应以此为朝廷政治的大方向。这是自贾山、贾谊、刘安及其宾客以逮董仲舒们所极力标举的政治原则，其为贤良文学诸人所服膺，是不难理解的。

二、在经济方面，主张"崇本退末"，亦即所谓重本（农）抑末（商），重视"强耕"、"强织"。此一政策，实强调于法家，为秦所实行。所以秦《琅邪刻石》"皇帝之功，勤劳本事；上农除末，黔首是富"。从《孟子》的"不违农时，谷不可胜食也。数罟不入洿池，鱼鳖不可胜食也。斧斤以时入山林，材木不可胜用也"（《梁惠王》），"耕者皆欲耕于王之野，商贾皆欲藏于王之市"（同上），"关市讥（考查）而不征，泽梁无禁"（同上）这些话来看，儒家在经济上是重农而并不抑末。但荀子开始表现了一点抑末的思想。汉初儒家，则完全接受了法家的主张，而目的不同。法家自商鞅以来，视商为浮食之民，不易控制，而将生产与战斗连在一起，形成生产与战斗的统一体制。儒家承认工商的正常功用（"通郁滞"，"备器械"）。只是认为工商业者赚钱较农民为容易，对人民的吸引力大。工商业盛则从事农业的减少。不是"充实菽粟货财"之道。且工商业者易流于淫巧，破坏了农村纯朴的风俗和社会的安定。所以在政治上应重视农业（崇本），黜抑工商（退末）。而所引孔子"不患寡而患不均"的话，这是儒家以自耕农为实体的原始的社会主义的基本构造、构想，只有在此种构造构想之上，才能出现以礼乐仁义为教化的移风易俗的社会。这是把生产与教化连结在一起。在经济政策的形成上，儒法有会合之点。在政策的目的上，儒家与道家有会同之处。其中所引"老子曰"，虽为今本所无，但为今本《老子》中的思想所应有，而系传承中的缺失，可无疑义。

三、但贤良、文学此处真正所反对的，不是民间工商业，而是以盐铁均输等重大措施，由朝廷直接经营的工商业；及在朝廷直接经营下与官府勾接的工商业者。"故天子不言多少"，"诸侯好利则大夫鄙"等，盖指此而言。这里面便含有儒家主张藏富于民，法家主张藏富于国之争。这是原则性的争论。在这一争论的后面，更藏着到底国家是人民的工具，抑人民乃国家的工具的大原则性的争论。许多争论，都由此引申出来的。

大夫方面所持的原则，据《本议》第一，大夫曰："匈奴背叛不臣……先帝哀边人之久患，苦为虏所俘获也，故修障塞，饬烽燧，屯戍以备之。边用度不足，故兴盐铁，设酒榷，置均输，蕃货长财，以佐助边费。""古之立国家者，开本末之途，通有无之用。市朝以一其求，致士民，聚万货，农商工师，各得所欲，交易而退。《易》曰：通其变，使民不倦。故工不出，则农用乖；商不出，则宝货绝；农用乏，则谷不殖；宝货绝，则财用匮。故盐铁均输，所以通委财而调缓急。罢之不便。"《力耕》第二："大夫曰……故乃商贾之富，或累万金，追利乘羡之所致也。富国何必用本农，足民何必井田也？"《通有》第三："大夫曰……富在术数，不在劳身。利在势居，不在力耕也。"《复古》第六："大夫曰……令意总一盐铁，非独为利入也。将建本抑末，离朋党，禁淫侈，绝并兼之路也。"《刺权》第九"大夫曰，今夫越之具区，楚之云梦，宋之钜野，齐之孟诸，有国之富而霸王之资也。人君统而守之则强，不禁则亡……今山川海泽之原，非独云梦、孟诸也。鼓铸煮盐，其势必深居幽谷，而人民所罕至。奸猾交通山海之际，恐生大奸，乘利骄溢，散朴滋伪，则人之贵本者寡"。《轻重》第十四："御史曰……夫理国之道，除秽锄豪，然后百姓均平……大夫各运筹策，建国用，笼天下盐铁诸利以排富商大贾；买官赎罪，损有余，补不足，以齐黎民。"

桑弘羊主要是立足于现实的需要，不涉及政治理想。兹略条理于下：

（一）为应付武帝开边的财政需要，亦即是应付战时的财政需要。这有其坚强的立足点。但《复古》第六："文学曰……孝武皇帝攘九夷，平百越，师旅数起，粮食不足，故立田官，置钱，入谷射官，救急赡不给。今陛下（昭帝）继大功之勤，养劳倦之民，此用麋鬻之时……六年于兹，公卿无请减除不急之官，省罢机利之人……今公卿辩议，未有所定，此所谓守小节而遗大体，抱小利而忘大利者也。"由此可知，贤良文学并没有完全否定武帝战时财经政策的意义。但在他们看来，战时已过去，已转入平时的修养生息的时期。此一战时财经措施，与时代的要求不合，故加以反对。所以桑氏一方面继续强调对外边事的重要而引起边疆政策的争论；同时，他不能仅守住此一论点以维护他的财经政策。

（二）以农工商在经济活动中是一种分工作用，而特引管子的话，以见工商更重于农；由此可以导出"富国何必用本农"，"富在术数，不在劳身"的结论，以反对文学崇本退末的主张。这里应当指出，在思想上，桑弘羊实际反对了法家。在现实上，把自由的工商活动，与由中央政府直接经营的工商活动，故意加以混同。所以他引的《易传》、《史记·货殖列传》及《管子》，皆与

《盐铁论》中的政治社会文化问题　　　　　　　　　　　　　　　　131

原意不符。并且盐铁均输在财政上所发生的效果，是由政府取代了工商业者的利润而来，这对工商业者是一种打击。这是他论点中的巨大矛盾。更重要的是，管仲以鼓励工商业致富强，乃是处于春秋各国并立，俨然成为一种国际贸易的局面。在大一统的局面之下，当时工业只成为商业的附庸，而商业乃"土著商业资本"性质，其"术数"必以农民为牺牲。况在国家统制之下，若凭"术数"以谋利，农民所受的打击更大。这是根本问题之所在。文学谓"今天下合为一家，利末恶欲行，淫巧恶欲施"（《轻重》第十四），正反映出各国并立与天下一统的商业意义的变化。而在以农业为社会经济基础情形之下，"富在术数，不在劳身"的理论，既违反了法家思想，在事实上也不能成立。

（三）由经济的控制，以达到加强对人民的控制，这是由以财政收入为目的，转向兼以加强政治控制为目的，于是可把战时措施，作为平时的需要，而主张继续存在的理由。此一理由，在《复古》第六说得更清楚。

> 大夫曰……铁器兵刃，天下之大用也，非众庶所宜事也。往者豪强大家，得管山海之利，采铁石鼓铸，煮海为盐，一家聚众或至千余人，大抵尽收放流人民也。远去乡里，弃坟墓，依倚大家，聚深山穷泽之中，成奸伪之业，遂朋党之权，其轻为非亦大矣……

这站在统治者的立场上，是可以成立的。贤良文学指出的"此非明王所以君国子民之道也"，这便涉及两方的基本政治原则问题。并且《汉书》十《成帝纪》，阳朔三年"夏六月，颍川铁官徒申屠圣等百八十人，杀长吏，盗库兵，自称将军，经历九郡"。永始三年"十二月，山阳铁官徒苏令等二百二十八人攻杀长吏，盗库兵自称将军，经历郡国十九，杀东郡太守，汝南都尉"，则这类的预防，也未免过计了。

（四）盐铁均输，由商人手上，收归国家，桑弘羊认为这不仅是为了增加收入（"非独为利入也"），而是"将建本抑末，离朋党，禁淫侈，绝并兼之路也"。此一理由，有更大的原则性、社会性的意义。这便与贤良文学的主张同符合辙。但桑氏此一说法，与前面（三）的主张，有显著的矛盾，或且近于遁辞。尤其是从实际的结果看，恰恰与之相反。

五、现实上的利害比较

贤良文学所抱的政治原则、理想，不论其得当与否，对现实的大一统的皇权专制政治而言，不会发生真实的作用。所以汉代政治思想，在汉武以前，多偏在原则性建设性方面。昭、宣以后，则多偏在具体性补救性方面。因此，对盐铁争论的了解，无宁应注重在现实利害的比较上。

盐铁政策之利，前引"大夫曰"的话，大概可以概括了。下面更作具体的比较。

（一）大夫：往者郡国诸侯以其方物贡输，往来烦杂，物多苦恶，或不偿其费。故郡国置输官以相给运，而便远方之贡，故曰均输。开委府于京师，以笼货物；贱则买，贵则卖。是以县官不失实，商贾无所贸利，故曰平准。平

准则民不失职，均输则民齐劳逸。故平准、均输，所以平万物而便百姓，非开利孔为民罪梯者也。(《本议》第一)

文学：古者之赋税于民也，因其所工，不求所拙……今释其所有，责其所无。百姓贱卖货物以便上求。间者，郡国或令民作布絮；吏恣留难，与之为市。吏之所入，非独济陶之缣，蜀汉之布也，① 亦民间之所为耳。行奸卖平，② 农民重苦，女工再税，未见输之均也。县官猥发，阖门擅市，则万物并收。万物并收，则物腾跃；腾跃则商贾侔（牟）利，自市则吏容奸。豪吏富商，积货储物以待其急。轻贾奸吏，收贱以取贵，未见准之平也。(同上)

(二) 大夫：贤圣治家非一宝，富国非一道……故善为国者，天下之下，我高；天下之轻，我重；以末易其本，以虚荡（易）其实。今山泽之财，均输之藏，所以御轻重而役诸侯也。汝汉之金，纤微之贡，所以诱外国而钓胡羌之宝也。夫中国一端之缦，得匈奴累金之物，而损敌国之用。是以骡驴骆驼，衔尾入塞；骈骎骠马，尽为我畜。鼲貂狐貉，采旄文罽，充于内府；而璧玉琉璃，咸为国之宝。是则外国之物内流，而利不外泄也。异物内流则国用饶，利不外泄则民用给矣……(《力耕》第二)

文学：……今骡驴之用，不中牛马之功。鼲貂旄罽，不

---

① 按"齐陶"依洪颐煊改为"齐阿"。陈直依居延汉简知有济陶郡，当为济陶。见陈著《〈盐铁论〉存在问题的新解》。又此两句所指之"缣"、"布"，乃由朝廷直接设厂所生产，故与民间生产者有别。可参阅《汉书》四十九《贡禹传》。
② 《法言·学行》篇"一哄之市，必立之平"。按指官吏评定价格，使得其平。"卖平"者，指收贿赂以评价之高下而言。此为汉时市井流行之术语。故《潜夫论·巫列》篇"以犹人之有奸言卖平以干求者也"。王注欠明白。

134　　两汉思想史（三）

益锦绨之实。美玉珊瑚，出于昆山，珠玑犀象，出于桂林，此距汉万有余里。计耕桑之功，资材之费，是一物而售百倍其价也。一揖①而中万钟之粟也。夫上好珍怪，则淫服下流。贵远方之物，则货财外充。（同上）

（三）文学：三业之起，②贵人之家，云行于途，毂击于道；攘公法，申私利；跨山泽，擅官市。非特巨海鱼盐也。执国家之柄，以行海内……威重于六卿，富累于陶（陶朱公）、卫（子贡）。舆服僭于王公，宫室溢于制度，并兼列宅，隔绝闾巷。阁道错连足以游观，凿池曲道足以骋骛……妇女被罗纨，婢妾曳绨纻，子孙连车列骑，田猎出入，毕弋捷健。是以耕者释耒而不勤，百姓冰释而懈怠。何者，己为之而彼取之，僭侈相效，上升而不息，此百姓所以滋伪而罕归本也。(《刺权》第九)

大夫：官尊者禄厚，本美者枝茂……水广者鱼大，父尊者子贵……故夫贵于朝，妻贵于室。富曰苟美，古之道也……居编户之列，而望卿相之子孙……不亦虚望哉。（同上）

（四）御史：……夫理国之道，除秽锄豪，然后百姓均平，各安其宇。张廷尉（张汤）论定律令，明法以绳天下，绝并兼之徒，而强不凌弱，众不暴寡。大夫各运筹策，建

---

① 卢文弨谓"揖挹通"，以揖当作挹。但意义仍不显。按揖或指来降者而言。《平准书》"其（元狩二年）秋率数万人之众来降，于是汉发车二万乘迎之；既至，赏赐甚厚。"即其证。
② 此指盐、铁、鱼三者专卖之业而言。

《盐铁论》中的政治社会文化问题

国用，笼天下盐铁诸利，以排富商，买官赎罪，损有余，补不足，以齐黎民……（《轻重》第十四）

文学今欲损有余，补不足，富者愈富，贫者愈贫矣。（同上）

（五）文学：方今人主，谷之教令，张而不施；食禄多非其人，以妨农，商工市井之利未归于民，民望不塞也。（《相刺》第二十）

（六）大夫：今以近世观之，自以目有所见，耳有所闻，世殊而事异。文、景之际，建元之始（武帝初即位时），民朴而归本，吏廉而自重，殷殷屯屯，人衍而家富。今政非改而教非易也，何世之弥薄而俗之滋衰也。吏即少廉，民即寡耻；刑非诛恶，而奸犹不止。（《国疾》第二十八）

贤良：窃以所闻间里长老之言，往者常民衣服温暖而不靡，器质朴牢而致用……用约而财饶，本修而民富……其后邪臣各以伎艺亏乱至治……残吏萌（蜂）起，扰乱良民。当此之时，百姓不保其首领，豪富莫必其族姓。圣主（武帝）觉焉，乃刑戮充（江充）等，诛灭残贼，以杀（减）死罪之怨，塞天下之责，然（然后）居民肆然复安。然其祸累世不复（除），疮痍至今未息。故百官尚有残贼之政，而强宰尚有强夺之心。大臣擅权而断击，豪猾多党而侵陵。富贵奢侈，贫贱篡杀。女工难成而易弊，车器难就而易败；车不累期，器不终岁。一车千石，一衣十钟。常民文杯画案，机席缉蹋……秉耒抱插、躬耕身织者寡，聚（束）要（腰）敛容、傅白黛青者众。无而为有，贫而强夸。文表无里，纨袴枲装。生不养，死厚葬。葬死殚家，遣女满车。

富者欲过，贫者欲及；富者空减，贫者称贷。是以民年急而岁促，贫即寡耻，乏即少廉。此所以刑非诛恶，而奸犹不止也。（同上）

（七）大夫：……今县官铸农器，使民务本，不营于末，则无饥寒之累。盐铁何害而罢？（《水旱》第三十六）

贤良：农，天下之大业也。铁器，民之大用也。器用便利，则用力少而得作多……器便与不便，其功相什而倍也。县官鼓铸铁器，大抵多为大器，务应员（形式）程（期限），不给民用，民用钝弊，割草不痛。是以农夫作剧，得获者少，百姓苦之矣。（同上）

大夫：卒徒工匠，以县官日作公事，财用饶，器用备。家人（人民）合会，褊于日而勤于用，铁力不销炼，坚柔不和。故有司请总盐铁，一其用，平其贾，以便百姓公私……吏明其教，工致其事，则刚柔和，器用便，此则百姓何苦？而农夫何疾？（同上）

贤良：卒徒工匠，故（旧日）民得占租鼓铸煮盐之时，盐与五谷同贾，器和利而中用。今县官作铁器，多苦恶，用费不省，卒徒烦而力作不尽。家人相一，父子戮力，各务为善器，器不善者不集。农事急，挽运衍（散）之阡陌之间，民相与市买，得以财货五谷新弊易贾；或时赁民，不弃作业，置田器各得所欲，更繇省约。县官以徒复作，缮治道桥诸发，民便之。今总其原，壹其贾，器多坚硞（不和而易折），善恶无所择；吏数不在，器难得。家人不能多储，多储则镇（锈）生。弃膏腴之日，远市田器，则后良时。盐铁贾贵，百姓不便。贫民或木耕手耨，土耰淡食。

《盐铁论》中的政治社会文化问题　　137

铁官卖器不售，或颇赋与（于）民。卒徒作不中呈，时命助之。发征无限，更繇以均剧，故百姓疾苦之。古者千室之邑，百乘之家，陶冶工商，四民之欲，足以相更（互相满足）……百姓各得其便，而上无事焉。（同上）

关于（一）的均输平准的利害争论，在解决当时以实物纳税的困难情形之下，均输自有其重大意义。"便远方之贡"，"则民齐劳逸"，大夫也正就此点以立言。由《货殖列传》看，商人的最大利益，来自屯积居奇，贱买贵卖。此在战时为尤甚。"开委府于京师，以笼货物"，接替了商人的机能与利益，以平定物价，增加国库收入，这较之直接向生产者的农民增加赋税，也较为合理而有效。但桑弘羊进一步把均输与平准结合在一起，于是均输由解决远方贡赋困难的功能，扩大而成为平准令的全国商业网及经济动脉的功能。这便成为社会组织的大变革，政府权力的大扩充；虽然主管的不过是大农中一个平准令，实则可称为历史上的一件突出大事。太史公叙述一代的经济财政，即以"平准"名书，他是把握到了这种在历史中突出的大事。于是对此种政策的是非得失，便不能不追究到此一政权结构的本质，与此一政策的目的。当时的政权结构，是以至高无上的皇权及以维护此一至高无上的皇权为目的所组成的。实际担任行政责任的部门与人数，远不及为了维护皇权尊严神圣所设的部门与人数之多。[①] 再加以诸侯王及列侯的特殊身份制度，由"恩泽侯"的出现，而大量推演，大量的公开剥削，更成为此种政权中的毒瘤。现将这种庞大臃肿的政治结

---

① 请参阅拙文《周秦汉政治社会结构之研究》中"汉代一人专制下的官制演变"。

构的机能，一举而伸入于大一统的社会经济动脉之中，能长期正常地发挥均输平准政策的功能吗？尤其是武帝时，由吏道之杂而吏治万分腐败，这是桑弘羊所不能不承认的。以贪污之吏，握国家经济活动生死之权，则文学所痛陈的假公济私之毒，桑弘羊也无法加以否认。自对日抗战军兴后，许多人有鉴于国民政府财经政策的失败，便不顾历史现实，转而歌颂此一政策；在二十世纪各式社会主义政权所不能不遭遇之困难，却在两千年前桑弘羊政策中发现了地上的天国，一若历史的运行，可不受任何具体条件的限制，而可天马行空，这真是一种错觉。我在抗战时期，也抱有同样的错觉。

政策的目的，决定政策运行的方向。政策运行的方向，决定政策运行中所发生的偏差及补救的方式。假定桑弘羊的政策，是为了多数人民的利益而改变社会的组织，则其运行的方向，必要求与大多数人民的利益相符；其偏差可能使国库陷于贫血状态，乃至权力的运转不太灵活。但桑弘羊的政策，是为解决军费及武帝奢侈费的浩大支出，以大量增加国库收入为目的，则其运行的方向，必走向与增加国库收入的目的相符；其偏差必至置人民疾苦于不顾。以战时的财政措施，原封原样地形成国家平时的体制，其引起人民反感，是可以想象得到的。

了解到上述的两点，然后可以了解由贤良文学所反映的现实。而（一）的文学的批评，正是针对均输扩大为全国经济网以后，由便远方之贡，变为满足平准令的独占商业要求以后，所必然产生的现象。商人由有限量的屯积居奇，尚可使物价腾踊；朝廷以政治权力作无限量的屯积居奇，以平物价为名，以增加库收为实，其操纵物价的能力与压力，必远超过一切大商人。更糟的是，此一政策，可以打击乃至消灭社会性地独立活动的商人；但衙门执商贾之业，在两千年前，衙门的触角，毕竟不能普及于社会，势必产生以向衙门承销为业的商人。此种商人，若不与经手的官吏相勾结，便不能得到竞争中的地位；于是在亦官亦商的情势之下，官商勾结分肥的寄生商人阶级，代替了由社会分工所产生的独立商人阶级。文学所指的"豪吏富商"，正指此而言。大农为了增加国库收入，必须以屯积居奇操纵第一层级的物价。豪吏富商为了增加自己的豪富，又加上第二层级的屯积居奇，以操纵第二层级的物价。物价经过两层级的操纵后，独占性愈强，独占利润，实际是剥削，也因之愈大。被剥削的只是农民。

　　大夫在（二）所说的是对当时敌国的经济战略，从理论上说，此一战略应当是有利的。但在大夫的话的后面，掩饰着"上好珍怪"的实质。此种好珍怪的实质，在大夫的话里面，也透露了出来。由此一好珍怪的实质，便把大夫所说的经济战的效果，完全倒转过来了，而成为文学口中所说的外国的"一物"，在中国"售百倍其价"；外人来降者（一揖），即费中国"万钟之粟"。并且由此而引起风俗的败坏。这就与上面所说的当时政权的结构有不可分的关系。

　　文学在（三）所指出的，是由盐、铁、酒三者专卖所暴起的以桑弘羊为首的一批经济官僚及其家族的豪富骄横奢侈的情形；及对社会所发生的离本滋伪的严重后果。这是在当时政治结构下所必然发生的腐败与破坏性的作用。由此也可以了解当时统治阶级骄奢淫佚的实态。这几乎可以说是把生产工具集中在统治者手上的必然结果。香港《大公报》一九七四年十月九日报导了美国《呼声月刊》上一篇文章，指出了苏联"享有特权的官员和经理人员"在生活上可与美国大资本家相比拟的生活情形，和他们所代表的工人阶级生活的困乏，形成了尖锐的对立。因为事实太彰明较著了，而且在只有统治者自身的利益、没有人民大众利害观念的特权阶级桑弘羊看来，以骄奢淫佚，连自己的家族也鸡犬飞升的情形，视为理所当然。这是"为统治者而统治"者的必然心态。在他们看来，这一切都是廉耻范围之外的。这里说明的是在以皇权为中心的政治结构，对经济的强力统制，除了在财政上可以收效一时外，必然成为对人民残酷剥削的工具。而由文学所说的"今则不然"的情形看，汉代的所谓乡举里选，在仕途上只居于点缀的性质。

御史在（五）中所说的"百姓均平"，"绝兼并之徒"，"损有余，补不足"等，与贤良、文学的主张，并无二致。而均输盐铁实行之初，本也有"排富商大贾"的用意与实效。文学此处的答复，不否定御史在此处所提出的目标，而只是指出事实与御史所说的相反。何以会如此，因为如前所述，在此种政策实行之下，产生了豪富官僚集团，及官商互相勾结的新生的豪吏富商的缘故。

文学在（五）中所说的，是在大夫骂贤良、文学是"遭时蒙幸，备数适然耳；殆非明举所谓，固未可与论治也"的。文学则以"文学不中圣主之明举；今之执政，亦未能称盛德也"还骂，而引起"大夫不说（悦），作色，不应也"的情形所说的。对"商工市井之利，未归于民"的责难，不仅是由"藏富于民"的观念而来；与前面指摘的参互地看，市井之利，虽然有的归了国库，但更多地归了统治官僚及亦官亦商的豪吏富商。

大夫在（六）中承认了贤良、文学所陈述的文、景及武帝初年，社会及吏治远较当前良好的事实，向贤良问其"所以然"。综合贤良所答：（1）因残酷之吏，扰乱良民，幸赖武帝晚年悔改；但严酷统治的本质，并未改变。这与《史记·酷吏列传》所述的

《盐铁论》中的政治社会文化问题

完全相合。(2)统治阶层及其党羽(豪猾),凭严酷的刑罚,以发挥"强夺""侵陵"的剥削,加深了贫富的对立斗争。(3)因生产工具专卖,减低了器物的实用效率;因货物的垄断居奇,造成了物价的高涨。(4)因统治阶层及其党羽的骄奢淫佚,激成了社会浮靡虚伪的风气。因为贤良是举自三辅及京师各机关中的僚属,所以此处他们所反映出的社会,乃是以长安为中心的都市社会,而不是农村社会。这里特别值得一提的是,贤良很深刻地把握到当时"厚葬"的实质,与孝道无关,仅是由统治集团所倡导的淫侈之风的一部分,而加以严厉的谴责;这与《散不足》第二十九贤良所述当时社会现象之一的厚葬风气加在一起来看,则由贤良文学所代表的儒家思想,与一般的说法相反,是非常反对厚葬的。

(七)中,大夫与贤良,正面展开了"县官铸农器"的利害之争;这是事实问题,不是凭理论可以解答的。综计大夫所说的利:(1)"使民务本,不营于末"。这不仅是空话,并且和他"富国何必本农,足民何必井田也?"(《力耕》第二)的主张是相矛盾;也与《本议》第一文学一开始所陈"是以百姓就本者寡,趋末者众"的现象不符。他所以要说这种自相矛盾而不实的话,乃证明他原来重末轻本的主张,已为贤良文学所绌。(2)由县官造农器,时间充裕,资本充足,器用完备,物美而价廉。若由人民自己合伙("合会")①去作,则只能以耕作的空隙去作,故"褊于

---

① 据《文物》一九七四年六期黄盛璋《江陵凤凰山汉墓(一九七三年九月中旬到十一月中旬所发现发掘)简牍及其历史地理研究上的价值》一文,十号墓木牍中二号木牍,是秦仲等十人合股做商贩的契约,"每人贩钱二百",真可说是合伙小本经营。盖借此以补农业收入之不足。此一发现,对当时社会平民经济活动情况的了解,至有意义。既有合伙经营商业之事,亦必有合伙经营铁器手工业之事。"家人"系汉代常词,指平民而言。"家人合会",应指平民合伙而言。

日",资本缺乏,故"勤于用",技术不精,故"坚柔不和"。站在一般大经营与小经营的得失立场而言,大夫的话,应当是合理的。但这里所说的大小经营的得失比较,不是自由竞争中的经营比较,而是一方是独占性的官办工业,一方是竞争性的民营工业,人民对民营的出品,可加以选择;对官办的连不买的自由也没有。独占性的官办工业品,二千年以后的苏联,有无比的组织力及极高的技术性,又是无产阶级专政下的社会主义体制,迄今尚不能好好解决人民的日用品的问题;几乎可以说现世界上,一切国营的经济机构,尤其是国营的工业,在效率上没有不否定"能力解放"的预言;然则在二千年前的皇权专制的政治结构之下,"县官铸器",除了由独占了人民的日用品,而可暂时增加国库收入以外,没有方法可以肯定桑弘羊所构想的理论。

由贤良的答复中,可以了解:(1)在未实行盐铁专卖之时,盐价贱而器具"便利"。更可了解,人民鼓铸煮盐,亦有"占租"的手续,政府并非完全放任或无收入。(2)因县官铸铁器,多做兵器及车船等所用之大器,[①]努力做到上级所要求的数目规定;[②]以余力再造农器,农器并不足用,所以人民只好用已经钝弊的东西,连草也不易割动。(3)官作的铁器多苦(粗)恶,制器的卒徒不卖力,所以用费并不减省。家庭工业,父子戮力,务求做得好好的,以立信用。陈直《居延汉简概述》一文中"七、守御器败坏,

---

[①] "大抵多为大器"之"大器",诸家无注。大器当指煮盐之牢盆及兵器而言。
[②] "务应员程",王注引《淮南·说山训》"春至旦,不中员程",高诱注"呈作不中科员"作解,意义不明。陈直引《汉书·尹翁归传》"豪强有罪,输掌畜官使斫莝,责以员程",颜注"员数也。计其人及日数为功程",是为得之,但陈直仅谓"可证员程二字,为西汉人公牍中之习俗语",则意义犹未明,故此处以"数目的规定"释之。

《盐铁论》中的政治社会文化问题

烽火台守御用器大率残破不全……弩口有罅洞……釜口销漏……"这即是铁官所铸的大器的情形。大器如此，农器可知。(4)由家庭手工业所作出的农器，在农忙时可以直接到田间销售，并且可用各种财货五谷折价，并可以旧的（弊）换新的，有时还可赊欠，又可任意选择，省时便用。县官只要以徒刑人修治道路便好了。现时农器皆出于官（"总其原"），价钱划一，没有好坏的选择。远道去买，主卖的官吏又常常不在，很难买到手。若一次多买存储，铁又会上锈。浪费农忙的时间，以贵价买坏货；于是贫民有的只好不用铁器而"木耕手耨"，不用盐而淡食。还有铁官做的卖不出去时，便硬配销给百姓。卒徒赶不上期限（呈）时，又征发百姓去为他们赶工，增加了百姓力役的负担，百姓当然深以为苦。所以希望恢复"陶冶工商，四民之求足以相更"的自由分工的社会机能。贤良所说的情形，一直在今天，还可提出相同的性质、相同的事例以相比证。以今日交通、技术、组织的进步，社会主义体制下所遇到的困难，推想二千年以前皇权政治结构下所行的目的不同，① 而手段却大体一致的政策，则有什么根据可以否定贤良文学，是为大多数人民的痛苦而呼吁呢？

六、边疆政策的歧见

桑弘羊政策的根本出发点是在应付开边用武的军事需要，其

---

① 今日社会主义体制，乃惩资本主义下财富集中于少数人手上的流弊，遂收生产手段为国有，以谋求一般人民的福利，亦可谓目的是在"均富于民"。桑弘羊的目的，只在增加国库收入，故从理论上说，两者的目的并不相同。

他的理由，都是为了应付贤良、文学的论难所缘饰上去的遁辞。所以这里应切就边疆政策来讨论两方的歧见。

刘邦即帝位后的第二年，即《史记·高祖本纪》七年，被匈奴困于平城七日，幸以陈平计得脱后，中国即受到北方骑马民族——匈奴的重大威胁。农耕民族对骑马民族作战，可说先天处于不利的地位。刘敬进和亲之策，虽苟且于一时，但中国因此得休养生息，对刘氏政权的安定，有莫大意义。《汉书·匈奴传》，冒顿侮慢吕后，吕后因急于培植吕氏政权基础，报书至谓"弊邑恐惧"，"弊邑无罪，宜在见赦"。狠于内而辱于外，固然是妇寺常态，然依然是守刘敬以安内为本的遗策。文帝即位后，匈奴侵盗日亟，和亲之约，时断时续。《史记·律书》，文帝报将军陈武书谓，"今匈奴内侵，军吏无功；边民父子，荷兵日久，朕常为动心伤痛，无日忘之"，即可见一般。《汉书·匈奴传》，后元二年（前一六二年），遗匈奴书求和亲，谓"先帝制，长城以北，引弓之国，受命单于；长城之内，冠带之室，朕亦制之"，"朕追念前事，薄物细故，谋臣计失，皆不足以离兄弟之欢"。在此书中兼得知汉室每年"诏吏遗单于秫蘖金帛绵絮它物，岁有数"。及匈奴答应继续和亲，遂于同年六月，诏告臣民，谓"间者累年匈奴并暴边境，多杀吏民……故遣使者冠盖相望，结辙于道，以谕朕志于单于。今单于……新与朕俱弃细过，偕之大道，结兄弟之义，以全天下元元之民。和亲以定，始于今年（《汉书·文帝纪》）"。并布告天下，以为"可以久亲"（《汉书·匈奴传》）。由此可知后元二年和亲之约，是经文帝长期努力所达成的；这实系他安定汉室政权的基本政策之一。

文帝当然知道，对付匈奴这种强邻，不是片面乞怜可以侥幸苟免的。所以他在整军经武上，也着实用了一番力量。而从和亲诏中"和亲以定"的口气看，当时的谋臣策士，也必有许多人不以和亲为得计。其中最突出的当数贾谊。他在文帝前六年（前一七四）《陈政事疏》中，以"汉岁致金絮采缯以奉之夷狄"，"是臣下之礼"，而认为"可流涕者此也"。他要求"为属国之官，以主匈奴；行臣之计，请必系单于之颈而制其命"。他的三表五饵之计，未免过分天真，但他这份激昂慷慨的感情，可以反映出当时中国所受匈奴压力的严重。

晁错在文帝时为太子家令，上书言兵事，以"匈奴之长技三，中国之长技五。陛下又兴数十万之众，以诛数万之匈奴；众寡之计，以一击十之术也"，应有战胜的把握。但"帝王之道，出于万全"，只提出"安边境，立功名，在于良将"，和"以蛮夷攻蛮夷"的方法，并不主张直接用大兵征讨。接着他又言守边备塞，务农力本当世急务二事，主张以优渥周到之条件，移民实边。所以又"复言募民徙塞下"。晁氏料敌言兵，虑深务实，皆远出贾谊上。

文帝后元二年与匈奴和亲后，六年（前一五八年）匈奴曾以三万骑入上郡，三万骑入云中；文帝命六将，屯驻由飞狐口、句注（雁门关）一直到细柳（长安西北郊）、霸上，形成强固的纵深防线。景帝在位共十六年，五年（前一五二年）遣公主嫁单于，继承和亲政策。十六年间，北方未见边患。武帝建元六年（前一三五年），匈奴遣使请和亲，王恢主张击之。御史大夫韩安国则以匈奴"迁徙鸟举，难得而制也；得其地不足以为广，有其众不足以为强……汉数千里争利，则人马罢（疲）；虏以全制其敝"，有如"强弩之极矢，不能穿鲁缟"；主张"击之不利，不如和亲"（《史记·韩安国列传》）。当时接受了韩安国的意见。这年淮南王安上书谏用兵南越，言之详明恺切。和亲之得以继续，可能与此有间接关系。对匈奴用兵，始于元光二年（前一三三年）听王恢之计，遣间诱单于入马邑塞，匿三十万大军邀击不获，于是匈奴绝和亲。与匈奴大规模的战争，始于元光六年（前一二九年）。主父偃、严安、徐乐三人皆上书言事，对用兵匈奴，皆表示了强烈的反对意见。匈奴受创益北徙，乃在元狩四年（前一一九年）。自元光六年至此，大规模而带有连续性的战争凡十一年。间歇性的战争，至征和三年（前九十年）告一段落。在此期间的主要活动，转向"断匈奴右臂"的西域。自元光六年至此，对匈奴用兵前后凡三十九年。

《汉书·匈奴传》武帝击匈奴诏："高皇帝遗朕平城之忧，高后时单于书绝悖逆。昔齐襄公复九世之雠，《春秋》大之"。试把他击匈奴的理由，与文帝和亲及许多反对伐匈奴者的理由，略加比较，即可发现主张和亲者是在国家人民的利害比较上着想，而武帝则仅为了刘氏的尊严而要出一口气。前者是以现实的情势为出发点，后者是以历史的恩怨为出发点。当时反对伐匈奴的人，在军事利害及国家得失和历史教训上，大体皆作过切实的比较。而赞成用兵的，自樊哙以逮王恢，多出于一时血气之勇，司马迁的《匈奴列传》赞，描写得很深刻。他说"世俗之言匈奴者，患其徼（求）一时之权（宠），而务谄纳其说（逢迎皇帝的意志），以便偏指（片面的理由），不参彼己（不考查敌我两方情况）；将率（帅）席（凭借）国家广大，气奋（言非真勇）；人主因以决策，是以建功不深。尧虽贤，兴事业不成，得禹而九州宁。且（将）欲兴圣统，唯在择任将相哉"。史公不是完全反对征伐匈奴，但认为伐匈奴的结果是得不偿失。其原因，在缺乏深远周密的庙谋，没有智深勇沉的将帅，而最根本的原因，则因武帝为肆皇权专制之威，由制度与选任上破坏了宰相制度，并不断加以诛戮；而卫青、霍去病，皆以内宠佞幸之资，当国家干城之寄。由此所引起的当时人民的痛苦、社会的破坏、政治的危机，《史记》在《平准书》、《酷吏列传》、《匈奴列传》中都反映了出来。所以《史记》的列传中很少记载当时奏议，惟凡谏伐匈奴这一类的，则都加以记载，以见他的微旨。宣帝实起自平民，因而要强调他是戾太子的孙、武帝的曾孙，所以特推重武帝，许多地方加以模仿。初即位，诏丞相、御史，盛称武帝"北伐匈奴""百蛮率服"，要列侯、二千石、博士，议立庙乐。夏侯胜"独曰，武帝虽有攘四夷，广土斥境之功；然多杀士众，竭民财力，奢泰无度，天下虚耗，百姓流离，物故者过半，蝗虫大起，赤地数千里，或人民相食，畜积至今未复；亡德泽于民，不宜为立庙乐"(《汉书》七十五《夏侯胜传》)。此时上距武帝之死约十四五年，夏侯胜在大庭广众之中，出此反抗诏书之言，卒未因此得祸，其为反映当时事实，可以想见。

但北方乘马民族自楚汉战争以来，形成对中国的巨患，而文、景因顾虑内部诸侯王的问题，对此巨患只求勉强相安，未能作长久之计；至武帝国力充实，由守势转为攻势，也可说是理势所必然。况且有许多重大事情，在当时的评价，及在历史上的评价，常大有出入。因此，贡禹上书言得失疏中，对武帝的批评，似为持平之论。

武帝始临天下，尊贤用士，辟地广境数千里。自见功大威行，遂从耆欲，用度不足。乃行一切（苟且）之变，使柱法者赎罪，入谷者补吏。是以天下奢侈，官乱民贫，盗贼并起，亡命者众……奸轨不胜，则取勇猛能操切百姓，以苛暴威服下者，使居大位。故亡义而有财者显于世，欺谩而善书者尊于朝，悖逆而勇猛者贵于官……行虽犬彘，家富势足，目指气使，是为贤耳。故谓居官而致富者为雄杰，处奸而得利者为壮士。兄劝其弟，父勉其子。俗之败坏，乃至如此。(《汉书》七十二《贡禹传》)

汉武开边之功，究不可没；但他出之以奢侈之心，更由此而增加了他的奢侈的生活，以致大量浪费了国家的生命财产，汉代政治社会的败坏，实由汉武所造成，这也是铁的事实。开边与浪费，二者之间没有必然的关系。但当时言利之臣，以逢迎巩固权位，使二者勾连在一起，于是桑弘羊的财经政策，支持了汉武的开边，也助长了汉武的靡侈之心，及成为败坏政治社会的一股巨力。桑弘羊为了保持他以盐铁专卖为中心的财经政策，自然要在边政上得到坚强的立足点。所以对边政的辩难，是《盐铁论》中基本辩论之一。

（一）大夫：匈奴背叛不臣，数为寇暴于边鄙……先帝哀边人之久患……故修障塞，饬烽燧，屯戍以备之。边用度不足，故兴盐、铁，设酒榷，置均输，蓄货长财，以佐助边费。今议者欲罢之，内空府库之藏，外乏执备之用；使备塞乘城之士，饥寒于边，将何以赡之？罢之不便也。(《本议》第一)

文学：……故善克者不战，善战者不师，善师者不阵……王者行仁政，无敌于天下，恶用费哉。（同上）

大夫：匈奴桀黠，擅恣入塞，犯厉中国……宜诛讨之日久矣。陛下垂大惠，哀元元之未赡，不忍暴士大夫于原野。纵难被坚执锐，有北面复匈奴之志，又欲罢盐铁均输，忧（扰）边用，损武略，无忧边之心，于其义未便也。（同上）

文学：古者贵以德而贱用兵。孔子曰，远人不服，则修文德以来之。既来之，则安之。今废道德而任兵革，兴师而伐之，屯戍以备之，暴兵露师以支久长，转输粮食无已，使边境之士饥寒于外，百姓劳苦于内，立盐、铁，始张利官以给之，非长策也，故以罢之为便也。（同上）

（二）大夫：……先帝计外国之利，料胡、越之兵，兵敌①弱而易制，用力少而功大；故因势变以主四夷，地滨山海以属长城；北略河外，开路匈奴之乡，功未卒……有司思师望（太公）之计，遂先帝之业，志在绝胡、貉，擒单于。故未遑扣扃之义，而录拘儒之论。（《复古》第六）

文学：……闻文、武受命，伐不义以安诸侯大夫，然未闻弊诸夏以役夷伐狄也……且数战则民劳，久师则兵弊，此百姓所疾苦，而拘儒之所忧也。（同上）

（三）大夫：……故王者之于天下，犹一室之中也，有一人不得其所，则谓之不乐……故少府丞令，请建酒榷以赡边，给战士，拯民于难也……内省衣食以恤在外者，犹未

---

① 王注"兵"当作"以"。若如此，则与上文不相承接。按此"兵"字作动词用，"兵敌"属上句读，意谓"料胡越之兵，以加兵于敌，则敌弱而易制"。"弱"字上似漏"则敌"二字。

足,今又欲罢诸用,减奉边之费,未可为慈父贤兄也。(《忧边》第十二)

文学:周之季末,天子微弱,诸侯力政,故国君不安,谋臣奔驰。何者?故国众而社稷危也。今九州同域,天下一统……夫蛮貊之人,不食之地,何足以烦虑而有战国之忧哉……(同上)

(四)御史:……上大夫君与(为)治粟都尉,管领大农事,灸刺稽滞,开利百脉,是以万物流通,而县官富实。当此之时,四方征暴乱,车甲之费,克获之赏,以亿万计,皆赡大司农,此皆扁鹊之力,而盐、铁之福也。(《轻重》第十四)

文学:中国,天地之中,阴阳之际也……今去而侵边,多斥不毛寒苦之地……转仓廪之委,飞府库之财,以给边民,中国困于繇赋,边民苦于戍御;力耕不便,种衆无桑麻之利,仰中国丝絮而后衣之,皮裘蒙毛,曾不足盖形。夏不失复(复,人居之穴),冬不离窟。父子夫妇,内藏于专室土圜之中,中外空虚。扁鹊何力,而盐铁何福也?(同上)

(五)御史:内郡人众,水泉荐草不能相赡,地势温湿,民蹠耒而耕,负担而行,劳疲而寡功,是以百姓贫苦而衣食不足,老弱负辂于路,而列卿大夫或乘牛车。孝武皇帝平百越以为园圃,却羌胡以为苑囿,是以珍怪异物充于后宫,騊駼駃騠实于外厩;匹夫莫不乘坚良,而民间厌橘柚。由此观之,边郡之利亦饶矣。而曰何福之有?未通于计也。(《未通》第十五)

文学:禹平水土,定九州,四方各以土地所生贡献,足以充宫室，供人主之欲。膏壤万里，山川之利，足以富百姓。不待蛮貊之地、远方之物而用足。闻往者未伐胡、越之时，繇赋省而民富足。温衣饱食，藏新食陈……其后师旅数发，戎马不足，牸牝入阵，故驹犊生于战地，六畜不育于家，五谷不殖于野，民不足于糟糠，何橘柚之所厌？……方今郡国田野有垦而不垦，城廓有宇而不实，边郡何饶之有乎？（同上）

（六）大夫：……缘边之民，处寒苦之地，距强胡之难；烽燧一动，有没身之累。故边民百战，而中国恬卧者，以边郡为蔽扞也……散中国肥饶之余以调边境，边境强则中国安……（《地广》第十六）

文学：……今推胡、越数千里，道路回避，士卒劳罢，故边民有刎颈之祸，而中国有死亡之患，此百姓所以嚣嚣而不默也。夫治国之道，由中及外，自近者始……故群臣论或欲田轮台，明主不许，以为先救近务及时本业也……今中国弊落不忧，务在边境。意者……费力而无功……（同上）

（七）大夫：饰几杖，修樽俎，为宾，非为主也。炫耀奇怪，所以陈四夷，非为民也……故列羽旄，陈戎马以示威武。奇虫珍怪，所以示怀广远（远字疑衍）明德，远国莫不至也。(《崇礼》第三十七）

贤良：王者崇礼施德，上仁义，而贱怪力……今万方绝国之君，奉赞献者怀天子之盛德，而欲观中国之礼仪。故设明堂、辟雍以示之，扬干戚，昭《雅》、《颂》以风之。今乃以玩好不用之器，奇虫不畜之兽，角抵诸戏，炫耀之物陈夸之，殆与周公之待远方殊……中国所鲜，外国贱之……

今贵人之所贱，珍人之所饶，非所以厚中国、明盛德也……（同上）

（八）大夫：……今明天子在上，匈奴公为寇，侵扰边境，是仁义犯而藜藿不采。昔狄人侵太王，匡人畏孔子。故不仁者，仁之贼也。是以县官厉武以讨不义，设机械以备不仁。（《备胡》第三十八）

贤良：匈奴处沙漠之中……如中国之麋鹿耳。好事之臣求其义，责之礼，使中国干戈至今未息，万里设备。此《兔罝》之所刺，故小人非公侯腹心干城也。"（同上）

大夫：天子者天下之父母也。四方之众，其义莫不愿为臣妾……今匈奴未臣，虽无事，欲释备，如之何？（同上）

贤良：……夫用军于外，政败于内……故人主得其道，则遐迩潜行而归之。不得其道，则臣妾为寇，秦王是也。夫文衰则武胜，德盛则备寡。（同上）

大夫：往者，四夷俱强，并为寇虐……今三垂已平，唯北边未定。夫一举则匈奴震惧，中外释备，而何寡也？"（同上）

贤良：古者，君子立仁修义以绥其民……所欲不求而自得。今百姓所以嚣嚣，中外不宁者，咎在匈奴。内无室宇之守，外无田畴之积，随美草甘水而驱牧。匈奴不变业，而中国以骚动矣。风合而云解……击之则散，未可一世而举也。（同上）

大夫：……今不征伐，则暴害不息；不备，则是以黎民委敌也。《春秋》贬诸侯之后，刺不卒戍。行役戍备，自古有之，非独今也。（同上）

贤良：匈奴之地广大，而戎马之足轻利……少发则不足以更适，多发则民不堪其役……古者天子封畿千里，繇役五百里……无过时之师，无逾时之役……今山东之戎马甲士戍边郡者，殊绝辽远，身在胡越，心怀老母……《春秋》动众则书，重民也……君子之用心必若是。（同上）

（九）大夫：……先帝绝三方之难，抚从（顺）方国，以为蕃蔽，穷极郡国，以讨匈奴。匈奴壤界兽圈，孤弱无与，此困亡之时也……终日逐禽，罢而释之，则非计也……余欲以小举击之，何如？（《击之》第四十二）

文学：异时，县官修轻赋，公用饶，人富给。其后，保胡、越，通四夷，于是兴利害，①算车船，以訾助边，赎罪告缗，与人以患矣。甲士死于军旅，中士疲于转漕，仍之以科适（谪），吏征发极矣。夫劳而息之，极而反本，古之道也……。（同上）

大夫：……语曰，见机不遂者陨功。一日违敌，累世为患……功业有绪，恶劳而不卒，犹耕者倦休而困止也……（同上）

文学：……虎兕相据，而蝼蚁得志；两敌相机（抗），而匹夫乘间。……方今为县官计者，莫若偃兵休士，厚币结和亲，修文德而已。若不恤人之急，不计其难弊，所恃以穷无用之地，亡十获一，非文学之所知也。（同上）

（十）大夫：汉兴以来，修好结和亲，所聘遗单于者甚

---

① 王注引王先谦"害亦当为周之讹"。郭乐山改害为官。按均输平准，以计较货物出入之利害为事，利害犹今日之所谓赢亏，"利与害"，指设均输平准而言，不必改字。

厚；然……改节而暴害滋甚。先帝睹其可以武折而不可德怀，故广将帅，招奋击，以诛厥罪，功勋粲然……夫偷安者后危，虑近者忧迩……（《结和》第四十三）

文学：往者，匈奴结和亲，诸夷纳贡，而君臣外内相信，无胡、越之患……自是之后，退文任武，苦师劳众，以略无用之地，立郡沙石之间，民不能自守……愚窃见其亡，不见其成。（同上）

大夫：匈奴以虚名市于汉，而实不从，数为蛮、貊所绐，不痛之（不以此痛心），何故也？……今有帝名而威不信（伸）长城，反赂遗而尚（长）踞傲，此五帝所不忍，三王所毕怒也。（同上）

文学：……圣人不因其众以兼国，良御不因其马以兼道……夫两主好合，内外交通，天下安宁，世世无患，士民何事，三王何怒焉。（同上）

除上面所录十项外：由《诛秦》第四十四，一直到《论勇》第五十一，都争论到此一问题；但内容大体不超出上面所录的范围。兹略条理之于下。

在（一）项（二）项中，大夫所主张的，是维持由武帝以来所扩建的疆土及边备的设施，其理由在（六）项中已说得很清楚，即是"故边民百战，而中国恬卧者，以边郡为屏蔽也"。这在现实上是坚强的论证。即宣、元时代，匈奴已衰弱屈伏，恢复和亲；但元帝时，呼韩邪单于上书请罢边备塞吏卒，元帝下其议，议者皆以为便；独郎中侯应上书提出恺切详明的十大理由，加以反对；

以元帝的优柔寡断，尚诏"勿议罢边塞事"，①由此可知桑弘羊此处所说的是现实上的国家大计。文学们应说明罢盐铁专卖，并不等于是在盐铁上不课税；及当时承武帝侈泰之后，可由节流以资挹注之途甚多，②应提倡在财政上作一重新之筹划。不此之图，却以空疏之论，迂腐之谈，面对国家的边疆大计；像（一）中的"故善克者不战"，"修文德以来之"这类的废话，随处可见。照他们这套腐论，把武帝所开的边，所设的边备，也要废掉。古人所说的话，都面对着某种具体问题，不可随意作万灵丹来引用。孔子面对季氏将伐"社稷之臣"的颛臾所说的话③和他说管仲"九合诸侯，一匡天下，民到于今受其赐"④的话，是在两种不同对象中，孔子采取两种明显不同的判断。孔子断乎不会面对由北方来的强大骑马民族的威胁，而提出文学们的腐朽主张。名为尊孔而实为孔子盛德之累，此即其一例。在（二）中文学们提出"未闻弊诸夏以役夷狄"，"数战则民劳"及（六）中所提"由中及外，由近者始"，都有坚强的理由；但这只能说明当时不应再用兵启衅，不能以此支持撤废边备的理由，而（六）中所陈的"由中及外"的意见，与维持已设的边备，并不是不能相容的。

（三）项大夫主张赡给边卒边民，这是合理的。但他说"内省衣食以恤在外者"，这便说的是假话。因为在《盐铁论》中，贤良文学屡次主张行节约之政，而大夫公开加以反对，且为其豪富集团之豪奢生活，作无理的辩护。文学在此处提出时代不同以立说，

---

① 见《汉书·匈奴传下》。
② 此略见于《汉书·贡禹传》贡禹所陈述。
③ 见《论语·季氏》。
④ 见《论语·宪问》。

较前面所引的迂阔之论，颇为实际，但依然不能构成撤废边备的理由。

（四）项御史歌颂桑弘羊的财经政策，支持了武帝开边的军事行动；文学则歌颂中国之美盛，无取乎"侵边"；而侵边的结果，使中国及边民都受到莫大痛苦；这当然都是事实。

御史在（五）的答复中，则节取《史记·平准书》中称高祖初定天下时，因久经战乱的上下贫困的情形，认定文学所歌颂的中国，本来都是贫困的。因武帝开边而上有"珍怪异物充于后宫"，下则"民间厌橘柚"。这当然是睁着眼说瞎话。文学则就未伐胡越以前及既伐胡越以后的情形，作比较而具体的陈述，这种水准极低的御史，自然辞穷理曲。

大夫在（七）中为御史所提的"珍怪异物充于后宫"，作另一解释，说"炫耀奇物"，是为陈设给四夷看，以增加四夷对中国的惊异，因而增加他们畏威怀德之心。此一奇特心理，不仅流行于汉代统治者之间，并且以后的统治者，也依然保持此一心理而不变。其中最著莫如隋炀帝。贤良对此所作的批评，是非常中肯的。

（八）中大夫强调匈奴对中国的侵暴，及天子是天下父母的责任，因而主张伐胡备胡的重要性。贤良则强调军事地理的艰阻，及乘马民族的特性，所以伐胡未收其利而中国先受其害。两方面的话，都有一部分的理由；但在现实上，两方都把伐胡与备胡混在一起。就当时的实情讲，在武帝长期伐胡之后，中国疲困已极，其不宜于继续用兵，至为明显。但不继续用兵，并不等于弃已收之地，撤徼塞之防，而一任和亲为得计。贤良反对继续用兵，是应当的；但连设备也反对，便堕于书生的空论。

（九）（十）两项，是在第一次大辩论后由大夫再引起的第二次辩论。此次辩论的主题，是大夫认为当时四夷仅匈奴未服，主张"以小举击之"，以收武帝未竟之功。桑弘羊分明知道武帝临死前深悔用兵之失策，而他却又想举兵于天下亟待休息之际，我的推测，他是想由此而加重对他的财经政策的依赖，以巩固他已感到岌岌可危的地位。文学惩武帝用兵对人民所加的痛苦而加以反对，这是事势所当然。《古镜图录》卷中第四页有《汉镜铭》云："秋风起，予志悲，久不见，侍前稀"。《小校经阁金文》卷十五第九页有《汉镜铭》云"道路远，侍前稀；昔同起，予志悲"；又一镜铭云"君有行，妾有忧，行有日，死无期，愿君强饭多勉之，仰天太息长相思"，陈直在西安又见一镜铭云"君行卒，予志悲，久不见，侍前稀"。[1] 思妇之情，至铭之于镜，则当时社会所感受痛苦之广泛深刻，可想而知。而清代中叶，归化城杀虎口地区，曾出单于和亲大方砖十余方，分阴阳两种文。文云"单于和亲，千秋万岁，安乐未央"，当为西汉初中期物。[2] 由此可知贤良文学对边事的意见，实反映了当时大多数人民的愿望与利益。但他们所说的"偃兵休士，厚币结和"及"修文德以来之"这一套，依然是不顾现实的空论。匈奴不敢起侵陵之心，和亲然后有效。所以修边备及在某限度内的整军经武，是和亲所必不可缺少的先行条件，文学们乃并此等条件也要放弃，只成其为迂阔。事实上，霍光主政，既未听桑弘羊攻胡的主张，也未接受文学们撤除边备的谬见；大体上是守住武帝所得到的成果，备胡与和亲并用，终于得到匈奴屈服的效果。

---

[1] 此据陈直《〈盐铁论〉存在问题的新解》《备胡》篇转引。
[2] 同上，《结和》篇。

七、辩论中所反映出的社会问题

在前面的叙述中，已经反映出很多的社会问题，这里更将有关资料稍加条理。首先我们应当注意的：看古代的社会问题，与看近代西方的社会问题，有很大的区别。近代西方的社会，有许多压力团体，不仅可以保有独立性的活动，且可把自己的主张反而强加之于政府，成为政治的基本动力。西方中世纪有强大的教会势力，不仅可与政府抗衡，有时且可取得政治的支配权。但在中国古代，不仅没有社会的压力团体可以影响大一统的皇权专制，即连宗教活动，亦早由政治领导者所垄断，构成统治者权力的一部分。因此，社会是完全在政治控制之下，随政治活动而决定其命运与动向。所以在《盐铁论》中所反映出的社会问题，是与政治问题不可分的。《盐铁论》中所反映出的首先是农民生活问题。

（一）大夫：智者有百人之功，愚者有不更本之事。人君不调，民有相妨之富也。此其所以或储百年之余，或不厌（足）糟糠也。（《错币》第四）

文学：故自食禄之君子，违于义而竞于财，大小相吞，激转相倾；此所以或储百年之余，或无以充虚蔽形也。（同上）

（二）文学：富者买爵贩官，免刑除罪；公用弥多而为者徇私，上下无（兼）求；百姓不堪抏弊而从（巧）法。（《刺复》第十）

（三）文学：今狗马之养，虫兽之食，岂特腐肉秣马之费哉。无用之官，不急之作，服淫侈之变，无功而衣食县官者众，是以上不足而下困乏也……夫男耕女织，天下之大业也……今县官之多张苑囿，公田、池泽，公家有鄣假之名，而利归权家。三辅迫近于山、河，地狭人众，众方并臻，粟米薪菜，不能相赡。公田转假，桑榆菜果不殖，地力不尽。(《园池》第十三)

（四）御史：古者制田百步为亩，民井田而耕，什而籍一……先帝哀怜百姓之愁苦，衣食不足，制田二百四十步而一亩，率三十而税一。堕(惰)民不务田作，饥寒及己，固其理也。(《未通》第十五)

文学：……田虽三十，而以顷亩出税……加之以口赋更繇之役，率一人之作，中分其功，农夫悉其所得，或假贷而益之，是以百姓疾耕力作，而饥寒遂及己也。(同上)

御史：今赖陛下神灵，甲兵不动久矣，然则(而)民不齐出于南亩；以口率被垦田而不足，空仓廪而赈贫乏，侵益日甚，是以愈惰而仰利县官也。为斯君者亦病矣。(同上)

文学：……民非利避上公之事而乐流亡也。往者军阵数起，用度不足，以訾(赀)征赋，常取给见民，[①]田家又被其劳，故不齐出于南亩也。大抵逋流皆在大家；吏正畏悍，不敢笃责，[②]刻急细民；细民不堪，流亡远去。中家为之绝(继)出，后亡者为先亡者服事。录民(与"见民"同义)数创于恶吏，故相仿效，去尤甚而就稍愈者多。(同上)

[①] 王注本杨树达之说，以"现在之民"释"见民"，这是不错的，但其义未显。"见民"者，乃对隐匿流亡之民而言。
[②] 按"不敢笃责"，乃不敢深责之意，不必改"笃"为"督"。

御史：……今陛下哀怜百姓，宽力役之政，二十三始傅，五十六而免。所以辅耆壮而息老艾也，丁者治其田里，老者修其唐（池）园。俭力趋时，无饥寒之患。不治其家而讼县官，亦悖矣。（同上）

文学：……今五十已上至六十，与子孙服挽输，并给繇役，非养老之意也……今或僵尸，弃衰绖而从戎事，非所以子百姓，顺孝悌之心也。（同上）

（五）文学：……公卿积亿万，大夫积千金，士积百金，利己并财以聚，百姓寒苦，流离于路。（《地广》第十六》）

（六）文学：……食禄多非其人，以妨农商工，市井之利，未归于民，民望不塞也。（《相刺》第二十）

（七）贤良：……今吏道壅而不选，富者以财贾（买）官，勇者以死射功，戏车鼎跃（力能举鼎者），咸出补吏。累功积日，或至卿相，垂青绳（绳，绶也），摆银龟，擅杀生之柄，专万民之命。弱者犹使羊将狼也，其乱必矣。强者则是予狂夫利剑也，必妄杀生也。是以往者郡国黎民，相乘而不能理，或至锯颈杀不辜而不能正。执纲纪非其道，盖博乱愈甚。（《除狭》第三十二）

（八）大夫：共其地，居是世也，非有灾害疾疫，独以贫穷，非惰则奢也。无奇业旁入，而犹以富给，非俭则力也。今日施惠悦尔（迩），行刑不乐，则是闵无行之人，而养惰奢之民也。（《授时》第三十五）

贤良：三代之盛无乱萌（民），教也。夏商之季世无顺民，俗也。是以王者设庠序，明教化，以防道（导）其

民……人争则乱，乱则天下不均。故或贫或富。富则仁生，赡则争止。（同上）

大夫：县官之于百姓，若慈父之于子也；忠焉能无诲乎？爱之而勿劳乎？故春亲耕以劝农，赈贷以赡不足；通滀水，出轻系，使民务时也。蒙恩被泽而至今，犹以贫困，其难与适道若是夫！（同上）

贤良：……今时雨澍泽，种悬而不得播；秋稼零落乎野而不得收。田畴赤地，而停（亭）落（被差役之处）成市。发春而后，悬青幡而策土牛，殆非明主劝耕稼之意，而春令（月令中之春令）之所谓也。（同上）

（九）贤良：……古者，行役不逾时……夫妇不失时……上不苛扰，下不烦劳……赋敛省而农不失时，则百姓足，而流人归其田里。上清静而不欲，则下廉而不贪。若今则繇役极远，尽寒苦之地，危难之处，涉胡、越之域，今兹（年）往而来岁旋……故一人行而乡曲恨，一人死而万人悲……吏不奉法以存抚，倍公任私，各以其权充其嗜欲。（《执务》第三十九）

将上面的材料，稍加条理，首先应当肯定的是引起他们争论的人民，乃是当时社会广大存在的贫民问题及流民问题。而贫民流民，即是农村广大的"贫农"。决不是如冯友兰所说的"桑弘羊等人他们是代表商人利益"，而"贤良文学，他们是代表地主阶级利益"，[①] 因而他们是为了商人利益或地主利益所发生的争辩。冯

---

① 见冯友兰《中国哲学史新编》第二册，页一八七。

友兰连桑弘羊的财经政策,是在夺取商人利益,并志在以国营消灭社会商人阶级的这一事实,也毫无所知。他把贤良文学所反复呼号的"糟糠不厌"(足)之民,即认定是地主阶级。更还有人说这是桑弘羊、霍光两方面"是坚持还是改变汉武帝巩固国家统一,加强中央集权制的政治路线的问题"①的争论。桑弘羊是站在当时的所谓外朝,而霍光是站在当时的所谓内朝。他们的斗争,是站在各人所站的政治地位,作私人权力的斗争。仅从政治制度说,桑弘羊所站的外朝,较霍光所站的内朝为合理。因"内朝"即是丑恶到无以复加的宫廷政治。宫廷政治,乃是由中央集权堕落到皇权专制时所必然发生的变态。霍光站在内朝要吃掉外朝,这是要把权集中到宫廷里面,以便他自己实行皇权专制,是非常不合理的。但怎么可以说这是反对中央集权制呢?霍光与桑弘羊们同受武帝的遗诏辅政,而桑弘羊与上官桀勾结燕王旦,要取他们所辅的幼主而代之,这是背叛了武帝,为私人权利而闹分裂。因此,霍光在元凤元年(前八十年)兴起大狱,杀掉上官桀父子及桑弘羊,并迫令燕王旦与长公主自杀,站在他的立场,正是为了巩固武帝所留下的统一。当时中国人民疲困,匈奴亦已削弱北徙,所以他不主张继续出兵伐匈奴;但在他当政时代,未曾让出武帝时代所得的寸土。元凤三年(前七十八年)以范明友为度辽将军,平定辽东、乌桓。始元六年(前八十一年)增设金城郡,以加强对西域的经营。傅介子持使节斩楼兰王亦在此时。桑弘羊轮台屯田之议,未实行于武帝之末年,却行于霍光当政之日。本始二年(前七十二年),以五将军将十五万骑护乌孙兵,击匈奴。汉代经

---

① 见上海人民出版社所印行的《盐铁论》前面梁效《读盐铁论》页一。

营西域之功，实奠基于霍光当政时代，这可以说他反对国家的统一吗？

广大贫农、流民的存在，是两方所共同承认的。争论的是，政府对他们有无尽到应尽的责任。桑弘羊认为政府已经尽到责任；他们的穷苦，是他们所自取。（一）中是认为人民的贫富乃由人民智愚所决定。（四）中是认为朝廷对人民已够宽大恩厚，但人民"不务田作"，应当饥寒及己。（八）中是认为贫富决定于人民的惰力或俭奢。并认为人民已"蒙恩被泽"而依然贫困，这是活该而不可救药的。由此所推演的结论，政府对广大的贫农、流民问题并无责任，因而在行政中也不必多考虑这一问题。贤良、文学对此问题的看法，恰恰相反。然则哪一方面的看法对呢？下面应作具体的考查。

广大贫农存在的原因，文学们在（一）中指出当时垄断财富的集团，是卿大夫及其以下的官吏，凭借政治权力，"大小相吞，激转相倾"；真正说起来，当时贫富的对立，实即由桑弘羊所代表的官吏豪富集团与平民的对立。在（五）中文学更指出财富分配的概略，"大夫"也曾坦然加以承认。而此一官吏集团，是与社会的富有者连在一起的。自晁错建议民得入粟买爵（此乃二十等爵中之爵），武帝时更增设武功爵的买卖。但此时买爵至五大夫，买武功爵至千夫，始得复除繇役，不能担任官职。及桑弘羊为大司农丞时，"始令吏得入粟补官"。然则这种能入粟的吏，是从什么地方来的呢？只有两个来源：一是"诸买武功爵官首（五级）者试补吏，先除"，后来已买爵至千夫、五大夫的也被除为吏，这批吏本是富有的人；而没有钱的"故吏"，"皆适（罚）令伐棘上林，作昆明池"，此一人事上的新旧代谢，使富有者进入到政治的基层组织；要由此更爬上一层，还是由"输粟"的途径。另一是"除故盐铁家富者为吏"，这种富有的吏，当然有资格"得入粟补官"。于是由杨可告缗以及盐铁专卖等财经措施，受到打击的富有商人，可摇身一变而进入政治组织之中，由先商而后官的地位，变为外官而里商的地位，形成以权力掠夺财富，迫使自耕农沦为贫农、流民。①《汉书》七十二《贡禹传》贡禹"奏言"中有"豪富吏民"一词，与文学所说的"豪吏富民"同义，正指的是这新兴起的集团。被逼走的流民的生活，大抵过的是雇农或奴隶的生活。（六）中所说的"食禄多非其人，以妨农"。（七）中所说的"今吏道壅而不选，富者以财贾官，勇者以死射功；戏车鼎跃，咸出补吏"；（九）中所说的"倍公任私，各以其权充其嗜欲"，都是就此等情形说的。官商合一的豪富集团与农民的对立，这是当时最严重的政治问题、社会问题。西汉吏道之污，到宣帝而稍有改善，然皇权专制下的统治集团与人民的对立，加深了社会中贫富的对立，也超过了纯社会性的贫富对立，这是了解中国历史的最大关键。而当时的桑弘羊，在"伐胡"的掩护之下，正是皇权专制下的豪富吏民的代言人，乃万无可疑的。

（三）项所提出的是由统治集团的荒淫侈靡生活，消耗了社会正常的生产力，把由告缗所没入的大量奴婢，"分诸苑养狗马禽兽，及与诸官"；再加上以入粟出钱买来的"益杂"的官吏，养了过多的寄生阶层。又因武帝大圈民地，扩充苑囿，加上由告缗所没收的土地，"水衡、少府、大农、太仆、各置农官，往往即郡县比（就）没入田田之"；或者临时租与人民；但须由官吏经手，所

---

① 以上皆见《史记·平准书》。

以称为"转假"。这批经手的官吏，为了掏回他买官除吏时所费的本钱并收回利润，必然会"利归权家"。而人民租苑囿及政府的土地，没有契约上的保障，只能算临时性质，所以"地力不尽"。①

（四）项中更提出了当时税制及繇役制度所造成的农民的贫困与流亡。御史认为古以百步为亩，汉以二百四十步为亩；古者什一而税，汉对农作物三十而税一，以此为对人民的恩高德厚。但改二百四十步为一亩，始于商鞅，②其目的为尽地力，与税之轻重无关。三十而税一，土地愈多，受惠愈大，结果对地主是非常有利的。贫农完全受不到实惠。荀悦谓"官收百一之税，民输大半之赋（佃租）；官家之惠，优于三代；豪强之暴，酷于亡秦"，③正指此而言。但自高祖四年起，恢复秦的"头会"（人头税）以为算赋，据如淳引《汉仪注》"民年十五以上，至五十六，出赋钱，人百二十为一算"。这是以人口计算，不论贫富都要出的。《汉书·贡禹传》，禹谓"古民亡赋算。口钱起武帝征伐四夷，重赋于民。民产子三岁则出口钱，故民重困，至于生子辄杀。宜令儿七岁去齿乃出口钱。"如淳引《汉仪注》"民年七岁至十四，出口赋钱，人二十三。"《汉仪注》谓民年七岁，乃元帝听贡禹之言后所改。按汉代米价，通常为一百钱一石；每亩收成，通常为一石；④假定一家由三岁到十四岁者为二人，一年共出口钱为四十六钱；由十五到五十六者为二人，一年为二百四十；两合为二百八十六钱，约合三石米之价。再加上稾税，再加上地方官吏在税法以外所派的

---

① 皆见《史记·平准书》。
②《玉海》一百七十六引《唐书·突厥传》中杜佑语。又见《御览》七百五十引。
③《前汉纪》卷八文帝十三年六月"诏除民租"下荀氏的"论曰"。
④ 见陈直《〈盐铁论〉存在问题的新解》"散不足"条下。

征调。①上面的人头税和苛捐杂税，加在自耕农身上，便不能不沦为贫农；加在贫农身上，便不能不逃遁而为流民。

另一是繇役的问题。贤良在（九）所提出的"今则繇役极远"，"今兹（年）往而来岁旋"的情形，只要承认有备边的必要，人民便无法能避免这种痛苦。"古者行役不逾时"，与大一统下的要求，全不相适应。若因此而主张罢去边备，这是贤良文学的迂腐，在前面已经指出。真正的问题，是出自武帝时的财经措施，有钱人可以免去繇役，于是繇役完全落在穷苦人身上。《平准书》"乃募民能入奴婢，得以终身复（免除繇役）"。"兵革数动，民多买复（如上募奴婢之类），及五大夫；征发之士益鲜"。钱大昕谓晁错言爵五大夫（二十等爵中之第九级）以上，乃复卒一人。武帝置武功爵，爵千夫（第七级）如五大夫。故五大夫与千夫，皆不在征召之列。有钱的都免除了繇役，于是繇役都落在自耕农（中家）与贫农身上；贫农加上人头税等负担，而顾虑又较少，便首先流亡。贫农流亡了，繇役便一起积集在自耕农身上；自耕农也忍受不了，只好继续流亡。流亡出去后，只好投到"大家"里去当雇农、奴隶，大家以财力勾结地方官吏，使他们不来追捕。借此榨取这些流民的劳动力。而流亡的人数天天增加，流民中便自然形成许多松懈的流亡团体，由资深的流亡者来支配。这便是（四）中贤良所反映出的情形。可以说，社会的结构与秩序，给用兵、侈靡、财经政策、吏治堕废等恶性循环作用完全被破坏了。徐乐便指出这种情形不仅是"瓦解"，而且是"土崩"，②而《疾贪》

---

① 《后汉书》六十一《左雄传》，左雄谓"乡官部吏，职斯禄薄，车马衣服，一出于民……特选横调，纷纷不绝"。
② 见《汉书·徐乐传》。

《盐铁论》中的政治社会文化问题　　　　　　　　　　　　　　　　167

三十三中，贤良有更具体的陈述。他们说："今小吏禄薄，郡国繇役远至三辅，粟米贵，不足相赡。常居则匮于衣食，有故则卖畜粥业。非徒是也。繇使（吏）相遣，官庭摄追。小计权吏，行施乞贷，长吏侵渔。上府下求之县，县求之乡，乡安取之哉。语曰，货赂下流，犹水之赴下，不竭不止。"

（六）中文学所说的"食禄多非其人"，在（七）中贤良有具体的陈述。因统治集团的荒淫无度，所以连"戏车鼎跃"之徒也可以补吏，此一资料，在这里才透露出来。"而妨农"，贤良在（八）（九）中陈述了一端。"商人市井之利，未归于民"，这是为当时未能与官府勾搭上的贫困的市民所作的呼吁。（八）中大夫提出了汉代的"劝农"政策，而贤良指出其形式化。

像上面约略所提出的广大贫民问题、流民问题，当然是政治上的最严重、最根本的巨大问题，也即是政治上所应首先解决的问题。但当时的统治者，除了严刑峻罚，以镇压为唯一统治手段以外，对上述问题，何以会熟视无睹？迨来自社会层面的贤良、文学提出来以后，何以一再取抹煞躲闪的态度呢？在《取下》第四十一中，贤良深刻地指出，这完全是来自阶级立场的不同。与广大贫民流民相对立的垄断国家财富的统治者集团，站在豪富吏民的立场，自然视这些广大贫民与流民为当然的现象。此篇从大夫口里所说的话，成为二千年皇权专制下剥削人民的总发言人。"大夫曰，不轨之民，困桡公利，而欲擅山泽。从文学、贤良之意，则利归于下，而县官无可为者。上之所行则非之，上之所言则讥之，专欲损上徇下，亏主而适臣，尚安得上下之义，君臣之礼？而何颂声能作也？"假定政治是"一切为人民"，则损上的特殊利益而徇下的饥寒的要求，是天经地义的。儒家心目中的"上下之义，君臣之礼"，是相互负责任，相对受限制的。在桑弘羊心目中，则变而为压榨与被压榨的护符。贤良引孟子"未有仁而遗其亲，义而后其君"的话，以说明只要人民能丰衣足食，岂有"县官无可为者"之理。统治者与被统治者，应当由"对搏"的关系变为"共利"的关系，这种简单道理，为什么桑弘羊这一集团全无所知？于是贤良在二千年前，进一步发现了阶级性限制认识能力的事实。他们说：

卫灵公当隆冬兴众穿池。海春谏曰，天寒百姓冻馁，愿公之罢役也。公曰，天寒哉，我何不寒哉。人之言曰，安者不能恤危，饱者不能食饥。故余梁肉者，难为言隐约。处佚乐者，难为言勤苦。夫高堂邃宇，广厦洞房者，不知专屋狭庐，上漏下湿者之痛也。系马百驷，货财充内，储陈纳新者，不知有旦无暮，称贷者之急也。广第唐园，良田连比者，不知无运踵之业，窜头宅者之役也。原马被山，牛羊满谷者，不知无孤豚瘠犊者之寠也。高枕谈卧，无叫号者，不知忧私责（债），与吏正（征）咸（赋）者之愁也。被纨蹑韦，搏梁啖肥者，不知短褐之寒，糠粝之苦也。从容房闼之间，垂拱持案食者，不知蹠耒躬耕者之勤也。乘坚驱良，列骑成行者，不知负担步行者之劳也。匡床旃席、侍御满侧者，不知负辂挽船、登高绝流者之难也。衣轻暖、被英裘、处温室、载安车者，不知乘边城、飘胡代、乡清风者之危寒也。妻子好合，子孙保之者，不知老母之憔悴、匹妇之悲恨也。耳听五音，目视弄优者，不知蒙流矢、距敌方外之死也。东向伏几，振笔如调文者，不知木索之急、

箠楚之痛者也。坐旃茵之上，安图籍之言若易然，亦不知步涉者之难也。(《取下》第四十一）

在上面这段话中，把统治者与被统治者在生活上的天壤悬隔，作了具体事实的显明对比；连当时参与争论的统治集团，也"公卿愀然，寂若无人"；而今日尚有人站在桑弘羊所代表的立场，对贤良、文学所说的，大张挞伐，实际就是挞伐由贤良、文学所代表的广大贫民流民；我真不了解，这种人到底是站在什么阶级来讲话。

因为先由社会豪富，继由以皇权专制为中心的贵族封建豪富，再加以由财经政策而来的豪富吏民，取得了绝对支配的地位，所以由豪富阶级生活的侈靡荒淫，必然朽蠹整个社会的风俗。桑弘羊们生活于侈靡荒淫之中，须要以朽蠹的风俗作为他们精神上的营养。但贤良文学，为了广大人民合理生活的要求，以及整个国家的健康前途，在《散不足》第二十九中对此不能不面向制造此种风俗的"务于权利，急于礼义，故百姓仿效"的"士大夫"(《散不足》第二十九）提出深刻的批评，并要求加以改变。他们把所要求的由奢返俭的合理生活方式称为"古者"；把豪富集团的荒淫生活称为"豪富"；次一级的称为"中者"；而普及于社会各阶层的则称为"民间"，或"世俗"；涉及贫民的则称为"贫者"。还有仅指朝廷而言的。他们所提出的淫侈及迷信的社会生活，共三十一项，其中专指"富者"有八；仅有程度之差，而为"富者"、"中者"所共有的有八；为富、中、贫所共有的有一；指社会普遍现象的有九；指工艺变调的有二；指朝廷所特有的有三。有许多是把豪富与贫苦者作对照性的陈述。例如"今富者连车列骑，骖贰辎軿……夫一马伏枥，当中家六口之食，亡丁男一人之事"，[1]"今猛兽奇虫不可以耕耘，而令当耕耘者养之。百姓或短褐不完，而犬马衣文绣。黎民或糠糟不接，而禽兽食梁肉。""百姓或无斗筲之储，官奴累百金。黎民昏晨不释事，奴婢垂拱遨游也"。[2]黎民连统治集团的奴隶也赶不上。这一段陈述，是了解汉代政治社会最完整的材料。这里仅把贤良们对丧葬、婚姻、迷信三点的批评提出，以见今人对汉代儒家的漫骂，是如何的诞妄。关于丧葬问题：

> 古者瓦棺容尸，木板堲周，足以收形骸、藏发齿而已。及其后，桐棺不衣，采椁不斫。今富者绣墙题凑，中者梓棺楩椁，贫者画荒衣袍，缯囊缇橐。
>
> 古者明器有形无实……今厚资多藏，器用如生人。郡国繇吏素桑楺偶车橹轮，匹夫无貌（绕）领，桐人衣纨绨。
>
> 古者不封不树……及其后，则封之；庶人之坟半仞，其高可隐。今富者积土成山，列树成林，台榭连阁，集观增楼。中者祠堂屏阁，垣阙罘罳。
>
> 古者邻有丧，舂不相杵……今俗因人之丧，以求酒肉……连笑伎戏。

---

[1] 陈直《〈盐铁论〉存在问题的新解》，根据"居延汉简"证明"汉代人民食粮，普通者每月为大斗一石五斗，或一石八斗。马每月食大斗六石，抵普通者中家四人之月粮。再加以刍茭等等，是一马匹每月之用费，恰相当于中家六口之食粮"。
[2] 陈直上文又"按辛延年《羽林郎》诗，叙述霍光家奴冯子都之仗势豪华，熟在人口，不须缕述。黄县丁氏藏《汉孙成买地券》略云，'左骏厩官大奴孙成，从洛阳男子张伯始，买所名有广德亭部罗伯田一町，贾钱万五千'云云。官奴用于买地一部分资钱，即有十五千，总起来说，家产积累，至少百金，与本文均合。

《盐铁论》中的政治社会文化问题

> 古者事生尽爱，送死尽哀；故圣人为节制，非虚加之。今生不能尽其爱敬，死以奢侈相高。虽无哀戚之心，而厚葬重币者则称以为孝，显名立于世，光荣著于俗。故黎民相慕效，至于发屋卖业。

所以我前面指出，汉代厚葬，决非出于儒家思想，而系豪富集团侈靡生活的一部分。关于婚姻问题：

> 古者男女之际尚矣，嫁娶之服，未之以记。及虞、夏之后，盖表布内丝，骨笄象珥，封君夫人，加锦尚絮而已。今富者皮衣朱貉，繁路环珮。中者长裾交袆，璧瑞簪珥。
>
> 古者夫妇之好，一男一女而成家室之道。及后，士一妾，大夫二，诸侯有侄娣九女而已。今诸侯百数，卿大夫十数，中者侍御，富者盈室。是以女或旷怨失时，男或放死无匹。

秦始皇后宫数万，死后且以为殉。据《汉书》七十二《贡禹传》，在禹奏言中谓高、文、景三世，"宫女不过十余"。"武帝时，又多取好女至数千人，以填后宫"。武帝死后，"又皆以后宫女置于园陵"，"故使天下承化，取女皆大过度；诸侯妻妾，或至数百人。豪富吏民，畜歌者至数十人。是以内多怨女，外多旷夫"。上面贤良的话，未敢直指天子，但把《史记·平准书》、《盐铁论》与《贡禹传》三者互相参证，可以断言汉代朝廷的荒淫，实始于武帝凭杨可告缗及桑弘羊的财经政策所搜括的大量财富；而社会的侈靡，虽不始于武帝之时，但由桑弘羊财经政策所引生的新兴的"豪富吏民"集团出现而大为泛滥，这是不争的事实。广大的妇女，遂成为荒淫与侈靡风气下的牺牲品。贤良文学，在这里提出了"一男一女而成家室之道"的呼吁。

关于迷信的问题：

> 古者德行求福，故祭祀而宽（宽弛，与疏同义）；仁义求吉，故卜筮而希（稀）。今世俗宽于行而求于鬼，急于礼而笃于祭；嫚亲而贵势，至妄而信日，听訑言（欺骗之言）而幸得，出实物而享虚福。

> 古者君子夙夜孳孳，思其德；小人晨昏孜孜，思其力。故君子不素餐，小人不空食。世俗饰伪行诈，为民巫祝，以取厘谢；坚颔（厚颜）健舌，或以成业致富。故惮事之人，释本（农）相学。是以街巷有巫，闾里有祝。

按由西周初年开始的人文精神，将原始宗教中的迷信，逐渐淘汰；至孔子"务民之义，敬鬼神而远之"，"未知生，焉知死"，"未能事人，焉能事鬼"之教，而道德的理性主义，不断发展，使迷信更无存在的余地。但秦始皇由泰侈之心，"览怪迂，信机祥，使卢生求羡门高，徐市等入海求不死之药"（本篇贤良之言），而迷信大盛。汉武在这一点上，也继承了始皇，其愚呆迷妄的心理与行为，在《史记·封禅书》中有详细而生动的描写。所以西汉自武帝中年以后，迷信特盛，此与董仲舒的学说或有关连；但最大的推动力，则是来自武帝由泰侈之心而来的迷妄。贤良文学特于此加以批评。凡是了解一点儒家原始精神的，即无不由迷信中突破出来，此亦其一证。

贤良在本篇收尾的地方，把当时政府、社会风俗败坏的情形，加以总结地说：

> 宫室奢侈，林木之蠹也。器械雕琢，财用之蠹也。衣服靡丽，布帛之蠹也。狗马食人之食，五谷之蠹也。口腹从恣，鱼肉之蠹也。用费不节，府库之蠹也。漏积不禁，田野之蠹也。丧祭无度，伤生之蠹也。堕成变故伤功，工商上通伤农。故一栝楼用百人之力，一屏风就万人之功，其为害亦多矣。目修于五色，耳营于五音，体极轻薄，口极甘脆，功积于无用，财尽于不急，口腹不可为多。故国病聚不足即政急，人病聚不足则身危。

贤良所说的都是昭明较著的事实，听者不能不承认。所以丞相便问"治聚不足奈何"？在《救匮》第三十，贤良答丞相的问是"盖桡枉者以直，救文者以质……故民奢，示之以俭；民俭，示之以礼。方今公卿大夫子孙诚能节车舆，适衣服，躬亲节俭，率以敦朴，罢园池，损田宅，内无事乎市列，外无事乎山泽；农夫有所施其功，女工有所粥其业，如是则气脉和平，无聚不足之病矣"。贤良的话，大体上应当是对的。但这触犯到由桑弘羊所代表的基本生活形态；而弘羊的儿子们在当时又最为豪侈，所以引起了他的忿怒，由正面加以谩骂说"贫者语仁，贱者语治"，这是说贤良们所以主张节俭，乃因为自己贫穷的关系；这便把贤良们所反映出的社会病态，完全加以抹煞了。又说"故公孙弘布被，倪宽练袍；衣若仆妾，食若庸夫。淮南逆于内，蛮、夷暴于外，盗贼不为禁，奢侈不为节"，这是说节俭毫无用处。当政的人仅仅节俭，

174 两汉思想史（三）

固然不能解决问题，但节俭胜于荒淫豪侈，故荒淫豪侈必反之节俭，这是可以争辩的吗？更说贤良们"若疫岁之巫，徒能鼓口耳，何散不足之能治乎？"这不仅以谩骂对付贤良文学，且侮辱当时的丞相车千秋，把车千秋从正面提出的问题，悍然加以拒绝。所以贤良便痛切指出桑弘羊这一丑恶形相。

贤良曰……文、景之际，建元之始（武帝初即位时代），大臣尚有争引守正之义。自此之后，多承意从欲，少敢直言面议而正刺，因公而徇私。故武安丞相讼园田……本朝（朝廷，实指皇帝）一邪，伊、望不能复。故公孙丞相、倪大夫侧身行道……日力不足，无行人子产之继。而葛绎（公孙贺）、彭侯（刘屈氂）之等，①隳坏其绪，纰乱其纪，毁其客馆议堂以为马厩妇舍，无养士之礼，而尚骄矜之色，廉耻陵迟而争于利矣。故良田广宅，民无所之。不耻为利者满朝市，列田畜者弥郡国，横暴掣顿，大第巨宅之旁，道路且不通。此固难医而不为工。（《救匮》第三十）

经此截穿后，"大夫"只有"勃然作色，默而不应"了。

八、文化背景问题

最后要谈到此一争论的思想文化背景的问题。对这一问题首

---

① 按公孙贺、刘屈氂当丞相时，已徒具丞相之名，实权皆在桑弘羊手，此处实指桑弘羊，故用"之等"两字。

先应指出两点。第一，此次的争论，完全是以现实问题为对象；他们立论的根据，是他们所掌握的现实，不是他们由典籍而来的思想文化。在苏联十月革命以前，历史上的统治阶级，有利用典籍上的思想文化以达到现实政治目的之事。一般知识分子，有以某家思想寄托政治的理论，作现实批评准则之事。即使是如此，最后的归结还是现实。断无以典籍上的思想文化为最后根据，为最后目的，而以现实问题作为完成思想文化目的的一种工具之事。在以盐铁专卖为中心的争论中，当然牵涉到思想文化的问题；但在争论所涉及的思想文化，主要只是为了加强自己的立场，及印证自己所把握的现实问题而发生作用。所以他们所运用的思想文化的范围，相当广泛而富有弹性，同一家的典籍思想，两方都可任意引用。这样一来，便减轻了在争论中思想文化的重要性。此与第二国际、第三国际这一传统下来的思想斗争的性质截然不同。《盐铁论》中把争论转到思想文化上去，一是出于桑弘羊在现实问题上的词穷理屈之后，乃转而攻击到贤良、文学这一资格所由来的孔子。一是出于贤良、文学追溯当时刑罚残酷来源的商鞅、韩非。这只能算是此次大争论中的副产品。

第二点是：我们从中国久远的历史看，在统治者与被统治者的语言中，同样援引典籍以作论据时，统治者所援用的典籍，多是出于便宜性的，而被统治者所引用的则多近于原则性的。这一对照，在《盐铁论》中最为明显。御史攻击儒家，始于《论儒》第十一，而桑弘羊开始破口大骂"孔丘"，始于《利议》第二十七。但在同一篇中，他便引用了《论语》的"色厉而内荏"、"言者不必有德"，以伸张自己的论据。在这篇以前及其以后，我约略总计了一下，桑弘羊们大约十六次引用《论语》，七次引用

《孟子》；十五次引用《春秋》。此外，《诗》、《书》、《易》、《礼》、《孝经》，他们都援引到，以支持他们的论点。但他们的引用，多出于方便性的。例如《通有》第三，桑弘羊为了反对文学的"漏费（即浪费）节，则民用给"的观点，便引"孔子曰不可，大俭极（逼）下"的话来作他反对的根据，毫不考虑到孔子"与其奢也宁俭"的基本主张，及他此处所引《礼记·杂记》中孔子的话的真正意义。他口里的法家，同样带有便宜的性质（见后）。贤良、文学，是比较原则性地大量引用了《论语》、《孟子》及儒家有关典籍，但五引《老子》，四引《管子》，两引《文子》，对《墨子》、《孙子》引用各一。对于《史记》、《淮南子》，则被两方所共同引用。

总结地说，若是以第三国际传统下的思想斗争去看《盐铁论》中的思想问题，这只证明缺乏历史演变的常识。

郭沫若常以自己创造小说的方法，来处理历史上的问题。他在一九五六年《盐铁论读本》的序中，一方面说"书中关于桑弘羊的言论，我们可以断定必然是根据实录，不会是由桓宽所推衍或增广"，[①]并承认这是"当时的朝廷所召开的一次会议"，但却又断定这"是一部处理历史题材的对话体小说"，"在文体的创造性上也是值得重视的"，"特别值得注意是桓宽创造了人物的典型"，"这可以说是走向戏剧文学的发展"。他在这部"历史小说"中，看出"贤良文学，以儒家思想为武器……桑弘羊和他的下属们基本上是站在法家的立场，议论都从现实出发，有时也很尖锐地批

[①]《汉书》六十六《车千秋传》赞说桓宽"推衍盐铁之议，增广条目"，这是指增加了五十九个标题而言。但郭氏为了自己立说的方便，只引"增广"两字，而将"条目"两字略去，意义因之大不相同。

评儒家和孔子。因此,这一次会议,事实上是一场思想上的大斗争"。今日众口同声的《盐铁论》是一场儒法斗争,实由此而来。先秦思想,大致地说,儒、道、墨三家,都是站在人民的立场来谈政治,要求人君为达到人民所要求的目的,为人民服务。在三家中,又以儒家中庸之道近于人情,故影响力特大。只有由商鞅所代表的法家,是站在统治者的立场来谈政治,要求人民为达到人君所要求的目的而牺牲。所以《商君书》都是以"使民之道"来贯穿全书的。①郭沫若说贤良、文学是站在"民间的商人和地主阶级的立场","是朝廷与民间的明争";若将"地主"两字改为"农民",郭氏这一点说法是可以成立的。代表"民间"的被统治者的立场,其思想自然接近儒、道、墨三家;而站在朝廷的统治者的立场,也不知不觉地与法家有会心之处。

但法家在思想上能成为一家,且在当时政治上发生了效果,当然有他们合理的一面。第一,他们抑压了残余的由身份制而来的封建贵族。第二,他们强调了法的重要性,并要求法的客观化、稳定化、平等化。这实际是《论语》"谨权量,审法度"思想的发展。第三,他们把政治的运行,归于农战的"一孔",虽未免太偏,但重本抑末,一切以生产为出发点,这可说是立国的大计。第四,

---

① 如何教民养民,是儒家论政的主要内容。《商君书·更法》第一,一开始是"孝公平(评议)画(计画),公孙鞅、甘龙、杜挚,三大夫御于君,虑世事之变,讨正法之本,求使民之道";全书所言者皆为如何使用人民的方法。《说民》第五"使民必先行其所恶"。《错法》第九"是以明君之使其臣也"。《战法》第十"故将使民,若乘良马";《画策》第十八"能使民乐战者王","故其制民也,如以高下制水";《弱民》第二十"人主使其民",《外内》第二十二"故轻法不可以使之","故轻治不可以使之";《禁使》第二十四"人主之所以禁(禁非)使(使民)者赏罚也";这都是直接说到"使民"的。由此而要求"民愚"、"民弱"、"政胜其民"、"刑九而赏一","劫以刑而殴以赏"等。

他们特强调综核名实，去政治上虚伪之弊。这是孔子"正名"思想在发展中更落实的应用。汉初政治，由"恩泽侯"的大量出现，恢复了政治中由身份制而来的封建毒害。虽继承了重本抑末的观点，但在税制上摧毁了自耕农；而封建之毒，及黄老之教，亦未能切实要求政治上有综核名实的实效。汉室所继承的只是法家严酷的刑罚制度。但第一，法家的法，把赏也包括在里面。它的运用，是指向以农战为依据的一个标准；在推进农战以外，无所谓罚，更无所谓赏。此即商鞅之所谓"赏壹则爵尊"。[1]汉代赏赐之乱、刑罚之乱、名分之乱，至武帝而极。所以赏不足以劝善，罚不足以惩恶；与法家用法的目的及预期的效果，完全相反。第二，法家的法，离人主的意志、离执法的官吏而独立；官吏只有在法的明白规定范围之内，能行使自己的职权。一离开法的明白规定，或对法的文字稍有所曲伸，即同在诛戮之列。《商君书·定分》第二十六"法令皆副置，一副天子之殿中……一副禁室中，封以禁印。有擅发禁室印，及入禁室视禁法令，及剟禁一字以上，罪皆死不赦。"但武帝时代执法的情形是怎样呢？《史记·酷吏列传》记杜周为廷尉，"其治大放张汤而善伺候。上所欲挤者因而陷之；上所欲释者，久系待问而微见其冤状。客有让（责）周曰，君为天子决平，不循三尺法，专以人主意指为狱，狱者固如是乎？周曰，三尺安出哉？前主所是著为律，后主所是著为令。当时为是，何古之法？"把法的客观性独立性完全否定了，也即把法的平等性完全否定了。法家是有原则的严酷，桑弘羊所辩护的是无原则的严酷。此处不讨论法家思想的是非得失，而只指出汉代的酷吏

---

[1]《商君书·立本》第十一。

政治，是缘法家之名而去法家之实，走向与法家所要求的相反的政治。《商君书·去强》第六："以刑去刑，国治。以刑致刑，国乱。""以刑致刑"，恰是汉武时代用刑的写照。把《史记》的《酷吏列传》与《汉书》的《刑法志》合在一起看，可以了解，由汉武时代这批酷吏所奠定的支持皇权专制的一套刑法，不仅是儒、墨、道三家的罪人，也是法家的罪人，是人民的敌人，其祸延二千余年之久。而这正是支持桑弘羊财经政策的唯一手段，所以他大力加以辩护。

说到桑弘羊个人，更没有代表法家发言的资格。

汉初真正代表法家思想的当首推晁错。《汉书》四十九《晁错传》曰，"学申、商刑名于轵张恢生所"，"为太子舍人门大夫"时，上书欲太子（即后之景帝）"深知术数"。"术数"观念即出于《商君书》。晁错"欲民务农，在于贵粟。贵粟之道，在于使民以粟为赏罚"[1]的主张，出于《商君书·去强》第四的"金生而粟死，粟生而金死"，"按兵而农，粟爵粟任，则国富"；及《说民》第五"富者损之以赏（爵）则贫"；和《靳令》第十三"民有余粮，使民以粟出（进）官爵，官爵必以其力，则农不怠"。削除诸侯王，以完成中央集权的统一，此乃当时儒法两家的共同主张，而晁错主张得最为坚决，卒以此受族诛之惨祸。假定桑弘羊真正是法家，此时晁错早死，与他无现实上的利害冲突，应对他表示最大的同情。在晁错略前的贾谊，是以儒用法的人物；在晁错略后的主父偃，是半法半纵横的人物，但都是在促成汉室集权统一上有大贡

---

[1]《汉书》二十四《食货志》。

献的人物。《盐铁论》中，桑弘羊不仅鄙视了贾谊、主父偃，还特别攻击了晁错。《晁错》第八对晁错的批难是：

> 晁错变法易常，不用制度，迫蹵宗室，侵削诸侯，蕃臣不附，骨肉不亲，吴楚积怨，斩错东市，以慰三军之士而谢诸侯。斯亦谁杀之乎？

桑弘羊完全站在既得利益的特权阶级者的立场，只以个人的成功失败为批评的标准；他所援引的法家语言，仅为他所站的特权阶级作辩护，根本没有真实的思想性在里面。他以个人的成功失败，作论人的标准，却没有想到不出一年，而他也被族灭了；不知他临死时作何解释。

对用刑的态度，是当时近儒近法的分水岭。《汉书》六十《杜延年传》谓"光（霍光）持刑罚严，延年辅之以宽"，可知霍光也正是近于法家的人物，应与桑弘羊臭味相同，何以他们之间，又成为生死冤家呢？

桑弘羊说他私人财富的来源是"一二筹策之，积浸以致富成业"，"运之方寸，转之息耗，取之贵贱之间耳"（《贫富》第十七）。对文学批评他"执国家之柄以行海内……威重于六卿，富累于陶、卫（子贡），舆服僭于三公，宫室溢于制度，并兼列宅，隔绝闾巷……中山素女，抚流徵于堂上，鸣鼓《巴俞》作于堂下，妇女被罗纨，婢妾曳绨纻；子孙连车列骑，田猎出入，毕弋捷健……己（人民）为之而彼（官僚）取之，僭侈相效，上升而不息"的情形所作的辩解是"官尊者禄厚，本美者枝茂。故文王德而子孙封，周公相而伯禽富。水广者鱼大，父尊者子贵。《传》

曰(《公羊》),'河、海润千里',盛德及四海,况之(其)妻子乎?故夫贵于朝,妻贵于室。富曰苟美,古之道也。《孟子》曰,'王者与人同,而如彼者,居使然也'"(《刺权》第九)。这是公开为自己由剥夺而来的荒淫生活作辩解,且不惜故意歪曲《论语》、《孟子》、《公羊》等的语意,为自己荒淫生活作护符。利用权势来经营私人工商业,在资本主义体制之下,亦不能为法理所容,何况于法家。《商君书·垦令》第二"无宿(停滞)治,则邪官不及为私利于民","禄厚而税多,食口众者,败农者也";"无得取庸(佣),则大夫家长不建缮。大夫家长不建缮,则农事不伤","大臣不荒(荒淫),则国事不稽"。《去强》第四:"生虱官者六,曰岁(朱师彻《解诂》"岁谓偷惰岁功"),曰食("暴弃食物"),曰美("美衣食"),曰好("重好玩"),曰志("有暴慢之志"),曰行("贪污之行"),六者有朴必削。"在法家的立场,桑弘羊正是所谓"邪臣"、"官虱",在必诛之列。又《去强》第四:"国富而贫(节俭)治,曰重富,重富者强。国贫而富(奢靡)治,曰重贫,重贫者弱。"从《史记·平准书》看,桑弘羊掌握财经大权以后,助长武帝荒淫浪费的情形来看,正是商鞅所说的"国贫而富治"。贤良文学所反复要求的以质救文、以俭救奢之弊,这是西汉所有思想家的共同要求。此一要求不出于法家,但真正的法家必有同样的要求,而桑弘羊因豪奢的生活形态,却始终加以反对。以桑弘羊为法家思想的发言人,这是今日思想界的彻底随落。但他们既发生了儒、法的争论,我们也应加以检讨。首先是关于商鞅的部分:

(一)大夫:昔商君相秦也,内立法度,严峻罚,饬政教,奸伪无所容。外设百倍之利,收山泽之税,国富民强,器械完饰,蓄积有余,是以征敌伐国,攘地斥境,不赋百姓而师以赡,故利用不竭而民不知,地尽西河而民不苦。盐、铁之利,所以佐百姓之急,足军旅之费……百姓何苦尔,而文学何忧也?(《非鞅》第七)

文学:商鞅峭法长利,秦人不聊生……故利蓄而怨积,地广而祸构……今商鞅之册(策)任于内,吴起之兵用于外,行者勤于路,居者匮于室,老母号泣,怨女叹息,文学虽欲无忧,其可得也?(同上)

(二)大夫:秦任商君,国以富强,其后卒并六国而成帝业……今以赵高之亡秦而非商鞅,犹以崇虎乱殷而非伊尹也。(同上)

文学:……伊尹以尧、舜之道为殷国基,子孙绍位,百代不绝。商鞅以重刑峭法为秦国基,故二世而夺。刑既严峻矣,又作为相坐之法,造诽谤,增肉刑,百姓斋栗,不知所措手足也。赋敛既烦数矣,又外禁山泽之原,内设百倍之利,民无所开说容言,崇利而简义,高力而尚功。非不广壤进地也。然犹人之病水,益水而疾深。知其为秦开帝业,不知其为秦致亡道也……(同上)

(三)大夫:……夫商君起布衣,自魏入秦,期年而相之,革法明教,而秦人大治……世人不能为,是以相与嫉其能而疵其功也。(同上)

文学:今商鞅弃道而用权,废德而任力,峭法盛刑,以虐戾为俗,欺旧交以为功,刑公族以立威,……人与之为怨,家与之为仇……(同上)

此外，《论儒》第十一,《遵道》第二十三,《取下》第四十一,《刑德》第五十五,《申韩》第五十六,《周秦》第五十七,《大论》第五十九,都争论到商鞅的问题,但内容要不出于上面所说的范围。下面再看争论到申韩的问题:

（四）御史：……韩子曰,疾有固（国）者不能明其法势,御其臣下,富国强兵,以制敌御难。惑于愚儒之文词,以疑贤士之谋；谋浮淫之蠹,加之功实之上,而欲国之治,犹释阶而欲登高,无衔橛而御捍（悍）马也。今刑法设备,而民犹犯之,况无法乎？其乱必也。（《刑德》第五十五）

文学：……法势者,治之具也,得贤人而化……今废仁义之术,而任刑名之徒,则吴（太宰嚭主政下之吴）、秦（赵高主政下之秦）之事也。夫为君者法三王,为相者法周公,为术者法孔子,此百世不易之道也。韩非非先王而不遵,舍正令而不从,卒蹈陷阱,身幽囚,客死于秦……斯足以害其身而已。（同上）

（五）御史：待周公而为相,则世无列国。待孔子而后学,则世无儒、墨……善为政者,弊则补之,决则塞之。故吴子以法治楚魏,申商以法强秦、韩也。（《申韩》第五十六）

文学：有国者选众而任贤,学者博览而就善,何必是周公、孔子,故曰法之而已。今商鞅……变乱秦俗,其后政耗乱而不能理,流失而不可复……烦而止之,躁而静之。上下劳扰而乱益滋……（同上）

（六）御史：……大河之始决于瓠子也，涓涓尔。及其卒，泛滥为中国害……故先帝闵悼其灾，亲省河堤，举禹之功，河流以复，曹、卫以宁……如何勿小补哉。（同上）

文学：河决若瓮口而破千里，况礼决乎……今断狱岁以万计，犯法兹（滋）多，其为灾岂特曹、卫哉。夫知塞宣房而福来，不知塞乱原而天下治也……诚信礼义如宣房，功业已立，垂拱无为。有司何补，法令何塞也？（同上）

（七）御史：犀铫利锄，五谷之利而闲草之害也。明理正法，奸邪之所恶而良民之福也……是以圣人审于是非，察于治乱，故设明法，陈严刑，防非矫邪……法者止奸之禁也。无法势，虽贤人不能以为治……（同上）

文学：法能刑人不能使人廉，能杀人不能使人仁……所贵良吏者，贵其绝恶于未萌，使之不为非，非贵其拘之囹圄而刑杀之也。今之所谓良吏者，文察（文指律令而言）则以祸其民，强力（法家贵力）则以厉（害）其下。不本法之所由生，而专己之残心（残贼之心）。文诛假法，以陷不辜、累无罪。以子及父，以弟及兄，一人有罪，州里惊骇，十家奔亡……《诗》云舍彼有罪，既伏（隐蔽）其辜。若此无罪，沦胥以铺，痛伤无罪而累也。非患铫耨之不利，患其舍草而芸苗也。非患无准平，患其舍枉而绳直也。故亲近为过不必诛，是锄不用也。疏远有功不必赏，是苗不养也。故世不患无法，而患无必行之法也。（同上）

上面可分三点来加以讨论。

第一点，（一）项中桑弘羊以商鞅"外设百倍之利，收山泽之

《盐铁论》中的政治社会文化问题　　　　　　　　　　　　　　　185

税"，作他的盐铁专卖政策的证明，不仅不能成立，而且足以证明他的政策正与商鞅相反。《商君书·说民》第五"器成于家，而行于官，则事断于家。故王者刑赏断于民心，器用断于家。治明则同，治暗则异。同则行，异则止（阻滞）。行则治，止则乱，治则家断，乱则君断。治国者贵不断。故以十里断者弱，以五里断者强。家断则有余，故曰，日治者王。官断则不足，故曰，夜治（日力不足，故夜治）者强（按强乃弱字之误）。君断则乱，故曰宿治者削。故有道之国，治不听君，民不从官"。由此可知，商鞅主张人民的生产工具乃至一切器用，仅由人君明定法令规格，听由人民自己制造。他何以作此主张？是为了提高生产的效率。这是手工业从统治者垄断手上的大解放。此处之所谓"断"，指的是解决实际问题。人民的生产工具问题，在五里以内之家[①]得到解决，则切合实际要求，而在时间的运用上亦极经济。由官由君去解决，则难切合实际要求，且旷时费日，无效率可言。人臣根据法而活动，法是客观的，是至高无上的，所以"治不听君"。人民也是根据法的规定而生活，又都是自己解决自己的问题，所以"民不从官"。苏联这些年来为了解决生产效率问题，而缩减统一设计控制的机能，加强各地各厂的职责，由此可见商鞅的智慧。在这种地方，贤良文学的主张，倒与商鞅相接近。而桑弘羊的盐铁专卖政策，把人民生产的工具，完全控制在朝廷的大司农手上；工具的窳劣，人民时间的浪费，是必然的结果。这是为了财政收入而牺牲生产的政策，是名副其实的杀鸡取卵的政策。商鞅治一隅之秦，尚主张"断于家"；假定他治大一统的帝国，必采用与桑弘羊相反

---

① 《商君书》以"家"与"五里"互用，盖五里左右，有农工之分工故也。

的路线，是可以断言的。并且在商鞅的法治之下，不实行盐铁专卖，一样可以解决武帝时代由边疆所引起的财政问题，也是可以断言的，因为那是一个上下一体、既勤且俭而决无浪费的政治。

第二点，桑弘羊以秦成帝业为商鞅之功，文学以赵高亡秦为商鞅之罪的争论。我以为在政治的基本目的上，在人生存在的意义上，在人类进步的大方向上，我们可以否定商鞅的思想与政策。但针对战国时期的政治社会，正由破落的封建结构以进向一种新的大一统的局面而言，则商鞅迅速压制了残余的封建贵族，建立一种以自耕农手工业为基本的生产与战斗合一的体制，在历史上依然有他的进步的意义；而秦的大一统的功业，是由他奠定其基础，自无可疑的。他的死于残存贵族手上，不应像贤良文学样，在一旁拍手称快。但他以严刑峻罚为政治的唯一手段，其必然发生秦代"赭衣半道"的恶果，这从人类进化的大轨迹看，与法西斯纳粹的结果没有两样，也是不能加以否认的。赵高是真正法家的信徒，并以法家思想教胡亥（二世）。他的亡秦，来自他个人过分的政治野心，先害死扶苏、蒙恬，继而族诛李斯，以欺蒙胡亥的方式，夺取实际的统治权。他的行为，正是商鞅、韩非们所要防治的"邪臣"、"虎臣"；所以把他的亡秦写在法家身上，是不公平的。但深一层去了解，由商鞅彻底否定礼、乐、诗、书、善、修、孝、弟、廉、辩，这一线索下来，以至韩非的《五蠹》、《显学》，把人文对人格修养的意义，完全否定掉了，以期达到"民愚"、"民弱"，令下而民无不从的目的，则赵高这种人物的出现，可以说是法家思想的必然结果。实际上，没有上述十项的修养，人民并不一定因此而愚而弱，而系向黑格尔所说的"动物的狡狯"方向去发展。同时，从使人臣能由人君的权术与威吓，成为"机械人"的存在；但人君的权术与威吓，必须建立在商鞅所要求的"立法明分，而不以私害法"（《修权》第十四）的前提之上，才可使权术与威吓，在法的轨迹上运行而始能有效果。"不以私害法"，进一步有如韩非所要求的人君的无为，都须要高度的人文修养。法家在性恶的认定上谈政治，并否定了一切人文修养及人生价值，全靠法术与刑罚的威吓与箝制，以作为达到政治目的的唯一手段，则运用法术与刑罚的无私无为的前提条件，建立不起来，使性恶之恶，凭借法术与刑罚而如虎添翼。君臣上下之间，成为互相窥伺、互相吞噬，以各求得到最原始的权力欲乃至生存欲的世界。法家最大的罪恶与愚蠢，乃在毁坏一切人的人格以用法，而不知有效运用法的前提条件是来自人文修养的人格。近代法西斯纳粹的悲剧，也由此而来。晁错是法家，但看他贤良文学的对策，并没有否定术数后面的人文教养的重大意义。但景帝一面受他的术数之教，同时即含有对他不可信任之心，故用其策而借口灭其族。中国历史上，接受法家思想而保有实质意义，必系有某种人文修养之人，有如诸葛亮、张居正。

第三点，是法家严刑峻罚的问题。这不是理论上的问题，而是一个现实的问题。前面已经说到，在皇权专制下的严刑峻罚，已不是原始法家的严刑峻罚。而张汤以下的酷吏，都是没有法家所设的前提条件下的酷吏。因武帝的将相既不得其人，用兵用财又没有节制，便只好倚赖桑弘羊们的竭泽而渔的财经政策；因此而动摇了社会的结构、基础，便只好尊宠酷吏的残酷镇压的手段，并且恰如商鞅所预料，成"以刑致刑"之局。

文学们并没有否定法的功用。（二）（三）项中文学说"法势者治之具也"。《论菑》第五十四，文学说"故法令者治恶之具也"。

并且《刑德》第五十五中文学说,"道德众,人不知所由。法令众,民不知所避。故王者之制法,昭乎如日月,故民不迷。旷乎若大路,故民不惑。"对法的规定,与商鞅在《商君书》中的规定,完全相同的。但文学们主张在刑罚的后面,更应有以仁义、礼义为内容的教化,亦即教育;而在上者的立身行己,应首先以仁义、礼义为天下倡。文学所骂的商鞅及秦始皇的情形,都是指武帝时代的实情而言。所以(五)项中文学说(今商鞅)如何如何,(六)中御史便拿武帝修复黄河瓠子决口的事来加以答复。文学们对当时法令之失,及由刑罚严酷而来的惨象,到处提到,这是汉代政治上的大问题。《刑德》第五十五"方今律令百有余篇,文章繁,罪名重,郡国用之疑惑,或浅或深,自吏明习者,不知所处,而况愚民乎?律令尘蠹于栈阁,吏不能遍睹,而况于愚民乎?此断狱所以滋众,而民犯禁滋多也"。这与商鞅的"法详则刑繁,法繁(当作简)则刑省"(《说民》第五);"故天下之吏民,无不知法者";"故圣人为法,必使明白易知"(《定分》第二十六)的要求,完全相反。《汉书》二十三《刑法志》,宣帝时太守郑宣,上疏主张"删定律令"。元帝初立,以"今律令烦多",下诏"议律令可蠲除轻减者"。成帝河平中下诏谓"今大辟之刑千有余条,律令繁多,百有余万言","议减死刑及可蠲除约省者,令较然易知"。但皆未能做到。这可说是张汤们所遗留下来的癌毒。文学的反对,应当是切合当时的急务。上篇中文学们对当时酷吏们用刑的情形说"深之可以死,轻之可以免,非法禁之意也。法者缘人情而制,非设罪以陷人也","今杀人者生,剽攻盗窃者富,故良民内解(懈)怠,辍耕而陨心"(《周秦》第五十七)。御史坚持连坐之法,文学谓这是使"父子相背,兄弟相慢,至于骨肉相残,上下相杀"（同上）。这种最野蛮的连坐法，诛三族，诛九族，一直延续至今，真可谓中国历史中最大的耻辱。文学们在武帝的酷刑乱刑之后，提出"烦而止之，躁而静之"的合理要求，桑弘羊集团也加以彻底反对，由此可知皇权中的特权阶级的残忍成性；不知他在被族诛之际，会不会想到文学们对刑罚的意见。附带说一句，西汉儒家无不反秦，贤良、文学当然也是反秦。但《汉书》四十九《晁错传》在他的对策中，既承认始皇因"地形便，山川利，财用足，民利战"，"故秦能兼并六国，立为天子。当此之时，三王之功不能进焉"。这是站在法家思想的立场所说的话。接着又说："及其末涂之衰也，任不肖而信谗贼；宫室过度，奢欲无罔，民力罢尽，赋敛不节，矜奋自贤，群臣恐谀。骄溢纵恣，不顾患祸。妄赏以随喜意，妄诛以快怒心；法令烦憯，刑罚暴酷，轻绝人命，身自射杀……奸邪之吏，乘其乱法，以成其威。狱官主断，生杀自恣……"晁错的话，应当算是客观的批评，而在不知不觉之中，与武帝中期以后的情形，完全同符合辙。其原因，正因秦否定了人文的人格教养。假定晁错与昭帝时的贤良、文学同时，他以法家思想的立场，不推尊儒术；但对贤良、文学所陈述的现实，也必惨怛呼号，以期当时的人民能吐一口气。

现在看两方对孔子、儒家的争论。桑弘羊喜欢把他对人物的好恶，表现在称呼上。为了支持他继续对匈奴用兵的主张，便把蒙恬拉在一起，而尊之为"蒙公"。① 这是历史上很突出的称呼。自先秦以来，"孔子"、"仲尼"，是对这位圣人的通称，桑弘羊自

---

① 《伐功》第四十五"蒙公为秦击走匈奴"，"及其后蒙公死"。《险固》第五十"蒙公筑长城之固"。

己也是如此。但他恨极了的时候，便直斥之为"孔丘"。[①]这固然表示了他个人的幼稚，同时也是表示在武帝的政治内层中，根本没有尊孔这一回事。孔子的地位，是从社会上建立起来，统治者再加以利用的。但在前已经指出过，桑弘羊的真正立场是政治上的特权利益，对思想只不过采取便宜主义。所以辩论中也不断援孔子以自重。他们对孔子的批评，约略可分为两端，一是说孔子不能通时代之变，因而自己穷困，在政治上没有实效。二是说孔子言行不孚，不值得尊敬。对一般儒家的批评，一是不事生产，一是学问有害无益。兹将有关材料略录如下：

（一）御史：文学祖述仲尼，称诵其德，以为自古及今，未之有也。然孔子修道鲁、卫之间，教化洙、泗之上，弟子不为变，当世不为治，鲁国之削滋甚。齐宣王褒儒尊学，孟轲、淳于髡之徒，受上大夫之禄，不任职而论国事……弱燕攻齐，长驱至临淄，湣王逃遁，死于莒而不能救……若此，儒者之安国尊君，未始有效也。（《论儒》第十一）

（二）御史：……故商君以王道说孝公，不用，即以强国之道，卒以就功。邹子以儒术干世主，不用，即以变化始终之论，卒以显名……孟轲守旧术，不知世务，卒困于梁宋。孔子能方不能圆，故饥于黎丘……（同上）

（三）大夫：……善言而不知变，未可谓能说也……坚据古文以应当世，犹辰参之错，胶柱而调瑟，固而难合矣。

[①]《利议》第二十七"是孔丘斥逐于鲁君"。《大论》第五十九"孔丘以礼说跖也"。

孔子所以不用于世，而孟轲见贱于诸侯也。（《相刺》第二十）

（四）大夫：……昔鲁穆公之时，公仪为相，子思、子柳为之卿，然北削于齐，以泗为境，南畏楚人，西宾秦国。孟轲居梁，兵折于齐，上将军死，而太子虏；西败于秦，地夺壤削，亡河内、河外。夫仲尼之门，七十子之徒，去父母，捐室家，负荷而随孔子，不耕而学，乱乃愈滋。（同上）

（五）大夫：七十子躬受圣人之术，有名列于孔子之门……宰我秉事，有宠于齐。田常作乱，道不行，身死庭中……子路仕卫，孔悝作乱，不能救君出亡，身菹于卫。子贡、子皋遁逃，不能死其难……何其厚于己而薄于君哉！（《殊路》第二十一）

（六）大夫：昔徐偃王行义而灭，鲁哀公好儒而削。（《和亲》第四十八）

（七）大夫：往者应少、伯正之属溃梁、楚，昆卢、徐谷之徒乱齐、赵、山东、关内暴徒，保人险阻。当此之时，不任斤斧……有似…孔丘以礼说跖也。（《大论》第五十九）

（八）大夫："文学所称圣知者，孔子也。治鲁不遂，见逐于齐，不用于卫，遇围于匡，困于陈、蔡。夫知时不用犹说，强也；知困而不能已，贪也；不知见欺而往，愚也；困辱不能死，耻也。若此四者，庸民之所不为也，何况君子乎。（同上）

若承认历史中最伟大的思想，是在改变一个时代，使人民能得到进一步的解放，人生能得到更充实的意义，其不能期效于一时，

两汉思想史（三）

并坚持自己的理想而不为一时利害所屈，则孔孟所以被称为圣人、亚圣，正在桑弘羊们所攻击的这些地方。何况他们的攻击，出之以隐蔽歪曲历史真实的下流方式，在《遵道》第二十三丞相史引"孔子曰，可以共学，未可与权"，以责文学们的"扶绳循刻"，未能如孔子的通权达变；孟子则称孔子为"圣之时"，又批评"执一"，①而桑弘羊们却批评孔孟不通权变，这和孔子分明以因革损益为历史演进的法则，②但许多人说他是复古主义，同样是意存诬蔑。（七）项桑弘羊所说，若站在现在的观点来看，他是以残杀起义的农民来作为自己的勋业。（八）则对孔子全出以诬讪诋毁之辞。文学的答复是："孔子生于乱世，思尧、舜之道，③东西南北，灼头濡足，庶几世主之悟。悠悠者皆是，君暗，大夫妒……非不知穷厄而不见用，痛悼天下之祸，犹慈母之伏死子也。知其不可如何，然恶已。故适齐，景公欺之；适卫，灵公围，阳虎谤之，桓魋害之。夫欺害圣人者，愚惑也；伤毁圣人者，狂狡也，狡惑（衍文）之人，非人也，夫何耻之有。"由此可见这些文学之士，的确接触到孔子救世的精神；他们的尊孔，是真正尊孔，所以敢骂桑弘羊

---

① 《孟子·尽心上》"子莫执中，执中为近之。执中无权，犹执一也。所恶执一者，为其贼道也，举一而废百也"。
② 《论语·为政》"子张问十世，可知也？子曰，殷因于夏礼，所损益，可知也。周因于殷礼，所损益，可知也。其或继周者，虽百世可知也"。意思是说历史的演进，是在继承中必将过时者损去，将新出现的增益。这是进化史观概括性的说法。但朱子《集注》引"马氏曰，所因谓三纲五常；所损益谓文质三统"；根本不了解"马氏"所说，乃孔子以后约三四百年才出现的一些观念。将有意义的话，变成极无意义的话，此乃注释家以自己主观去代替古人原意之恶例。
③ 从《论语·泰伯》章看，孔子以尧舜为政治最高的理想人物，一在其由野蛮进入文明（"焕乎其有文章"），一由其天下为公（"舜禹之有天下也而不与焉"），一由其对人民全无压迫（"荡荡乎，民无能名焉。"）；此与"帝力何有于我哉"同义。

《盐铁论》中的政治社会文化问题

们为"非人",为无耻。经过文学们的痛骂后,"大夫抚然内惭,四据(疑当作'顾')而不言。当此之时,顺风承意之士如编,口张而不歙,举舌而不下,暗然而(如)怀重负而见责。大夫曰诺,胶车倏逢雨,请与诸生解"。第二次的大辩论,以桑弘羊认输和解而作结束。

《论儒》第十一,御史责孔子政教皆无实效(略见前)外,更谓"《论语》'亲于其身为不善者,君子不入也',有是言而行不足从也";接着举冉求、仲由臣季氏,孔子见南子,以作"行不足从也"之证。《利议》第二十七,因文学骂桑弘羊"有司桎梏于财利","今举异材而使臧驵御之,是犹扼骥盐车而责之使疾"。桑弘羊便还骂文学:"嘻!诸生阘茸无行,多言而不用,情貌不副,若穿逾(窬)之盗,自古而患之。是孔丘斥逐于鲁君,曾不用于世也。何者,以其首摄(鼠)多端,迂时而不要也。故秦王燔去其术而不行,坑之渭中而不用,乃安得鼓口舌,申颜眉,预前论议,是非国家之事也?"这种威吓的方式,乃来自文学们打到他的痛脚,是由自己行为的罪恶性而来的自卑反应。

《相刺》第二十桑弘羊责文学们:"今儒者释耒耜而学不验之语,旷日弥久,而无益于理,往来浮游,不耕而食,不蚕而衣;巧伪良民,以夺农妨政。"这里不管此压榨人民的豪富集团的代言人,有无说这种话的资格;但这的确是从孔子生时的荷蓧丈人起,社会上出现了不工不农的知识分子以后的重大问题。但这是世界性的历史问题,是在历史进步中知识分子所扮演的角色问题;再进一步,是人生存在的究竟意义问题。其中所含的矛盾,要到近代知识内容的变化,社会生活结构的变化,而始能获得解决的问题。我们不能仅从中国长期皇权专制下,利用吸科举制度之毒的知识分子的情形，来否定世界历史演进中知识分子在文化上的功用。

《殊路》第二十一桑弘羊以"至贤保真，伪文莫能增也"，"性有刚柔，形有好恶，圣人能因而不能改"，"良师不能饰戚施"来反对学问。《讼贤》第二十二以"刚者折，柔者卷（捲）。故季由以强梁死，宰我以柔弱杀。使二子不学，未必不得其死"来反对学问，这倒是承继了法家的愚民思想。但焚书坑儒的秦，依然有博士之官，秩止六百石，却可以参预朝廷大议。而汉代从文帝时候起，已召贤良文学之士，对策朝廷。当时社会上的学术风气，由坚苦而光昌，在中国文化史上，应占有伟大的地位。桑弘羊不过要借此以取消此次贤良文学发言的地位与力量，以保护自己的特殊利益。尤其是他为什么过去不向武帝正式提出这种意见？

此外，在思想史上特别值得一提的，是贤良文学大约五次引用《老子》，而桑弘羊方面一次也未尝引用过；这是非常值得思考的一点。两方多次孔孟并称，说明汉初荀子的地位，已由孟子取而代之。在文献的观点上特别值得一提的，是书中两方多次引用到《王制》、《坊记》、《杂记》，文学引用到《中庸》(《繇役》第四十九)，两方都引用到《月令》，并已出现"《月令》"之名(《论灾》第五十四)。是此时《礼记》的基本形态已经存在。又两方皆多次引用《史记》。若史公死于武帝后元甲午，[①]则距始元六年仅六年，而其书已大行；《汉书·司马迁传》赞谓"迁既死后，其书稍出。宣帝时，迁外孙杨恽祖述其书，遂宣布焉"的话，还未能完全符合《史记》流传的真相。

---

① 王国维《太史公年谱》。

原　史
——由宗教通向人文的史学的成立

一、有关字形正误

由史字的原形原义，以追求今日一般所谓史的起源及其演变之迹，对于中国古代史学的形成及史学精神的把握，乃至对古代由宗教通向人文的文化发展的把握，可能有其意义。

《说文》三下，"史，记事者也。从又持中，中，正也"。"又"是右手，"中正"是记事时的态度。执持中正的态度，由右手来记事，这可以说是许慎对史的了解及对史的要求。但以此作字原的说明，便引起后人不少的疑难；而疑难的集中点，是"从又持中"的"中"，到底是什么意义？下面以王国维的《释史》[①]为中心，试略加讨论。王氏首先对《说文》的说法，加以反驳。

> 案古文中正之中字作 ￥ ￥ ￥ ￥ 诸形；而伯仲之仲作中，无作￥者。唯篆文始作￥。且中正无形之物德，非可手持。然则史所从之中，果何物乎？

---

①《观堂集林》卷六。

接着王氏引吴大澂"史像手执简形"之说，而谓中与简形殊不类。继引江永《周礼疑义举要》，谓"凡官府簿书谓之中"；"又者右手，以手持簿书也"。王氏认为"江氏以中为簿书，较吴氏以中为简者得之。顾簿书何以云中，亦不能得其说"。于是引《仪礼》盛箅之器的中，为立说的基点，中是用以盛射箭时记数的筹码（箅）"考古者简与箅为一物"，"射时舍箅，既为史事……则盛箅之中，盖亦用以盛简"；因而断定"史字从又持中，义为持书之人"。王氏之说，实承江永之说而加以敷衍。

为了彻底了解这一问题，我从吴式棻的《攗古录金文》及郭沫若的《殷契粹编：附考释》（台湾影印本），对有关各字，作了一次比较详细的考查。我首先指出，甲骨文及金文的中字、史字，在字形衍变上，并无大分别。王氏以中与等为两字，实则在金文上系一字。最明显的证据，《中伯壶》及《中伯壶盖》的中皆作；《仲伯亲姬彝》之仲，亦作，并非如王氏所说的伯仲之仲，仅作中。而金文里常有"入门立中廷"的句型，此中字有时作中。①更多的则作，《盂鼎》且作。也间或有写作的（《虢仲䯄》），或者可解释为特别加上去的≈，乃王廷的一种标志；但其本字为中，是决无可疑的。

囗是篆文口字。错误的发生，乃在《说文》通行本的中字篆作中，与史字上之囗相混。其实，段（玉裁）《注》已谓中字不从口；王筠谓"篆当作中"，②即是说不应作中。《攗古录金文》卷一之一第六页的所谓"手执中彝"，"手执中觯"，第八页之所谓

---

① 王筠《说文释例》谓"作中者偶见"。
② 见王筠《说文系传校录》。

"手执中爵"，其所谓中字皆作中形，与全书可断为中字之形皆不类。所以"手执中"，实际乃是契文的史字。朱骏声《说文通训定声》谓中字"本义为矢著正也"，即是矢著于侯布之正鹄；从字形看，当为可信。射时盛筹之器亦为中，乃由"矢著正"衍出之义，因舍筹系以射时矢曾否"著正"为准。由"矢著正"之"正"，引申而为中央之中，及伯仲之仲，仲在伯与叔之中，故金文皆作中，更由此而引申出中正之义。

"中"由"矢著正"衍为射时盛筹之器；其椭圆形之〇，始由射鹄联想而为器形。更由盛筹之器，衍进而为盛一般简策之器，则当为册字而不是史字的中。《说文》二下册字篆作册，但我把《攈古录金文》中的册字，约略统计了一下，字形从椭圆形的〇，而在左或在右，留一小缺口的，约三十三字。两册字平列时，右边的字缺左，左边的字缺右。不是两册字平列的，绝对多数缺右。椭圆形不缺口的，有十六字。以一直封闭缺口如册者三字。其作册形者三字。其作《说文》之篆法册者五字。椭圆形中只有一直的是盛筹的中字。椭圆形中有由三直到五直，如册册的是册字。"中""册"两字的椭圆形，完全是相同的。册字的椭圆形所以有的留一个小缺口，我以为是表示一个以上的册，平列在一起时，便于衔接。其所以出现《说文》的篆形，是因为把椭圆形中的五直，将左右两直，写在左右的边线上；便成为册形，这在《师酉敦》的册字，看得最清楚，乃是由书写时出一点花头而来的变形。至于册，是由这种变形的简写。总言之，册字是由中字演进出来的。其历程是"中"中册册册。契文中已出现册，由此可知此字成立之早。汉人以"中"作简策用的"治中"的中，我以为本是册字简写的册，混而为"中"。

史字又上之形为⊻，此在契文金文篆书里，皆无二致。由史字所滋生的吏字、事字，其所从之中字亦皆作⊻，与中字实别为一形。若谓凵系由刻者书在○形上所加的一点花样，则何以甲文金文中近百的史字，竟不曾发现出一个从○形的，而皆为凵形。由此可断言史字右手所持者并非与射有关的盛箅之中；凡由盛箅之中所联想出的簿书简策等，殆皆不能成立。这一错误，在许慎对史字的解释里，已表现得很清楚。

为了解决史字的原形原义，我觉得应先从史所职掌的原始职务下手。

二、由史的原始职务以释史字的原形原义

由许慎至王国维，皆以后世史的职务来推释史字的形义。而忽视了史的原始职务，是与"祝"同一性质，本所以事神的，亦即原系从事于宗教活动的。其他各种的"记事"职务，都是关连着宗教，或由宗教衍变而来。

《殷契粹编：附考释》第一片，郭氏谓"'重册用'与'重祝用'为对贞，祝与册有别，祝以辞告，册以策告也。《尚书·洛诰》'作册逸祝册'，乃兼用二者，旧解失之"。郭氏以册与祝有别，是对的。以《洛诰》的"祝册"为"兼用二者"，则因不知演变之迹而误（说见后）。册是盛简策之器，同时即指的是简策。其用途有二：第一，是把告神的话录在简策上以便保藏；其次，是王者重要活动的记录。古代王者的重要活动，亦皆与神有关；故次义亦来自第一义。记录的文字谓之册，主管记录之人亦谓之册；所以册与祝，又皆为官名。契文中，册与祝，常见，第四七八片，及

原　史

第五一九片，且"册祝"连词。史字较为少见，更没有发现"册史"或"史祝"连词的。册祝连词时，是说明在祭神时，既由册以策告，复由祝以辞告。

殷代与祝同列的"册"，周初则称为"作册"。殷代册与史的关系，我尚没有明确的了解。周初则"作册"即是史。不过在称谓的演变上，则最早多称作册，再则有的作册与史并称；再则只称史而不复称作册。最可注意的，是《尚书·洛诰》"戊辰，王（成王）在新邑，烝（冬祭）祭、岁。文王骍牛一，武王骍牛一。王命作册逸祝册，惟告周公其后。王宾杀、禋、咸格。王入太室祼。王命周公后，作册逸诰。在十有二月"一段话中的"王命作册逸祝册"及"作册逸诰"的两句话。曾运乾《尚书正读》以"作册"为史官名，此与早期金文中之作册尹、作册睘互证，当为可信。盖即来自契文中的"册"。《殷契粹编：附考释》由第一一一片"壬申卜尹贞"起，共有二十一个"尹贞"，郭氏释为这是贞人的名字；从𠂤的字形看。大概是特长于契写的贞人，因而也是很有名位的贞人，其子孙即以他的名为氏。"作册逸"的"逸"与"佚"通。"作册"即是史，史的名称流行后，遂称为史佚。他是以尹为氏，所以有时又称为尹佚。尹氏在周代，有的是世其官，有的则政治地位不止于史。① 上引《洛诰》之所谓"祝册"，说的是将立周公之后于鲁的简策，祝告之于文王、武王。周初仅称一个"册"字时，则不是官名而系指的简策。殷契中虽有史字，如《殷契粹编：附考释》第一〇一片"史𡆥上甲菁业酒"，第二四一

---

① 《诗经·节南山》"尹氏大师"，《左传》僖公二十八年"王命尹氏及王子虎、内史叔兴父策命晋侯为侯伯"，及《左传》昭公二十三年"尹氏立王子朝"。二十六年"尹氏、召伯、毛伯以王子朝奔楚"。以上尹氏之地位，则有如后来之所谓三公。

片"祖乙史其卿飨卿",只能看出他与祭祀有关,他的地位似乎不甚显著。但贞人所契刻的是甲骨,而史所书的是册典。《尚书·多士》周公对殷的遗民说:"惟尔知,惟殷先人有册有典,殷革夏命。"由此可知,最重大的事情,是记在册典之上。而由西周及春秋时代的情形看,卜与史本是两个系统。史字出现于卜辞之中,乃因某事与史有连带关系,因而附带及之。所以我们不应仅由卜辞中所出现的史字的情形,以推测殷代史的地位与作用。更有异名同实的情形,为我们今日尚无法查考的。赖周初的册典尚有留传,及金文的大量出现,我们才可借以了解古代史之功用及史的地位,是非常重要的。

殷契中的册与祝,皆系祭神时为主祭者对神作祷告的;所以便如前所说,出现了"册祝"的连词。及周初"作册"的官名并而为史,史所继承的基本任务未变,所以此后便常出现"祝史"的连词。《周易·巽卦》为"巽在床下,用史巫,纷若,吉,无咎"。"史巫"连词,当可由周初推及于殷代的情形,已后则少见。最可以显出祝史二者的任务相同的,莫如《左传·昭公二十年》下面的故事。

　　齐侯疥,遂痁……梁丘据与裔款言于公曰……是祝史之罪也……君盍诛祝固、史嚚以辞(解说)宾(来齐问疾之宾)。公说,告晏子;晏子曰,日宋之盟,尾建问范会之德于赵武。赵武曰,夫子之家事治。言于晋国,竭情无私。其祝史祭祀,陈信不愧。其家事无猜,其祝史不祈……若有德之君,其祝史荐信,无愧心矣……其适遇淫君……其

原 史　　　　　　　　　　　　　　　　　　　　　　　　　　　　201

祝史荐信，是言罪也。其盖失数美，是矫诬也。进退无辞，则虚以求媚。是以鬼神不飨其国以祸之……

由此可知祝与史，都是在祭鬼神时为主人讲好话以祈福的，但所用的手段则不相同。《左传·成公五年》，梁山崩，晋侯以传召伯宗。伯宗……问（问于在途所遇的绛之重人）将若之何？曰，山有朽壤而崩，可若何！国主山川，故山崩川竭，君为之不举……祝币（杜注："陈玉帛也。"），史辞（杜注："自罪责也。"竹添光鸿笺："为君作策以自罪责而谢神"）以礼焉。《左传·昭公十七年》"夏六月甲戌朔，日有食之"，也是"祝用币，史用辞"。这都是遇着灾异时的特别情形，祝通过贿赂以向鬼神讨饶，史则将自责之辞写在册上以向鬼神讨饶。其实，在一般祭祀时，祝仅作口头祷告，不一定要用币。《说文》一上："祝，祭主赞词者。从示从人口。"段《注》："此以三字会意，谓以人口交神也。"史则将祷告之词，先书之于册，当着鬼神面前念出，念完后，宝藏起来以便传之将来。所以《尚书·金縢》"公乃自以为功。为三坛同墠。为坛于南方北面，周公立焉。植璧秉珪，乃告太王、王季、文王，史乃册祝曰，惟尔元孙某……""册祝"是史官把周公欲为武王代死之意，写在简策上（册），念给太王、王季、文王在天之神听（祝），希望得到这三位鬼神的许可。"公归，乃纳册于金縢之匮中"。这即说明了史所以须先将祝辞写在册上的原因。及管、蔡流言，说"公（周公）将不利于孺子"。周公避嫌居东。成王遇着"天大雷电以风"的灾异，"王与大夫尽弁，以启金縢之书，乃得周公所自以为功代武王之说。二公及王，乃问诸史，与百执事。

对曰，信。噫，公命我勿敢言"。这便说明了把祝神之册保留起来的意义。由此，我可以对史字的原形原义，加以解释。

史字通行《说文》本篆作𦘒。契文则作𦘒；金文中有四种写法，一作𦘒，与契文全同。一作𦘒，一作𦘒，一作𦘒。按若作𦘒，则丨与㋐不相关连，不能有《说文》之所谓"持中正"的"持"字意义。许氏用一"持"字，则他所看到的史字的篆法，必作𦘒，或𦘒，而不应作𦘒。作𦘒，乃出自一时写刻的疏忽，或来自摹写之讹。《攈古录金文录》有五件《师酉敦》的铭文；第一件《师酉敦》的史字作𦘒，其余四件皆作𦘒。《寰盘》铭文有两个史字，一作𦘒，一作𦘒。所录五件《颂敦》铭文，一作𦘒，余皆作𦘒或𦘒。此例尚多。由此可以断定，史字之原形应作𦘒或作𦘒。从口，与祝之从口同。因史告神之辞，须先写在册上。故从又，又像右手执笔，将笔所写之册，由口告之于神，故右手所执之笔，由手直通向口。

三、史职由宗教向人文的演进

将重要的语言与事情写在简策之上，这在古代，必须是文化水准高的人才能做。史与祝同科，但因史较祝的文化水准高，所以史的职务便不断发展，而史中的人才亦因之毕出。史所写的简策，首先是事神的，在周初大概称为"册"。金文中有奉册之形，有"守册"之文，[①]由此可知册的神圣性。其次是王者诏诰臣下的，

[①]《攈古录金文》卷之一页四三《奉册匜》"举两手奉册形"；卷之二页六《奉册父癸尊》"奉册形父癸"，又页六四《守册父己爵》"守册父己"。

原　史　203

在周代大概是称为"册命"。《洛诰》"王（成王）宾杀禋咸格，王入太室祼。王命周公后，作册逸诰"。这是说，史（作册）逸把成王封周公后于鲁的事，书之于策，并诰示天下。此处逸所诰者应称为"册命"。《尚书·顾命》"太史秉书，由宾阶隮，御（进）王册命"；此处的册命，是太保代成王（"摄成王"）册命"元子钊"继承王位的。此册命系由"太史秉书"。金文中"王呼史册命"的事屡见。[①] 祭神的"册"，王者诏诰臣下的"册命"，是史在西周时代的两大基本职务。

现更通过《左氏传》等，对春秋时代史的任务，作全面性的考察。史的第一职务，当然是在祭神时与祝向神祷告。《左传·庄公三十二年》"秋七月，有神降于莘"，据《国语·周语》，惠王听内史过的话，"使太宰忌父帅傅氏及祝史奉牺牲、玉鬯往献焉"。《左氏传》"虢公使祝应宗区史嚚享焉"。闵公二年"狄人囚史华龙滑与礼孔，以逐卫人。二人曰，我太史也，实掌其祭。不先，国不可得也"。昭公十七年"夏六月甲戌朔，日有食之，祝史请所用币"。及昭公二十年"齐侯疥，遂痁"，梁丘据请诛祝固、史嚚以向问疾之宾作解说，意思是认为齐侯之疾病，乃由祝史对神的祷告不得力。《说文》三上"嚚，语声也"。虢史齐史，皆以嚚为名，可知史在向神念册文时，非常重视声调，由此而可以补充史字从口的意义。

史的第二任务是专主管筮的事情。就现代知识的要求来说，

[①] 如：《趞尊》"王呼内史册命趞"。《望敦》"王呼史年册命望"。《无专鼎》"王呼史友册命无专"。《师奎父鼎》"王呼内史驹册命师奎父"。《吴彝盖》"王呼史戊册命吴"。《师酉敦》"王呼史柑门册命师酉"。《扬敦》"王呼内史先册命扬"。《虎敦》"王呼内史吴曰，册命虎"。《颂壶》"王呼史虢生册命颂"等皆是。

筮的起源，亦即是《周易》的起源，还不能十分了解。《易传》虽将"卜筮"、"蓍龟"并称，①然春秋时代，卜与筮，分明是两个系统。据《仪礼》及《左氏传》，②主卜者一般皆称为"卜人"或"卜士"。③其因卜而见名于《左氏传》者，晋有卜偃，④秦有卜徒父，⑤梁有卜招父。⑥其中以卜偃最为突出，余则除卜技外无所表现，不能与史中之人材相比并。《左传·僖公四年》"初晋献公欲以骊姬为夫人，卜之不吉，筮之吉，公曰从筮。卜人曰，筮短龟长，不如从长"。则卜筮系两个系统，甚为明显。且《左传·昭公元年》郑子产聘晋，问晋侯之疾，叔向问"卜人曰，实沈台骀为祟，史莫之知，敢问此何神也"。卜人所卜出来的为祟之神，须问之于史，而史不知，则其为两个系统更明。《左传·僖公十五年》"初晋献公筮嫁伯姬于秦，遇归妹之暌，史苏占之曰，不吉"。《左传·僖公二十八年》"晋侯（文公）有疾，曹伯之竖侯獳货筮史，使曰，以曹为解"，终得到"复曹伯"的效果。《左传·襄公九年》"穆姜薨于东宫。始往而筮之，遇艮之八。史曰，是谓艮之随，随其出也"。《左传·襄公二十五年》崔武子欲妻齐棠公之妻，"武子筮

---

① 《易·系辞上》，"以卜筮者尚其占"，"成天下之亹亹者莫大乎蓍龟"。
② 本论文一切论证，皆不引《周礼》，以其后出，其中有关材料，真伪相混。
③ 《仪礼·士丧礼》"卜人先奠龟"，"卜人坐作龟兴"，"卜人抱龟燋"，"卜人彻龟"。《左传·僖公四年》及昭公元年皆有"卜人曰"。昭公三十二年"卜人谒之曰"。《左传·桓公六年》"卜士负之"。
④ 《左传·闵公元年》"卜偃曰，毕万之后必大"，杜注"卜偃，晋掌卜大夫"。按卜偃在晋，堪入贤士大夫之列。
⑤ 《左传·僖公十五年》"卜徒父筮之，吉"，杜注"徒父，秦之掌龟卜者。卜人而用筮，不能通三《易》之占，据其所见杂占而言也"。
⑥ 《左传·僖公十七年》"惠公（晋）之在梁也，梁伯妻之。梁嬴孕过期，卜招父与其子卜之"。杜注"卜招父，梁大夫也"。

之，遇困之大过，史皆曰吉"。《左传·成公十六年》，晋楚鄢陵之战，"公筮之，史曰吉。其卦遇复"；《国语·晋语》"公子（重耳）亲筮之曰，尚有晋国；得贞屯悔豫，皆八也。筮史占之，皆曰不吉"，以上都是由史主筮的证明。《左传·哀公九年》"晋赵鞅卜救郑，遇水适火，占诸史赵、史墨、史龟"。以史而占龟之兆，这是越卜人而借重于三位名史，不是常制。至《礼记·玉藻》"卜人定龟，史定墨，君定体"，《月令》"命太史衅龟筴，占兆，审卦吉凶"。这大概是春秋以后，卜筮系统，渐混而不分的情形，非原来即是如此。

史的第三任务，为主管天文星历，以推动适时与农业生产有关的措施。《国语·周语》"宣王即位，不籍千亩，虢文公谏曰……古者太史顺时觊土。阳瘅愤盈，土气震发。农祥（注：房星也）晨正，日月底于天庙（注：营室也），土乃脉发。先时九日（注：先立春九日），太史告稷曰，自今至于初吉（注：二月朔日也），阳气俱蒸，土膏其动。弗震弗渝，脉其满眚，谷乃不殖"。由此可以推知天文星历，皆是史的职掌。①

因史主祭祀占筮及天文星历，与天神地祇人鬼，关系密切，所以他的第四任务，便又成为灾异的解说者。《左传·庄公三十二年》"秋七月，有神降于莘。惠王问诸内史过曰，是何故也"。《左传·僖公十六年》"春，陨石于宋五，陨星也。六鹢退飞过宋都，风也。周内史叔兴聘于宋，宋襄公问焉，曰，是何祥也，吉凶焉在？"《左传·昭公二十九年》"秋，龙见于绛郊，魏献子问于蔡

---

① 《吕氏春秋》十二纪纪首对此有相同而更详备之纪述。然乃根据古典而加以作者的增饰，故不引用。

墨"。《左传·哀公六年》"是岁也，有云如众赤鸟，夹日以飞，三日。楚子使问诸周太史"，皆其明证。

史的第五任务是锡命或策命。《仪礼·觐礼》"天子赐侯氏以车服……诸公奉篋服加命，书于其上，升自西阶东面，太史是右（注：乃居其右）。侯氏升，西面立，太史述命，侯氏降两阶之间，北面再拜稽首，升成拜。太史加书于服上，侯氏受……"这是锡命。《国语·周语》"襄王使邵公过及内史过锡晋惠公命"。这即是锡（赐）之命圭的锡命。《礼记·祭统》"古者明君，爵有德而禄有功，必赐爵禄于太庙，示不敢专也。故祭之日，一献，君降立阼阶之南，南乡。所命北乡。史由君右执策命之"。《左传·僖公二十八年》"王（襄王）命尹氏及王子虎、内史叔兴父策命晋侯为侯伯"。这是天子派到诸侯之国去策命。《左传·襄公三十年》郑"伯有既死，使太史命伯石为卿"。这是诸侯国内的策命。

史的第六任务是掌管氏族的谱系。《左传·襄公十年》"（晋）以偪阳子归……偪阳，妘姓也，使周内史选族嗣，纳诸霍人，礼也"；《国语·鲁语》"故工史书世。宗祝书昭穆"；《晋语》"智果别族于太史为辅氏"。由上面的材料，可以推知形成封建政治骨干的宗法制度中之氏族的谱系，都是由史所记录，因而也参与了这一方面的工作。因为这种原因，周室的内史，也常担任聘使诸侯，以加强宗法中的"亲亲"的责任。《左传·僖公十六年》，"周内史叔兴聘于宋"。《左传·文公元年》春"王使内史叔服来会葬"。即其例证。

就史所记录的内容说，最重要的发展，是由宗教的对象，进而记录到与宗教无直接关系的重要政治活动。这是史由宗教领域，进入到人文世界的重要关键。《礼记·玉藻》"天子……玄端而居，动则左史书之,言则右史书之"。把言与动分属于左右史的各别记录,这是出自汉初儒者,喜作机械性的对称分别,有如"刚日读经,柔日读史"之类,是不能相信的。但史之有左右,而天子的重要言行,皆由史加以记录,则可以相信。所以《左传·庄公二十三年》曹刿谏鲁庄公如齐观社中有"君举必书"的话。执行书的任务的当然是史。《左传·宣公二年》晋太史董狐书"赵盾弑其君",孔子称其"书法不隐"。《左传·襄公二十五年》"齐崔武子弑齐君,太史书曰,崔杼弑其君"。上面是两个有名的故事。《左传·襄公二十一年》"卫宁惠子疾,召悼子曰,吾得罪于君,悔而无及也,名藏在诸侯之策"。是列国又互相记录。《左传·襄公二十三年》"将盟臧氏。季孙召外史掌恶臣而问盟首焉"。杜注:"恶臣,谓奔亡者也。盟首,载书之章首也。"国内逃亡之恶臣,犹为外史所书,则国内供职之臣的重要言行,亦必为内史、太史所书。《左传·襄公二十九年》"晋侯使司马女叔侯来治杞田(注:'使鲁归前侵杞田也'),弗尽归也"。晋悼夫人是杞女,对叔侯很愤恨。叔侯在解释中曾说"鲁之于晋也,职贡不乏,玩好时至。公卿大夫,相继于朝。史不绝书"。由此可知列国间朝聘乃至兵戎之事,必为史所书。综上所述,史把国内及国际间的人物与事情,都加以记录了。再加上时历为史所掌管,自然形成深刻的时间观念。将人与事的记录,和时间相结合,这便出现了"百国春秋",[①]使史学在中国古代,已有了普遍的发展。而春秋时代出色的史官,除自己所记录者外,更具备了丰富的历史知识;对于茫昧的古代某些方面的情形,随时加以口述,如数家珍,即使给他们以现代

[①]《墨子·明鬼》篇"吾见百国春秋"。

所流行的"史学专家"的名称，他们当之亦略无愧色。例如《左传·昭公二十九年》，晋史蔡墨答卫献子因"龙见于绛郊"而发出"吾闻之，虫莫知于龙，以其不生得也。谓之知，信乎？"之问，而对豢龙氏的历史，及"五行之官"、"社稷五祀"等，原原本本，一口气作了四百八十一字的陈述；把极复杂的事实，说得有条有理，并引《乾》、《坤》二卦中所述之龙，以证明在古代，龙本是"朝夕见"的东西。其中虽含有传说史的特性，但蔡墨从"人实不知，非龙实知"起，全盘作了合理性的处理与合理性的解释。又如《左传·昭公三十二年》晋史墨（即蔡墨）答赵简子"季氏出其君而民服焉……何也"之问，而说出"社稷无常奉，君臣无常位，自古以（已）然。故《诗》曰：高岸为谷，深谷为陵。三后之姓，于今为庶，主所知也"的对历史发展中的重大规律，把握得这样的确实而深刻，这不是沉浸贯通于历史之中，断不能具备这种突破时代的史识。同时，对鲁国的情形及季氏的历史，说来真是了如指掌。由此可以推见当时史官所达到的水准。春秋时代"博物"的贤士大夫，如子产之流，殆皆得力于史官之教。再加以国家的典籍，皆藏于太史氏，[①]于是可以得到这样的结论：我国古代文化，由宗教转化而为人文的展开，是通过古代史职的展开而展开的。文化的进步，是随史官文化水准的不断提高而进步的。史是中国古代文化的摇篮，是古代文化由宗教走向人文的一道桥梁、一条通路。黄帝之史仓颉造字，不过是一种传说。但史因记录的要求，因而发明文字，这是很自然而合理的。大篆出于宣王太史籀，小篆除李斯、赵高外，有太史令胡毋敬的《博学篇》，文

[①]《左传·昭公二年》春"晋侯使韩宣子来聘……观书于太史氏"。

字与古代之史不可分，也是无可怀疑的。史由文字的记录与保管，而得到历史知识，由历史知识而得到人类行为的经验教训，由此以开出有关人文方面一切学问，也是很自然而合理的。《汉书·艺文志》，以诸子百家出于王官，乃依稀仿佛之谈。欲为中国学术探本溯源，应当说中国一切学问皆出于史。

这里附带把古代可以考见的史官名称交代一下，通过契文、金文、《尚书》、《左传》、《国语》等可信的材料，殷代已如前所述，史的情形，尚不能完全明了。周代文化的特征，可由史职的发达而加以说明。有天子之史，有诸侯之史，卿大夫或且有私史。[1] 史的名称，有内史，外史，太史，小史，[2] 左史，[3] 右史。[4] 其仅称史者，多为泛称或对太史而言之次一级的史官，亦即《尚书·金縢》之所谓"诸史"。金文之中亦偶有女史、相史的名称。[5] 由《尚书·酒诰》、《立政》、《顾命》所排列之次序，及《周书·商誓（哲）》第四十三、《王会》第五十九中，太史之任务看，周初的太

---

[1]《仪礼·既夕礼》（注：《士丧礼》之下篇）"主人之史请读赗执筭（注：古文筭皆为筴）……读书释筭。公史（注：公史，君之典礼者）自西方东面，命毋哭"。君之史所以称为"公史"，所以检别于"主人之史"，则主人之史，亦可称"私史"。惟此恐系临时设置而非常设。

[2]《仪礼·大射》"释获者命小史。小史命获者"。《周书·商誓（哲）》第四十三"王若曰……及太史比小史昔"。

[3]《周书·史记》第六十一"维正月，王在成周，昧爽，召三公。左史戎夫曰……"《左传·襄公十四年》"夏，诸侯之大夫从晋侯伐秦……左史谓魏庄子曰……"《左传·昭公十二年》"王复出，左史倚相趋过"。

[4]《尚书·酒诰》"矧太史友内史友越献臣百宗工"。此友非人名，当与右通。惟据此，则右史以其所居之位而言，并非专名。然既有左史，当有右史。《庚午父乙鼎》"作册友史"，当即"作册右史"，与《师艅敦》之"作册内史"正同。《无专鼎》"王呼……友（右）史册命无专曰……"

[5] 金文中有《女史鼎》、《禹攸从鼎》，有"王命相史南……"之文。

史地位，在内史之上。但由《左氏传》看，则春秋时代，甚至可推及西周中期以后之金文，内史的地位又似在太史之上。殆以内史近王近君，因与权力中心接触之远近而决定实际之地位。秦以内史掌治京师，①乃是继承此一倾向，遂脱离了原有史的职掌。

四、宗教精神与人文精神的交织与交融

因为春秋时代，史官带着鬼神与人间两方面的任务，所以对当时政治问题，史依然保持着传统的宗教判断。例如《左传·昭公八年》："冬十一月壬午（楚）灭陈。""晋侯问于史赵曰，陈其遂亡乎？对曰，未也。公曰何故？对曰，陈，颛顼之族也。岁在鹑火，是以卒灭，陈将如之。今在析木之津，犹将复出。且陈氏得政于齐，而后陈卒亡。自幕至于瞽瞍无违命，舜重之以明德，寘（遗留）德于遂（奉舜祀之国名），遂世守之。及胡公不淫，故周赐之姓，使祀虞帝。臣闻盛德必百世祀。虞之世数未也。继守将在齐，其兆既存矣。"史赵判断陈不会遂亡，是宗教性的判断。但他的根据有二，一是星相学，这是因史主管天文，中国的星相学，可能即是史的副产品。另一是道德的报应说，这是史臣把历史知识及他们的愿望混合在一起所构成的。此在司马迁著《史记》时，仍有很大影响。又《左传·昭公三十二年》："夏，吴伐越。史墨曰，不及四十年，越其有吴乎？越得岁而吴伐之，必受其灾"，这也是以星相学为根据的宗教性的判断。此类判断，我推测，在当

---

①《汉书·百官公卿表》"内史，周官，秦因之，掌治京师。景帝二年，分置左内史、右内史。武帝太初元年，更名京兆尹。左内史更名左冯翊。"

时必相当流行，其中也夹有人事观察的因素在里面。史对于自己的判断没有效果的，人情上便未加记载。其因"多言而中"[①]的，在人情上便记载下来，不应怀疑是写《左氏传》的人追加的。

但最有意义的，是这些史官们，通过他们神人备载、古今备阅的特殊机会，使他们能乘载着宗教，以直接通向人文，这便使中国原始宗教，在文化中失掉了划疆坚守、以与人文相抗拒的固定疆域，把中国文化，推向全面的人文扩展。《左传·桓公二年》春，宋华父督杀孔父而弑殇公，召庄公于郑而立之，以郜大鼎赂鲁桓公。夏四月，取郜大鼎纳于太庙，臧哀伯作了一次极有意义的谏争，把当时宗庙的重大礼节，作了人文修养的解释，说出了"国家之败，由官邪也。官之失德，宠赂章也。郜鼎在庙，章孰甚焉"的一段非常有意义的话。"周内史闻之曰，臧孙达其有后于鲁乎，君违，不忘谏之以德"。对臧孙达的预言，完全根据政治上的人文因素。《左传·庄公三十二年》"秋七月，有神降于莘……内史过往，闻虢请命，反曰，虢必亡矣。虐而听于神。神居莘六月，虢公使祝应、宗区、史嚚享焉，神赐之土田。史嚚曰，虢其亡乎？吾闻之，国之将兴，听于民；将亡，听于神。神，聪明正直而壹者也，依人而行。虢多凉德，其何土之能得"，认定国的命运，是决定于民，决定于人君之德，而不是决定于神，神是"依人而行"，不是人依神而行。这种对政治的合理思考，不出自祝应，不出自宗区，而出自史嚚，是来自史嚚由历史经验而来的智慧。《左传·僖公十六年》"春陨石于宋五，周内史叔兴聘于宋，宋襄公问焉曰，是何祥也，吉凶安在？对曰，今兹鲁多大丧。明年齐有乱。

[①] 这是《左传·昭公十八年》郑子产批评裨灶言天道的一句极有智慧的话。

君将得诸侯而不终。退告人曰，君失问，是阴阳之事也，非吉凶所生也，吉凶由人，吾不敢逆君故也"。他在宋襄公面前所说的预言，乃来自他在政治、人事上的观察，实与陨石于宋五一事无关；只因宋襄公认定他是宗教中人，所以便在宗教的架子里发问，他只好把子曰观察所得的，套上宗教的外衣以作答。实则"吉凶由人"，他早已从宗教中转到人的自身上了。既已转到人的自身上，于是他们的精神，不是对鬼神负责，而系对人负责。

不过，从宗教转向人文，只是舍掉宗教中非合理的部分，转向于人文合理基础之上；但宗教精神，则系发自人性不容自已的要求，所以在转化中，不知不觉地织入于人文精神之中，进而与其融为一体，以充实人文精神的力量。于是在中国人文精神中含有宗教精神的特色。

所谓宗教精神，可概举两点。一是鬼神世界的存在，以满足人类永生的要求。但观于《左传·昭公七年》晋赵景子问子产作"伯有犹能为鬼乎"之问，足证当时对鬼神世界的信念，已甚为稀薄。在《左传·襄公二十四年》晋范宣子以范氏由虞唐以迄晋的历史，为范氏的死而不朽，此即以历史代替宗教永生的征验。这是推进史学发展的重大因素。另一则是以神的赏善罚恶，为神对人类前途提供保证的精神；这也可以说是神突破人世间一切阻力，对人类所作的审判。史向人文演进后，其最大任务，即在记录人世重要行为的善恶，昭告于天下后世。他们在实行此一任务时，感到这是将人类行为的善恶，交付史的审判，以代替神的审判。而当时贵族的心理，也是不害怕神的审判，却害怕史的审判。下面所引的故事，只有由此种观点，始能加以解释。《左传·襄公二十一年》：

原 史

> 卫宁惠子疾，召悼子曰：吾得罪于君，悔而无及也，名藏在诸侯之策，曰，孙林父、宁殖出其君。君入，则掩之。若能掩之，则吾子也。若不能，犹有鬼神，吾有馁而已，不来食矣。悼子许诺，惠子遂卒。

宁殖（惠子）逐了卫君，使他死后的鬼，宁馁而不食的，不是在鬼神世界中所受的审判，而是"名在诸侯之策"的这种史的审判。所以他嘱咐他儿子（悼子）的，不是为他向鬼神祈祷，而是要迎入卫君以掩盖他"出其君"的行为，因而使诸侯之策得以改写。这是史的审判，代替了神的审判的显例。特出的史官，实际正是以"代天行道"的宗教精神，来执行他们的庄严任务。《左传·宣公二年》：

> 乙丑，赵穿杀灵公，宣子（赵盾）未出山而复。太史书曰，赵盾弑其君，以示于朝。宣子曰不然。对曰，子为正卿，亡不越境，反不讨贼，非子而谁？宣子曰，呜呼，《诗》曰：我之怀矣，自诒伊戚。其我之谓矣。孔子曰，董狐，古之良史也，书法不隐。赵宣子，古之良大夫也，为法受恶。惜也，越境乃免。

在上面的故事中，首先我们应当了解的，董狐那样地写，并不仅是一般所说的"诛心之论"，而是当时已有一种作为记录证据的"书法"，董狐只是"书法不隐"；而赵盾也是"为'法'受恶"。其次应当了解的，这种书法的意义，是在追究问题的根源，以表达问题的真实，使有权势者无所逃避。没有赵盾的背景及赵盾的动机，赵穿便不会弑君。弑晋灵公的是赵穿，而嗾使赵穿动手的是赵盾；最大的证明是逃亡而不出境，以待灵公之死；返朝后又不讨贼，以纵赵穿之恶。司马迁在《史记·封禅书》赞中说"具见其表里"，赵穿是表，而赵盾是里。事实的真相，在里而不在表。但在里的真相，经常是与政治权威结合在一起的。董狐这种书法，是把由权威而来的危险置之度外的一种书法。而在此一书法的后面，实有一种"代天行道"的宗教精神来要求他、支持他。赵盾的"自诒伊戚"的"呜呼"，乃是来自此一书法的庄严性、审判性。《左传·襄公二十五年》：

  齐崔杼弑齐庄公，大史书曰，崔杼弑其君。崔子杀之。其弟嗣书，而死者二人。其弟又书，乃舍之。南史氏闻大史尽死，执简以往。闻既书矣，乃还。

在这一故事中，为了要写出"崔杼弑其君"五个字，牺牲了三条人命，还有两个人走向生死的边缘，这不是西方"爱智"的传统所能解释的。因为他们感到站在自己职务上，代替神来做一种庄严的审判，值得投下自己的生命。崔杼为这五个字而杀了无辜的三个史官，因为他也感到这五个字是对他作了绝望的审判。由此可知晋董狐之未被杀，乃是一种侥幸，所以孔子于赞美董狐之后，又赞美赵盾为"古之良大夫"。在中国的文字狱中，以由史学而来的文字狱，最为残酷，亦可由此见其端倪，得到解释。

五、古代史官的特出人物

古代良史的姓名与业绩，多已湮没无闻。这里仅就今日可以知道的，略加撮录。当然有不少遗漏了的。

《吕氏春秋·先识览》："夏太史令终古，出其图法而泣之。夏桀迷惑，暴乱愈甚，太史令终古，乃出奔如商……殷内史向挚，见纣之愈暴乱迷惑也，于是载其图法出亡之周。"此一记载，经过了后人的涂饰，但在基本上是合理的，可能是真实的。《尚书·盘庚》上"迟任有言曰，人惟求旧，器非求旧，惟新"，郑康成云，"迟任，古之贤史。"这是可以考见的殷代良史之一。现在可以知道的周初良史，是前面已经提到的《洛诰》中的"作册逸"，即是后来所称的尹佚、史佚。这是由宗教通向人文的关键性人物。兹先将有关的材料简录在下面：

一、《左传·僖公十五年》十一月秦晋韩之战，秦获晋侯。公子絷认为不如杀之，子桑则认为应当归之，引史佚之言曰，无始祸，无怙乱，无重怒。重怒难任，陵人不祥。乃许晋平。

二、《左传·文公十五年》夏，齐人归公孙敖之丧，其从父兄弟襄仲欲勿哭。惠伯曰……史佚有言曰，兄弟致美，救乏，贺善，吊灾，祭敬，丧哀……襄仲说，帅兄弟以哭之。

三、《左传·宣公十二年》辛未，郑杀仆叔及子服。君子曰，所谓勿怙乱者，谓是类也。

四、《左传·成公四年》秋公至自晋，欲求成于楚而叛晋。季文子曰，不可……史佚之志有之曰，非我族类，其心必异。楚虽大，非吾族也。其肯字我乎。公乃止。

五、《左传·襄公十四年》晋侯问卫故（卫逐其君）于中行献子。对曰，不如因而定之。……史佚有言曰，因重而抚之……君其定卫以待时乎！

六、《左传·昭公元年》（楚）公子干奔晋，从车五乘。叔向使与秦公子（后子）同食（同禄）……使后子与子干齿，辞曰（秦后子）……且臣与羁齿，无乃不可乎？史佚有言曰，非羁何忌。

七、《国语·周语下》"晋羊舌肸（叔向）聘于周，发币于大夫，及单靖公。靖公享之，俭而敬……单之老送叔向，叔向告之曰，异哉。吾闻之曰，一姓不再兴。今周其兴乎？其有单子也。昔史佚有言曰，动莫若敬，居莫若俭，德莫若让，事莫若咨。单子之贶我礼也，皆有焉。

八、《淮南子·道应训》成王问政于尹佚曰，吾何德之行，而民亲其上？对曰，使之时而敬顺之。王曰，其度安至？曰，如临深渊，如履薄冰。王曰，惧哉，王人乎？尹佚曰，天地之间，四海之内，善之则吾畜也。不善，则吾雠也。昔夏商之臣，反雠桀纣而臣汤武。宿沙之民，皆自攻其君而归神农，此世之所明知也。如何其无惧也。

据（四）的"史佚之志"的话，则史佚有专书，是可以相信的。虽无从断定其为自著或由他人所辑录。《汉书·艺文志》"墨家类"以"尹佚二篇"冠首，大概因墨子明鬼，史佚主鬼神之事；其中当有一部分是有关鬼神的记录。墨子主俭，而史佚亦主俭。但由上面所录材料，他所留给后人的教训，皆与鬼神无关，而系由历史经验所得的各方面的智慧。贾谊《保傅》篇"明堂之位曰……博闻强记，捷给而善对者谓之承；承者承天子之遗志者也；常立于后，是史佚也"。贾氏所引明堂之位，将史佚与周公、太公、召公，并列为"四圣"。此虽系出于战国时代儒家的缘饰，不一定是周初史实，但由此可知史佚在古代文化中的重要地位。

史佚之外，尚可提出五人。一是《左传·襄公五年》晋魏武子（绛）所称述的"昔周辛甲之为太史也"的辛甲，杜注："周武太史。"他"命百官官箴王阙"，魏武子所述的"芒芒禹迹，画为九州"的《虞箴》，表现了他的地理知识及历史兴亡的智慧。其次是孔子在《论语》中称引的"周任有言曰，陈力就列，不能者止"的周任，马融谓为"古之良史"，我推测应当是周室之史，所以称为"周任"。《左传·昭公五年》的"仲尼曰"又引有"周任有言曰，为政者不赏私劳，不罚私怨"。《左传·隐公六年》的"君子曰"中也引有"周任有言曰，为国家者见恶如农夫之务去草焉，芟夷蕴崇之，绝其本根，勿使能殖，则善者信矣"。他所说的都是有关政治的大端，当然要算是良史。

又其次是宣王、幽王时代的史伯。《国语·郑语》记郑始封之君桓公在为周室司徒时："问于史伯曰，王室多故，余惧及焉，其何所可以逃死？"在史伯的答复中，对各国的地理形势，各国与周室的政治因缘，及各国国内的政治情形与错综复杂的利害关系，可以说是了如指掌。更由古代历史，以考查各国先世的情形，以推断他们以后的发展。而把褒姒的来源，上推及于夏代，经过如何的曲折，一直到"使至于后"，而断定其"天之生此久矣，其为毒也大矣"；"凡周存亡，不三稔矣"；而劝桓公"寄孥与贿"于虢郐，遂奠定桓公开国的基础。他若不是史，便很难对历史与地理及各国内情，有这样丰富的知识。没有这些丰富的史地知识作基础，便不可能有这样的远见。

再其次是周襄王时代，亦即是鲁僖公时代的内史过及内史兴。《国语·周语》"襄王使邵公过及内史过赐晋惠公命（鲁僖公十一年），吕甥、郤芮相晋侯不敬，晋侯执玉卑，拜不稽首"，内史过在襄王面前引《夏书》及《盘庚》为根据，而推论"晋不亡，其君必无后，且吕郤将不免"。在他这段话中，把祭祀仪节中所含的精、忠、礼、信的意义，及此四者乃"长众使民之道"的原因，说得条理畅达，这正反映出由宗教通向人文的智慧。其五是《周语》所记"襄王使太宰文公及内史兴赐晋文公命"，内史兴因晋文公"逆（迎）王命敬，奉礼（行合于礼），义成（而成之以义）"，而推出"且礼所以观忠信仁义也"；更由忠信仁义以推出分、行、守、节的四种具体内容；由四种具体内容而推出均、报、固、度四种效果。更由此四种效果而推出在政治上的无怨、无匿、不偷、不携（离）的四种成就，[①] 层层推出，无不合理。由此可以了解，礼的发展，是通过主管之史，将人文精神及客观需要，不断注入到里面去，使礼的生命，得到合理的成长；再由成长的生命，推演向现实的人文世界的。应从这种地方去把握由春秋以迄西汉，许多贤人君子所说的礼的意义。

但周初从"殷人尚鬼"的文化中转出人文精神的，周公当然比史佚及其他史官更为重要。周公不是史，他的才艺，可以从时

[①] 原文是"忠所以分也（注：心忠则不偏也），仁所以行也，信所以守也，义所以节也。忠分则均，仁行则报，信守则固，义节则度，分均无怨，行报无匿，守固不偷，节度不携⋯⋯臣入晋境，四者不失。臣故曰，晋侯其能尽礼矣"。

原　史

代经验而得，不必倚赖历史经验。但他肯定人的祸福是决定于人自己的行为，而不是决定于神，因而强调了"敬德"、"明德"的观念。更明确表示决定政治兴亡的是人民，天的视听，系由人民的视听而见，因而决定政治的基本任务在于爱民。并将他的父亲文王的伟大宗教精神，①作彻底的道德人文的解释。这在三千年前，宗教还占有支配地位的时代，他自己也是宗教中的人物，②而他的智慧，确乎突出了他所处的时代的限制，这便不可能仅靠时代经验，而必须在历史经验中得到启迪。换言之，假定承认周公在历史文化上是一个创造性的人物，则他的创造动力，是来自于他的丰富历史知识。《大诰》完全是以"宁王遗我大宝龟"，"上帝命"为立言的根据；《康诰》则要康叔"往敷求于殷先哲王，用保乂民"，"别求闻由古先哲王，用康保民"，并谓"我时其惟殷先哲王德，用康乂民作求"。《酒诰》："王曰封，我闻惟曰，在昔殷先哲王迪（道也），畏天显小民，经（行）德秉哲。自成汤咸（延）至于帝乙；成王（成其王功）畏，相（尚）惟御（治）事，厥棐（辅）有恭；不敢自暇自逸，矧曰其敢崇饮。""我闻亦惟曰，在今后嗣王（谓纣）酣身……惟荒腆于酒……辜在商邑，越殷国灭，无罹（附丽）。"《多士》："我闻曰，上帝引逸（牵引之使不至于放逸）。有夏不适（节）逸……厥惟废元命，降致罚。乃命尔先祖成汤革夏，俊民甸四方。自成汤至于帝乙，罔不明德慎祀……在今后嗣王（纣）……罔顾于天显民祗。惟时上帝不保，降若兹大

---

① 从周初文献看，对殷的以刑为主的政治，文王实在是转回以仁为主。但从《诗·大雅·文王》一诗中的"文王陟降，在帝左右"的诗句看，他的仁，可能是由宗教精神中发出的。
② 从《尚书·金縢》等材料看，周公自身也可以说是宗教性的人物。

丧。""惟尔知，惟殷先人有册有典，殷革夏命。"《无逸》："周公曰，呜呼，我闻曰，昔在殷王中宗，严恭寅畏，天命自度，治民祗惧，不敢荒宁。肆中宗之享国，七十有五年。其在祖甲，不义惟王，旧为小人。作其即位，爰知小人之依，能保惠于庶民，不敢侮鳏寡。肆祖甲之享国，三十有三年。自时厥后立王，生则逸。生则逸，不知稼穑之艰难，不闻小人之劳，惟耽乐之从。自时厥后，亦罔或克寿，或十年或七八年，或五六年，或四三年。周公曰，呜呼，厥亦惟我周太王、王季，克自抑畏。文王卑服（作卑下之事），即康功（制器）、田功（种田），徽柔懿恭，怀保小民，惠鲜（斯）鳏寡。自朝至于日中昃，不遑暇食，用咸和万民。文王不敢盘（乐）于游田，以庶邦惟正之供。文王受命惟中身，厥享国五十年"。《君奭》："公曰君奭，我闻在昔，成汤既受命，时则有若伊尹，格于皇天。在太甲，时则有若保衡。在太戊，时则有若伊陟臣扈，格于上帝。巫咸乂王家。在祖乙，时则有若巫贤。在武丁，时则有若甘盘。率惟兹有陈（久）保乂有殷。故殷礼陟配天，多历年所"。《多方》："亦惟有夏之民，叨懫日钦，劓割夏邑。天惟时求民主，乃大降显休命于成汤，刑殄有夏"，"乃惟成汤，克以尔多方简（择），代夏作民主……以至于帝乙，罔不明德慎罚，亦克用劝……今至于尔辟（纣）弗克以尔多方享天之命"，[①]《立政》亦历言夏、殷用人之得失及文王用人之方。由此可知周公由夏、殷两代所吸收的经验之深刻丰富，成为他开创时代、启迪后世的源泉、动力。推测他曾从史佚及其他良史作过勤勉的学习，是不为过的。

[①] 以上句读，采用曾运乾《尚书正读》。

《国语》分为二十卷，记周及其他七国之事，而晋独有九卷；《竹书纪年》，出于战国魏襄王墓，亦即是出自晋国；此非仅因其国大事繁，盖亦因其良史辈出，有良好之记录足据。秦在春秋时代的前期，其地位已极重要；而《国语》独缺秦语。《史记·六国年表》序"秦既得意，烧天下诗书，诸侯史记尤甚，为其有所刺讥也……独有《秦记》，又不载日月，其文略，不具"。今证以一九七五年底在湖北云梦县睡虎地出土的一批秦简中，有起自秦昭王元年至始皇三十年的大事记。在八十九年中，只有昭王五十六年记有"九月"、"正月"；始皇的三年、四年、六年、七年、十一年、十二年、十六年、十八年、二十年、二十七年，每年记有一个月。此外概未记月，当然更未记日。所以史公的话是可信的。其主要内容为极简单的攻战事实，间或有秦王生卒及少数人之死的记载。如：

> 昭王元年（无记载），二年攻皮氏。三年（无记载），四年攻封陵。五年归蒲反（坂），六年攻新城。七年新城陷。八年新城归。九年攻析。十年、十一年、十二年（皆无记载），十三年攻伊关（阙）……

由这种史的记载，秦因杂西戎之俗而文化低落的情形，可以想见。为秦敞开接纳文化之门的是吕不韦的门客。吕不韦贬死后，吕的门客，还继续在秦活动。

晋的良史，除董狐外，今日可以知道的还有史赵、史苏、史墨、史龟。《左传·襄公三十年》："于是鲁使者在晋，归以语诸大夫（论绛县老人称生四百四十有五甲子的年龄事）。季武子曰，晋未可媮也……有史赵、师旷而咨度焉……其朝多君子，其庸可媮乎？勉事之而后可。"《左传·昭公八年》"游吉（子太叔）相郑伯以如晋，亦贺虒祁（新建成宫名）也。史赵见于子太叔曰，甚哉其相蒙也。可吊也，而又贺之"。可见他是由晋君的侈泰以见晋之衰弊。史墨，《左传·昭公二十九年》称蔡墨，《左传·昭公三十二年》、《左传·哀公九年》称史墨，而《左传·哀公二十年》及《国语·晋语》又称史黯。《左传·哀公二十年》"王（吴王夫差）曰，溺人必笑（此时越围吴，吴即将亡），吾将有问也，史黯何以得为君子？（晋楚隆）对曰，黯也进不见恶（杜注：时行则行），退无谤言（杜注：时止则止）。王曰，宜哉"。《论语》"子谓颜渊曰，用之则行，舍之则藏，惟我与尔，有是夫"（《述而》）。由此可知，此在当时是很有修养的人才可以做到。《吕氏春秋·先识览》"晋太史屠黍见晋之乱也，见晋公（出公）之骄而无德义也，以其图法归周。周威公见而问焉，曰，天下之国孰先亡，对曰，晋先亡"，"中山次之"；并历举其"先亡"、"次之"的原因，卒有征验。这可能要算晋国最后的一位良史。

卫之良史，有史狗、史鰌。《左传·襄公二十九年》"吴公子季札……适卫，说蘧瑗、史狗、史鰌、公子荆、公叔发、公子朝。曰，卫多君子，未有患也"。《左传·定公十三年》"初，卫公叔文子朝而请享灵公，退见史鰌而告之。史鰌曰，子必祸矣，子富而君贪……子臣，可以免……戌也骄，其亡乎……骄而不亡者，未之有也"。

楚的良史，今日可以考见的是左史倚相。《左传·昭公十三年》，楚灵王次于乾溪，向右尹子革说左史倚相，"是能读三坟五

原 史　　　　　　　　　　　　　　　　　　　　　223

典，八索九丘"，以极称其博。但左史倚相的情形，以《国语·楚语》下面的记录较为具体。

> 左史倚相廷见申公子亹，子亹不出，左史谤之。举伯以告，子亹怒而出曰，女无亦谓我老耄而舍我，而又谤我。左史倚相曰……昔卫武公年数九十有五矣，犹箴儆于国曰，自卿以下，至于师长士，苟在朝者，无谓我老耄而舍我……于是乎作《懿》戒（韦注：昭谓"懿"《诗·大雅·抑》之篇也）以自儆也……《周书》曰，文王至于日中昃，不遑暇食，惠于小民，唯政之恭。文王犹不敢骄，今子老楚国而欲以自安也……楚其难哉。子亹曰，老之过也，乃骤见左史。
>
> 王孙圉聘于晋，定公享之，赵简子鸣玉以相，问于王孙圉曰，楚之白珩犹在乎……其为宝也几何矣？曰，未尝为宝。楚之所宝者曰，观射父，能作训辞以行事于诸侯，使无以寡君为口实。又有左史倚相，能道训典以叙百物，以朝夕献善败于寡君，使寡君无忘先王之业。又能上下说于鬼神，顺其欲恶，使神无有怨痛于楚国。

王孙圉对左史倚相的称述，把一位特出之史的博学、智慧，及其传统的宗教任务，都表达出来了。《韩非子·说林下》"越已胜吴，又索卒于荆而攻晋，左史倚相谓荆王曰，夫越破吴，豪士死，锐卒尽，大甲伤。今又索卒以攻晋，示我不病也，不如起师与分吴。荆王曰善，因起师而从越，越……乃割露山之阴五百里，以赂之"。是左史倚相的年寿甚高。

224　　　　　　　　　　　　　　　　　　　　　两汉思想史（三）

六、孔子的学问与史的关系

古代史官的地位的失坠，是来自两方面。一是他们所主管的鬼神，在政治中逐渐减轻原来的分量；二是他们由作册而来的知识，除星历外，已散播于贵族，且进而下逮于平民，失掉了由史而来的知识上的专业性。孔子生于鲁襄公二十二年（西前五五一年），卒于哀公十六年（西前四七九年）。[①] 这正是各国的良史最活跃的时代。他的学问，是来自两方面。一是以学思并用的方法，[②] 及"发愤忘食"、[③] "学如不及"的精神，[④] 求之于历史，[⑤] 求之于时代[⑥]的知识的追求。另一是来自他的"君子无终食之间，违仁。造次必于是，颠沛必于是"[⑦] 的精神，以"主忠信""自讼""内省""克己复礼"的方法，[⑧] 毕生于道德的实践，终于在自己生命之内，发

---

① 孔子生于鲁襄公二十一年或二十二年，颇有争论。此从《史记·孔子世家》。
② 《论语》上言治学之方法颇多，如"多闻阙疑"，"多见阙殆"，"博学于文，约之以礼"等；但以"学而不思则罔，思而不学则殆"（《为政》）两语最为深切而富有概括性。
③ 《论语·述而》"叶公问孔子于子路，子路不对。子闻之曰，子奚不曰，其为人也，发愤忘食，乐以忘忧，不知老之将至云尔"。
④ 《论语·泰伯》"学如不及，犹恐失之"。
⑤ 《论语·述而》"子曰，述而不作；信而好古，窃比于我、老彭"。《中庸》"仲尼祖述尧舜，宪章文武"，即其一例。
⑥ 《论语·述而》"子曰，三人行，必有我师焉"，《学而》"子禽问于子贡曰，夫子之至于是邦也，必闻其政。求之与？抑与之与？子贡曰，夫子温良恭俭让以得之。夫子之求之也，其诸异乎人之求之与"，可解释为求之于时代。
⑦ 《论语·里仁》。
⑧ 《论语》言主忠信者三，主忠信即《中庸》的存诚。《公冶长》"子曰，吾未见能见其过而内自讼者也"。《颜渊》"子曰，内省不疚，夫何忧何惧"。《颜渊》"颜渊问仁，子曰克己复礼为仁"。《论语》言道德实践之精神与方法者甚多，姑举上例以概其余。

原 史

现道德的根源，[1]以奠定人格尊严、人类互爱互助的基础。他从历史、时代所追求到的知识，因道德的践履，而得到提炼，而进入深醇，而归于博大。例如"克己复礼，仁也"这句话，他本是得自古书上对仁所作的解释，而这种解释，只能算是一种知识，[2]但他答复颜渊问仁时，说"克己复礼，为（行）仁"，便把解释性的话，转化为践履中的方法，使这句话所含的客观知识，成为他生命中的道德主体的发现与成长，因而可以说出"一日克己复礼，天下归仁焉（天下皆含融于自己仁德之内）。为仁由己，而由仁乎哉"的话。这几句话所表现的道德精神的深醇与博大，不是孔子所引的"古也有志"的话所能比拟的。但我必须指出，他学问的始基，及其所受的启发与充实，乃是来自对历史的追求，亦即是来自他继承了周代良史的业绩，及这些良史们将宗教转化为人文的精神，[3]则是决无可疑的。孔子曾说"我非生而知之者，好古敏以求之者也"（《论语·述而》），这对他的学问的来源，已经说清楚了。他晚年的修《春秋》，首先应从此一线索去了解。

六经皆史之说，不必始于章实斋。[4]我现在再进一步说，孔

---

[1] 孔子以仁总持道德之各方面。其言"仁远乎哉，我欲仁，斯仁至矣"（《述而》），"为仁由己，而由人乎哉"（《颜渊》），必仁之根源，是在人的生命之内，乃可言之如此。
[2] 《左传·昭公十二年》，于叙述楚灵王在乾溪受到右尹子革援祭公谋父所作《祈招》之诗的讽谏。"王揖而入，馈不食，寝不寐，数日不能自克，以及于难"后，便引"仲尼曰，古也有志，克己复礼，仁也，信善哉。楚灵王若能如是，岂其辱于乾溪"。
[3] 通过《易传》中所引的"子曰"都是把《易》中所说的休咎，解释为人自身行为的结果，此其显证。《易传》出于孔子的后学，但《易传》中所引的三十多条"子曰"，则出于孔子无疑。
[4] 章实斋《文史通义》卷一《原诗上》，"六经皆史也"。但王充《论衡·谢短》篇，已把当时的五经当作历史材料看。所以我在《王充论考》一文中特指出，"以得到历史知识为目的去读五经，则五经本来就是历史资料"。但五经的成立，不在讲历史知识，而"在建立政治、社会、人生之道"；由此一角度看，则是经而非史。

子所雅言的"诗书执礼",或如《史记·孔子世家》中所说的孔子"以诗书礼乐教"的诗书礼乐,在春秋中期时代,即已成立。①其编集成为当时贵族教材,并加以补缀的,只能推测是出于周室太史们之手。所以《诗大序》特谓"国史明乎得失之迹"。龚定盦谓"欲知大道,必先为史",②又谓"夫六经者,周史之宗子也","诸子也者,周史之小宗也"。③其言虽近于夸,要亦有其根据。

《汉书·艺文志》谓"古有采诗之官",及"旧说周太史掌采列国之风",④虽皆难尽信;而《国语》谓"正考父校商之名颂于周太师",诗与乐不可分,太师主乐,⑤则诗当为太师所专主。但将歌唱之诗,书之简策,且将篇章加以编次,就当时的情形来说,则非史臣莫属。故上述旧说,或出自后人臆度之辞,要亦有其历史上之线索。书与礼之出于史,无待多论。乐不出于史,而与诗与礼不可分;太史主管图书,若乐而记之册典,亦势必与史有密切关系。因此,孔子之所学所教的诗书礼乐,实可以说是来自古代之史。他说"吾犹及史之阙文也,今亡已夫",⑥他赞古时史官记录之慎,而叹当时史官记录之疏,必由他熟读古今史官的著作而始能感受得到的。他由此而引发出"多闻阙疑,多见阙殆","信而好古",及"无征不信"⑦的崇实崇真的治学精神。他说"夏礼吾能

---

① 《左传·僖公二十七年》楚围宋,晋将救宋"作三军,谋元帅。赵衰曰,郤縠可。臣亟闻其言矣,说礼乐而敦诗书"。
② 《定盦续集》卷一《尊史》。
③ 同上卷二《古史钩沉论》二。
④ 此说辗转传述,尚未能考出其最早所出。此引崔述《读风偶识》。彼固不信此说。
⑤ 《论语·八佾》"子语鲁太师乐曰,乐其可知也……"是太师主乐。
⑥ 《论语·卫灵公》。
⑦ 《中庸》"子曰,吾说夏礼,杞不足征也。吾学殷礼,有宋存焉。吾学周礼,今用之,吾从周……上焉者虽善无征。无征不信,不信民弗从"。由此可知孔子之重征验。

原　史

言之，杞不足征也。殷礼吾能言之，宋不足征也。文献不足故也。足，则吾能征之矣"（《论语·八佾》）。《礼记·礼运》称孔子谓"我欲观夏道，是故之杞，而不足征也，吾得夏时焉。我欲观殷道，是故之宋，而不足征也，吾得乾坤焉"。这都可反映出他对文献的重视；文是简册，是直接由史所记；献是贤人，此处则应指的是良史。我们可以说，孔子在知识方面的学问，主要是来自史。史之义，莫大乎通过真实的记录，给人类行为，尤其是给政治人物的行为以史的审判，此乃立人极以主宰世运的具体而普遍深入的方法；所以孔子晚年的修《春秋》，可以说是他以救世为主的学问的必然归趋，不是偶然之事。

七、孔子修《春秋》的意义

《诗·鲁颂·閟宫》"春秋匪懈，享祀不忒"，此处的春秋，乃是一年四季的简称。古史记事，"以事系日，以日系月，以月系时，以时系年"，[①] 以年为记录的单元。于是"春秋"一词，成为古代各国史记之通称，又成为鲁史之专称。[②] 孔子修《春秋》之时间，当

[①] 引自杜预《春秋左氏传序》。
[②] 《孟子·离娄下》"晋之《乘》，楚之《梼杌》，鲁之《春秋》，一也"。《乘》与《梼杌》，乃晋楚史之专名。《左传·昭公二年》，晋韩宣子"观书于太史氏，见《易象》与鲁《春秋》"，与《孟子》此处之言相印证，可知"春秋"实为鲁史之专名。《国语·晋语》司马侯对晋悼公说"羊舌肸习于《春秋》"，此当指晋之《乘》而言。《楚语》申叔时论傅太子之法谓"教之以《春秋》"，此当指楚之《梼杌》而言。《墨子·明鬼》篇引周之《春秋》，燕之《春秋》，宋之《春秋》，齐之《春秋》，又谓"吾见百国《春秋》"，《韩非子·备内》又引有"《桃左春秋》"；可知"春秋"又为史之通名。

在鲁哀公七年自卫返鲁以后，[①]其绝笔为"西狩获麟"之哀公十四年。哀公十五年起，至哀二十七年，《左氏》有传而无经，其事至为明显；《公羊》、《穀梁》，实亦无异辞。《史记·孔子世家》，乃将"因史记作《春秋》"叙于获麟之后，系受董仲舒以获麟为孔子受命之符，作《春秋》乃孔子受命改制之事的说法的影响，[②]与原《公羊传》无关。但史公亦未全般接受董氏之说。董氏谓孔子作《春秋》是"王鲁"、"亲周"、"故宋"。王鲁是视鲁为王，实则是孔子自视为王；这种说法过于诞妄，所以史公改称"据鲁亲周故殷"；改"王鲁"为"据鲁"，便较为合理了。

概括地说明孔子修《春秋》的用心及其意义的，莫早于《左传·成公十四年》"九月侨如以夫人妇姜氏至自齐，舍族，尊夫人也"下的"故君子曰"的一段话。"故君子曰，春秋之称（竹添光鸿笺："言其属文"），微而显，志（杜注：记也）而晦。婉而成章，尽而不污，惩恶而劝善。非圣人谁能修之"。由"微而显"到"尽而不污"，说的是书法。"惩恶而劝善"，说的是目的。《荀子·大略》篇"《春秋》贤穆公，以为能变也"。又"故《春秋》善胥命"，皆出《公羊传》。是荀子所习者乃《公羊》。但《劝学》篇说"《春秋》之微也"；《儒效》篇说"《春秋》言是其微也"。由此可见"微

[①]《左氏传》记"鲁人以币召之（孔子）乃归"于鲁哀公十一年。竹添光鸿《左氏会笺》引吴英之说，谓孔子返卫在哀六年，返鲁在哀七年，其言甚明辩有据。竹添氏笺谓叙孔子归鲁于此，乃"因事及事"，即因卫孔文子将攻太叔，"访于仲尼"，孔子答以"甲兵之事，未之闻也"，并"退命驾而行"，"文子遽止之"，"将止，鲁人以币召之乃归"；此乃因十一年"冬，卫太叔疾出奔宋"而追述前事。细读上下文，孔文子之将攻太叔，并非在哀十一年。参以旁证，则吴英之说为可信。当从之，以正《史记》之误。

[②]请参阅《春秋繁露·三代改制质文》篇乃拙著《两汉思想史》第二卷《董仲舒〈春秋繁露〉之研究》"六、董氏的春秋学之二""（四）受命、改制、质文问题"。

原　史

而显"之"微",是共同承认的。"志而晦"的"志",我以为应援《庄子·齐物论》"《春秋》经世,先王之志"的志字作解释。《春秋》系以先王之志,亦即是以政治的理想为归趋,但乃随史实之曲折而见,故谓之"志而晦"。左氏不言"作"而言"修",孔子本因鲁《春秋》而加以修正,此较孟子之言"作《春秋》",在语意上更为恰当。

《公羊传》哀公十四年在"西狩获麟,孔子曰,吾道穷矣"后的一段话,也是总论《春秋》的,但给何休注所搅乱了。

《春秋》何以始乎隐?祖之所逮闻也。所见异辞,所闻异辞,所传闻异辞(按此乃说明孔子修《春秋》,在取材上,必为自己见闻之所及。而因材料之时间,与自己的关系,有亲疏远近之不同,故叙述之方法亦各异。此可参阅《史记·匈奴列传》赞)。何以终乎哀十四年?曰,备矣。君子曷为为《春秋》?拨乱世,反诸正,莫近诸《春秋》,则未知其为是与?其诸(解云:其诸,辞也)君子(指孔子)乐道尧舜之道与?末(发声,无义)不亦乐乎尧舜之("之"作"而"字解)知君子也(按上句言孔子因乐尧舜之道而作《春秋》,下句言后学亦应由乐尧舜之道而始知孔子,《论语》中以尧舜为最高的政治理想人物)。制《春秋》之义,以俟后圣(按此两句乃作传者自称他在传中断制《春秋》之义,以俟后之圣人。必如此解乃可与下句相连),以(因)君子(孔子)之为,亦有乐乎此也(此言因孔子之为《春秋》,也是要以此俟后圣来取法的)。

两汉思想史(三)

详《传》之意，孔子因乐尧舜之道（"先王之志"），以尧舜之道为基准，是非于二百四十二年之中，作拨乱反正的凭借，这是孔子作《春秋》的动机与目的。《传》的作者不言"周道"而言尧舜之道，这是深于孔子"公天下"的用心，将历史的理想，由周道更向上提高一层。按《论语》以《尧曰》章作结，《孟子》以"由尧舜至于汤，五百有余岁"一段作结，《荀子》取《尧问》篇作结，由此可以窥见儒家相承的政治上的最高理想。《公羊传》上面的话，是与此最高理想相应的。但《公羊传》原传，①成立的时间，与孔子相去不远，上面的话说得相当隐约。《史记·自序》下面的一段话，是司马迁综合董仲舒发挥《公羊传》对孔子作《春秋》所把握的意义，也可以说是上引的一段话的平实化、明确化。

  上大夫壶遂曰，昔孔子何为而作《春秋》哉？太史公曰，余闻董生曰，周道衰废，孔子为鲁司寇，诸侯害之，大夫壅之。孔子知言之不用，道之不行也，是非二百四十二年之中，以为天下仪表。贬天子，退诸侯，讨大夫，以达王事（"尧舜之道"、"先王之志"）而已矣。子曰，我欲载之空言，不如见之于行事之深切著明也。夫《春秋》上明三王之道，下辨人事之纪，别嫌疑，明是非，定犹豫，善善恶恶，贤贤贱不肖。存亡国，继绝世，补弊起废，王道之大者也。

---

① 我在《董仲舒〈春秋繁露〉之研究》一文的"（二）《公羊传》的成立情形"，将《公羊传》全般文字加以分析，认为今日的《公羊传》，系由两部分所构成。一为孔门属于齐国系统的第三代弟子所整理的原传；一为战国中期前后由若干人对原传所作的补充、解释。

《穀梁传》成立的时间，我推测是在战国中期以后。隐公五年"初献六羽"下，分引"穀梁子曰"及"尸子曰"，而两人之意见并不相同，则此传非成于穀梁之手，与其非成于尸子之手，道理是相同的。被称为"穀梁传"，也和被称为"公羊传"，同样的不符合事实，而是出于今日不能知道的偶然因素。汉儒对此的一套说法，皆不可信。作此传的人，对春秋的史实，较之《公羊传》，更为疏隔。但他的态度则非常谨慎。所以全传中有"或曰"者十三，"或说"者一，"其一曰"者一，"其一传曰"者一。此即对一事的两种说法，不能断定，乃都加以保留，听任后之读者的自由判断。其中有一事而列两"或曰"的，则表明一事而有三种说法。引有八"传曰"，与《公羊》同者二，[①] 与《公羊》有关者二，[②] 与《公羊》之关系不明者一，[③] 有引"传曰"为《公羊》所无，而解释与《公

[①] 庄公三年，《经》："五月葬桓公。"《穀梁》："传曰，改葬也。"《公羊》："此未有言崩者。何以书葬，盖改葬也。"文公十二年，《经》："二月庚子，子叔姬卒。"《穀梁》："其曰子叔姬，贵也。公之母姊妹也。其一传曰，许嫁，以卒之也。"《公羊》"此未适人，何以卒，许嫁矣……其称子何？贵也。"

[②] 隐公四年，《经》："二月莒人伐杞，取牟娄。"《穀梁》："传曰，言伐言取，所恶也。诸侯相伐取地于是始，故谨而志之也。"《公羊》："牟娄者何，杞之邑也。外取邑不书，此何以书，疾始取邑也。"昭公元年，《经》："晋荀吴帅师败狄于大原"。《穀梁》："传曰，中国曰大原，夷狄曰大卤。号从中国，名从主人。"《公羊》："此大卤也，曷为谓之大原？地物从中国，邑人名从主人。"

[③] 成公九年，《经》："九年春王正月，杞伯来逆叔姬之丧以归。"《穀梁》："传曰，夫无逆出妻之丧，而为之也。"《公羊》："杞伯曷为来逆叔姬之丧以归，内辞也，胁而归之也。"疑《穀梁》"而为之也"的"而"字上失一"胁"字，或《左氏传》之"请"字。故此处与《公羊》之关系，不易断定。

羊》同者一，[①]有《穀梁》引"传曰"，而《公羊》无传者一，[②]有与《公羊》不同者一。[③]又定公元年，经："戊辰，公即位。癸亥，公之丧至自乾侯"；《穀梁》："……沈子曰，正棺乎两楹之间，然后即位也。"《公羊》"则曷为以戊辰之日，然后即位，正棺于两楹之间，然后即位。子沈子曰，定君乎国，然后即位"。由此可知《穀梁传》作者，误以《公羊传》之文，为沈子之言。从这些情形看，《穀梁》可能采用了《公羊传》；但《公羊传》以外，尚采用了他传。若承认《穀梁传》中之"传曰"引有《公羊传》及他传，则其未引"传曰"者，即可证明其实另有传承，自成一家。《后汉书》三十六《陈元传》，集解引"惠栋曰，桓谭《新论》云《左氏》传世，遭战国寝藏。后百余年，鲁穀梁赤作春秋，残略多有遗文"。按桓谭谓《左氏传》"遭战国寝藏"，这是错误的。但谓《穀梁传》作于《左氏传》百余年之后，且有残略，则是可信的。《穀梁传》对君臣之分、华夷之辨、男女之防，较《公羊传》更为严峻。柳宗元说"参之《穀梁》，以厉其气"，[④]他对《穀梁》，有亲切的感受。董仲舒与江公争论《公羊》、《穀梁》短长，结果，《公羊》得立于学官，而《穀梁》当时见绌，直至宣帝时始得立。但董氏所建立的"天的哲学系统"，我现在才知道，实受有《穀梁》的影

[①] 成公十六年，《经》："十有六年春王正月，雨木冰。"《穀梁》："雨而木冰也，志异也。传曰，根枝折。"《公羊》："雨木冰者何，雨而木冰也。何以书？记异也。"无"根枝折"句。

[②] 襄公三十年，《经》："天王杀其弟佞夫。"《穀梁》："传曰，诸侯且不首恶，况于天子乎……"《公羊》无传。

[③] 隐公五年，《经》："五年春，公观鱼于棠。"《穀梁》："传曰，常事曰视，非常曰观。礼，尊不亲小事，卑不尸大功。鱼，卑者之事也。公观之，非正也。"《公羊》："何以书？讥。何讥尔？远也。公曷为远而观鱼，登来之也。百金之鱼，公张之……"

[④] 《柳河东集》卷第三十四《与韦中立论师道书》。

响。《公羊》未及阴阳，而《穀梁》则四处提到阴阳。[①]董氏大言阴阳，虽未必由此而来，但与下面的因素连在一起，可以说在这一点上，董氏更接近于《穀梁》。董氏将天与君连在一起，但《公羊》除"天王"一词外，未有将天与王连在一起的。庄三年，经："五月葬桓王。"《穀梁传》中有谓"故曰母之子也可，天之子也可……其曰王者，民之所归往也"。宣十五年，经："王札子杀召伯、毛伯。"《穀梁传》中有谓"为天下主者，天也。继天者，君也"。这分明是把天与君连在一起，而"王者民之归往也"一语，又为董氏所采用。董氏的三代改制是"王鲁，亲周，故宋"；而"故宋"一词，未出现于《公羊》，却出现于《穀梁》。桓公二年，经："二年春王正月戊申，宋督弑其君与夷"；《传》："或曰，其不称名，盖为祖讳也。孔子故宋也。"襄公"九年春宋灾"《传》："外灾不志。此其志何也，故宋也。"尤其是董仲舒特别重视"正月"之"正"的意义。如他在对策中说"臣谨按《春秋》之文，求王道之端，得之于正。正次王，王次春。春者天之所为也，正者王之所为也。其意曰，上承天之所为，而下以正其所为，正王道之端云耳"。[②]《公羊》仅对"王正月"解释为"曷言乎王正月，大一统也"。正月由王所颁，统一于王，所以是"大一统"。隐十一年，经："冬十有一月壬辰公薨"；《公羊传》："隐何以无正月，隐将让乎桓，故不有其正月也"；上面都没有董氏"下以正其所为"的含

[①] 隐公九年，《经》："庚辰大雨雪"，《穀梁传》："……阴阳错行……"；庄公三年，《经》："葬宋庄公"；《穀梁传》："……孤阴不生，独阳不长……"；庄公二十五年，《经》："六月辛未朔，日有食之"，《穀梁传》："……言充其阳也"；定公元年，《经》："九月大雩"；《穀梁传》："……通乎阴阳……"
[②] 《汉书》五十六《董仲舒传》。

义。惟隐十一年"公薨"的《穀梁传》，"隐十年无正，隐不自正也。元年有正，所以正隐也"。这里倒可以找出董说的根据。由此可以推断董氏亦曾习《穀梁》。《穀梁》出《春秋》之名者约十六次，引"孔子曰"者约七次，皆以申明《春秋》之义，然概括言之者甚少。惟哀公七年"秋，公伐邾。八月己酉入邾，以邾子益来"。《穀梁传》谓"《春秋》有临天下之言焉，有临一国之言焉，有临一家之言焉"的三句话，对孔子因时因事立言之态度，有概括性的解析的意义。其非直属于《春秋》系统而论及《春秋》者，莫早于孟子。

（一）世衰道微，邪说暴行有作；臣弑其君者有之，子弑其父者有之。孔子惧，作《春秋》。《春秋》，天子之事也。是故孔子曰，知我者其惟《春秋》乎？罪我者其惟《春秋》乎？……昔者禹抑洪水而天下平，周公兼夷狄、驱猛兽而百姓宁，孔子成《春秋》而乱臣贼子惧。（《滕文公下》）

（二）孟子曰，王者之迹息而诗亡，诗亡然后《春秋》作。晋之《乘》，楚之《梼杌》，鲁之《春秋》，一也。其事则齐桓晋文，其文则史。孔子曰，其义则丘窃取之矣。（《离娄下》）

（一）是孟子在历数尧使禹治洪水，周公相武王诛纣伐奄之后所说的，以见孔子作《春秋》以救世的用心及功效，是与禹及周公相同的。所谓"《春秋》，天子之事"，是说孔子通过《春秋》的褒善贬恶，以代替天子的赏罚。所谓"孔子成《春秋》而乱臣贼子惧"，这证以齐太史及晋董狐与后世屡次发生的"史祸"来说，孟子用一个"惧"字，不算过分。（二）是"王者之迹息而诗亡，诗亡然后《春秋》作"两句话中的"诗亡"，及诗亡与作《春秋》究竟有何关系，有许多异说。这里我应首先指出，清代乾嘉学派中的多数人，中专制之毒，已沦肌浃髓。他们对"《春秋》天子之事也"这一类的文句内容，全不敢作正面的了解，由此所生出的曲说，没有参考的价值。所谓"诗亡"，到底是何意义？郑玄《诗谱序》"故孔子录懿王夷王时诗，讫于陈灵公淫乱之事"。陈灵公在鲁宣公十年为夏徵舒所弑，可知诗所录者直至鲁宣公时代。由此可以了解，从作诗以言诗亡，是不容易讲通的。所以不少注释家，援《汉书·艺文志·六艺略》"故古有采诗之官，王者所以观风俗知得失，自考正也"的话，而以为指的是采诗之官亡。《汉志》的说法，决非出于西汉末期；譬如武帝"采诗夜诵"，即是受此一说法的影响。但我感到在战国中期以前的资料中，还没有发现采诗之官的可靠资料。所以有的引范宁《穀梁传序》"列《黍离》于《国风》，齐王德于邦君，所以明其不能复雅"，以作诗亡的解释。但"不能复雅"，只能说诗中的雅亡，雅亡并不等于诗亡；而范氏这几句话，是说明孔子作《春秋》时对周室的态度，盖即"贬天子"之意，被后人误解了他的本意。我认为诗亡是指在政治上的"诗教"之亡。《国语·周语》邵公谏厉王使卫巫监谤谓"是障之也。防民之口，甚于防川……是故为川者决之使导，为民者宣之使言。故天子听政，使公卿至于列士献诗，瞽献曲，史献书，师箴，瞍赋，矇诵，百工谏，庶人传语，近臣尽规，亲戚补察，瞽史教诲，耆艾修之，而后王斟酌焉，是以事行而不悖"。在这段话里，不仅"使公卿至于列士献诗"的一句分量最重，并且此外的"曲"、"箴"、"赋"、"诵"，都与诗有关。由此可知诗在对王者的教育上有其重大意义。《诗大序》说"上以风化下，下以风刺上，主文而谲谏，言之者无罪，闻之者足以戒，故曰风"，又说"国史明乎得失之迹，伤人伦之废，哀刑政之苛，吟咏性情，以风其上，达于事变，而怀其旧俗者也"。此与邵公的话，可以互相参证。因为诗在当时是反映政治社会的舆论与真实，即《王制》所说的"命太师陈诗以观民风"，所以便成为政治上的重大教育工具。此观周公所作诸诗的用意，而更可明了。周室文武的遗风（迹）尚在时，诗还发生政治教育的作用，使王者能知民情而端刑赏。诗教既亡，统治者与被统治者之间，失掉了沟通的桥梁，与风谏的作用，统治者因无所鉴戒而刑赏昏乱，被统治者因无所呼吁而备受荼毒，极其至，乱臣贼子相循，使人类在黑暗中失掉行为的方向；于是孔子作《春秋》，辨别是非，赏罚善恶，以史的审判，标示历史发展的大方向。孔子所说的"其义则丘窃取之矣"的义，指的即是《公羊传》所说的尧舜之道，董仲舒所说的"仁义法"。[①] 这是他定是非赏罚的大标准。

综上所述，可以断定孔子修《春秋》的动机、目的，不在今日的所谓"史学"，而是发挥古代良史以史的审判代替神的审判的庄严使命。可以说，这是史学以上的使命，所以它是经而不是史。今日可以看到的《春秋》，孟子说得很清楚，"其文则史"，这是鲁史所记的。庄公七年，经："夏四月辛卯夜，恒星不见，夜中星霣如雨"；《公羊传》"不修《春秋》曰，雨星，不及地尺而复。君子修之曰，星霣如雨"。这种字句上的合理修正，当然很有意义，也

[①]《春秋繁露·仁义法》第二十九"春秋之所治，人与我也。所以治人与我者，仁与义也"。

可能不止此一处；但《春秋》的文字，主要是鲁史之旧，而孔子主要的用心，并不在此，这是没有疑问的。孔子在文字以外，另有"其义"，而"其义"只是口传给他的某些弟子，并未由他亲自笔之于书，也是可以断定的。更由此推之，他的弟子，把他口传的"义"，笔之于书的也决非一人，①《穀梁》中的"传曰"，并不与《公羊传》完全相同；而由"其一曰"、"其一传曰"及许多"或曰"的情形推之，则在战国中期后，编定《穀梁传》的人，所见的《春秋传》尚不少。今日所看到的《公羊传》，乃早期整理成书，再由战国中期前后，有人把"子沈子"、"鲁子"、"子公羊子"这些人的话补充进去。《穀梁》成书更晚，犹夷之辞特多。然则由他们所传之义，到底是否合于孔子的本意？又孔子的本意，是否由"书法"而见？《春秋》的文字，既出于鲁史之旧，则所谓书法，也应分为三部分，一部分是鲁史之旧的书法；另一部分是孔子的书法；再一部分是作传的人由揣测而来的书法。三部分混合在一起，难于辨认；但由此可以得出既不应完全拘守书法，也不应完全否定书法的结论。完全拘守书法，则不论对同一书法，各传的论释不同；且一传之中，亦难免前后自相矛盾。②但若因此而完全否定

---

① 据今日所称的《公羊传》中除有"子公羊子曰"一条外，尚有"子沈子曰"两条，"鲁子曰"三条，"子司马子曰"一条，"子北宫子曰"一条，"子女子曰"一条，"高子曰"一条。而《公羊传》的原文，并非出于上述诸人之手，是可以推定的。《春秋繁露·俞序》第十七更有"故子贡、闵子、公肩子言其（《春秋》）切而为国家资也"。又引有"卫子夏言"，"故世子曰"，故"曾子子石"，"故子池言"。"其一传曰"参阅注五〇（编者注：现为页二三一注①）。
② 庄公二年，《经》："夏，公子庆父帅师伐于馀丘"；《穀梁传》："国而曰伐于馀丘，邾之邑也。其曰伐何也，公子贵矣……病公子所以讥乎公也。其一曰，君在而重之也"。其意见恰恰相反。文十二年，《经》："二月庚子，子叔姬卒"；《穀梁传》："其曰子叔姬，贵也……其一传曰，许嫁以卒之也。"

书法，则对隐公除元年外无正月，[①] 桓公除元年外无"王"，[②] 又作何解释呢？因为三种书法混在一起，无由辨认，则在今日只好暂时把书法的问题放在一边，仅把握各传由书法所言之义。孔子的书法不可知，则各传由书法所言之义，又如何能判定是出于孔子呢？我以为应由贯通以求其大端大体，由大端大体以与《论语》相印证。对于枝节性的东西，暂采保留态度。这是我对三传自身作了全面性的考察后，所提出的一种看法。

八、孔子学问的性格及对史学的贡献

孔子把他对人类的要求，不诉之于"概念性"的"空言"，而诉之于历史实践的事实，在人类历史实践事实中去启发人类的理性及人类所应遵循的最根源的"义法"，这便一方面决定了由他所继承的"史"的传统，不让中国文化的发展，走上以思辨为主的西方传统哲学的道路。一方面，把立基于人类历史实践所取得的经验教训，和他由个人的实践发现出生命中的道德主体，两相结合，这便使来自历史实践中的知识，不停留在浅薄无根的经验主义之上；同时又使发自道德主体的智慧，不会成为某种"一超绝待"的精神的光景，或顺着逻辑推演而来的与具体人生社会愈离

[①] 隐公十一年，《经》："冬十有一月壬辰，公薨"；《公羊传》："隐何以无正月，隐将让乎桓，故不有其正月也。"《穀梁传》："隐十年无正，隐不自正也。"两传解释不同，但十年无正，应当是出于孔子的书法。
[②] 桓公元年，《经》："元年春王"；《穀梁传》："桓无王。其曰王，何也？谨始也。其曰无王（元年以后，经皆无王字，皆为"春正月"，而不书"春王正月"）何也？桓弟杀兄，臣弑君，天子不能定，诸侯不能救，百姓不能去，以为无王之道，遂可以至焉耳。"

愈远的思辨哲学。他所成就的，乃是与自己的生命同在，[1]与万人万世的生活同在[2]的中庸之道。以"素隐行怪"[3]之心来看孔子之道，以乡愿顺世[4]之心来看孔子之道，孔道之不明，其原因正难以一二指。

孔子的目的虽然不在后世之所谓史学，但对后世之所谓史学，有了如下的重大贡献。

第一，因为他在史的文字记录上，赋予以人类命运所托的庄严使命，对由文字所记录的事实，自然采取了谨严、客观的态度；并深入到内部去以发现事实所含有的意味。而在记录的文字上，也必然会采取相应的谨严精密的方法；这一点可由孔子崇实崇真、阙疑重证的治学精神，及《公羊》、《穀梁》两传所做文字的训释得到证明。这是史学的最基本的要求。

第二，因他深入于古代史中，发现了因、革、损、益的历史发展的大法则，[5]因而也向人类提供了把握历史的大纲维，及顺着历史前进的大准则。可惜他的话被注释家注坏了，所以这一点一直没有被人了解，没有引起大家的注意。

---

[1]《中庸》"道也者不可须臾离也，可离非道也"，应从这种地方领会。
[2]《中庸》"夫妇之愚，可以与知焉"，"夫妇之不肖，可以能行焉"及《易·系辞上》"百姓日用而不知"，皆说的是此种事实。
[3]《中庸》："子曰，素隐行怪，后世有述焉，吾弗为之矣。"
[4]《论语》："子曰，乡愿，德之贼也。"
[5]《论语·为政》："子张问十世，可知也？子曰，殷因于夏礼，所损益，可知也。周因于殷礼，所损益，可知也。其或继周者，虽百世，可知也。"由春秋时代言礼的内容来看，孔子此处之所谓礼，是指政治社会的制度及规范而言。前代的礼，仍合于现代需要的，便加以因袭。其不合于现代的，便应损去。其有新要求而为前代所无的，便应增益。这本是对历史发展所提出的最有概括性的法则。乃朱熹《集注》引"马氏曰，所因谓三纲五常，所损益谓文质三统"作解释。殊不知这一套说法，乃在孔子死后数百年才出现的，这是把活句解成死句的显例。

第三，因为他的动机、目的，是来自对人类运命的使命感，这一方面使他冒犯着政治的迫害，以探求事实的真相，而不敢有所含糊隐蔽。《春秋》中的"微"，《春秋》中的"讳"，只有在各种专制下的史学家，要以客观求真的动机写"现代的本国史"时，才可以了解、体会得到。孔子告诉他的学生，说那里是"微"，那里是"讳"，即系告诉天下后世，在"微"、"讳"的后面，有不可告人的真实，有不可告人的丑恶。不可告人的丑恶，较之可告人的丑恶，更显示其为丑恶。[①] 从《春秋》与孔子的时间关系看，孔子所处理的是近代史、现代史。而他的这种由道德而来的大勇气，是写近代史、现代史的人所必不可少的勇气。近代史、现代史，是构成历史的可靠基础。另一方面，主观的价值判断，容易歪曲历史事实。但对人类没有真正关切的心情，也不能进入到历史事实的内层去。"知子莫若父"，主要来自为父者对子有真正关切之情。要摒弃主观而又要有真正的关切，二者之间，似乎是一种矛盾；这种矛盾的克服，要靠来自于他有最高道德责任的感情，这也可以说是"真正史学者的共感"。[②] 由此可以了解，孔子对人类运命使命感的伟大道德精神，在史学上有克服上述矛盾的重大意义。我们评估一部历史著作的价值，不是仅凭作者治学的方法即能断定的。运用方法的是人，人一定被他的起心动念所左右。标榜纯客观，而对自己的民族国家人民，没有一点真正感情的人，

---

① 其中亦有"为贤者讳"、"为亲者讳"的，这一方面是不愿以一事一行之过失而抹煞了"贤者"，损害了"亲者"，但也是不肯因其为贤者亲者而轻轻放过其过失。
② 参阅日译本卡西勒（E. Cassier，一八七四至一九四五年）的《人论》（*Essay on Man*）第十章"历史"页二六九至二七〇，他对兰克（L. Von Ranke，一七九五至一八八六年）史学的解释。

对人类前途，就不会有一点真正的关切。由近数十年的事实，证明了这种人常是只图私利、卖弄资料的反道德的人。谁能相信这种人会保持客观谨严的态度，写出可以信任的历史。所以一个史学者的人格，是他的著作可否信任的第一尺度。

第四，历史是在时间中进行；历史的秩序，是由时间的秩序所规定的。因此，中国古代所出现的"以事系日，以日系月，以月系时，以时系年"，由此以"纪远近，别同异"①的纪年方法，看来简单，实际这是史学的基石。今日所看到由鲁隐公元年到哀公十四年的《春秋》，二百四十二年，再加以左氏所录"旧史之文"二年，②再加左氏所录十一年，共二百五十五年，由史实而得以使时间赖人类生活的内容所充实，由时间而得以使事实有条不紊地呈现；这在世界其他民族古代文化中是无可比拟的。这种记录的方法，是出于鲁史之旧。但经孔子的整理（修）而更有秩序，且加上"春王正月"以表示天下的统一，同时也表现了时间的统一，这站在史学的立场，已经是非常有意义的了。更重要的是，由孔子的崇高地位，使这段历史的时间与事实的记录，得以保存下来，不至于像周史及各国之史一样，经暴政及世乱而归于泯灭。晋国史臣之记录，虽幸得保存于魏襄王（一谓"安釐王"）之墓中，在晋太康二年偶然发现，然终归残缺不全。由此可知此种记录的保存，是如何的不易。也由此可知因孔子的崇高地位而得到的这种意外收获，站在史学的立场，其价值是无可比拟的。

第五，因孔子修《春秋》而诱导出《左氏传》的成立，在

---

① 杜预《春秋左氏传序》。
② 孔子卒于哀公十六年夏四月己丑，在未卒时，左氏仍录旧史之文以为经。

二千四百多年前，我国即出现了这样一部完整的历史宏著，以启开而后史学的兴隆，形成了中国历史文化的支柱。此一功绩，必然与人类命运连结在一起而永垂不朽。

九、《春秋左氏传》若干纠葛的澄清

汉武帝由董仲舒之建议，立五经博士，《春秋》立《公羊》，至宣帝加立《穀梁》后，博士对《左氏传》的全力排摈，乃必然之势。刘歆《移让太常博士书》中有谓"犹欲抱残守缺，挟恐见破之私意，而无从善服义之公心。或怀妒嫉，不考情实，雷同相从，随声是非，抑此三学，以《尚书》为备，谓《左氏》不传《春秋》，岂不哀哉"。[1] "抱残守缺"，是指拒斥古文《尚书》多出的十六篇及《逸礼》多出的三十九篇而言。"挟恐见破之私意"，是指拒斥《春秋左氏传》而言。《公》、《穀》虽有异同，然各可以空言自守。《左氏传》则敷陈事实，"首尾通贯，学者得因是以考其是非"，而《公》、《穀》"其事出于闾巷所传说，故多脱漏，甚或鄙俚失真"。[2] 在左氏所敷陈的事实之前，《公》、《穀》所犯的错误，无遁形之余地。所以博士们提出积极的口号"谓《左氏》不传《春秋》"，以逃避由事实所表明的是非同异。消极的办法是"深闭固距而不肯试，猥以不诵绝之"。[3] 这完全是无赖的方式。此种无赖的方式，经东汉范升[4]之徒，以下迄清代刘逢禄的《左氏春秋

---

[1] 见《汉书》三十六《刘歆传》。
[2] 见顾栋高《春秋大事表》，《春秋三传异同表叙》。
[3] 俱见刘歆《移让太常博士书》。
[4] 见《后汉书·范升传》。

考证》，断定《左传》本为《左氏春秋》，与《吕氏春秋》等同一性质，与孔子之《春秋》无关。经刘歆附益改窜后，始称为《左氏春秋传》。甚至说左氏只作《国语》，刘歆取《国语》以为《左氏传》。其出愈后而愈诞愈诬。章太炎著《春秋左传读叙录》，对刘逢禄之说，逐条针锋相对地驳正，虽其中间有辩其可不必辩，或举证稍有问题，但大体上，已足澄清二千年之诬谬。章氏学力之表现，殆无过于此编。章氏在书中有一段话，可以转用在许多人身上：

> 呜呼，千载运往，游魂已寂。赖此《历谱》，转相证明，[①]遗文未亡，析符复合。而逢禄守其蓬心，诬污往哲，欲以卷石蔽遮泰山。逢禄复死，今欲起兹朽骸，往反征诘，又不可得。后之君子，庶其无盲。

由章氏已经澄清的许多谬说，此处不复涉及。至康有为的《新学伪经考》，其诞妄实不足置辩。且钱穆氏的《刘向、刘歆父子年谱》，亦已辩之有余。下面只提到章氏所未涉及，或涉及而未及详论的若干问题。《春秋左氏传》成立的情形，及其直接发生的影响，在《史记·十二诸侯年表》序，有明确的叙述。

> 是以孔子明王道，干七十余君，莫能用。故西观周室，论史记旧闻，兴于鲁而次《春秋》。上记隐，下至哀之获麟，约其辞文，去其烦重，以制义法，王道备，人事浃。七十

[①] 刘逢禄以汉相张苍之《历谱》五德，"或捃摭及《左氏春秋》，不曰传《左氏春秋》"。章氏则证明"《历谱》五德，专释《左氏》，故《表》(《十二诸侯年表》)亦特详《左氏》事"。

子之徒，口授其传指，为有所刺讥褒讳挹损之文辞，不可以书见也。鲁君子左丘明惧弟子人人异端，各安其意，失其真，故因孔子史记，具论其语，成《左氏春秋》。铎椒为楚威王傅，为王不能尽观《春秋》，采取成败，卒四十章，为《铎氏微》。赵孝成王时，其相虞卿，上采《春秋》，下观近世，亦著八篇，为《虞氏春秋》。吕不韦者，秦庄襄王相，亦上观上古，删拾《春秋》，集六国时事，以为八览、六论、十二纪，为《吕氏春秋》。及如荀卿、孟子、公孙固、韩非之徒，各往往捃摭《春秋》之文以著书，不可胜纪。汉相张苍，《历谱》五德；上大夫董仲舒推《春秋》义，颇著文焉。太史公曰：儒者断其义；驰说者骋其辞，不务综其终始；历者取其年月；数家隆于神运；谱牒独记世谥，其辞略；欲一观诸要难。于是谱十二诸侯，自共和迄孔子，表见《春秋》、《国语》学者所讥盛衰大指，著于篇，为成学治古文者要删焉。

以下略加解释。凡对《史记》下过一番工夫的人，应可以承认，史公所述史实，如有错误，乃来自他所根据的材料自身的错误，或编写时的偶然疏忽；断不会出之以随意编造的手段。所以他特别强调"疑则传疑"[1]的态度。他由董仲舒承受《公羊春秋》，但未曾言及《公羊传》成立的情形，因为没有这种材料。上文他说左丘明"因孔子史记，具论其语，成《左氏春秋》"的话，必有确凿的根据。他说"鲁君子左丘明"，没有说左丘明是孔子的学生。班

---

[1]《史记·三代世表》序谓孔子"故疑则传疑，盖其慎也"。

固在《汉书·艺文志》"《左氏传》三十卷"下注"左丘明鲁太史"，这是史公以后所出现的一种推测，但这是一种很合理的推测；因为若不是鲁太史，如何能利用得上这样多的材料，并且于《春秋》经所未书者，能知其本为鲁史所有，仅因某种原因而为孔子所不书，这不是一般人所能做到的。但史公则连此种推测也不曾加上去。至"左氏春秋"之与"春秋左氏传"的称名不同，亦犹《史记·儒林列传》及《汉书·儒林传》称"公羊春秋"、"穀梁春秋"，而《汉书·艺文志》则称"公羊传"、"穀梁传"的情形，完全是一样的。刘逢禄们却在此等地方来证明左氏不传《春秋》，真不知从何说起。史公在此处既明言"左丘明"，又言"左氏"，则左氏之为左丘明，更何能有异说；而后人亦于此逞其胸臆，试问，在古代文献中，何处可以发现明确之反证，其分量足以另立一说？简朝亮谓"《史记·自序》云，左丘失明，厥有《国语》；盖左丘，氏也。其称左氏，省文也……或称丘明，亦省文也，犹称马迁者，不称司马也……《唐书》称啖助说，以为作《春秋传》者非《论语》之左丘明，《论语》所引者，若古之人老彭也，《集注》从焉，失之矣。左氏长年，其传书孔子卒后事者及知伯焉，亦如子夏逮魏文侯时尔"。①《论语》中孔子称引及其学生，如"子谓子贱，君子哉若人，尚德哉若人"，而啖助竟以称引老彭为一般之例，以为凡被孔子所称引者，必为古人或先辈，可谓知二五而不知一十。章太炎谓"若夫《左氏》书鲁悼公者，八十之年，未为大耋，何知不亲见夫子"。②简、章两氏之言，可互相发明。

---

① 见简氏《论语集注补正述疏》"左丘明耻之，丘亦耻之"的述疏。
② 见章氏《春秋左传读叙录》。《章氏丛书》本页二〇。

汉人常称传为经，如《易传》有时即称为《易》；此种情形，可推及于战国中期前后。所以《史记》中所用之"春秋"一词，有的指经文而言，有的指《公羊传》而言，有的指《左氏传》而言，全视其所引之内容而定。前引《十二诸侯年表》序中"七十子之徒，口授其传指"，这是指《公羊》、《穀梁》诸传而言。但值得注意的是：孔子作《春秋》时，对不便见之文字的旨意，司马迁认为是"七十子之徒"，都曾与闻的；这与《公羊》、《穀梁》的内容，及董仲舒所称述者完全符合，彻底否定了两传的一线单传的虚构历史。序中"上大夫董仲舒推《春秋》义"的《春秋》，指的是《公羊传》；"儒者断其义"，也指的是《公羊传》、《穀梁传》。此外所言的《春秋》，如铎椒的"为王不能尽观《春秋》"，虞卿的"上采《春秋》"，吕不韦的"删拾《春秋》"，荀卿、韩非之徒的"往往捃摭《春秋》之文以著书"，及他自己"表见《春秋》、《国语》，学者所讥盛衰大指著于篇"中的《春秋》，皆指的是《左氏传》。自铎椒以迄韩非，只采用《左氏传》中的若干故事，以为自己立说的张本，此即所谓"驰说者骋其辞，不务综其终始"。《六国年表》序"余于是因《秦记》踵《春秋》之后，起周元王，表六国时事，讫二世，凡二百七十年……"这里所说的《春秋》，正指的是《左氏传》；因为他是以《六国年表》，紧承于《左氏传》鲁哀二十七年之后。《吴太伯世家》赞"太史公曰……余读《春秋》古文，乃知中国之虞，与荆蛮勾吴兄弟也"；按此指《左传·僖公五年》宫之奇谓"太伯虞仲，太王之昭也"而言。则此处的"《春秋》古文"，亦必指《左氏传》而言。《历书》"周宣王二十六年闰三月，而《春秋》非之"下面，由"先王之正时也"到"事则不悖"一段话，全出于《左传·文王元年》"于是闰三月，非礼也"

下面的一段话。而经文对闰三月并无记载。则此处之所谓"《春秋》"，也当然指的是"《左氏传》"。《宋微子世家》"八月庚辰，穆公卒，兄宣公子与夷立，是为殇公。君子闻之曰，宋宣公可谓知人矣"。正引的是隐公三年《左氏传》的"君子曰，宋宣公可谓知人矣"。乃康有为们，竟谓"君子曰"等，皆刘歆所伪造。西汉人引《公羊》、《穀梁》，固称为《春秋》，汉初的《新语》、《韩诗外传》、《新书》等，皆广引《左氏传》，有的亦称为《春秋》。其大量引《左氏传》而不称《春秋》者，经我的考查，仅有刘向的《新序》、《说苑》。《汉书·刘歆传》谓："歆以为左丘明好恶与圣人同，亲见夫子。而公羊、穀梁，在七十子后。传闻之与亲见之，其详略不同。歆数以难向，向不能非间也。"歆之所以"数以难向"，正因向明习《左氏》，而不以其为传《春秋》。刘向之见，系受当时博士的影响。

称《左氏传》为《春秋》，今日可以考见的，当始于韩非。韩非著书，征引所及者，遍及《诗》、《书》及诸子百家的言论与杂记，也特受了孔子作《春秋》的影响。《内储说上》"鲁哀公问于仲尼曰：'《春秋》之记曰，冬十二月霣霜不杀菽（当作草），何为记此？'仲尼对曰：'此言可以杀而不杀也'。"僖公三十三年"陨霜不杀草，李梅实"。《左氏》无传；《公羊传》"何以书，记异也。何异尔，不时也"；这是释"李梅实"的。惟《穀梁传》对"陨霜不杀草"的解释是"未可杀而杀，举重也。可杀而不杀，举轻也"。其意谓陨霜则可以杀；可以杀而不杀，故举草（轻）以言其不当，此与韩非引孔子之言相合。又《外储说左上》"宋襄与楚人战于涿谷上"，其内容实系僖公二十二年宋楚泓之战；末谓"公伤股，三日而死"；按《左氏》及《公羊》，皆没有把宋襄公之死与泓之战直接连记在一起，仅《穀梁》则连在一起；惟《穀梁》谓"七月而死"，与事实相符；韩非谓"三日而死"，或系韩一时误记，或系后人传抄的错误。我怀疑此条韩非系兼取自《左氏》、《穀梁》两传。又《说疑》引"故《周记》曰，无尊妾而卑妻，无孽适子而尊小枝。无尊嬖臣而匹上卿，无尊大臣以拟其主也"数语，与《穀梁·僖公九年》传"葵丘之会……明天子之禁曰，毋雍（壅）泉，无讫籴，勿易树子，勿以妾为妻，毋使妇人与国政"数语相似，疑系同一来源；或竟出自《穀梁》。《穀梁传》对一事之不同解释，常用"一曰"、"或曰"，以并存其义，《韩非子》中亦常用此体；我怀疑韩非曾受有《穀梁传》的影响。而《外储说右上》"子夏曰，《春秋》之记曰，臣杀君，子杀父者以十数矣，皆非一日之积也，有渐而以至矣"；此可信为子夏阐述《春秋》之言。以上皆可证明韩非受《春秋》之影响，而所受影响最大者为《左氏传》。

我将《韩非子》全书引自《左氏传》或出自《左氏传》者约略统计一下，有二十三条之多；[①]而最值得注意的是：《奸劫弑臣》篇楚王子围"以其冠缨绞王而杀之"一条，引自《左传·昭公元年》传。崔杼弑齐君一条，引自《左传·襄公二十五年》传，毫无可疑之处。韩非对此两条先作总挈的叙述说"故《春秋》记之曰"，这是韩非称《左氏传》为《春秋》的铁证。这也可见史公在《史记》中称《左氏传》为《春秋》，其来有自。而《十二诸侯年表》序中"表见《春秋》、《国语》"的"春秋"指的是《左氏传》，

[①] 计《十过》四条，《说难》一条，《奸劫弑臣》两条，《喻老》一条，《内储说上》两条，《内储说下》五条，《外储说左上》两条，《外储说右上》一条，《难一》、《难三》各一条，《难四》则有三条。其中有一两条颇有异同，此亦古人引书常事。其详请参阅陈奇猷著《韩非子集释》。

证以《年表》的内容，主要取自《左氏传》及《国语》，更有何可疑？其所以兼及《国语》，不仅他认为《国语》系左丘明晚年所著；且系他以"共和行政"，乃周室由盛而衰的大转捩点，所以他的《年表》是自"共和迄孔子"。隐公元年以前，上至共和的材料，为孔子所未记，即为《左氏传》所无，他不能不取《国语》以补《左氏传》之所缺。《韩非子》中，亦引有不少《国语》的材料，但决找不出称《国语》为《春秋》的痕迹。还有《难四》的"郑伯将以高渠弥为卿"条，系引自《左传·桓公十七年》传。其"君子曰，昭公知所恶矣"，即《左氏传》的"君子谓昭公知所恶矣"；由此可以证明《左氏传》中的"君子曰"，为原书所固有，以见康有为认为这是由刘歆所附益进去的说法，是如何的诞妄。

还有若干异说，不似今文家的诞妄，而系来自不以自己的历史意识的自觉，去面对《左氏》这一伟大的历史记载。首先是范宁《春秋穀梁传序》①谓"左氏艳而富，其失也巫"。汪中谓"左氏所书，不专人事。其别有五，曰天道，曰鬼神，曰灾祥，曰卜筮，曰梦。其失也巫，其斯之谓欤"，②于是汪中援引《左氏传》中的记载，从而释之曰"左氏之言天道，未尝废人事也"，"左氏之言鬼神，未尝废人事也"，"左氏之言灾祥，未尝废人事"，"左氏之言卜筮，未尝废人事也"，"左氏之言梦，未尝废人事也"。范宁及汪中，似乎皆以为《左氏传》中的言巫，言人事，皆出于左氏一人之撰述；而忘记春秋二四二年之间，正是原始宗教与人文精神，

---

① 范宁之《穀梁传集解》，远胜于何休之注《公羊》。范宁通达明畅，不为曲说所拘。何休则引谶纬及董氏之说，以乱《公羊》之真，实《公羊》之罪人。此意特于此表明，以俟好学深思之士。
② 见汪中《述学·内篇》二《左氏春秋释疑》。

互相交错乃至交替的时代；左氏只是把此一段历史中交错交替的现象，随其在历史上所发生的影响，而判别其轻重，如实地纪录下来；言巫，乃历史人物之言巫；言人事，乃历史人物之言人事，与左氏个人的是非好恶，毫不相干，何缘作此批评，亦何劳作此争辩。

又有以《左氏传》所载预言之不验者，作推定左氏著书年代的根据。① 顾亭林谓："昔人所言兴亡祸福之故，不必尽验。左氏但记其信而有征者尔，而亦不尽信也。三良殉死，君子是以知秦之不复东征；至于孝公而天子致伯，诸侯毕贺，其后始皇遂并天下。季札闻齐风以为国未可量，乃不久而篡于陈氏。闻郑风以为其先亡乎，而郑至三家分晋之后始灭于韩。浑罕言姬在列诸侯者，蔡及曹滕其先亡乎，而滕灭于宋王偃，在诸姬为最后。僖公三十一年，狄围卫，卫迁于帝丘，卜曰三百年，而卫至秦二世元年始废，历四百二十一年。是左氏所记之言，亦不尽信也。"② 再加以《左传·宣公三年》王孙满谓"成王定鼎于郏鄏，卜世三十，卜年七百，天所命也"；而周至赧王末年，"合得八百六十七年"。以此反驳刘歆伪造左氏之说，固极为有力。③ 若谓凡言之不验者，为著者所未及见，则其意谓已验者，即作者所附益，此则断无是理。刘知几谓："寻诸左氏载诸大夫词令，行人应答，其文典而美，其语博而奥；述往古则委曲如存；征近代则循环可复。必料其功厚薄，指意深浅，谅非经营草创，出自一时；琢磨润色，独成一

---

① 如卫聚贤著《〈左传〉的研究》。
②《日知录》卷四"左氏不必尽信"条。
③ 见日狩野直喜博士《君山文》卷一《左氏辨》。

手。斯盖当时国史，已有成文，丘明但编而次之，配经称传而行也。"① 斯为能得其实。

十、左氏"以史传经"的重大意义与成就

过去对《左氏传》价值的争论，多集中在它是否系传孔子所作的《春秋》这一点上。此在今日，没有争论的余地。左氏之传《春秋》，可分为四种形式。第一种是以补《春秋》者传《春秋》。如隐公元年传："夏四月，费伯帅师城郎。不书，非公命也"；"秋八月，纪人伐夷，夷不告，故不书。有蜚不为灾，亦不书"；"冬十月庚申，改葬惠公，公弗临，故不书……卫公来会葬，不见公，亦不书"；"郑人以王师虢师伐卫南鄙，请师于邾，邾子使私于公子豫，豫请往，公弗许，遂行。及邾人、郑人盟于翼。不书，非公命也"；"新作南门，不书，亦非公命也"。鲁《春秋》有，而孔子所修之《春秋》没有，左氏采鲁《春秋》以补其缺，盖对孔子所以不采用之故，加以解释。第二种是以书法的解释传《春秋》。如隐公元年十二月"众父卒，公不与小敛，故不书日"。三年经"夏四月辛卯，君氏卒"。传"夏君氏卒，声子也。不赴于诸侯，不反哭于寝，不祔于姑，故不曰薨。不称夫人，故不言葬，不书姓。为公故，曰君氏"。这所释的书法，到底是鲁史相传之旧呢？还是仅指孔子所修的《春秋》呢？我以为是指孔子所因的鲁史之旧。不过对这种旧的书法所含的意义，孔子或左氏有所发明。第三种，是以简捷的判断传《春秋》。隐公元年经"秋七月，天王

---

① 刘著《史通》卷十四《申左》。

使宰咺来归惠公仲子之赗"。传"豫凶事，非礼也"。这或者是秉承孔子之意，以为非礼。或系左氏根据他所引的礼的准绳而认为非礼。第四，是以"君子曰"的形式，发表自己的意见。这也是传《春秋》的一种方式。此在《左氏传》中，占重要的地位。[①]有时也特引孔子的话。上面四种"传《春秋》"的形式，除第一种为《公》、《穀》所无外，余皆为三传所通有。惟左氏论"书法"，很少采用一字褒贬之说。说孔子以一字表现褒贬，这是《公》、《穀》最大的特色。左氏所用的四种传经的形式，与《公》、《穀》所用的形式，皆可概称之为"以义传经"。而左氏在四种以义传经之外，更重要的则是"以史传经"。以义传经，是代历史讲话，或者说是孔子代历史讲话。以史传经，则是让历史自己讲话，并把孔子在历史中所抽出的经验教训，还原到具体的历史中，让人知道孔子所讲的根据。例如鲁僖公二十二年经"冬十有一月己巳，宋公及楚人战于泓，宋师败绩"。《公羊》对宋公恭维得"虽文王之战亦不过也"，《穀梁》则骂宋公为"何以为人"。这两个极端，到底谁合于历史真实，谁合于孔子本意？恐怕很难断定。而《左氏传》则只记录"子鱼曰，君未知战"的一段话，使读者可以感到宋公既不是如《公羊》所说的那样好，也不是如《穀梁》所说的那样坏；而是一个志大才疏，有点呆头呆脑的人物。此之谓让历史自己讲话，把都以为是出于孔子的两种极端意见，还原到历史自身中去，使宋襄公保持他的历史本来面目。若用现代语言来诠表，由《公羊》、《穀梁》所代表的，可以成为一种历史哲学，而左氏所兼用的以史传经的方法，则除了含有历史哲学的意味外，

[①]《公羊传》的"君子"，是指孔子。《左氏传》的"君子曰"的"君子"，是左氏自称。

更重要的成就，是集古代千百年各国史学之大成的史学。例如一开始的隐公"元年春王正月"，《公羊传》"王者孰谓，谓文王也。曷为先言王而后言正月，王正月也。何言乎王正月，大一统也"。《穀梁传》则谓"虽无事，必举正月，谨始也"。这是将史实加以理论化。《左氏传》则仅加一"周"字，成为"元年春王周正月"，以表明此正月乃"周"所颁之正月。不言大一统的理论，而春秋是以周的正朔，统一之二百四十二年的时间，由此一"周"字而可见。所用的是周正月，这是历史事实，此之谓以史传经。又对隐公不言即位一事，《公羊传》谓："公何以不言即位，成公意也。何成乎公之意，公将平国而反之桓。曷为反之桓，桓幼而贵，隐长而卑。其为尊卑也微，国人莫知。隐长又贤，诸大夫扳隐而立之，隐于是焉而辞立，则未知桓之将必得立也？且如桓立，则恐大夫之不能相幼君也。故凡隐之立，为桓立也。隐长又贤，何以不宜立？立适以长不以贤，立子以贵不以长。桓何以贵，母贵也。母贵则子何以贵，子以母贵，母以子贵。"综《公羊传》之意，对隐之"将平国而反之桓"，是合于当时宗法制度的。《穀梁传》对此谓："何以不言即位，成公志也。焉成之？言君之不取为公也。君之不取为公，何也？将以恶桓也。其恶桓何也？隐将让而桓弑之，则桓恶矣。桓弑而隐让，则隐善矣。善则其不正焉何也？《春秋》贵义而不贵惠，信道而不信邪。孝子扬父之美，不扬父之恶。先君之欲与桓，非正也，邪也。虽然，既胜其邪心以与隐矣，已探先君之邪志而遂以与桓，则是成父之恶也。兄弟，天伦也。为子，受之父；为诸侯，受之君。已废天伦而忘君父，以行小惠，曰小道也。若隐者，可谓轻千乘之国，蹈道则未也。"《公羊》、《穀梁》对隐公的评价不同，显系因为站在两种不同的基础。《公羊传》

254 两汉思想史（三）

是站在宗法制度的基础，以为桓公应当立，所以隐公当先立而后让。后起的《穀梁传》已忘记了当时的宗法制度，而只认为想立桓，乃出于"先君之邪志"。《公羊传》写了一四七字，写出了宗法制度的原则，但桓公何以随母而贵，真相仍然不明。《穀梁传》写了二一二字，提出了春秋贵义不贵惠的原则，但何以知道隐公的先君"既胜其邪心以与隐矣"，终古也猜想不透。并且孔子对此事的真正看法，谁能由此两传而得出正确的结论？《左氏传》对此，则仅写上"不言即位，摄也"六个字，这六个字是史实而不是理论。但在经文的前面，写了"惠公元妃孟子。孟子卒，继室以声子，生隐公。宋武公生仲子；仲子生而有文在其手，曰为鲁夫人，故仲子归于我，生桓公而惠公薨，是以隐公立而奉之"的五十八字，由此而隐之为摄，经之所以不言即位，使人得到明白的了解。此之谓以史传经。杜预《春秋左氏传序》[①]谓"左丘明受经于仲尼，以为经者不刊之书也。故传或先经以始事，或后经以终义，或依经以辩理，或错经以合异，随义而发"；其中除"经以终义"，指的是以义传经外，其余皆说的是以史传经的情形。不仅以史传经，为《公》、《穀》所无，[②]并且立足于史所得的判断，与立足于一字褒贬的经所得的判断，也常显出两种不同的性格。例如隐公元年经"夏五月，郑伯克段于鄢"，《公羊传》"克之者何，杀之也。杀之则曷为谓之克，大郑伯之恶也。曷为大郑伯之恶？母

[①] 顾栋高在《春秋三传异同表叙》中谓《左氏传》注，以"杜最精密"，此乃平实之论。惜其犹不免存有与二传争胜之心，特强调凡例，反为其所拘滞。而日人竹添光鸿本杜注以作《会笺》，在版本及内容上之贡献亦甚大。我所用的即《汉文大系》之《会笺》本。

[②] 《公》、《穀》中所叙史实，都是片断的，很少能达到传经的目的。

原 史

欲立，己杀之，如勿与而已矣。段者何？郑伯之弟也。何以不称弟，当国也。其地何？当国也"。《穀梁传》"克者何？能也。何能也？能杀也。何以不言杀？见段之有徒众也。段，郑伯弟也。何以知其为弟也？杀世子母弟目君。以其目君，知其为弟也。段弟也，而弗谓弟；公子也，而弗谓公子，贬之也。段失子弟之道矣。贱段而甚郑伯也。何甚乎郑伯？甚郑伯之处心积虑，成于杀也。于鄢，远也。犹曰取之其母之怀中而杀之云尔，甚之也。然则为郑伯者宜奈何？缓追逸贼，亲亲之道也"。《左氏传》则在对此事之经过，作完整而委曲的叙述后，"书曰，郑伯克段于鄢。段不弟，故不言弟。如二君，故曰克。称郑伯，讥失教也。谓之郑志。不言出奔，难之也"。证以隐公十一年《左氏传》的"庄公曰，寡人有弟，不能和协，使糊其口于四方"，则段之未被杀甚明。这不仅使《公》、《穀》两传对"克"的解释，皆失掉了根据；而在左氏心目中，郑庄公的罪恶，也不如《公》、《穀》两传诛责之甚。按诸事实经过的曲折，左氏责庄的失教及郑志，较合于情理之常。通括言之，左氏对人的罪责，多较《公》、《穀》为宽。盖《公》、《穀》只是顺着一种理念推断下去，而左氏则把历史事实放在第一位；历史决不是由某种理念演绎出来的，而是各种因素，在掺互错综中，有许多曲折的。只要承认了许多的曲折，便不容根据某种理念，下一往直前的评断，其评断自然归于平实。董仲舒具有一种伟大人格。但因他的"天的哲学"的理念，远超过了他的历史意识；而《公羊传》自身，亦缺少"历史的意味"，遂使他凭《公羊》以逞臆说，扰乱了学术中所必不可少的求知的规律，纬书由他开其端，而清代反知识的今文学，都是言义而离开历史的必然归结。《穀梁传》则始终停顿在夹杂琐碎的状态中，没有发挥出真正的影响力。以史传经，使读者对经文脱摸索之苦，免臆造之厄。其所表现之价值观念，乃反映出生活在具体历史中的价值观念；少突出的精彩，亦无诞妄的灾祸。仅以"传经"而言，三传或亦可谓得失互见；但《公羊》、《穀梁》两传之得失，必待《左氏传》而明。汉人谓为"不传《春秋》"，固然是诬妄的；将其与《公羊》、《穀梁》两传之传经，视为一类，而与之争先后是非，也是不正确的。因为左氏主要是采用了以史传经的方法，因而发展出今日可以看到的一部伟大的史学著作——《左氏传》，其意义实远在传经之上。传经是阐述孔子一人之言；而著史则是阐发了二四二年的我们民族的集体生命，以构成我们整体文化中的一段生动而具体的形象，这是出自传经，而决非传经所能概括的意义。

十一、从史学观点评估《左氏传》

春秋时代，是各方面都在发生变迁的时代；是封建政治在承转期中，以贵族为中心的文化，由宗教转向人文，新旧交错的时代。又因贵族的没落，在贵族手上的文化，开始下逮于一般社会平民的时代。《左氏传》的最大成就，是在孔子所修《春秋》的提挈之下，把这个时代的各方面的变迁、成就，矛盾、冲突，都以让历史自己讲话的方式，系统地、完整地、曲折地、趣味地表达出来，使生在今日的人，对由西纪前七二二年（鲁隐公元年）到西纪前四八一年（鲁哀公十四年）的这一段古代史，还可以清楚而生动地把握得清清楚楚。这种史学上的成就，可以说是世界性的空前的成就，比传经的问题远为重要。

吕祖谦《左氏传说》，首言"看《左氏》规模"；有谓"看《左传》，须看一代之所以升降，一国之所以盛衰，一君之所以治乱，一人之所以变迁"。接着举出具体的若干例证。吕氏只说"须看"，实则因《左氏传》中写透了一代、一国、一君、一人的变迁，才可如此去看。吕氏对郑伯克段于鄢一事的见解，十分陈腐，但谓"左氏铺叙好处，以十分笔力，写十分人情"，这话可用到《左氏》全书中去，不仅克段于鄢一事是如此。吕氏又说："军制如郑败燕，以三军军其前，潜军军其后（鲁隐公五年），若此之类，人孰不知其为兵制。至于不说兵制，因而见之者，须当看也。如诸侯败郑徒兵（隐公四年），此虽等闲句，而三代兵制大沿革处，可见于此。盖徒兵自此立，而车战自此浸弛也。财赋之显然者，人孰不知其为财赋。至于不说财赋，因而说之者，须当看也。如臧僖伯之谏观鱼（亦鲁隐公五年），此固非论财赋；然所谓鱼鳖鸟兽之肉，不登于俎，皮革齿牙骨角毛羽，不登于器之类，此亦见当时惟正之供；其经常之大者虽归之公上，而其小者常在民间，此所以取之无穷，用之不尽也。"按吕氏的话，应当了解为，《左氏传》实包罗了当时各方面的情形，可以作多方面发掘。顾栋高《春秋大事表》，共列表五十，更附有《春秋舆图》，此为了解当时形势的最方便扼要之书。顾氏虽意在推重孔子之作《春秋》，而实则所以发明左氏。因除《春秋朔闰表》，及《春秋长历拾遗》，与《春秋三传异同》四表，及《春秋阙文表》、《春秋杜注正讹表》外，其余皆可谓出于左氏。没有左氏，顾氏之书，便不能成立。在地理方面，有《列国疆域》、《列国地理犬牙相错》、《列国都邑》、《列国山川》、《列国险要》等表。在政治结构方面，有《列国爵姓及存灭》、《列国姓氏》、《卿大夫世系》等表。在制度方面，有《列国官制》、《刑赏田赋军旅吉凶宾军嘉礼》、《晋中军》、《楚令尹》、《宋

258 两汉思想史（三）

执政》、《郑执政》等表。在政治变迁方面，有《王迹拾遗》、《鲁政下逮》等表。及《齐纪郑许宋曹吞灭表》、《乱贼表》。在国际活动方面，有齐楚、宋楚、晋楚、吴晋、齐晋等《争盟表》。在军事方面，有秦晋、晋楚、吴楚、吴越、齐鲁、鲁邾莒、宋郑等《交兵表》及《兵谋表》。另有《城筑表》，有《四裔表》，有《天文表》、《五行表》。《左传引据诗书易三经表》,《人物表》，终之以《列女表》。由顾氏所列的各表，正可反映出左氏所写的历史面貌的完整性。当然有为顾氏认识所不及的，如里面所包含的平民生活、活动的情形，便为他所遗漏。同时，又有为表的体裁所限制而不能不遗漏的，如二百四十二年间，许多贤士大夫的多彩多姿的言论。这一点，《汉书》多录贤臣奏议，差可与它相比拟；但《汉书》所录者是简牍上写出的文字，而《左氏》所录者绝对多数是当时口头上说出的语言，所以比《汉书》所录的远为生动。而这些语言的内容、风格，不仅与战国时的游士，截然不同；即在春秋的早、中、晚三期中——假定可以划为三期的话，也互相异致；这说明了《左氏》所录的语言，能忠实地反映了说这种语言的人的时代。因为当时史官及若干贤士大夫的博学多闻，常援引历史的线索、故训，以解释他们面对的问题，于是又得到了另一意外的收获，即是对春秋以前茫昧的古史，投入了一道曙光，可以成为后人言古代史的基点。但这一方面，至今还被利用得不够。

然则《左氏传》何以能收到这样的效果，首先当然是受到孔子的求真精神及道德精神的启发，及经孔子所整理出的纲领——《春秋》经的导引。年月日的次序，实际即是历史的秩序。《国语》亦出于左氏，但《国语》缺少了由年月日而来的明显的历史的秩序。其次，当文化因转型期而得到一种新热情、新生命的时候，

原 史

也常是把它推向最高发展的时候。推论左氏的生平，正当贵族政治加速崩溃，在贵族手上的文化正开始下逮于平民，使其得到新的广大活动的基础，并因而重新赋予以新生命的转型期的时代，作为此时代最高标志的当然是孔子；而左丘明则在此一新时代中，总结了数百年的各国史官的智慧、教养以及他们的业绩，乃能造成此种伟大的结晶。

由《左氏传》中的"君子曰"，我们可以很清楚地了解左氏个人的学养及他在文学上的高度表现能力。兹姑就鲁隐公时代引若干例证如下：

一、隐公元年，郑庄公因颍谷封人颍考叔之言，而与其置于城颍的母姜氏，"遂为母子如初"。"君子曰，颍考叔，纯孝也。爱其母，施及庄公。《诗》曰，孝子不匮，永锡尔类。其是之谓乎"。

二、隐公三年，《左氏传》补述周郑由交质以至"周郑交恶"一事后，"君子曰，信不由中，质无益也。明恕而行，要之以礼，虽无有质，谁能间之？苟有明信，涧溪沼沚之毛，蘋蘩蕴藻之菜，筐筥锜釜之器，潢污行潦之水，可荐于鬼神，可羞于王公。而况君子结二国之信，行之以礼，又焉用质。《风》有《采蘩》、《采蘋》，《雅》有《行苇》、《洞酌》，昭忠信也。"

三、隐公三年，"八月庚辰，宋穆公卒，殇公即位"；"君子曰，宋宣公可谓知人矣。立穆公，其子飨之，命以义夫。《商颂》曰，殷受命咸宜，百禄是荷，其是之谓乎"。

四、隐公六年，郑因过去曾请成于陈，为陈桓公所拒，遂于此年"五月庚申，郑伯侵陈，大获"。"君子曰，善不可失，恶不可长，其陈桓公之谓乎。长恶不悛，从自及也。虽欲救之，其将能乎。《商书》曰，恶之易也，如火之燎于原，不可向迩。其犹可扑灭乎？周任有言（马融《论语注》：周任，古之良史）曰，为国家者，见恶如农夫之务去草焉，芟夷蕴（积）崇（聚）之，绝其本根，勿使能殖，则善者信矣。"

五、隐公十一年郑师入许，郑庄公"使许大夫百里奉许叔以居许东偏"，留待许之复国。"君子谓郑庄公于是乎有礼。礼，经国家，定社稷，序民人，利后嗣者也。许无刑（法）而伐之，服而舍之，度德而处之，量力而行之。相时而动，无累后人。"

我们无法了解左丘明的平生。但由上引五例：第一，可以了解他对当时由《诗》、《书》、《礼》等所代表的文化渐渍之深，运用之熟，所以他在精神上，可以把握他所面对的这段历史，作完整而有深度的处理。第二，他的文字，平易条畅，与宋代以后的散文，相去不远。范宁说是"艳"，韩愈说是"浮夸"，[1]这是很难令人索解的。他的这种文体，因无所拘滞，所以特别富于表现力。刘知几说"左氏之叙事也，述行师，则簿领盈视，哤聒沸腾。论备火，则区分在目，修饰峻整。言胜捷，则收获都尽；记奔败，则披靡横前；申盟誓，则慷慨有余；称谲诈，则欺诬可见；谈恩惠，则煦如春日；纪严切，则凛若秋霜；叙兴邦，则滋味无量；陈亡国，

---

[1]《昌黎先生集》第十二卷《进学解》"《左氏》浮夸"。

原　史

则凄凉可悯。或腴辞润简牍，或美句入咏歌。跌宕而不群，纵横而自得。若斯才者，殆将工侔造化，思涉鬼神。著述罕闻，古今卓绝"。①刘氏可谓知言。

左丘明因为具备有上面两个基本条件，所以他便有能力将他所把握到的这段历史，完整地表现出来。其最大的成就，我仅举出三点。第一点在于他以行为的因果关系，代替了宗教的预言，由此而使历史从一堆杂乱的材料中，显出它是由有理性的人类生活所遗留下来的大秩序、大方向，可由继起的人类顺着此大秩序、大方向，作继续无穷的演进，并由此而更有力地表达了褒善贬恶的意义。由非当事人用语言来褒善贬恶，即使是出自孔子，其所给予人类的教训，终不及由行为自身的因果关系以证明善与恶在历史中所得的审判，更为深刻有力。第二点，他把构成一个行为之果的许多因素，综合条理起来，使人了解行为的因果关系，不可以由简单化而陷于偏枯的、抽象的、拘滞的某种形态的观念公式，以至脱离了具体的人类生活的实态。第三点，人类生活，在由行为因果关系所表现的意义以外，还有一种可以说是趣味性的，或者可以说是艺术性的生活；这种生活，与行为的成败利害，没有直接关连；但人生常因此而得到充实，历史常因此而得以丰富。著史的人，若将这一面加以忽视，等于遗失了人类生活的一个重要方面，有损于历史中的具体生命。所以伟大的史学家，必然同时秉赋有伟大的艺术心灵，能嗅出历史中这一方面的意味，而将其组入于历史重现之中，增加历史的生气与活力。左丘明便是这

---

① 刘著《史通》卷十六《杂说上·左氏传》。

样伟大的史学家。后来除司马迁外，再找不出第二人。下面我只举出三个例子加以说明。

中国原始宗教的最大作用，便是通过卜与筮，对人的行为的抉择与其归趋，作预言性的指示。从殷代甲骨文看，殷代的王者，几乎可以说是生存在卜辞的预言中。但就常情推测，好的"贞人"，当他们凭灼痕作预言时，也有意或无意地组入了人事的或人文的因素。此一传统，在春秋时代，还相当流行，并还发生相当作用，所以左氏不能不加以记载。但这是历史事实，而不是左氏处理历史所用的方法。他处理历史所用的方法，主要是把历史中的行为因果关系摆清楚，同时，也即是把行为善恶的结果摆清楚；这不仅达到了"孔子作《春秋》而乱臣贼子惧"的目的，并且把宗教性的预言，转变为行为的责任，以合理性代替了神秘性。而站在史学的立场，由这种因果关系的系列，使人类历史，呈现出一种有机体的构造；使各种史料，在有机体的构造中，得到与本质相符的地位与秩序。隐公四年二月经"戊申，卫州吁弑其君完"，"九月，卫人杀州吁于濮，冬十有二月，卫人立晋"。《左氏传》在隐公三年有下面的一段叙述：

卫庄公娶于齐东宫得臣之妹曰庄姜，美而无子，卫人所为赋《硕人》也。又娶于陈曰厉妫，生孝伯，早死。其娣戴妫生桓公，庄姜以为己子。公子州吁，嬖人之子也，有宠而好兵，公弗禁，庄姜恶之。石碏谏曰："臣闻爱子，教之以义方，弗纳于邪。骄奢淫佚，所自邪也。四者之来，宠禄过也。将立州吁，乃定之矣。若犹未也，阶之为祸。夫宠而不骄，骄而能降，降而不憾，憾而能眕（自重）者鲜矣。

且夫贱妨贵，少陵长，远间亲，新间旧，小加大，淫破义，所谓六逆也。君义，臣行，父慈，子孝，兄爱，弟敬，所谓六顺也。去顺效逆，所以速祸也。君人者，将祸是务去，而速之，无乃不可乎？"弗听。其子厚，与州吁游，禁之不可。桓公立，乃老（致仕）。

上面这段叙述，即杜预之所谓"先经以始事"。卫州吁弑其君，是在隐公四年，所以经便写在四年。左氏却于隐公四年的前一年，即隐公三年，叙述了上面的一段话，把州吁弑君的背景摆清楚，也即是把弑君之"因"摆清楚；有了这样的因，所以便有四年弑君的果。由四年弑君的果，而可使人视卫庄公不教子以义方所种下之因为大戒。隐公四年《传》在"四年春，卫州吁弑桓公而立"后，有下面的叙述：

公（鲁隐公）与宋公为会，将寻宿之盟。未及期，卫人来告乱。夏，公及宋公遇于清。宋殇公之即位也，公子冯出奔郑，郑人欲纳之。及卫州吁立，将修先君之怨于郑（隐公二年，郑曾伐卫），而求宠于诸侯，以和其民。使告于宋曰："君若伐郑以除君害，君为主，弊邑以赋与陈蔡从，则卫国之愿也。"宋人许之。于是陈蔡方睦于卫，故宋公、陈侯、蔡人、卫人伐郑，围其东门，五日而还。公（鲁隐公）问于众仲（鲁大夫）曰："卫州吁其成乎？"对曰："臣闻以德和民，不闻以乱。以乱，犹治丝而棼之也。夫州吁，阻（恃）兵而安忍。阻兵无众，安忍无亲。众叛亲离，难以济矣。夫兵犹火也，弗戢，将自焚也。夫州吁弑其君而虐用其民，于是乎不务令德，而欲以乱成，必不免矣。"

州吁未能和其民。厚（石碏之子）问定君于石子（石碏）。石子曰，王觐为可。曰，何以得觐（因弑君自立，未得王命）？曰，陈桓公方有宠于王。陈卫方睦。若朝陈使请，必可得也。厚从州吁如陈。石碏使告于陈曰，卫国褊小，老夫耄矣，无能为也。此二人者，实弑寡君，敢即图之。陈人执之，而请莅于卫。九月，卫人使右宰丑莅，杀州吁于濮。石碏使其宰獳羊肩莅，杀石厚于陈。君子曰，石碏，纯臣也。恶州吁而厚与焉。大义灭亲，其是之谓乎。

卫人逆公子晋于邢。冬十二月，宣公（即晋）即位。书曰，卫人立晋，众也。

隐公三年所叙述者为因，隐四年卫州吁弑君为果。四年春，卫州吁弑君为因，九月卫人使右宰丑莅杀州吁于濮是果。而石碏之子石厚的因果关系也附在里面。这种行为因果关系的自身，即是对行为者所作的审判；较之神的审判，较之圣人的审判，不是更为庄严而深刻吗？但历史的因果关系，不同于科学中的因果法则，不能用抽象、舍象的方法以得出因，也不能由因便能直接推出果。所以弑君者不一定便被杀，须通过人的具体的相关行为而始能决定。众仲向鲁隐公所说的州吁"阻兵而安忍"一段话，说明了此种因果关系中的具体条件；而此一具体条件，又来自隐公三年所叙述的"有宠而好兵"，于是在州吁一人行为中，又自有其因果关系。此乃最显而易见之例。顾栋高谓"看《春秋》，眼光须极远近者十年数十年，远者通二百四十二年"；①并历举事例为证。顾氏虽因受时代限制，颇多迂腐之谈。但他所说的，实际系要求应通贯人与事的因果关系，以把握春秋时代的演变。有十年以内的因果关系，有十年乃至数十年的因果关系。有由个别的因果关系，各时间内的因果关系，汇而为一个时代演变的整体的因果关系；于是历史乃以有机体的构成秩序，复活于吾人之前，此之谓史学的成就。

把许多因素，各按其分位综合在一起，以解答一个历史关键性问题，这里只以鲁僖公二十八年晋楚城濮之战为例。

顾栋高谓："自僖公十七年齐侯小白卒，至二十七年，楚人围宋，公会诸侯盟于宋，首尾十一年，连书凡三十四事，志宋襄嗣伯无功，荆楚暴横莫制，诸夏澜倒汲汲，有左衽之忧，而晋文之出，为刻不可缓也。自僖二十八年春，晋侯侵曹，晋侯伐卫，至二十九年盟于翟泉，两年之中，连书凡二十三事，志晋文之一战而伯……患楚之深，故予晋之亟也。"②可知晋楚城濮之战，是春秋时代重大关键问题之一。楚的主角是成得臣（子玉），《左》僖二十三年秋"楚人伐陈"，《传》："楚成得臣帅师伐陈……遂取焦夷城顿而还。子文以为之功，使为令尹。叔伯曰，子若国何？对曰，吾以靖国也。夫有大功而无贵仕，其人能靖者与有几。"由此叙述，以见子玉在楚之能力与地位。晋的主角是晋文公。在同年"晋公子重耳之及于难也"一段，详述重耳在外流亡的情形，不仅为二十四年秦伯纳重耳（文公）的张本；且由他们君臣在患难中

---

① 见顾氏《读春秋偶笔》。
② 同上。

的情形，以表明晋文伯业的人的因素。而其流亡至楚，详述楚成王与重耳的一段问答，并加入"子玉欲杀之"一事，乃所以为城濮之战作伏线。僖公二十七年，《传》在"冬，楚人、陈侯、蔡侯、郑伯、许男围宋"之前，先述"楚子将围宋，使子文治兵于睽，终朝而毕，不戮一人。子玉复治兵于蔿，终日而毕，鞭七人，贯三人耳。国老皆贺子文，子文饮之酒。蔿贾尚幼，后至，不贺。子文问之，对曰，不知所贺。子之传政于子玉，曰以靖国也。靖诸内而败诸外，所获几何……子玉刚而无礼，不可以治民。过三百乘，其不能以入矣。苟入而贺，何后之有"。围宋是城濮之战的序幕，围宋前的"治兵"，是为围宋作准备，也实是为城濮之战作准备。在此一准备中，又加强说明了楚国这一方面的人的因素。

《传》在"冬，楚子围宋"之后，接着叙述"宋公孙固如晋告急。先轸曰，报施救患，取威定霸，于是乎在矣"一段，以说明晋决心救宋，这是一般叙述中应有之义。但难得的是：在这段叙述中，把晋国在城濮之战中所以能得胜的各种因素，先作了集中的叙述。计：

一、战略："狐偃曰，楚始得曹而新婚于卫。若伐曹卫，楚必救之，则齐宋免矣。"直接救宋，道途既远，且处于被动。伐曹卫以致楚师，道近，且转被动为主动。故此一战略之决定，为致胜之重大因素。

二、整军："于是乎蒐于被庐，作三军。"

三、置帅："谋元帅。赵衰曰，郤縠可。臣亟闻其语矣，说礼乐而敦《诗》《书》。《诗》《书》，义之府也。礼乐，德之则也。德义，利之本也。……君其试之。乃使郤縠将中军，郤溱佐之。使狐偃将上军，让狐毛而佐之。命赵衰为卿，让于栾枝、先轸。使

原史

栾枝将下军，先轸佐之。荀林父御戎，魏犨为右。"将中军的郤縠的教养，与楚令尹子玉，恰作一显明的对照。可惜的是次年一出兵而郤縠即死，乃超擢先轸代替郤縠的"元帅"的地位。

四、教民："晋侯始入而教其民，二年，欲用之。子犯曰，民未知义，未安其居。于是乎出定襄王，入务利民，民怀生矣，欲用之。子犯曰，民未知信，未宣其用。于是乎伐原以示之信。民易资者，不求丰焉；明征其辞。公曰，可矣乎？子犯曰，民未知礼，未生其共。于是乎大蒐以示之礼，作执秩以正其官，民听不惑，而后用之。出谷戍，释宋围，一战而霸，文之教也。"按晋经骊姬之乱，国内陷于混乱废弛者，二十余年，不经文公君臣的一番教民工作，则军事的、政治的基础不能及楚。左氏在此处特作综合性的叙述，更接触到决定胜负的基本因素。

僖公二十八年春，晋侵曹伐卫，开始了战略上的绪战。在此一绪战中，记录了有关各国随形势转移而向楚向晋的许多曲折，并用闲笔叙述了魏犨、颠颉违命烧了有恩于文公的曹僖负羁之宫，魏犨束胸伤以见文公派来的使者，"距跃三百，曲踊三百"以示勇，因而得以免死的故事。在当时形势上，晋欲成霸业，必全力以求一战。但楚则远涉中原，可战可不战；楚王本意又不欲与晋决战。所以晋国的谋略，首先集中在如何拉拢齐秦共同作战，同时又激怒子玉，隐蔽自己求战之心，转而把衅端转嫁在子玉身上，示内外以系不得已而应战。当宋国向晋求援时，先轸建议"使宋舍我而赂齐、秦，借之告楚（借齐、秦之力，以请求楚释宋）。我执曹君而分曹、卫之田，以赐宋人。楚爱曹、卫，必不许也（必不许齐、秦的请求）。喜赂（齐、秦喜宋人之赂）怒顽（齐、秦怒楚人拒绝释宋的请求），能无战乎（齐、秦能不与楚一战吗）？"用现代的语言表达，这种国际关系的运用，已够巧妙了。及"子玉使宛春告于晋师曰，请复卫侯而封曹，臣亦释宋之围"。子玉的这一请求，正如先轸所说，"楚一言而定三国"，是和平解决问题的合理方案；晋若如子犯之言，径加拒绝，不仅是"弃宋"，且与曹卫结怨太深，会引起诸侯的反感（"谓诸侯何"）。但若答应子玉的要求，则违反了求战的目的。于是先轸建议"私许复卫、曹以携之（使曹、卫在晋的威迫利诱下，携贰于楚），执宛春以怒楚"，卒达到"曹、卫告绝于楚，子玉怒，从晋师"的目的。此一国际关系的玩弄，更可说是狠毒巧妙。左氏了解，在这样大的战役中，由外交手段以求得国际关系对己有利，是求胜的重大因素，所以他对此，作了曲折尽致的叙述。

晋文公流亡在楚时，楚成王对他有恩。而以子玉之才，用楚的声威正盛之众，这两点在晋文公的心理上，不能不形成一种压力，此种心理上的压力，也会影响到他个人的决心，因而影响全军的气势。除了在决战之前，实践"退避三舍"诺言，且以骄子玉外，左氏更叙述晋公"听舆人之诵"而"疑焉"，这是因楚之强盛，遂对战争的结果发生疑惧的心理。"子犯曰，战也！战而捷，必得诸侯。若其不捷，表里山河，必无害也"，把这一方面的心理压力解除了。"公曰，若楚惠何？栾贞子曰，汉阳诸姬，楚实尽之。思小惠而忘大耻，不如战也"，又把另一方面的心理压力解除了。"晋侯梦与楚子搏，楚子伏已而盐其脑，是以惧"；这是惧楚的深层心理的表现。"子犯曰，吉，我得天（我在地上可以望见天），楚伏其罪（楚子面向地，故谓伏其罪），吾且柔之矣"；这是以诡辞解除晋文公藏在深层心理中的压力。决战前，对心理状态作这样详细的描述，在史书中是不易多见的。

晋文公在与楚子玉约定"诘朝（平旦）相见"后，先叙明两方对阵形势。"晋车七百乘，韅靷鞅靽（杜注："言驾乘修备"），晋侯登有莘之墟以观师曰，少长有礼，其可用也。遂伐其木以益其兵。己巳，晋师陈于莘北（城濮），胥臣以下军之佐当陈蔡"。这是晋国一方面对阵的形势。"楚师背酅（丘陵之名，盖险阻之地）而舍"。"子玉以若敖之六卒将中军，曰，今日必无晋矣。子西将左，子上将右"，这是楚国一方面对阵的形势。必先把这种形势摆明，在叙述决战行动时才有条不紊。

决战时："胥臣蒙马以虎皮，先犯陈蔡，陈蔡奔，楚右师溃"，这是采用先攻击敌人弱点，以夺敌人之气而动摇其军心的战术。"狐毛设二旆（大旗）而退之（杜注："使若大将稍却也。"），栾枝使舆曳柴而伪遁，楚师驰之（为晋师所欺，以为晋师退却，故向前追逐），原轸、郤溱以中军公族横击之（因楚师向前追逐，其侧背暴露于晋中军之前，故中军拦腰（横）截击），狐毛、狐偃以上军夹攻子西（楚师因向前追逐而陷入于晋军之包围圈中，故晋上军得与中军夹击），楚左师溃。楚师败绩。子玉收其卒而止（集结若敖之六卒，使其不奔逃），故不败"。上面的叙述，把晋在战场上战术运用的高度艺术性，完全表达出来了。

写一个战役，而能把与战役有关的，由内政以至外交，由人事以至心理，由谋略以至战术战斗等复杂因素，及包含在这些复杂因素中相互间的复杂因果关系，都能尽其曲折，极其条理地表达出来，此即在今日，大概也不是一件易事。

《左氏传》中，记录了许多有兴味，或值得使人感叹的小故事，把死去的历史人物，由这类的小故事，而复活了起来，这是左氏的伟大艺术心灵的表现。这里仅引《左传·襄公三十年》绛县老人的故事以作例证：

> 二月癸未，晋悼夫人食舆人之城杞者。绛县人或年老矣，无子而往，与于食。有与疑年，使之年（杜注："使言其年"），曰，臣小人也，不知纪年。臣生之岁，正月甲子朔。四百有四十五甲子矣。其季，于今三之一也（六十日一甲子。三之一，是二十日）。吏走问诸朝，师旷曰，鲁叔孙惠伯会郤成子于承匡之岁也（杜注："在文十一年"）。是岁也，狄伐鲁，叔孙庄叔于是乎败狄于咸，获长狄侨如，及虺也，豹也，而皆以名其子。七十三年矣。史赵曰，亥有二首六身，下二如身，是其日数也。士文伯曰，然则二万六千六百有六旬也。

上述的故事，无关于善恶，无与于成败兴亡，而只是这个穷苦孤独的老人，在自己的年龄上，要点半谜语式的花头，引起了师旷这一班人的好奇心，以自己的博闻强记，为此一老人的年龄问题凑趣，这可说都是艺术性的"不关心的满足"。左丘明的艺术心灵，能与此相印，便生动地记了下来，遂使这位穷苦孤独的老人，在师旷们烘托之下，他的精神面貌，及由他的精神面貌所反映出的当时的平民文化水准，得以照耀千古。

十二、左氏晚年作《国语》，乃所以补《左氏传》所受的限制

最后要略略谈到《国语》的问题。《史记·自序》谓"左丘

失明，乃作《国语》"，史公此言，必有所本；后人许多臆说，其立言根据，皆没有推翻史公此言的力量。所谓"失明"，与子夏晚年西河失明之情形相类。是左丘明先作《春秋传》，后作《国语》。《史记》将《春秋》(即《左氏传》)《国语》并称，西汉末称《左氏传》为内传，《国语》为外传；我认为是有道理的。《左氏传》为依《春秋》而作，在取材上不能无所限制，对历史的说明，亦不能无所限制。我认为左氏晚年将他平日所收集的材料，编为《国语》，主要是为了补救这种限制。其次，是补救编定《左传》时之所忽，或尽材料中的详略异同，以增加历史的说明力量及其完整性。也可以说，《国语》是配合《左氏传》而作的。

孔子修《春秋》，起于隐公，这可能是以鲁国为中心，由隐公之摄，及隐公之被弑，纪世变之大。左氏于此，只能在"元年春王正月"前面，补上"惠公元妃孟子"五十八字，以说明"摄也"的背景。但这对历史全局转变的说明，实有所不足。历史全局的转变，乃在平王的东迁。而平王的东迁，乃来自幽王宠褒姒，废申后，以至申侯与缯、西夷、犬戎将幽王攻杀于骊山之下。而周室的没落，实由厉王的暴虐，及宣王未能真正中兴。左丘明若不说明周室东迁的大变局，即不能使人彻底了解王纲解纽后的春秋时代之所以出现。但这不能在孔子所修的《春秋》上著笔，只好以《国语》补此缺憾。武王之所以能伐纣，从《牧誓》看，是得到了西戎的帮助；而西周之亡，却直接亡在西戎手上。所以《国语·周语》，便从穆王征犬戎，"自是荒服者不至"开始，这里指出了幽王被缯、西夷、犬戎所攻杀的远因。接着便用力叙述"厉王虐，国人谤王"，及厉王说(悦)好利的荣夷公，被国人流于彘等情形。再接着是宣王即位，即不籍千亩，抛弃了周室以农业开基的精神；立鲁武公之少子戏为太子，破坏了周室的宗法制度；及既丧南国之师，而又料兵于大原，"害于政而妨于后嗣"，"及幽王乃废灭"。再接着叙述"幽王二年，西周三川皆震，伯阳父曰，周将亡矣"；"十一年，幽王乃灭，周乃东迁"。这都是在行为因果关系的观念之下，突破《左氏传》所受的《春秋经》的限制所补的重要材料。自"惠王三年"（鲁庄公十九年）以后，进入到春秋时代，有的则补《左氏传》所缺，有的则与《左氏传》的详略乃至异同互见；此殆出于不愿轻易放过已经到手的资料，以求记录详备的苦心，实良史尽忠于他所要复活的时代所不容自已的努力。"惠王三年"，记王子颓之乱，分见于《左传》庄公十九年、二十年、二十一年；两者的情节及文字，在基本上是相同的。但《左氏传》则详于事之首尾，而《周语》在郑厉公见虢叔，批评王子颓的一段话中，多"夫出王而代其位，祸孰大焉"数语。"十五年有神降于莘"一段，见于《左传·庄公三十二年》，情节与文字，也是基本上相同的；但内史过答惠王之问，《左传》略而《周语》较详。"襄王使邵公过及内史过赐晋惠公命"，内史过"归以告王"的一段话，及襄王使太宰文公及内史兴赐晋文公命，"内史兴归以告王"的一段话，皆意义深远，又皆为《左氏传》所无，也即是为编定《左氏传》时所忽。此乃所以补《左氏传》之缺失。《国语》全书，均应以此一角度去了解。如管仲佐齐桓致霸的政治设施，略于《左氏传》，而详于《齐语》。郑居中原要冲，终春秋之世，参与了剧烈的国际活动；当宣王封郑桓公之先，桓公"问于史伯曰，王室多故，余惧及焉，其何所可以逃死"，史伯盱衡全局，认为"其济洛河颍之间乎"，这便决定了郑国以后的命运，这是《左氏传》所无法纪录的，左丘明便特在《郑语》中补出。《国

原　史　　　　　　　　　　　　　　　　　　　　　　　　　　　　273

语》所记，凡时间在《左氏传》之先者，皆系为《左氏传》补充背景。而各国纪事的终结，决没有超出《左氏传》的终结。再加以文字上的两相对勘，其出于左丘明一人之手，系以《国语》补《左氏传》之不足，不应当有疑问的。此应有专文研究，这里仅提出一个端绪。

论《史记》[1]

一、前言

史公[2]所著《史记》在史学中的地位，首先应把它安放在史学史中加以衡量。孔子作《春秋》的用心，《公羊》、《穀梁》两传，

---

[1] 史记乃古代史官记录之通称，司马迁所著《史记》一书中的"史记"一词，皆系此义。司马迁所著书，自称为"太史公书"。袭用史记之通称以作此书之专名，盖系长期演变之结果。西汉多称"太史公书"，东汉初或称"太史公记"，再简称为"史公记"，再简称为"史记"，遂成此书之定名。今日所能看到最先的《史记》的名称，为汉《东海庙碑》阴"阙者秦始皇所立，名之秦东门阙，事在《史记》"。此碑在桓帝永寿元年（西元一五五年）所立，由此可以推知在桓帝前称太史公书为史记，已经流行，故作碑者始得沿用。有关此问题之详细考证，具见于《文史哲丛刊》三辑陈直的《太史公书名考》。惟陈氏以"史记:之名称，当以汉《东海庙碑》"为最早，恐失之稍泥。又本文以日人泷川资言《史记会注考证》为底本，文中简称"考证"。

[2] 本文在行文中，称司马迁为"史公"，盖"太史公"一词之简称。司马迁在《自序》中以"太史公"称其父，亦以"太史公"自称，此皆由上下文而可以断定。此外全书的"太史公曰"，皆其自称。因一"公"字而引起许多奇特的说法。其实，秦汉之际，"公"为自称或称人之口头语。在下者可以公称其上，在上者亦可以公称其下（秦二世称博士诸儒生为公，见《叔孙通列传》；陆贾称其子为公，见《陆贾列传》），此在《史记》本书中，可举之证甚多。故所谓"太史公"之公，乃随俗之称，有如后人之称"太史氏"，也如褚少孙的自称"褚先生"，并无特别意义。

皆以"空言"①加以发明，此有思想上的意义，没有史学上的意义。惟《左氏传》则主要以行为之因果关系，作为空言判断的根据，遂成为一部完整的史学著作，即在今日，亦有其史学上的崇高地位，我在《原史》一文中，已详加申述。三传之后，有《铎氏微》、《虞氏春秋》、《吕氏春秋》等，"各往往捃摭《春秋》之文以著书，不可胜数。"②此处之所谓《春秋》，乃指《左氏传》而言。但他们虽选录《左氏传》中的若干故事，以为劝戒之资，其动机则实演《公羊》、《穀梁》的余绪，也没有史学上的意义。开始编辑《战国策》者的动机，既不在于劝戒，也不在于保存此段的历史材料，而意在假助于当时权谋之策，奇谲之辞，以为游说之资；故其内容固然保存了战国这段历史的重要材料，但年月不具，缺少了作为史学的基本条件。"楚汉之际，有好事者录自古帝王公侯卿大夫之世，终乎秦末，号曰《世本》十五篇"；③"汉兴，太中大夫陆贾纪录时功，作《楚汉春秋》九篇"；④这可称为有志于作史的著作，但其内容远不能与《左氏传》争衡。此外则有《五帝本纪》赞中所提的《五帝德》、《帝系姓》、《三代世表》序及《十二诸侯年表》序中所提到的历、谱、牒，殆出于战国末期以迄秦汉之际，亦皆仅具史学的一端。其师孔子作《春秋》之意，宏左氏作《传》之规，综贯古今，网罗全局，以建立世界迄今尚难与配敌的史学巨制的，这即是司马迁（子长）的《史记》。

---

① 此处"空言"一词，取意于《艺文志·六艺略·春秋》"明夫子不以空言说经也"的意义，即今日之所谓概念性的语言。
② 见《史记·十二诸侯年表》序。
③ 刘知几《史通》卷十二《正史》。
④ 同上。

然《史记》行世后，正如司马贞《索隐序》所言"比于班书，微为古质，故汉晋名贤，未知见重。"班彪《史论》指疵于前，刘知几《史通》摘瑕于后。其间有特加推重，如郑樵、章实斋之徒，乃在借此以张通史而绌断代，对史公作史之精神面貌，渺不相涉。此书之见重，始自韩愈以下的古文家，至明归震川、清方望溪而特著。然据凌稚隆《史记评林》所录，仅撷捃于字句之间，不由史之内容以领会文之奇茂，既不关系于史，实亦无与于文。方望溪虽以"义法"一词，绾史与文而一之。然其所谓义法，卑陋胶固，不仅无当于史，实亦无当于文。则此书虽以文而见重，然率皆皮傅细节，买椟还珠之类。实则它的"未知见重"，非因其"微为古质"，而实来自其中所蕴蓄的史学精神，与专制政治的要求，大相径庭；所以东汉明帝已斥史公"非谊士也"（见班固《典引》)，后遂指为谤书。中国史学，随专制政治的进展而日以衰落，则此书之不遇，可以说是历史条件使然。千古沉霾，发于一旦，乃今后学者的责任。

二、《太史公行年考》的补正

史公生平，因王国维的《太史公行年考》[①]而得到一个明显的轮廓。但其中也有若干问题，应予以澄清。王氏根据《史记·自序》"五年而当太初元年"下张守节《正义》"按迁年四十二岁"，推定史公生于汉景帝中元五年（纪前一四五年）丙申。而以自序"卒（司马谈）三岁而迁为太史令"下司马贞《索隐》引《博物志》

---

① 世界书局定本《观堂集林》卷第十一。

"太史令茂陵显武里大夫司马（夺'迁'字）年二十八，三年（元封三年，纪前一〇八年）六月乙卯除六百石"之"年二十八"为年三十八之误。如此，则《索隐》引《博物志》所说史公的年龄，与《正义》所说的正合。王氏又说："三讹为二，乃事之常，三讹为四，则于理为远。"意思说《正义》的年四十二岁的"四"字，不会有错误，所以应以《正义》之说为断。我不太同意王氏的论证方法，但从另一途径探索的结果（见后），认为史公生于景帝中元五年的说法是可以成立的。

郭沫若在《〈太史公行年考〉有问题》[①]一文中，增引了十枚汉简，一以证明《博物志》所记的形式，与汉简记人姓名年龄爵里的形式，完全符合，故《索隐》所引《博物志》为可信。一以证明"汉人写'二十'作'廿'，写'三十'作'卅'，写'四十'作'卌'；这是殷周以来的老例。如就廿与卅，卅与卌，都仅一笔之差，定不出谁容易，谁不容易来。因此，这第一个证据便完全动摇了。"郭氏此一说法，可以成立（补志：郭说完全不能成立，见《答施之勉先生》一文中）；但只是把有异同的两个材料打成了平手，尚未能转为王氏说法的反证。

《行年考》"三年（元朔）乙卯二十岁"下谓"又案《汉书·儒林传》，司马迁亦从孔安国问故；《孔子世家》但云安国为今皇帝博士，至临淮太守，蚤卒。安国生卬，卬生驩。既云早卒，而又及纪其孙，则安国之卒，当在武帝初叶，以《汉书·儿宽传》考之……则安国为博士，当在元光（前一三四年至前一二九年）元朔（前一二八年至前一二三年）间……时史公年二十左右。其从

[①] 见郭沫若《文史论集》。

安国问《古文尚书》，当在此时也"。郭氏承认"王所推定的有关孔安国的年代大抵正确"，但谓王氏把司马迁学古文之年，定在二十左右，却是"自我作故"，而认为"司马迁自己在《史记·自序》里面已经说得很清楚，'年十岁则诵古文'……这又表明王国维提前十年的推算，是没有根据的。"郭氏此说，是把《自序》中"年十岁则诵古文"的话，与《汉书·儒林传》中"而司马迁亦从安国问故"的话，等同了起来。其实，"诵古文"，是指诵读与隶书相对的古文字。"从安国问故"，是从孔安国问以古文字所写的《尚书》的训诂。两句话的内容全不相同。史公年十岁由"耕牧河山之阳"而到长安从孔安国问《古文尚书》的训诂，是不大可能的。《史记·五帝本纪》赞、《十二诸侯年表》序，及《吴太伯世家》赞中所说的古文，指的是《春秋左氏传》及《国语》。《封禅书》"又牵拘诗书古文而不能骋"，《自序》"周道废，秦拔去古文"，皆指以古文字写定的典籍，不专指某一书。《仲尼弟子列传》赞"弟子籍出孔氏古文近是"，指的是孔氏有以古文字写的弟子的年龄籍贯。《儒林列传》"孔氏有《古文尚书》，而安国以今文读之"，则《古文尚书》，乃《史记》所谓古文中的一种。所以俞正燮谓"《史记》言古文者，犹言古字本"，[①] 实为通达之论。欲读古字本之书，则必先识古字；"年十岁则诵古文"，乃尔后能读古字本的预备工作，而俞氏却谓此为"学《古文尚书》"，则其未达犹隔一间。所以郭氏引此语以反驳王氏"时史公年二十左右"的推论，是不能成立的。但这并不是说王氏的此一推论便没有问题。《汉书·儒林传》"安国为谏大夫，授（以《古文尚书》授）都尉朝，而司马

[①]《史记·十二诸侯年表》序"为成学治古文者要删焉"下，《考证》引俞说。

迁亦从安国问故",这好像是以史公向安国问故,为安国任谏大夫时事。《汉书·百官公卿表》"武帝元狩五年(前一一八年),初置谏大夫";若如阎若璩之说,汉武"初置此官,即以安国为之,而史公得其问故,即在此年",[①]则其年当为二十八岁。又《资治通鉴》卷一八于元朔二年(前一二七年)下"上欲以蓼侯孔臧为御史大夫。臧辞曰,臣世以经学为业,乞为太常,典臣家业。与从弟侍中安国纪纲古训,使永垂来祀。上乃以臧为太常。"孔臧于元朔二年为太常,见于《汉书·百官公卿表》。侍中为加官,博士另赐加官,自武帝为常典。若如《孔子世家》之言,孔安国"为今上博士"而加官为侍中,则孔臧自可以侍中称之。博士六百石,谏大夫八百石,孔安国于元狩五年由博士迁新置设的谏大夫,亦事理之常。由孔臧的话推之,安国在元朔二年以前,已为博士。由《汉书·儒林传》安国为谏大夫的话推之,安国在元狩五年以前仍为博士。据《自序》"二十而南游江淮,上会稽,探禹穴,窥九疑,浮于沅湘,北涉汶泗,讲业齐鲁之都……过梁楚以归,于是迁仕为郎中",王氏谓"其何自为郎,亦不可考"。现将"仕为郎中"与从安国问故两事连在一起来考查,或有其意义。《史记·儒林列传》公孙弘为宰相,奏请"为博士官置弟子五十人,太常择民年十八已上仪状端正者,补博士弟子";"其高弟可以为郎中者,太常籍奏",乃元朔五年夏之事。史公年二十南游江淮,依《行年考》,是在元朔三年。他的这一游历,带有学习研究的意味。假定他"过梁楚以归"是在元朔五年初,归后即由太常推补博士弟子,从安国问故,正在此时。《汉书·儒林传》的话,乃叙

---

① 见阎氏《古文尚书疏证》第十七。

事上的连类而及，并非指史公向安国问故，一定在安国为谏大夫之年。由博士弟子高弟而仕为郎中，这都是最合理的过程。由此而可推知史公从安国问故，当在元朔六年元狩元年间（前一二三年至前一二二年），时年二十三四岁。其仕为郎中，当在元狩二、三年（前一二一年至前一二〇年）间，时年二十五六岁。据《自序》，司马谈死时"执迁手而泣曰"的一段话中，有"余死，汝必为太史"的话，此时的太史非世官，必史公仕为郎中期间，对太史主管的天文星历的研究，卓有成绩，在太常得到定论，司马谈才可说出上面的话。司马谈死于元封元年（前一一〇年），时史公三十六岁；元封三年（前一〇八年），史公为太史令，时年三十八岁。可知史公为郎中，当有十三四年之久。以上是立足于王氏史公生年说法之上，对史公早年生活历程的推论，似更为合理。亦可谓王氏依《正义》以推定史公的生年是可信的。

王氏又谓："又史公于《自序》中述董生语，董生虽至元狩、元鼎间尚存，然已家居，不在京师；则史公见董生，亦当在十七八岁以前。以此二事（从安国问故，及述董生语）证之，知《博物志》之年二十八为太史令，'二'确为'三'之讹也。"是王氏以董生家居，为回到他的故里广川，即今日的河北省枣强县，此则失考之甚。按《汉书》董氏本传，"先是辽东高庙，长陵高园殿灾，仲舒居家，推说其意。草稿未上；主父偃候仲舒，私见，嫉之，窃其书而奏事焉"，又"仲舒在家，朝廷如有大议，使使者及廷尉张汤就其家而问之"。由此可知仲舒从宦以后，即家居京师而未尝返广川故里，故主父偃及张汤等可候、可问于其家中。董氏死后，即葬于长安，即所谓虾蟆陵者是。董氏为景帝博士时，史公尚未生或尚在孩稚。建元五年对策后，即先后为江都相、胶西相，不在京师，史公无缘与之相接。故史公从董氏受公羊之学，必在董氏家居之后，元狩、元鼎之间，[1]其时史公年在三十岁前后。王氏这种错误的举证，反为其正确结论之累。

又《行年考》将史公《报任少卿（安）书》，系于太始四年（前九十三年），即在任安于征和二年（前九十一年）因受戾太子节下狱以前；而谓"是安于征和二年前曾坐他事；公报安书，自在太始末审矣"。此盖因王氏误解《报任少卿书》语意，将"东从上来"，及"仆薄从上雍"，混为一时之事。按史公报书之语意，史公于太始四年春三月，随武帝行幸泰山，任安与史公书，当在此时前后，任安尚为护北军使者，故得教史公以"慎于接物，推贤进士为务"。但史公稽延未报。报书谓"书辞宜答，会东从上来，又迫贱事，相见日浅，卒卒无须臾之间，得竭至意"。这是解释所以稽延未报的原因。盖史公欲在报书中发泄其平生"愤懑"，势必涉及其遭遇之冤屈，故下笔必迟徊审慎。接着说"今少卿抱不测之罪，涉旬月，迫季冬；仆又薄（急迫）从上雍，恐卒然不可为讳，是仆终已不得抒愤懑以晓左右，则长逝者魂魄私恨无穷，请略陈固陋"。这是解释他为什么此时才报书的原因。此时（征和二年）任安正因戾太子事被武帝"以为任安老吏，见兵事起，欲坐观成败"而被捕下狱，将于季冬行刑。据"涉旬月迫季冬"之语，是史公的报书，写于征和二年十一月末十二月初左右。"薄从上雍"，则指征和三年正月，随武帝幸雍而言。皇帝出巡，事先必有一番准备。拖了两年的时间，才写报书，所以此段文字结之以

---

[1] 苏舆《董子年表》推定董氏卒于武帝太初元年；杨树达《汉书窥管》卷六，推定董氏卒于元狩五、六年及元鼎元年之间。

"阙然久不报，幸勿过"。书中层次分明，王氏一时疏忽，至有此误解。

《汉书·司马迁传》在史公《报任安书》后，即题"迁既死后……"未曾言及其死的时间与年岁，颇与《汉书》各传，少言及人之生日而多言及人之死时的常例不太相合。《行年考》叙至"昭帝始元元年（前八十六年）乙未六十岁"为止，谓"史公卒年，绝不可考"，"然视为与武帝相终始，当无大误也"。此一谨慎的推测，应当可以成立。

按卫宏《汉官旧仪注》曰，"司马迁作《景帝本纪》，极言其短，及武帝过。武帝怒而削去之。后坐举李陵，陵降匈奴，故下迁蚕室。有怨言，下狱死。"王鸣盛力言其不合事实。然视史公《报任安书》，其有怨言至为明显。而现行《史记》，又无史公所作的《景帝本纪》及《今上本纪》；则史公于征和、后元之间，以怨言的泄露而不得正命以死，其可能性是很大的。[①]

三、史公的家世、时代与思想

要了解史公著史的动机与目的，应先了解他的家世以及时代的背景。

我国古代历史意识的发展，概略地说，先由王朝的历史，发展而为贵族家世的历史。西周时代，一般贵族，似乎还是以他们因特殊机会所赐所造的铜器，作为他们氏族的光荣与统绪继承的标志。但到了春秋时代，既由历史的纪录，代替了神对人间的赏

[①] 郭沫若《文史论集》有"关于司马迁之死"一文，虽论证稍嫌疏阔，亦可供参考。

罚，而王室的权力，分散到若干强有力的诸侯；诸侯的权力，到了春秋中叶以后，分散到各国强有力的贵族，于是除各国有各国的史以外，贵族也开始有独立的史的纪录，并以这种纪录为构成他们的地位与光荣的主要因素，[1]由此而蕃衍为谱牒之学。屈原作《离骚》，一开始便是"帝高阳之苗裔兮，朕皇考曰伯庸"，也是一例。及平民与贵族的地位不断变动，因而姓氏普及于平民，平民把自己的身家，与同姓氏的人们连结在一起而成为一个族，依然要以一族的历史，为族姓的光荣，给生存在族姓中的人们以鼓励。这中间当然免不了仅以传说为根据的附会，但此一风气的形成，可以说是历史意识向社会的扩大。《史记·太史公自序》对于世系的叙述，由"昔在颛顼"到"司马氏世典周史"的一段话，可能是传说的性质。由"惠襄之间，司马氏去周适晋"到"喜生谈，谈为太史公（令）"一段，才是征实性的叙述。这段叙述中，在卫、在赵、在秦的诸司马氏，可以说，有了多方面的发展。但从司马谈"故发愤且卒，而子迁适使反，见父于河洛之间，太史公（迁父谈）执迁手而泣曰，余先，周室之太史也……汝复为太史，则续吾祖矣"的话看，司马谈从自己世系中所得的启发、激励，乃在"司马氏世典周史"，并未尝措意于世系中其他方面的发展。汉代太史，其职只主管"文史星历"，[2]其中的"文"是天文，[3]"史"是"国有瑞应灾异则记之"[4]的这一类的记载。太史令的官，在图

---

[1]《左传·襄公二十四年》晋范宣子向鲁穆叔称述"昔匄之祖，自虞以上为陶唐氏，在夏为御龙氏……晋主夏盟为范氏"，以此为"死而不朽"，即其一端。
[2] 司马迁《报任安书》"仆之先人，非有剖符丹书之功。文史星历，近乎卜祝之间。"
[3]《北堂书钞·设官部》引《汉旧仪》太史令"掌天文星历。凡国家祭祀丧娶之事，奏良日及时节禁忌"。
[4]《太平御览·设官部》引《汉官仪》。

284　　两汉思想史（三）

书上有作史的便利，但并无作史的责任。由此可知司马谈说"余死，汝必为太史。为太史，无忘吾所欲论著矣"，完全是出于他自己的强烈的历史意识及继承古代史官著史的要求。因此，他对史公的教育，是以作史为目的的教育。作史必须广通古代典籍，所以史公"年十岁，则诵古文"，以作读由古字所书写的古典的工具。曾从孔安国问故，从董仲舒闻《公羊春秋》；这都与作史有密切关系。"二十而南游江淮"，他这次所游的有会稽、禹穴、九疑（与舜有关）、沅湘（与屈原有关）、汶泗、邹峄（观孔子之遗风）、鄱薛彭城、梁楚（与楚汉战争有关），可以说是他父亲司马谈为他所安排的一次富有历史文化、因而加强他的历史意识、启发他的历史体验的旅游。

《太平御览》卷二三五引《汉旧仪》谓："司马迁父谈，世为太史。迁年十三，使乘传行天下，求古诸侯之史记。"《西京杂记》卷六"汉承周史官"一条中，也有上引的一段话，但随即把《史记》说成是司马谈作的，则此说的不足信，不待多论。但亦可由此反映出司马谈对其子教育之重点，系放在史的传统上，才发生这种捕风追影的传说。

司马谈"学天官于唐都、受易于杨何、习道论于黄子"，这都是汉初的显学。更由他的《论六家要旨》，可以推知他不仅曾广读先秦诸子百家之言，并进一步条理其流派，衡论其得失，真可谓继承了先秦学风的宏博之士。司马谈在学术上的成就，即是史公所接受的教育的基础。没有这样的教育基础，在当时大概很不容易产生这样的一位伟大的史学家。

《自序》"七年而太史公遭李陵之祸，幽于缧绁。乃喟然而叹曰，是余之罪也夫，身毁不用矣。退而深惟曰：夫《诗》《书》隐

论《史记》　　285

约者，欲遂其志之思也。昔西伯拘羑里，演《周易》……《诗》三百篇，大抵贤圣发愤之所为作也。此人皆意有所郁结，不得通其道也。故述往事，思来者，于是卒述陶唐以来，至于麟止。"自"昔西伯拘羑里"到"故述往事，思来者"一段，史公并取入《报任安书》中，仅稍修改文字，以使其与上下字句相协调，① 可知史公对此段文字非常重视。而史公乃以"发愤"的心情著书的情形，亦因之彰著。但后人常以遭李陵之祸的个人遭遇，作书中所以含有对时代批评的解释，或斥之为谤书，或又强为之辩，② 而不知加强史公作史之动机，加深史公对历史之认识，及激发他对人类的责任感，乃在他所处的时代。对自己所处的时代麻木不仁、无所感觉的人，即是不能深入历史、把握历史的人。由这种人所作的史，多为诬妄浅薄，在历史布上或多或少的瘴气的人。史公说"故述往事，思来者"，"述往事"，这是他所作的史。"思来者"，是想到人类将来的命运，这是他作史的动机及他想通过作史以尽到对人类的责任。这种沉郁着万钧之力的三个字，一再从他口里说出来，是能由他个人的遭遇所能说明的吗？

史公所经历的时代，乃是皇权专制政治，向它的特性大步前进，因而在大一统的文物掩饰之下，尽量发挥出它的毒害的时代。

刘邦统一天下后，最紧迫的任务，第一在于树立专制皇帝的尊严，这一点由叔孙通制朝仪，他父亲死了，令诸侯王皆立太上皇庙于国都，③ 而大体完成了。与第一点同时进行的，是铲除异姓

---

① 《汉书·司马迁传》为避免重复，将《自序》中此段删去，至使《自序》之语意不完。
② 请参阅章实斋《文史通义》卷第三《史德》篇。章氏为史公所作的辩解，尤为中专制之毒太深，鄙陋可笑。
③ 我推测，为太上皇及刘邦死后在郡国立庙等，皆出于叔孙通。

诸侯王，杀戮比较有能力的功臣，而代替以同姓的诸侯王及朴质无能之辈，这一点在他死时也大体完成了。同时，他即皇帝位后，兵罢归家，下宽大之诏，安抚聚保山泽之民，免因饥寒自卖为奴隶者为庶人（五年）；鼓励生育（七年）；抑制商人对农民的剥削（八年）。力求生养休息，这便奠定了汉代大一统专制的基础。由此进入吕后时代，经历了刘吕的权力斗争，但"黎民得离战国之苦，君臣俱欲休息乎无为。故惠帝垂拱，高后女主称制，政不出房户，天下晏然，刑罚罕用，罪人是希，民务稼穑，衣食滋殖。"①文帝则躬行节俭，推行孝悌力田的社会政策。景帝破灭七国，削弱诸侯王，完成中央集权，以巩固国家的统一。"劝农桑，益种树"，以提高社会生产。班固谓："汉兴，扫除烦苛，与民休息。至于孝文，加之以恭俭。孝景遵业，五六十载之间，至于移风易俗，黎民醇厚。周云成康，汉言文景，美矣。"②所以武帝即位（前一四〇年）后，正当国力鼎盛时期。《史记·平准书》说：

> 至今上（武帝）即位数岁，汉兴七十余年之间，国家无事。非遇水旱之灾，民则人给家足。都鄙廪庾皆满，而府库余货财。京师之钱累巨万，贯朽而不可校。太仓之粟，陈陈相因，充溢露积于外，至腐败不可食。众庶街巷有马，阡陌之间成群；而乘字牝者，摈而不得聚会。守闾阎者食梁肉，为吏者长子孙，居官者以为姓号。故人人自爱而重犯法，先行义而后绌耻辱焉。

————————
① 《史记》卷九《吕后本纪》赞。
② 《汉书》卷五《景帝纪》赞。

但到武帝末年的情形则是：

> 武帝虽有攘四夷，广土斥境之功，然多杀士众，竭民财力，奢泰无度，天下虚耗，百姓流离，物故者过半，蝗虫大起，赤地数千里，或人民相食，畜积至今（宣帝初）未复。①

《汉书·昭帝纪》赞也说"承孝武奢侈余敝，师旅之后，海内虚耗，户口减半。"正说明了武帝一生，是汉室走着由盛而衰的历程，所以宣帝号为"中兴"。此一历程，也正是史公一生所耳闻目见的时代大转变的历程。其机始于元光二年（前一三三年）王恢诱匈奴入马邑之谋，此后对匈奴用兵，凡三十九年之久。成为汉代盛衰转变的大关键。但问题决不只此。武帝顺着专制的特性，完成皇帝直接处理政治的格局，便在实质上彻底破坏了宰相制度，成为以后政治混乱及宦官外戚等祸害的总根源，②形成他晚年由朝政混乱而来的大悲剧。《汉书》卷六十三《武五子传》赞曾沉痛言之，至以秦始皇、秦二世相比。

武帝除了破坏中央政制中的最重要、最合理的部分以外，更因财经政策，破坏了地方政治。此点《史记·平准书》言之颇详。《汉书》卷七十二《贡禹传》，贡禹也说：

> 武帝始临天下，重贤用士，辟地广境数千里。自见功

---

① 《汉书》卷七十五《夏侯胜传》。
② 拙著《两汉思想史》卷一页二二五至二三二（编者注：现为页二〇二至二〇八）有较详的论述。

大威行，遂纵嗜欲，用度不足，乃行一切（苟且）之变（按指常法以外之法），使犯法者赎罪，入谷者补吏。是以天下奢侈，官乱民贫，盗贼并起，亡命者众，郡国恐伏其诛，则择便巧吏书习于计簿，能欺上府者，以为右职。奸轨不胜，则取勇猛能操切百姓者，以苛暴威服下者，使居大位。故亡义而有财者显于世，欺谩而善书者尊于朝，悖逆而勇猛者贵于官。

武帝政治的本质，或较秦始皇更为残暴。史公因此特立《酷吏列传》，历述武帝时代的酷吏，一个比一个更下流、更残暴的情形。《汉书》卷二十三《刑法志》说，"及至孝武即位，外事四夷之功，内盛耳目之好。征发烦数，百姓贫耗。穷民犯法，酷吏击断，奸轨不胜。于是招进张汤、赵禹之属，条定法令……律令凡三五九章，大辟四百九条，千八百八十二事，死罪决事比万三千四百七十二事。文书盈于几阁，典者不能遍睹，是以郡国承用者驳（师古曰：不晓其指，用意不同也），或罪同而论异。奸吏因缘为市，所欲活，则傅生议，所欲陷则予死比；议者咸冤伤之。"

上面种种由盛而衰的混乱、残酷、破灭等情形，皆为史公所身历，不能不给史公以巨大冲击，形成了他思想的消极一方面的纲维，加强了他作史的动机，并决定了他作史的"思来者"的宏愿。他所作的史始于黄帝，但作史的精神，乃特注于汉代。不了解他由时代所给于他的冲击，便不能了解他写汉代史时所作的部署，这点在后面还要特别提到。《史记》中史公自言流涕、垂涕者各一，言废书而叹者三。[1] 像这类由时代冲击而透入于历史中所流的眼泪和叹声，岂仅是个人遭遇所能解释？而后来的文学家，却只当作一种文章腔调去加以领会，便要思隔千里了。

　　史公的思想，是通过一部《史记》表现出来，后面将随处提出讨论。这里只先简单指出三点。第一点，他把以孔子为中心的文化，与现实的政治，保持相当的距离，而把文化的意义，置于现实政治的上位。他当然非常重视政治，重视政治中的是非得失；但从《十二诸侯年表》序看，他叙述了"厉王以恶闻其过……乱自京师始，而共和行政焉"以后，简单交代了春秋时代的形势，便详述孔子作《春秋》的情形及所及于诸子百家的影响，而结之以"于是谱十二诸侯，自共和讫孔子，表见《春秋》、《国语》学者所讥（察）盛衰大指著于篇，为成学治古文者要删焉"。以孔子作《春秋》，为继王道之统，救政治之穷，使人类不能托命于政治者，乃转而托命于由《春秋》所代表的文化，成为他著史的最高准绳，这是他思想积极方面的大纲维。在他心目中，对文化的信任，远过于对政治的信任。他所了解的现实，使他相信人类的命运，在文化而不在政治，或者说，在以文化所规整的政治。所以《史记》可以说是以文化为骨干之史。

---

[1]《史记·乐书》"太史公曰，余每读《虞书》，至于君臣相敕，维是几安。而股肱不良，万事堕坏，未尝不流涕也"，此涕是为武帝的君臣的关系流的。《屈原列传》赞"太史公曰，余读《离骚》、《天问》、《招魂》、《哀郢》，悲其志。适长沙，观屈原所自沉渊，未尝不垂涕，想见其为人"，此涕是伤时感遇而垂的。《十二诸侯年表》序"太史公读《春秋历谱牒》，至周厉王，未尝不废书而叹也"，这是为汉室正当盛衰转捩点而叹。《孟荀列传》序"余读《孟子》书，至梁惠王问何以利吾国，未尝不废书而叹也。"这是针对当时言利之臣而叹的。《儒林列传》序"太史公曰，余读功令，至于广厉学官之路，未尝不废书而叹也"，这是因学术与利禄直接连在一起便会变质而叹的。

第二点，过去的历史，实由政治所支配，这是史公所无法逃避的现实。所以他的思想，不能不落在政治之上。史公对政治的最基本要求，是天下为公，这种意思，在《五帝本纪》中表现得最清楚。

尧知子丹朱之不肖，不足授天下，于是乃权授舜。授舜则天下得其利，而丹朱病。授丹朱，则天下病，而丹朱得其利。尧曰，终不以天下之病而利一人，而卒授舜以天下。

其次，史公认为君臣的关系，不同于父子，只是相对的关系。这种意思，表现在《微子世家》。"微子曰，父子有骨肉，而臣主以义属。故父有过，子三谏，不听，则随而号之。人臣三谏不听，则其义可以去矣。"《考证》："父子有骨肉云云，亦非微子语，史公推其心事而言之耳。"按此与上引"尧曰"一样，必史公先有此观念，乃得推其心事而言之。

同时，史公反对直接残害人民的刑治，而要求以礼乐陶养人民性情的德治。此点俱见于《礼书》、《乐书》及《循吏列传》序、《酷吏列传》序，后面还要谈到。

第三点，史公思想重要特性之一，表现在他的理智清明之上。他以儒家为主，同时网罗百家，绝无门户之见。但他对于驰骋个人想象力所得的结论，则绝不采信。他的春秋学得力于董仲舒；但从《自序》看，他挹取了董氏思想的精英，但对董氏"三代改制"说中过分流于牵附之谈的，则概不沾染。在《孔子世家》中，对孔子作《春秋》，虽用《公羊传》之说，但将董氏"王鲁"改为"据鲁"，便切合事实得多了。史公著书之年，正邹衍说大行之际，所以在《孟荀列传》中，以对邹衍的思想，叙述特详。但他除在《高祖本纪》赞中，略采三代忠、敬、文三统相救之说以外，对邹氏"深观阴阳消息，而作迂怪之变，终始大圣之篇十余万言"，及大九州之说，既谓其"闳大不经"，又谓"邹衍其言虽不轨，傥亦有牛鼎之意乎"；①意思是说邹衍编说的一套大话，大概是有如伊尹负鼎以邀汤，百里奚饭牛以干秦穆公，作为进身之阶，再进之以仁义。其不信任之情，由此可见。史公这种理智清明的头脑，在写《五帝本纪》时发生了很大的作用（见后）。《大宛列传》赞"太史公曰，禹《本纪》言河出昆仑，昆仑其高二千五百余里，日月所相避隐为光明也。其上有醴泉瑶池。今自张骞使大夏之后也，穷河源，恶睹《本纪》所谓昆仑者乎？"这也是他的征实精神之一例。扬雄一面承认史公为"实录"（《重黎》），又讥其"爱奇"（《君子》），虽扬氏亦未足知史公。从神话中透出来，乃有历史可言，这也是史学得以成立的重要条件之一。乃现时有许多研究中国神话的人，不知从神话中去发现历史，却要把历史变成神话，这也算是学术上的倒行逆施。

四、史公的史学精神及其作史的目的

现在再进一步谈史公的史学精神和作史的目的。

史公作史的动机，是来自他的父亲司马谈，这在《自序》中讲得很清楚。但从司马谈《论六家要旨》看，他是以道家"因阴阳之大顺，采儒墨之善，撮名法之要"，集诸家之大成，所以他是

---

① 以上俱见《史记·孟荀列传》。

立足于道家思想的。他引《鬼谷子》的"圣人不朽",①可知他很重视"不朽",而他作史的动机与目的,如前所说,即在求自身及有关者的不朽。被称为西方史家之父的希罗多得(Herodotus,前四八四年至四二五年左右)捧于史诗神之词即略谓"关于许多人物勋业的记忆,由此书(《希波战史》)而防止其归于泯没。希腊人及异邦人伟大而可惊异的行为,由此书而不致失其光荣的报偿。以此希望而公布此书。"可知通过历史纪录以求不朽,是人类文化达到某种高度时的自然愿望。但史公除了禀承他父亲的此一愿望外,随着他的人格学问的成长,更进一步深受孔子作《春秋》的影响,以孔子作《春秋》的精神、目的,为他自己作史的精神、目的,这大概是在西方史学传统中所没有的精神。《自序》"先人②有言,自周公卒,五百岁而有孔子。孔子卒后,至于今五百岁,③有能绍明世,正《易传》,继《春秋》,本《诗》、《书》、《礼》、《乐》之际,④意在斯乎,意在斯乎,小子何敢让焉"。对这种意思表现得最清楚。

---

① 《汉书》此句"朽"作"巧";王念孙因谓《史记》原文盖作巧",但《索隐》既明指"此出《鬼谷子》,迁引之以成其章,故称故曰也",则其应作"朽"甚明;乃《汉书》误"朽"为"巧"。
② "先人"两字,《索隐》释为"先代贤人",《正义》释为"司马谈"。按上段述司马谈"夫天下称诵周公"一段,与此段的"先人有言",意义有浅深之别,故以《索隐》之解释为是。此处史公自述其怀抱,假"先人有言"以出之,与下段言作史之主旨,特假董生之言以出之者正同,此亦微言之一例。
③ "五百岁"一词,《索隐》谓史公"略取于孟子"。由孔子卒至元封元年,三百七十五年;崔适谓此"以祖述之意相比"。按因时代不同,而对历史所采重点亦异。今人特重视数字,史公则特重视由某数字所含之意义;此时数字,乃成为某种意义之象征;所谓五百岁,乃文化绝续转捩点之象数耳。
④ 按此"际"字乃交接会通之意。

孔子作《春秋》的精神，乃是"贬天子，退诸侯，讨大夫"[①]的精神。作《春秋》的目的，乃"以达王事而已矣"的目的。"王事"是王者之事，即孟子所反复阐明的以人民为主体的"王政"。历史所受的最大歪曲，是来自天子诸侯大夫这一套统治的权威；是非的淆乱，人民的痛苦，也是来自天子诸侯大夫这一套统治的权威。没有"贬天子，退诸侯，讨大夫"的精神，则历史的真实不明，是非不辨，人民的痛苦不伸，便不能达到"以达王事"的目的。史公的父亲所说的"废明圣盛德不载，灭功臣世家贤大夫之业不述，堕先人所言，罪莫大焉"。[②]史公当然也有这份责任感。但通过《史记》一书，不难了解，此种责任，在史公作史的精神与目的中，所占的分量不大。史公对所谓"明圣盛德"、"功臣贤大夫"，也作了一番搜罗、发现、表彰的工夫，但历史的价值，这一方面的人物，所占的比例太小。所以他作史的精神，主要是发挥在"贬天子，退诸侯，讨大夫"的与权威相抗拒之上。他作史的目的，则是要使他的著作成为"礼义之大宗"，标示以人民为主体的"王事"的大方向。《史记》之所以能成为"实录"的原因在此，《史记》之所以有千古不磨的真价的原因也在此。乃章学诚不从这种地方去了解史公，而谓"吾则以为史迁未敢谤主，读之者心自不平耳……而不学无识者流，且谓诽君谤主，不妨尊为文辞

[①]《汉书·司马迁传》录此文无"贬天子"三字，而成为"贬诸侯，讨大夫"。盖班固以为天子不可贬，汉室控制诸侯，故诸侯可贬，大夫则更可讨。由此三字之取舍，而司马迁与班固作史精神之差别，最易著见；且此亦儒家思想因专制之压制而堕退的标志，关键诚非浅显。
[②]按司马谈此语，乃由"余先，周室之太史也"而来，此乃想继承其先世太史之职。在司马谈当时，太史已无此职守。

之宗焉，大义何由得明，心术何由得正乎"。[1]以此而言"史德"，此真所谓卑贱的奴隶道德，章氏实在没有资格论《史记》。

史公在《报任少卿书》[2]中说"亦欲以究天人之际，通古今之变，成一家之言"。这是由知识的睿智来表明他作史的目的。上述的贬天子、退诸侯、讨大夫的精神，可以称为道德理性的批判精神。道德理性的批判精神，可以引发知识的睿智；而知识的睿智，又可以支持道德理性的批判精神。所以上面三句话，是很重要的三句话。我应当稍加疏释。

史公受《公羊》于董仲舒，董氏盛宏天人感应之说，于是后人多把史公所说的"亦欲以究天人之际"，与董氏的天人感应思想混同了起来。这是一个很大的误解。《史记·孝文本纪》二年"十一月晦，日有食之"，孝文下罪己求言之诏，这是以传统的天人感应思想为根据。但通过《史记》以了解史公本人的思想，则他受此种思想的影响甚少。他所说的天，与董氏所强调的天，虽都能给人类以巨大影响；但董氏的天，是理性的，所以天对人的影响，也是合乎理性，因而是可以通过人的理性加以解释的；必如此，始能达到对人君的行为发生教诫的作用。但史公心目中的天所加于人的影响，只是一种神秘之力所加于人的影响，不能以人的理性加以解释，因而天的自身便不一定是理性的，对人的行为，不会作出教诫性的反应。并且站在史公的立场，正因为感到历史中有一种不能用人的理性加以解释的力量给人类历史以巨大影响，他才称之为天。《六国年表》序：

---

[1] 见《文史通义》卷三《史德》篇。
[2] 此书《汉书》本传及《文选》所载，文字稍有异同；而班固袭用史公文，好去其虚字（助语词），至史公文字之精神尽失。

> 秦始小国僻远，诸夏宾（摈）之，比于戎翟。至献公之后，常雄诸侯。论秦之德义，不如鲁卫之暴戾者。量秦之兵，不如三晋之强也。然卒并天下，非必险固便，形势利也，盖若天所助焉。或曰，东方物所始生，西方物之成孰（熟）。夫作事者必于东南，收功实者常于西北，故禹兴于西羌，汤起于亳，周之王也，以丰镐伐殷，秦之帝，用雍州兴，汉之兴，自蜀汉。

照儒家的传统观念，仁义可以王天下，而秦之所谓德义，连鲁卫的暴戾都赶不上，则其不仁不义之至，没有得天下的道理。一般人可归之于险固便，形势利；但史公觉得这也不是可以得天下的充足理由。换言之，秦之并六国而一宇内，不是用人的理性所能解释的，于是只好归之于神秘不可知之天，而谓"盖若天所助焉"。《魏世家》赞"说者皆曰，魏以不用信陵君故，国削弱至于亡。余以为不然。天方令秦平海内，其业未成。魏虽得阿衡之佐，曷益乎"，是史公真以秦并天下，为出于天意。但这与孟子所说的"天与贤，则与贤，天与子，则与子"的天，是显然不同的。孟子是"天不言，以行与事示之而已矣"，这是由人的理性可以理解的。最后，"天下之民从之"即是"天与"，故引《泰誓》的"天视自我民视，天听自我民听"，[①]以作立说的根据，这更是天的理性化。由理性化之天，可以言天人感应。史公将历史中不能用人类理性所能解释的现象而称之为天，此天即在人类理性范围之外，与人没有可以感应的通路。他在《悲士不遇赋》(《艺文类聚》

---

① 见《孟子·万章上》。

两汉思想史（三）

三十）中有"天道微哉"之语，《文选》张衡《归田赋》注及司马彪《赠山涛诗》注，与陆机《塘上行》注，皆引作"天道悠昧"。这是他对天的基本观点。他的这一观点，在《秦楚之际月表》序中，表现得更委曲而实更确切。他先叙"虞夏之兴，积善累功数十年"；"汤武之王，契后稷修仁义十余世"；"秦起襄公……献孝之后，稍以蚕食六国，百有余年，至始皇，乃能并冠带之伦"；而总结之以"以德若彼，用力如此，盖一统若斯之难也"。上面这些话，都是烘托出刘邦的"王迹之兴，起于闾巷；合从讨伐，轶于三代"，"故发愤其所为天下雄，安在无土不王"的情形，无法用"德"与"力"的历史事实加以解释，只好说"岂非天哉，岂非天哉"，即分明指明刘邦无得天下之理，而卒能很快地得了天下，只好归到不可用人理性之力加以解释的天上面。这种天，所给予史公的，不是董氏的敬畏，而是一个理智清明的人所不能不迷惘的类似原始森林样的幽暗世界。史公对此一世界的心情，是犹疑而忧郁的心情；所以在上引的相关材料中所用的是"若"、"岂非"、"哉"等犹疑而带忧郁性的文字。至于此段文章夹入的"此乃传之所谓大圣乎"，"非大圣孰能当此受命而帝者乎"，只不过是他认为刘邦无得天下之理的一种掩饰。"大圣"是超过圣人之圣，超过圣人之圣，也是不可理解的，此之谓"微言"。董氏的理性的天，可以言"天人相与之际，甚可畏也"，[①] "相与"即是"感应"，因为天对人的行为的善恶能有所感而应之以祸福，所以是可敬畏的。而史公则只言"天人之际"，没有"相与"两字。《说文》十四下"际，壁会也"，王筠《句读》谓"版筑相交之处也"。《小尔雅·广

---

① 《汉书》五十六《董仲舒传》，董氏对策的第一策。

诂》:"际,界也",按相交之处,即两者相会之处,故际有"会"义,又有"合"义。"墙相交之处,必有缝焉",以成两者分界之处,故际又有"界"义,亦有"隙"义,[①]际的"会"与"界"二义,相因而成,用的时候可以互摄,而意各有所重。史公所谓"天人之际",我认为指的是划分天与人的交界线。史公要穷究历史上的现象,何者是属于天的范围,何者是属于人的范围。天与人的交界线是在什么地方。

上引的秦汉得天下的两个例子,是很突出的例子。下面再引《伯夷列传》的例子,便更富有历史中的社会性的意义。

> 或曰,天道无亲,常与善人。若伯夷、叔齐,可谓善人者非耶?积仁絜行如此而饿死。且七十子之徒,仲尼独荐颜渊为好学。然回也屡空,糟糠不厌,而卒早夭。天之报施善人,其何如哉。盗蹠日杀不辜,肝人之肉,暴戾恣睢,聚党数千人,横行天下,竟以寿终,是遵何德哉。此其尤大彰明较著者也。若至近世,操行不轨,专犯忌讳,而终身逸乐富厚,累世不绝。或择地而蹈之,时然后出言,行不由径,非公正不发愤,而遇祸灾者,不可胜数也,余甚惑焉。倘所谓天道,是耶非耶。

在上面的话中,是否定理性的天;最低限度,是怀疑理性的天,

[①] 朱骏声《说文通训定声》"际"下,"凡两墙相合之缝曰际。疑山中两峰相会之峯曰际,与隙略同"。

而自然要归结到非理性的天的上面。广大的社会，实颠倒于此非理性的天的下面。

史公之所谓天，实有同于命运之命。《外戚世家》：

> 人能弘道，无如命何。甚矣，妃匹之爱，君不能得之于臣，父不能得之于子，况卑下乎。既驩合矣，或不能成子姓（按此指吕后以张敖女为孝惠皇后而言）；能成子姓矣，或不能要其终（按此指武帝对后宫生子者无不谴死而言）；岂非命也哉。

又《李将军列传》：

> 初广之从弟李蔡，与广俱事孝文帝……元狩二年中，代公孙弘为丞相。蔡为人在下中，名声出广下甚远。然广不得爵邑，官不过九卿；而蔡为列侯，位至三公。诸广之军吏及士卒，或取封诸侯。广尝与望气王朔燕语曰，自汉击匈奴，而广未尝不在其中；而诸部校尉以下，才能不及中人，然以击胡军功取侯者数十人；而广不为后人。然无尺寸之功以得封邑者，何也？岂吾相不当侯耶？且固命也？

上面的话，虽系出于李广之口。然史公实抱此同一郁抑的心情，特为此未曾封侯者立传。李广之言，实亦史公之言。然则史公作史时，常感到有一种"天人之际"，而欲加以穷究，且对此处常郑重叹息以言之，这到底含有什么意义呢？

我在《原史》一文中，已经指出左氏传《春秋》，特别凸出行为的因果关系，以作成败祸福的解释，并为孔子的褒善贬恶，提供有力的支援。而孔子作《春秋》，在史公看来，主要便在把一般人所看不到的，因而为人所忽略的行为的因果关系，通过谨严而有系统的记录，把它表达出来，使人能在自己行为之先，即应当，也可能，看出自己或他人的这种行为所将要得到的成败祸福的结果，因而不能不早作选择与决定。史公下面的一段话，说的便是这种意思。

春秋之中，弑君三十六，亡国五十二，诸侯奔走不得保其社稷者，不可胜数。察其所以，皆失其本也（失掉作为行为规范的礼义）。故《易》曰，失之毫厘（在行为开始时，所失甚小），差以千里（在行为的结果上所差者则甚大）。故曰，臣弑君，子弑父，非一旦一夕之故也，其渐（其所积之因）久矣。

成败祸福，可用行为的因果关系，加以解释的，也即是由人类的理性所能加以把握的，即是史公之所谓"人"。这可以称为历史中的必然性，这是史学得以成立的基本条件。但历史运行，有的并非用行为的因果关系能加以解释，而形成为人类理性照射所不及的幽暗面，即是史公之所谓天。这可以称为历史中的偶然性，这是历史不同于自然科学的特殊性。史公欲究天人之际，即是要把历史的必然性与偶然性划分一个疆界，就是每一个史学者最后的到达点。尽管必然性与偶然性的认定、划分，因各人的观点、识力、时代等的不同而可各有不同；但将自己毕生的生命，投入于历史之流，而要将其加以理解、把握，一定会感到有这种无可奈何的天人的分界。

但史公说出这句话的意思并不止此。

在偶然性的幸与不幸中，人类惯性，必不甘心于偶然性的解释，尤其是在政治上得到特别幸运的人，常会以各种方法，对他的偶然性的幸运，作必然性的解释，这对历史便是一种侮辱、歪曲。例如史公对刘邦的得天下，只不过是"岂非天哉"，他在《高祖本纪》中，对刘邦的个性、品德、才智等，都像写其他列传一样，作了忠实的反映；而他的短处在《本纪》中不便写出时，便在其他传记中写了出来。例如在《本纪》中说他的个性"常有大度"；这是说他不与人计较小节，及在时机未成熟时能包容隐忍而言，是属于他的智略的一面。在《佞幸列传》中说"高祖至暴抗也"，这才是他真正的个性。而"好酒及色"，都不为他隐讳。在赞中只引夏、殷、周的忠、敬、文三统之说，指出"周秦之间，可谓文敝矣。秦政不改，反酷刑法，岂不谬哉。故汉兴承敝易变，使人不倦，得天统（得夏之忠）矣"，这是指出汉所应遵循的易秦之敝的大政治方向，并暗示汉武奢侈酷烈的政治，恰与此大方向相反。《汉书·高帝纪》，抄自《史记》，但"赞曰"则不用《史记》，以全力证明刘氏世系，乃出自帝尧，"由是推之，汉承尧运，德祚已盛，断蛇著符，旗帜上赤，协于火德，自然之应，得天统矣"。这是要以承帝尧的德祚，来说明刘邦的得天下，有可以解释的必然性，并附会符瑞，以为"自然之应"。这是超越了史公所设定的天人之际所作的解释，势必成为歪曲历史的虚伪解释，这是史公要划出于"人"的范围之外，所不肯说的。而班氏所说的天统，与史公所说的天统，内容上有本质的不同，可不待说明。

论《史记》

更深一层地看，史公之所谓天，更多的指的是大一统的专制皇帝；皇帝的专制权力，经常是一切理性所无法达到之地。一般地不能用行为的因果关系加以解释的偶然性的天，皆是出于政治权势。而顺着权势向上追，追到皇权专制的权源之地，便达到了天人之际的决定点。这是历史黑暗面的总根源。个人专制的权力结构不变，则此一黑暗的总根源，便永远存在，由此根源所发出的各种悲剧，也只好称之为天，称之为命。陈平、周勃诛诸吕后，惩吕后凶猁之祸，因齐王母家驷钧系"恶人"，乃舍齐王而立"太后家薄氏谨良"的代王，是为文帝。[1] 武帝欲立昭帝，而先杀钩弋夫人，[2] 其防外戚之祸者可谓至矣。但西汉依然亡于外戚。史公在《外戚世家》中指出其原因说"甚哉，妃匹之爱，君不能得之于臣，父不能得之于子，况卑下乎"，专制者床第之私，即伏朝纲紊乱之祸，不是其他的力量所能为力的，史公只好说"岂非命也哉"。专制政治下仕宦中的升沉荣辱，大多数不是由当事者的行为所能加以解释，只能归结到最高无上的专制皇帝的天。由此可以了解史公的天人之际，实以无限的感慨、无可奈何的心情为其内容。但他有的从正面点出来，有的则出以微言的方式。

再其次，则史公所究的天人之际的天，是幽暗而无凭的，是不可加以信赖的；他由此而转出人的自主精神，及由人的自主精神，补不可信赖之天的缺憾。《伯夷列传》非仅为伯夷、叔齐两人立传，而实为"岩穴之士，趣舍有时若此类（伯夷、颜渊），名湮灭而不称，悲夫"的古往今来的被权势抑压之人立传。这是对不

---

[1] 具见《史记·外戚世家》。
[2] 见《史记·外戚世家》后的"褚先生曰"所补记。

可信赖之天的反抗，实即是对专制权力的反抗。他在"傥所谓天道，是邪非邪"的下面，接着是"子曰，道不同，不相为谋，亦各从其志也。故曰富贵如可求，虽执鞭之士，吾亦为之。如不可求，从吾所好。岁寒，然后知松柏之后凋。举世混浊，清士乃见。岂以（因）其（世俗）重若彼（富贵），其（世俗）轻若此（节义；此处应补一句'而易所守'）哉。"他特强调一个"志"字，这是人的道德理性对自己所作的决断，亦即是人的道德理性为人自己作主，而置世俗之所轻重者于不顾的自主精神。这样，便可从偶然性的天，实际是专制下的权势，解脱出来，以"从吾所好"。必如此，而后有人的主体性可言，有人格尊严可言，有人道与历史可言。无人道烛照之光，仅是一团混乱，历史便不能成立。说到这一点，史公的究天人之际，与孔子所说的"不知命，无以为君子也"的意义，是一脉相通的。《论语》上的"天命"与"命"的意义，完全不同。[①]命是指富贵贫贱等的遭遇而言，这不是人自己所能决定的，亦即是孔子所说的"不可求"的。由学以扩充知识，由仁义以培养人格，这是可以自己作决定的，亦即孔子所说的"所好"，"为仁由己"。"不知命"，便会为了追求富贵、厌恶贫贱而丢掉做人的基本条件，所以孔子便说"无以为君子"。史公究天人之际，把历史中的理性与非理性的，必然的与偶然的，划分一个大界线，他自己由此而从历史现象的混乱中突破出来，看出了历史中"应然"的方向，使其著作，也和《春秋》一样，成为"礼义之大宗"。

[①] 具见拙著《中国人性论史·先秦篇》页八三至八四（编者注：现为页七六至七七）。

现在对史公所说的"通古今之变",略作解释。"通"是通达。通古今之变,即是通达古今的变化。从生存的平面看出去,容易误解我们生存的环境是静态的、不变的。由农业社会四时代序的情形推出去,容易认为我们的历史,是循环的。"循环史观",在中国思想中占有重要的地位。"循环"依然是不变。只有深入于历史之中,作具体的把握,才能真正发现历史中的古与今,是在变化中运行的。这是历史的实体。通古今之变,是说明史公把握到了这种实体。史公清楚所凸显出的古今的大变化,一为周"厉王以恶闻其过。公卿惧诛而祸作,厉王遂奔于彘,乱自京师始,而共和行政焉",[1]及秦之统一六国,与刘邦之以布衣为天子。

但史公之所谓"通"的意义并不止此。若知道历史现象是在不断的变化,而不知道其变化的根本原因,则人常因不能作合理的解释而为这种变化所眩惑,有如一个小孩子走进迷宫,迷失了自己存在的立足点,同时也就迷失了被认识的对象。史公之所谓通,是要达到"古今以何而变"的程度,这才可谓真正把握到了历史。他在《十二诸侯年表》序中说"于是谱十二诸侯,自共和迄孔子,表见《春秋》(指《左氏传》)《国语》学者所讥(考察)盛衰大指,著于篇,为成学治古文者要删焉。"《六国年表》序中说"余于是因《秦记》,踵《春秋》(按指《左氏传》)之后,起周元王,表六国时事,讫二世,凡二七○年,著诸所闻兴坏之端。后有君子,以览观焉",都是这种意思。《自序》"罔(网)罗天下放失旧闻(按指史料的搜集、整理),王迹所兴,原始察终(找出行为的因果关系),见盛(看出其何以盛)观衰(观察其何以衰),

―――――

[1]《史记·十二诸侯年表》序。

论考之行事（凡始终盛衰之变，皆论考之于行事）"，这更说得明白。

不过，变固然是历史的实体，但若在变中发现不出不变的因素，即找不出贯通时间的线索，使时间皆成为片段零碎的，也不能构成历史。尤其是史公作史的目的，是要在古今之变中找出人类前进的大方向，人类行为的大准则；亦即是要认取变中之常道。并且必须通过古今之变中所认取的常道，才可信其为常道；否则容易陷于截取变中的假象，将其误认为不变之常道。例如权谋术数，在变的某一横断面中，未尝不可收一时之效。若将历史局限于此一横断面，便会在此一横断面中把有功效的权谋术数，视为历史之常道。但若能通过古今之变去认取，则不难发现权谋术数在变中所演出的无数悲剧；并且权谋术数，既不能肯定他人，也不能肯定自己，根本不能作人类立足之地，即是不可能成为变中的常道。史公于此，则提"《春秋》以道义"（《自序》）的义，或称礼义，或称仁义，以为人类在变中的立足点，因而即以此为变中的常道。义见于行为的合理形式，即是礼；义后面的精神动力，即是仁。内以克制自己的私欲，外以趋赴大多数人的共同利益；内以肯定个人的人格，外以肯定群体人伦的共同价值，使个人生活于群体利益之中，群体生存于个人精神之内。这在古今之变中，不能不承认它可以作任何人的立足点，它可以在变中端正变的方向，发生救衰起敝、去腐生新的意义。所以在"通古今之变"的后面，即含有"得古今之常"的意思在里面。"通古今之变"是把历史拉长了看。只有把历史拉长了看时，才能了解史公所提出的变中之常道，真可称之为常道，可由此以克服近代思想的历史主义，将一切漂浮化、相对化的危机消除。近代历史主义大师马西

论《史记》

勒克（Friedrich Mxinecke，一八六二年至一九五四年）在《历史与现代》一文中，强调"没有坚确的伦理基础所把握的历史，只不过是波浪样的游戏。所以只有良心之声，才可使一切流动的东西，相对的东西，突然地成为形而上的、坚确的，而且是绝对的东西"。他又说："良心，对于单纯的表现性，恣意或非道德的企图等，不断设定严重的制限。不仅如此，更高层次的历史的诸力，有如民族、祖国、国家等，是通过良心之口，向各个人号召……此际，若是个人的意欲与更高层次的共同意欲之间，发生良心上的纠葛，良心是唯一的法庭……原则上较之各个人的福祉，不能不更重视全体的福祉。良心才是人类社会的强力结合剂，同时也是人间真正形而上学的根源点。在良心里，个别的与绝对的相融合，历史的与现在的相融合……结局，历史的一切的永远价值，皆来自行为的人类的良心决断。"[①] 我认为史公在两千年前的到达点，与马氏的到达点，是可以相通的。仁义或礼义，是良心的具体内容。

"成一家之言"，普通只作为史公表明他所作的，不是代表官方的公文书，而是他自己私人的著作，却忽视了这是由史料走向史学的一句关键性的话。作史的第一件事当然是搜集史料。《史记》一书之所以能成立，主要是他得到"䌷（读）史记石室金匮之书"，及"百年之间，天下遗闻古事，靡不毕集太史公"的便利；这是他的基本史料。其次，他在旅游交游中亦无不留心史料的问题。这是许多人已经指出过的。但不仅在搜集史料时，须要作者的历史意识、文化意识作导引；在史料拣别及编次上，须要作者

[①] 日本创元社《史学丛书》中山治一译《历史主义之成立》页二三至二五。

的学识及组织能力作决定。尤其重要的是：史学之所以成立，乃成立于活着的人，与死去的人，能在时间上贯通，在生活上连结，以扩充活着的人的生存广度与深度。换言之，史学乃成立于今人对古人的邀请之上。凡为今人所不邀请的古人，虽有史料，亦被遗忘于历史记忆之外。而今人所邀请于古人的，不是史料的自身，而系史料所含的各种意义。这种意义，须由作者来发现。意义发现之浅深与真假邪正之分，不仅关系于作史者的学养，尤关系于作史者的人格。由人格之不同，而有不同的动机；由动机之不同，而有各种不同之角度；由角度之不同，而对史料有不同之着眼点，有不同之选择，有不同之意义之发现。由作者的人格与学养，注入于史料之中而加以构造，然后能使古人重现于今人之前，重现于读者之前，此之谓史学。简言之，史料加上作者的"人的因素"，然后能成为史学。所以凡是值得称为一部史学的著作，必系"一家之言"。官史出而史学衰替的原因，由此可得到解释。史公在《自序》中说"退而深惟曰，夫《诗》《书》隐约者，欲遂其志之思也……《诗》三百篇，大抵贤圣发愤之所为作也。此人皆意有所郁结，不得通其道也。故述往事，思来者，于是卒述陶唐以来，至于麟止，自黄帝始。"从他这段话中，可以了解，因为有"遂其志之思"的动机，有"思来者"的动机，然后才有"自黄帝始"的著作。在此著作中，历史的展现，亦即是他的"志之思"、"思来者"的展现，亦即是他的人格与学养的展现。从著作的根源上说，他的作史，与他所引用的西伯（文王）的演《周易》，孔子的作《春秋》，屈原的著《离骚》，左丘明的有《国语》，孙子的论《兵法》，吕不韦的传《吕览》，韩非的有《说难》、《孤愤》，及诗人的三百篇，并无二致。此其所以"成一家之言"。而他把自己所作之史，便称为"太史公书"(《自序》)。真能"成一家之言"，然后能成为万人之言、万世之言。

五、《史记》构造之一——本纪、世家

史公将史料完成史学的构造，即是十二本纪、十表、八书、三十世家、七十列传。这不仅奠定了两千多年来正史的格局；并由本纪而上承《左氏春秋》，下开《前汉纪》之编年体。[①] 由年表而上存谱牒，下开年谱等无数法门；由书而下开三通；由世家而下开族谱并地方志；[②] 列传树立后来文学家的传记文学的典型，衣被两千年而不坠。凡此体制，史公殆各有所本，尤以受《左氏传》及《国语》的影响最大。文化上极少有突然创始之例。然将古史各种形式，撮其纲要，有意识地赋予明确的意义；综合地将各种形式构造成一个有机的统一体，在统一体中，各发挥前所未有的功能，这便是在史学上震古铄今的伟大创造。《自序》：

> 略推三代，录秦汉，上记轩辕，下至于兹，著十二本纪，既科条之矣。并时异世，年差不明，作十表。礼乐损

[①] 荀悦《前汉纪序》"其(建安)三年诏给事中秘书监荀悦，抄撰《汉书》，略举其要……悦于是约集旧书，撮序表志，总为帝纪"是《前汉纪》之成立；乃以《汉书》之帝纪为经，再织入志表传之有关材料，其扩大帝纪以为编年体，至为明显。而《汉书》之帝纪，固出于史公之《本纪》。若更推而上之，则《史记》之本纪，可谓由《春秋经》与《左氏传》演绎而出。故亦可谓《左氏传》为编年体之祖。

[②] 世家一体，普及于平民，即成为族谱。世家成立之另一意义，为承认各国政治的特性。在天下一统的情形下，由承认各国政治之特性，进而可推及承认各地方文化之特性。过去虽无人指出地方志出于世家，然其意实可相通。

益，律历改易，兵权山川鬼神天人之际，承敝通变，作八书。二十八宿环北辰，三十辐共一毂，运行无穷，辅拂股肱之臣配焉。忠信行道，以奉主上，作三十世家。扶（持守）义俶傥（不为世俗所羁绊），不令己失时，立功名于天下，作七十列传。凡百三十篇，五十二万六千五百字，为《太史公书》。

上面是简述了由五种体裁所形成的全书的构造。今人好言史学方法，史学方法，应表现于作史者如何控御历史，安排历史之中。在这种控御、安排下，历史重现的程度，即是史学方法效率的程度。史公以纪、表、书、世家、列传五种体裁控御历史，安排历史，使历史在这五种体裁中，能作突出、关连、完整的重现，所以这五种体裁，即是史公的史学方法的大纲维大创发。次级的方法，都缘此而条理出来的，以下再略申述其意义。

本纪的意义，史公说"既科条之矣"一语，王先谦以"科分条例，大纲已举"释之。按"条"在此处，应为条理之条。科分其朝代而加以条理，条理犹整理。《史记正义》引裴松之《史目》谓："天子称本纪，诸侯曰世家。本者系其本系，故曰本。纪者理也，统理众事，系之年月，名之曰纪。"兹就本纪内容以综括其意义，可举以三：一是帝王的世系。二是某一时代政令的中心；由此而能提供历史以统一的空间。三是时间的统一与纵贯，由此而可提供历史以流动而一贯的时间。统一的空间，在流动而一贯的时间内活动，这便形成了显明的历史形象。其他的组成部分，也由此而得其纲维、条理。所以这是历史的脊骨，也是一部著作的脊骨。

一般的说法，孔子删《书》断自唐虞，所以不知不觉地以唐虞为信史之所自始；史公也抱持这种观念。但《五帝本纪》，始自黄帝，这是把历史的建筑，向上加高了三层，此乃出于他的历史意识的不容自已的要求，而又受到历史意识的自我抑制，所作的大决断。他和其他的人一样，以唐虞为信史，因为有《尧典》、《舜典》、《皋陶谟》等可据。然唐虞必有所自来，即唐虞以前，亦必有历史。所以若本纪起自尧舜，这是他的历史意识之所不甘。但顺着历史意识的要求，则势必向上追至人类的所自始；后出的盘古神话，①便是由此种要求而产生的。但历史意识，同时要求应有材料的证明，否则会成为"惟初太始，道立于一。造分天地，化成万物"②的玄学家的冥想、推想。由《五帝本纪》赞而可了解史公在上述历史意识导引之下，深入于被限定的材料之中，以决定本纪始自黄帝的苦心卓识。赞谓：

　　学者多称五帝尚（久）矣。然《尚书》独载尧以来。而百家言黄帝，其言不雅驯（多为寓言、神话，故不雅不驯），荐绅先生难言之（以上言不能以百家之言为据）。孔子所传宰予问《五帝德》及《帝系姓》，儒者或不传（传习，盖亦以为可疑）。余尝西至空桐（相传黄帝问道于广成子处），北过涿鹿（《正义》：即黄帝、尧、舜之都也），东渐于海，南浮江淮矣。至，长老皆各往往称黄帝、尧、舜之处，风

---

① 此神话首见于徐整所著《三五历记》。徐整，三国时吴人，以此推之，此神话或产生于东汉之末。
② 此引许氏《说文解字》第一上"一"字下之文；乃战国末期以来，玄学家对宇宙、人类起源之概括说法。

教固殊焉（此言在各地长老的精神中，皆承认黄帝、尧、舜之存在，并发生风俗教化上的影响，故不可轻加以抹煞）。总之，不离古文者近是（《考证》："按古文谓以古文书者，不止《尚书》一经。"此乃言上述各种材料，以可与古文典籍相印证者近真）。予观《春秋》(《左氏传》)《国语》，其发明《五帝德》、《帝系姓》章矣（此言两篇对五帝之叙述，得《左氏传》与《国语》之互相发明而可信），顾弟（但）弗深考（但一般儒者未曾深加考察，故"不传"）。其所表见皆不虚。《书》缺有间矣（《尚书》残缺，对古史留有缺间待补），其轶（五帝之逸事）乃时时见于他说（由他说之可互相发明者，亦可采用以补《尚书》之缺间）。非好学深思，心知其意，固难为浅见寡闻道也。余并论次，择其言尤雅者，故著为本纪书首。

站在史公的立场说，由帝尧起为信史，黄帝、颛顼、帝喾为传说史；传说史可信之程度，自不如信史，所以在《自序》中说："于是卒述陶唐以来，至于麟止，自黄帝始。"他不说"卒述黄帝以来"而只说"卒述陶唐以来"，其对两者可信的程度加以区分，用意至为明白。但浅见寡闻之士，常以浅薄的理智，面向古代传说的资料，轻率加以抹煞。惟"好学深思，心知其意"的人，则知传说的性质，常为真伪杂糅，既不可完全加以肯定，亦不应完全加以否定，而须在广征互证中加以别择。由现时的观点看，《五帝德》、《帝系姓》，乃战国后期有人伪托孔子答宰予之问，而将各种有关传说加以整理而成。但史公则将其与《左传》、《国语》互相参证后，认为可以补《尚书》之缺；这在他所受的时代限制中，对史料鉴定的方法，不能不承认有极大的意义。出现在《左传》、《国语》中的此类传说，与后来的诸子百家，常托寓言以达己意者不同，必有其传承的线索，因而有相当可信的程度，是可以断言的。史公以此为互相发明的基准，这在他已尽到了最大的审慎、决择的能事。他在《五帝本纪》中，除以《五帝德》、《帝系姓》及《尚书》之《尧典》、《舜典》、《皋陶谟》等为骨干外，更采用《左传》者六，采用《国语》者三，采用《孟子》者七，采用《韩非子》及《吕氏春秋》者各二，采用《墨子》、《尸子》、《庄子》、《礼记·檀弓》及《郊特牲》与《战国策》者各一，此外还有为我们今日所无法查考的材料。《自序》所谓"整齐百家杂语"，此即其一例。班彪谓其"斯以勤矣"，[①]于此可见其勘比缀辑之劳。他把两种以上的材料摆在一起，如为各材料所并有，则采其合理者；如此有而彼无，则使其有无相补。如仅有一种材料可用，而其中有甚不合理者，则裁而去之。本《五帝德》以述黄帝，中间补以《左传》及诸家之说，而将《五帝德》中的"黄帝黼黻衣，大带，黼裳，乘龙，扆云"等举而去之；盖以黼黻大带，为当时所不能有，而乘龙扆云，乃事实上所必无。依《五帝德》以叙颛顼时，则去其"乘龙而至四海"之言；述帝喾时，则去其"春夏乘龙，秋冬乘马，黄黼黻衣"之语。殷周秦三本纪，不废他们始祖诞生的神话，是因为这种神话，是殷、周、秦三氏族所信奉为他们始祖诞生的历史，与上述各神话之来源不同，性质亦因之不同，故史公处理的方法，亦因之各异。依《尧典》、《舜典》以述尧，而补以《五帝德》"其仁如天"八句，将其中的"黄黼黻衣"

[①] 《汉书·司马迁传》赞中语。而此赞乃出自班彪。

一句改为"黄收纯衣"。"四罪而天下咸服"事，为《舜典》与《五帝德》所同有；但史公对此事，则舍《舜典》而用《五帝德》；因《五帝德》在"流共工于幽陵"（《舜典》"陵"作"州"）下，多"以变北狄"；在"放驩兜于崇山"下，多"以变南蛮"；在"迁三苗于三危"下，多"以变西戎"；在"殛鲧于羽山"下，多"以变东夷"；史公盖取其在流放四罪之中，依然有教化四夷之意。而《五帝德》原文为"杀三苗于三危"，史公则改"杀"为"迁"，此"迁"字译《舜典》"窜三苗于三危"之"窜"字；盖史公以三苗为当时之一大族姓，杀一大族姓，为事实之所不应有，所不能有，故改"杀"为"迁"，而"迁"字又本于《舜典》之"窜"，非史公所随意缘附。由上面简述诸例，可知史公在《五帝本纪》上所下的经营构造的工夫。《本纪》中证明黄帝是"代神农氏"而"为天子"的，这便说明了在黄帝前还有许多世纪的存在，后人纷起以补其缺，并不能说完全没有意义。但史公以六艺为可信的真史料，以孔子的话，为最可信赖的话。《左传》、《国语》，缘《春秋》而见重，故史公即称之为《春秋》。[①]其他史料，必以六艺及孔子的话为衡断，此观于《伯夷列传》而可见。史公虽不信《五帝德》、《帝系姓》，为真出自孔子，但因其可与《左氏春秋》及《国

[①] 此点除在《原史》一文中曾详为举证外，但在初次刊出时，尚漏列一证据，即《史记·六国年表》序中所谓"余于是因《秦记》踵《春秋》之后，起周元王表六国时事讫二世，凡二百七十年"，此处之所谓《春秋》，亦指《左氏传》而言。因《十二诸侯年表》终于鲁哀公十八年，即孔子绝笔后之四年。《左氏传》记周敬王崩于哀公十九年，两者相差一年，《十二诸侯年表》纪年实以鲁为主，《六国年表》纪年则以周为主，敬王崩后周元王立，故《六国年表》即始于周元王元年，紧承敬王崩之鲁哀公十八年；故谓"踵《春秋》之后"。仅《左氏传》记至哀公十八年，故此"春秋"必指《左氏传》。

论《史记》

语》互证，所以他才舍黄帝以前之各有关传说而断自黄帝，由此可见他作为一个史学家的谨慎。史公的这种谨慎态度，具见于《三代世表》赞："孔子因史文次《春秋》，纪元年，正时日月，盖其详哉。至于序《尚书》则略无年月。或颇有，然多阙不可录。故疑则传疑，盖其慎也。"《春秋》桓公五年，《穀梁传》《春秋》之义，信以传信，疑以传疑"，此意深为史公遵守。《高祖功臣侯者年表》序"著其明，疑者阙之。"《晋世家》"自唐叔至靖侯五世，无其年数。"《楚世家》"其后中微，或在中国，或在蛮夷，弗能纪其世。"这都是他谨慎的显例。了解史公的谨慎，是读《史记》的第一要点。

史公在所记的黄帝中，除表现出政治制度的萌芽以外，更确定了当时疆域之所至，如"东至于海"，"西至于空桐"，"南至于江"，"北逐荤粥"，"而邑于涿鹿之野"，这便勾勒出了我们民族立国的初步规模。"我们是黄帝的子孙"的一句口头语，今日虽被外来的宗教、主义压下去了，但确是我们表现民族自尊与民族自信的一句话。假定我们在国家的主权与人的精神上能完全站起来，这句话必然会复活的。而这句话的根源，即是来自《五帝本纪》。由此可以了解一位伟大的史学家在民族中的伟大意义。

史公以《秦记》为经，以《左传》、《国语》、《战国策》为纬，以立《秦本纪》，自"秦之先，帝颛顼之苗裔。孙曰女修，女修织，玄鸟陨卵，女修吞之，生子大业"起，至"赵高杀二世，立子婴。子婴立月余，诸侯诛之，遂灭秦"止，首尾完整，与夏殷周之本纪无异。对始皇以前的秦先世之叙述，较其他世家之叙述为详尽，这是因为"秦既得意，烧天下《诗》、《书》，诸侯史记尤甚……而史记独藏周室，以故灭……独有《秦记》，又不载日月"的关系。

"而《史记》独藏周室，以故灭"的话，梁玉绳引以为疑；不知独藏周室之史，乃史官所录。梁氏所引者，则为后来的私人著作。史公的话，没有可疑的。《秦本纪》外，另立《始皇本纪》，因时代近、资料多、关键大的原故。自此以后，每帝立一纪，遂成为正史定例，录贾谊的《过秦论》上中两篇以代替自己的"太史公曰"，《陈涉世家》亦是如此；盖以贾生之论，对此一历史大关键，有解释之力，有教训之功，恰如己所欲言。

史公为项羽立本纪，为吕后立本纪的问题，及景、武两帝之存佚问题，并留在后面讨论。

世家所以纪封建制度下的政治形势及各国的世系与政教异同。史公身居中朝，深有感于一人专制的毒害，于是在他心目中的封建制度，实等于今日之所谓地方分权，因而寄予同情。他心目中所要求的统一，乃地方分权下的统一，或可称为联邦制的统一；此观于他的有关言论而可见。自《吕氏春秋》起，以下逮顾亭林等的封建论，实质上，皆系中央集权与地方分权或地方自治之争；也等于儒家后来的言井田，乃要求土地的平均分配，不可以身份制度下之封建及地主下之佃租关系作解释。了解在同一名词下，因时代递嬗，而有脱胎换骨的情形，为治中国思想史的一大要点。

但引起议论的是史公为孔子、陈涉立世家的问题。此一问题，应与萧相国、曹相国、留侯、陈丞相、绛侯周勃五个世家关连在一起来了解。并与为项羽立本纪，关连在一起来了解。汉初封爵，诸侯王有土有民，有略同于朝廷的官制，其地位与周室的封建诸侯相同，所谓"半封建、半郡县"中的半封建，系指此而言。史公立楚元王、荆燕、齐悼、惠王、梁孝王，五宗三王六世家，这是当然的。但萧何、曹参、张良、陈平、周勃，皆系列侯，仅能

论《史记》

食封邑的租税，而无专土治民之权，与《高祖功臣侯者年表》中所列之"功臣受封者百有余人"无异；所以萧何等五人之侯，亦同列入此表中。但樊、郦、滕、灌、傅、靳、蒯、成等七人入列传，而萧何等五人入世家，由此可知，史公的本纪、世家、列传，不仅有其客观的标准，同时亦含有历史价值判断的意味在里面。"亡秦"，系历史上的一件大事。而陈胜（涉）以平民揭竿首事，虽六月而亡，但"其所置遣侯王将相，竟亡秦，由涉首事也"（《陈胜世家》）。《自序》谓"桀纣失其道而汤武作，周失其道而《春秋》作，秦失其道而陈涉发迹。诸侯作难，风起云蒸，卒亡秦族。天下之端，自涉发难"，是史公以陈涉的"首事"、"发迹"，比之于汤武革命、孔子作《春秋》，这不是就陈涉个人所作的价值判断，而系就他"首事"在历史中的巨大影响所作出的历史价值判断。因此，便不能不把他的"人"的地位凸出来，以作为这一大变动时代的标志。为项羽立本纪，不仅如张照所说的"特以天下之权之所在，则其人系天下之本，即谓之本纪"；[①]史公依然是把亡秦之功，归之于项羽；而对羽的才气的突出，在史公心目中，亦有震古铄今之感。所以在赞中先以"吾闻之周生曰，舜目盖重瞳子，又闻项羽亦重瞳子"，以特显出其人在历史中的突出；再则说："夫秦失其政，陈涉首难，豪杰蜂起，相与并争，不可胜数。然羽非有尺寸，乘势起陇亩之中，三年遂将五诸侯灭秦，分裂天下而封王侯，政由羽出，号为霸王；位虽不终，近古以来，未尝有也。"史公把他为项羽立本纪的各种意义都说出来了。若像《汉书》样，仅为陈胜、项羽立一合传，则此一过渡时间的真实与意义，不能

---

① 此转引自《考证》。

通过特定的突出的表现方法而显现出来，岂仅"英雄人物太凄凉"而已。但"成王败寇"，乃人情势利之常。刘邦得了天下，他又是先入关受子婴之降的人；汉的臣子，当然要降低项羽的地位，将亡秦之功，归之于刘邦。可是刘邦初起，从项梁，不仅项梁资之以兵，乃得为别将；且秦军之主力为章邯，若无项羽的巨鹿一战，坑秦卒二十余万人，刘邦何能有入关的机会？秦之亡，乃亡于其主力的被歼；入关乃乘虚蹈隙，藉项羽的声威，非秦亡的关键所在。史公以亡秦之功归项羽，正所以显露此一历史的真实。

至史公不为惠帝立本纪而为吕后立本纪，盖一以著历史之真实，一以著吕后之篡夺。班固为惠帝立纪，这在表示帝室的统系上是对的；但他不能不保留《高后纪》。《高后纪》称"高皇后吕氏"，而《史记》则称"吕后"、"吕太后"，以见其政权性质并不属刘氏。《史记·吕后本纪》中所记吕后"断戚夫人手足，去眼煇（熏）耳，饮瘖药，使居厕中，命曰人彘"的一段故事，《汉书》则移入《外戚传》中。而"吕后为人刚毅，佐高祖定天下，所诛大臣，多吕后力"的关键性纪事，则被《汉书》删弃。由此亦可为史公由其历史良心的驱使而深入于历史真实的一例。

史公为孔子立世家，为孔子的弟子立列传；且孔子世家，在材料的缀辑上特为详备，虽其中有若干可议之处，然后来言孔子平生的，必以此为基础，由此可知其用力之勤。赞中说："天下君王，至于贤人，众矣。当时则荣，没则已焉。孔子布衣，传十余世，学者宗之。自天子王侯，中国言六艺者，折中于夫子，可谓至圣矣。"这段话，无法加在当时颇有势力的黄老身上，其他诸子，更不待论。六艺是古代文化的总结。诸子百家所代表者为个人的思想，而孔子则除其伟大的人格与致广大而尽精微的思想外，

论《史记》

他又代表了古代整个的历史文化。这在学术文化中，史公认为不应当与其他诸子百家处于等伦的地位，故特列入世家中以凸出之。王安石谓"处之世家，仲尼之道，不从而大；置之列传，仲尼之道，不从而小"①这是站在当时孔子的地位早经确定了的时代所讲的话。站在史公作史的立场，世家、列传，是给人在历史中以客观的地位，将孔子列入列传，这是在文化学术中，对人的"平均化"，不是对历史社会负责的态度。人格的平等，是从基本上说。若将平等误用到将人来加以平均化，这便不足以标示人类向上的方向，而历史的大是大非亦因之不显。

由上所述，便可了解，萧何、曹参、张良、陈平、周勃，对汉室政权所发生的作用，亦即是在这段历史中所发生的作用，不是其他百余列侯所能比拟的，史公便感到不应把他们"平均化"于列侯之中。由置入世家而将其特别凸显出来，这才合于此段历史的真实。自《汉书》起，按照各人客观的政治地位以安排于固定的体例之中，整齐划一，使作史者有所遵守，这可以说是对《史记》的一种修正，但也可以说是对史公作史精神的一种遗失。后之作史者，不可能以史公相期，则体例的整齐划一，可减少纷乱之弊；但不可反转去以此责备史公。

六、《史记》构造之二——表

承本纪之后的便是十表。表的功用有四：一为对时间的整理。政治的时间，虽可由本纪加以统一，然事实上，各诸侯皆自有其

---

① 《临川先生文集》卷七十《孔子世家议》。

纪年，所以同时而世次各不相同（"并时异世"），即是在同一时间内，而各依其世次以纪年，于是所纪之年，互相参差，容易引起混乱（"年差不明"），例如周共和元年，在鲁为真公十五年，在齐为武公十年等等，此即所谓"年差不明"。今列为表，立刻可以了解周共和元年是鲁真公的十五年、齐武公的十年，通过表，即可了解实际皆系同一年。二为由表以得人与事及时代之会通，因而在会通中容易把握历史之关连性。刘知几《史通》的《表历》篇，讥《史记》之表为"成其烦费"，"得之不为益，失之不为损。"但在《杂说上》则谓"观太史公之创表也，于帝王则叙其子孙，[①]于公侯则纪其年月；列行萦纡以相属，编字戢砻（纂）而相排。虽燕越万里，而于径寸之内，犬牙可接。虽昭穆九代，而于方寸之中，雁行有序。使读者阅文便睹，举目可详，此其所以为快也"。说的正是这种意思。三是在表中撮要举纲，不仅对历史容易作提纲挈领的把握；并且若处理得当，借此可以凸出历史中的重要问题及其精神面貌。这一点，到了清顾栋高撰《春秋大事年表》而发展到了高峰。四是一面权衡轻重，既省叙述之烦，同时又保存历史某一方面的概略面目。自《汉兴以来诸侯王年表》以下，此意最为显著。这些爵位很高的人物，处在历史中有某种意义的，则为之立传。更多的人，实在没有为他们立传的价值；但若将其姓名爵位废兴，一概加以抹煞，则由其重要爵位所反映出的政治面目，亦因之隐晦不彰，所以并为一表，以保留历史上之线索，借得以窥见当时政治人事的概略情形。此种性质之表，盛为后世

[①] 按刘氏此语，系指《三代世表》而言。《三代世表》仅"叙其子孙"，一是因为"殷以前，诸侯不可得而谱"（《三代世表》序）。二因"年纪不可考"（《自序》）。此乃受材料的限制，非其体例当如此。

史官所应用。赵翼《廿二史劄记》卷一有谓："《史记》作十表，仿于周之谱牒，与纪传相为出入。凡列侯将相，三公九卿，功名表著者既为立传；此外大臣无功无过者，传之不胜传，而又不容尽没，则于表载之。作史体裁，莫大于是。"是说明这一方面的意义的。

张文虎谓"史文传写错乱，自昔已然，而诸表尤甚"，[①] 今惟论其大端。《三代世表》、《十二诸侯年表》、《六国年表》、《秦楚之际月表》，乃与本纪相配合，所以明历史的统系，兼以发明历史的变化及问题的症结。而《汉兴以来将相名臣年表》，虽以表列"贤相良将"，然其内容自"高皇帝元年"起，逐年撮录政治的大端，及将相的进替与夫"将位"的兴废，实兼《承秦楚之际月表》，以提挈汉初政治的纲维。今日所流行的各种历史年表，皆渊源于此。因本纪始自黄帝，所以《三代世表》也始自黄帝。序谓"余读《牒记》，黄帝以来皆有年数，稽其历谱牒终始五德之传，古文（与古字本典籍相对照）咸不同，乖异，夫子之弗论次其年月，岂虚哉。"按史公所读的《牒记》，当出自邹衍后所杜撰，以张皇"五德终始之传"。史公因其与古文典籍不合，便宁舍弃这种现成的东西，仅"以《五帝系牒》,《尚书集世》"，[②] 纪黄帝以来讫共和为"世表"。这也可见史公对史料采用的谨慎。所以在序中特引《穀梁传》称述孔子作《春秋》的"疑则传疑"的话，由孔子取材的谨慎，以见他自己的谨慎。史公在材料上加以比较后，虽放弃了他所读的

---

① 《汉兴以来诸侯王年表》第五下《考证》所引。
② 《索隐》"案《大戴礼》有《五帝德》及《帝系》篇：盖太史公取此二篇之牒及《尚书》，集而纪黄帝以来为系（世）表也。"泷川资言则谓"愚按《五帝德系谱（牒）》，古书名，与载记《五帝德》、《帝系姓》自别"。又引"中井积德曰，《尚书集世》，盖书名"。与《索隐》之说不同。按表中所列三代世次，多为《尚书》及《五帝德》及《帝系姓》所无，则似以泷川及中井两氏之说为是。

《牒记》，而根据《五帝系牒》及《尚书集世》与其他材料，勒成《三代世表》。但所根据的材料，并非皆无可疑的信史；尤其是在周以前。但史公觉得这类材料，既属于可疑，既不能完全认定其为真，亦不能完全认定其为伪。若完全当作是真的则近于诬；若因其可疑而完全加以放弃，则近于悍。诬与悍，都是不慎；所以史公在许多地方都采用了"疑以传疑"的方法，填补历史上的空缺，留待后人的参证，这确实可称为"盖其慎也"。近代疑古派，根本不了解这一重要方法，卤莽灭裂，走上毁灭自己历史之途，全由浅薄不学的原故。

《三代世表》终于周厉王之共和。因共和以前，年不可得而纪。纪年起自共和，故《十二诸侯年表》，即承《三代世表》而起自共和元年，且以明政治权力，由周室而渐下逮五霸，为历史演变的一大关键。然此表取义于孔子的《春秋》，而取材则依左丘明之《春秋传》及其晚年所作之《国语》。孔子作《春秋》，以鲁为主，故即以鲁之纪元为《春秋》之纪元。周处于虚位，而鲁处于实位。表所列者本为十三诸侯，因秉《春秋》主鲁之义，不数鲁而称为十二诸侯，亦犹本《秦记》以列六国年表，《秦记》以秦为主，故七国不数秦而称六国。[①]周虽然处于虚位，而两表皆始于周朔，亦犹《春秋》之"元年"属于鲁，而"正月"则属于王；孔子以此明天下之统于王，而史公则以此为便于历史时间之条贯。在史公心目中，周厉王以前，生民的命运托于政治。自厉王以后，五霸七雄，强争力战，生民在政治上无所托命，孔子不得已而"次春秋"、"以制义法，王道备，人事浃"，使生民托命于孔子的教

[①] 此乃采用傅占衡之说，傅说为《考证》所引。

化。换言之，史公认为共和以后，天下无政统而只有孔子的教统，所以他的断限是"自共和讫孔子"。而左丘明因"惧弟子人人异端，各安其意，失其真，故因孔子史记，具论其语，成《左氏春秋》"。史公站在史的立场，认为《左氏春秋》是最可信任的。由此可知在《十二诸侯年表》序详述孔子作《春秋》之意义及左丘明作传的因由，是顺理成章的。史公既认为"故《春秋》者礼义之大宗也"(《自序》)，所以在《十二诸侯年表》序中便叙述了铎椒、虞卿、吕不韦"及如荀卿、孟子、公孙固、韩非之徒，各往往捃摭《春秋》之文以著书，不可胜纪"，以见《春秋》衣被之广。最后站在史的立场，批评他们没有把握到史的完整性，此即所谓"儒者著其义，驰说者骋其辞，不务综其终始；历人取其年月，数家隆于神运，谱牒独记世谥，其辞略，欲一观诸要难"，以见他的"谱十二诸侯，自共和讫孔子，表见《春秋》、《国语》，学者所讥(考察)盛衰大指，著于篇，为成学治古文者要删焉"。这说明了能通过年表的形式，提纲挈领地以把握历史的完整性。能把握历史的完整性，始能把握由历史所透出的礼义的完整性。历史所透出的礼义，由历史的"盛衰大指"而见，所以表中所录的简单情节，皆是史公所把握的盛衰关键之所在。

《十二诸侯年表》，史公可以运用《左氏传》及《国语》的材料。《六国年表》，则因诸侯"史记"为秦所烧毁；"独有《秦记》，又不载日月，其文略，不具"，这便使史公受到材料的限制。一九七五年十二月在湖北省云梦县城关西部的睡虎地，发掘了一座葬于秦始皇三十年的墓——睡虎地十一号秦墓，发现竹简一千一百多枚，其中有秦昭王元年到始皇三十年的大事记，为史公所说的"又不载日月，其文略，不具"，作了实物的证明。《六国年表》所载列国年世，间有与《竹书纪年》及《孟子》不合的，主要原因，应从这种地方求得了解。同时，汉初自陆贾以下，凡有成就的知识分子，无不从政治的是非得失上反秦，希望为汉代开辟以人民为主体的新政治方向；史公自己也是如此。在此种风气下，遂有《六国年表》序中所说的"学者牵于所闻，见秦在帝位日浅，不察其终始，因举而笑之，不敢道"的情形。但史公对此，断然斥之为"此与以耳食无异，悲夫"。在这种地方，便可看出一位伟大史学家的心灵，与一般道德家乃至哲学家的观点异其趣。道德家、哲学家多先以一固定价值标准去选择历史；而伟大史学家的心灵，则系以历史的自身，为价值的基点，在此一基点上进一步作"兴坏之端"（《六国年表》序）的探求判断。所以在他的心目中，只要是历史，便都值得研究，便都可在其中发现各类型、各层次的价值。因此他便说"然战国之权变，亦有颇可采者，何必上古。秦取天下多暴，然世异变，成功大；传曰，法后王[1]何也？以其近己，而俗变相类，议卑而易行也"，并且历史之流，是不能中断的。在《三代世表》后，必承之以《十二诸侯年表》。在《十二诸侯年表》后，断不能缺乏《六国年表》。

《十二诸侯年表》以鲁为主，但领以周王年号。《六国年表》以秦为主，亦领以周王年号，直至赧王五十九年之死。赧王死后，领格虚列八年，直至始皇元年，始升列于领格。《六国年表》居于领格之周，在政治上固为虚位；秦始皇至二十六年始统一全国，在这以前，秦亦为虚位；史公所以将政治上的虚位列于领格，盖承《三代世表》的黄帝以下，保持历史上的统一时间，不使因政治分立而

---

[1] 见《荀子·非相》篇。

搅乱了历史时间的流贯。对此不应另作其他附会性的解释。《六国年表》较《十二诸侯年表》里所录的大事记为少，这明显地是来自史料的缺乏。各表中书法，多仿《春秋》。惟《春秋》仅在对鲁的叙述中称"我"，如庄公九年"八月庚申，及齐师战于乾时，我师败绩"；庄公十有九年"冬，齐人、宋人、陈人，伐我北鄙"。对其他各国的叙述，则不用"我"字。但《十二诸侯年表》及《六国年表》，则对各国同类情形的叙述，皆用"我"字。这只有两种解释：一是史公采用了各国史官的记录，保持其各自的立场，但这点不太可能；另一是史公特别采用此种方式，以保持对各国历史意识的均衡，或历史感情的均衡，因而取得平等而客观的处理。

史公本其深厚的历史智慧，感到由秦之亡到汉之兴的这一段时间，实系历史上前所未有的巨大变局。为了突出此一巨大变局在历史中的重要地位，所以不将秦二世三年以后，直入于汉，而特为这段过渡时间另立一表；此过渡时间之政治主体在楚而不在汉，故表不称"秦汉之际"而称"秦楚之际"。为了反映"五年之间，号令三嬗"（序）的蜂起飚发的情形，故不以年为记录的单元，而以月为记录的单元；不称为"年表"而称为"月表"，正可以看出他能以创造之力，表现出他所把握的历史面貌的本领。《月表》序充分凝缩了他对历史发展各特点所作的比较观察，及对此巨大变化所发生的惊异与感叹的深厚感情，遂成为风骨相形、刚柔迭代的散文中的绝唱。

史公所列各表，每表所代表的时代意义，皆在序中作简要的点出。《汉兴以来诸侯王年表》，起高祖元年，终武帝太初四年。从序看，由汉初至太初，朝廷所处之形势凡三变，对诸侯王的政策亦三变。高祖四年封韩信为齐王，封英布为淮南王，张耳为赵王，五年封彭越为梁王，卢绾为燕王，所封者，皆其势足以自立的异姓英杰，此乃用张良之策，[①]适应当时必须合天下之力，始能灭项的形势，不得不实行大封异姓的政策。其中最关系全局者为齐王韩信，故垓下之战后，高祖除再一次入壁夺军，并将其由稍有基础之齐，徙控制较易之楚外，旋于五年伪游云梦，缚至长安，降为淮阴侯；六年立弟刘交为楚王，子刘肥为齐王，亲属刘贾为荆王，九年立子如意为赵王。十一年薪灭英布及彭越，卢绾被逼逃入匈奴。是年封子长为淮南王，子友为淮阳王，子恒为代王。十二年立子建为燕王，子恢为梁王，并"刑白马盟曰，非刘氏而王者，若（或）无功，上所不置而侯者，天下共诛之"；[②]此乃适应巩固政权统一之形势，实行杀戮异姓而代之以大封同姓的政策。即序所谓"天下初定，骨肉同姓少，故广强庶孽，以镇抚四海，用承卫天子也"。但自文帝起，已不能无"兄弟二人不相容"[③]之讥；自贾谊、晁错以下，莫不以削弱诸侯王为急务，至景帝遂有七国之变；此乃适应中央集权之形势，至武帝遂实行"众建诸侯而少其力"的政策。此即序所谓"汉定百年之间，亲属益疏，诸侯或骄奢，忕（《索隐》：音誓，训习）邪臣计谋为淫乱，大者叛逆，小者不轨于法，以危其命，殒身亡国。天子（武帝）观于上古，然后加惠，使诸侯得推恩分子弟国邑"，朝廷由初建基时的"凡十五郡"，至是而"汉郡八九十，形错诸侯间，犬牙相临，秉其阸塞地利，强本干弱枝叶之势也"。由上可知汉以政策适应形势，以形势控制天下之用心，不可谓不密。然西汉自元帝之后，患不

[①] 张良之策，见《项羽本纪》及《留侯世家》。
[②] 此见《吕后本纪》王陵曰："高帝刑白马盟曰，非刘氏而王，天下共击之。"
[③] 《史记·淮南衡山列传》。

在强宗而在外戚，实即在天子权力之自身；史公的历史智慧，在此序中便说出"形势虽强，要之，以仁义为本"的话。由汉代政治形势及政策的演变，可以看出政治法术之所穷，亦即儒家政治思想所以能成为政治的根本思想的原因所在。

《高祖功臣侯者年表》序，在说明汉初所行封建，与古代不同，亦与封诸侯王者不同。古代之封，乃出于在上者"欲固其根本"，而被封者亦"笃于仁义，奉上法"（序）。故能"历时久远，或数千岁"，或"千有余载"。诸侯王之封，出于一时形势之要求，并非作为一种固定的政治制度。汉初封侯，乃作为酬庸报功的一种政治制度，而此种制度，除给少数人以政治上之特殊身份[①]及经济上之特殊剥削利益外，不仅无其他积极意义，且成为专制政治中有重大毒性的附赘悬疣；其封废不时，乃必然之势。然在高祖，犹以"有功"为标准。高祖以后，所谓《惠景间侯者年表》，则实已递嬗而为"王子侯"、"外戚恩泽侯"，至东汉更增入宦者侯，此后一直成为专制者发挥权威，颠倒是非，集体剥削的重大工具。《建元以来侯者年表》，乃武帝所以酬开边之臣，似亦以"有功"为标准，所以序谓"以此知功臣受封，侔于祖考矣"。然卫青之子，封于襁褓，这还有什么标准可言。史公在此三表的序中，虽未能剖析此种制度的本身，但亦以或显或隐的方法，触及其本身所含的问题。[②]至《建元以来王子侯者表》，乃"众建诸侯而少其力"的

[①] 封侯乃二十等爵之最高爵位，乃在政治上代表一种特殊身份，故拜相者必封侯；霍光援立宣帝，亦先封侯。此皆先变更其身份之意。

[②] 《惠景间侯者年表》中之侯，实以"恩泽"为主。序谓"当世仁义成功之著者也"，此"仁义"两字，应作"恩泽"了解。《建元以来侯者年表》序所谓"况乃以中国一统，明天子在上，兼文武，席卷四海，内辑亿万之众，岂上晏然不为边境征伐哉"，应与《匈奴列传》赞参阅，乃可得其微旨。

一时策略。所以史公只说一句"盛哉天子之德，一人有庆，天下赖之"。更无他话可说。

封侯之事同，而表分为四，盖检别封侯之条件不同，即所以反映政治演变大势之情形各异。相、将、御史大夫，为朝廷施政的三大支柱，故史公特立《汉兴以来将相名臣年表》。惟此表缺史公之序。天汉元年以后，迄成帝鸿嘉元年，乃后人所续。梁玉绳谓"以《汉书》校之（后人所补的部分）太多乖迕"。即在天汉以前，亦有残缺；如元鼎二年，书有御史大夫张"汤有罪自杀"，而孝景二年记有"御史大夫错（晁错）"，未记错之被斩东市，即其一证。又本表对太尉的置或罢，其字皆倒书。孝景元年"置司徒官"亦倒书（梁玉绳以为司徒置于哀帝元寿二年，此时不当有）。丞相及御史大夫之罢、卒，皆倒书于上一格，将军则不书罢、卒；此是否出于残缺舛误，或为史公创例？若为史公创例，其用意何在，盖皆未易推测。[①]张晏谓此表在"十篇缺"之内，由其残缺不全，可断言非史公之旧。

七、《史记》构造之三——书及其中的存缺问题

马端临谓"《诗》、《书》、《春秋》之后，惟太史公号为良史。作为……纪传以述理乱兴衰，八书以述典章经制"。[②]纪、传、表都是以人为主，事附丽于人。八书则以事为主，人附丽于事。人之所以附丽于事，因为某些事，是经长期集体经验积累而成；既

---

① 我曾以此事请教施之勉先生。《大陆杂志》第五十二卷第二期有施先生《释〈史记·汉兴以来将相名臣年表〉倒书例》，即系答我之问的，然亦未敢深信。
② 《文献通考·总序》。

成以后，成为政治生活社会生活中的客观性的行为规范，此即马氏之所谓"典章经制"。若仅一事一端，不足以表现其意味与作用，必将积累的许多事加以综合条贯，其意义与作用乃见。因此，这类的事，虽然还是由人所造成，并由人在其中推动，但其建立非仅限于某一二突出的人；而建立以后，较之一般的事，有较大的适用范围与持久性，成为历史中某方面的集体生活的维系与反映。这是由把握到历史生活中的整体性，及整体性中的关键所创造出的体制。刘知几谓"志（书）以总括遗漏。逮于天文地理，国典朝章；隐显必该，洪纤靡失，此其所以为长也"。① 所谓"隐显必该，洪纤靡失"两语中的"隐显""洪纤"，正说明这是由集结某一方面的集体努力、集体生活所成就的。郑樵谓："江淹有言，修史之难，无出于志。诚以志者宪章之所系，非老于典故者不能为也。"② 把握一人一事的对象为易，把握集体生活的对象特难。郑樵谓"志之大原，起于《尔雅》"，③ 此乃吊诡之言。刘知几谓"班马著史，别裁书志，考其所记，多效礼经"，④ 可谓近是。但由礼经而加以推扩、条理、检别之功，及对当代大政得失利弊所在，无不举纲引目，以为因革损益张本之识，岂仅"老于典故"者所能措手。其宏裁卓识，真可谓冠绝今古。

在进入到八书的具体讨论之前，必先讨论到《汉书·司马迁传》谓《史记》"十篇缺，有录无书"的问题。因为十篇缺中，不仅书居其三，且所谓缺的三书，对史公思想的了解，关系甚大。

---

① 《史通》卷二《二体》篇。
② 《通志·总序》。
③ 同上。
④ 《史通》卷三《书志》篇。

颜师古注引张晏曰："迁没后，亡《景纪》、《武纪》、《礼书》、《乐书》、《兵书》、《汉兴以来将相年表》、《日者列传》、《三王世家》、《龟策列传》、《傅靳列传》。元成之间，褚先生补缺，作《武帝纪》、《三王世家》、《龟策》、《日者传》，言辞鄙陋，非迁本意也。"这里先说明一点，即张晏谓褚先生所补者仅为四篇。自《正义》误以十篇皆褚先生所补后，每为后人所误承。按《史记·自序》谓"凡百三十篇，五十二万六千五百字，为《太史公书》"，是此书史公及身已经完成。卫宏《汉官旧仪注》谓"太史公作《景帝本纪》，极言其短，及武帝过，武帝怒而削去"，则此二篇因犯忌讳削去而阙，已可明了。其他八篇，是否因同样情形而缺，抑当时单篇流传，其中有的是隐而复显。例如《后汉书》七十六《循吏列传·王景传》"乃赐景《山海经》、《河渠书》、《禹贡图》"，此系永平十二年（西纪六十九年）事，是《史记》在此时尚有单篇流行的情形。这都应作各别的考查、处理，未可概以通例。

　　现时的《景帝本纪》，张晏没有说是出自褚先生。凌稚隆谓"此纪乃元成间褚先生取《汉书》补之"，不论元成间尚无《汉书》，且亦与《汉书》之《景纪》不类。陈仁锡以为"《景纪》纯用编年体，惟书本事而已，此必太史公本书，非后人所补也"。崔适以为，"《史记》之《本纪》（景帝），有为《汉书》帝纪所未载者，则非取彼以补也，此纪实未亡耳。"[①]按史公作本纪之体裁，在材料许可范围内，与作列传无异，必叙及帝王之行为生活，此观于始皇、高祖、吕后、孝文各纪而可见。班固作《汉书》，《景纪》以前者抄自《史记》。由《景纪》起，不复涉及帝王个人之行为生活而

---

① 按上皆采自《考证》。

改为编年体，遂为尔后修史的定法。其用心完全是出于不致因叙及帝王之行为生活而触犯忌讳。所以《史记·景纪》之全为编年体，正证明其非出于史公的原笔。且《自序》以"京师行诛，七国伏辜"，为景帝时的一件大事。《景纪》对此事之叙述仅八十五字，其中人名及官爵已占四十六字，史公不应如此简略。周亚夫以大功下狱而死，尤足见景帝性情之刻忌。《汉书·景纪》对此书为"条侯周亚夫下狱死"，犹保持实录。而《史记·景纪》则称"丞相周亚夫死"，即其下狱而亦讳之。又中二年临江王之死，《史记·景纪》书为"即死中尉府中"，《汉书·景纪》则书为"征诣中尉自杀"；是《史记》对此亦有讳饰。就全盘汉事之叙述而言，《史记》常较《汉书》为直笔，独《景纪》则《汉书》反较《史记》之笔为直，其非出于史公之手，尤属显然。《汉书》因有《百官表》，故不书景帝改官名之事，《史记·景纪》则书之。又《史记·文纪》书后二年后三年，《景纪》亦书中二年中三年后二年后三年，《汉书·景纪》则否。由此可知《史记》之《景纪》在先，《汉书》之《景纪》在后，两者并无直接关连。然《史记·景纪》之开首一段，较《汉书·景纪》为直率，其赞亦可断言为出于史公之手。因此不妨这样推测：《史记》在史公死后已开始流行，[①]有人一面为了避忌时讳，同时又为了保持《史记》的完整性，乃将史公景帝原纪，大加删改，使其成为今日的面目。

《史记·自序》谓"作《今上本纪》，今称《孝武本纪》，张晏谓褚先生补作，当为可信。惟张晏谓褚先生"言辞鄙陋"，后人不

[①]《盐铁论·毁学》篇"大夫曰，司马子言，天下穰穰，皆为利往"，是桑弘羊已见《史记》。

加深考，遂以此言为褚之定评，殊为不当。《史记》中凡"褚先生曰"的补充材料，皆委婉有深意，与史公之用心相合。他生年与武帝时代相隔不远；若以编年体补一篇《孝武本纪》，是非常容易的事情。但史公所以触武帝之怒，必是在《景纪》中反映出了景帝刻薄的性格，在《今上本纪》中，反映出了武帝奢侈虚浮的性格。武帝的政治本质、武功的实况，在《平准书》、《酷吏列传》、《匈奴列传》等篇中，皆有技巧而深刻的叙述；惟有《封禅书》，主要是暴露武帝虚浮而愚蠢的性格的。褚氏以现成的《封禅书》为《孝武本纪》，他自己既无大不敬之嫌，而又可借此以表明史公对武帝性格的基本观点，及暴露《今上本纪》被削去的真正原因。钱大昕以为"或晋以后，少孙补篇亦亡，乡里妄人，取此以足其数耳"，①浅哉钱氏之言史了。

《汉兴以来将相年表》缺史公的序，其残缺及为后人所补者，均甚显然。但由补表者仅补入史公以后的材料，未尝为此表补叙，《景纪》虽经删改，但仍保持"太史公曰"的赞的原有面貌，而褚少孙既节录《封禅书》以为《孝武本纪》，仍以《封禅书》的史公的赞，为《孝武本纪》的赞，不顾其与《自序》中《今上本纪》之序不相合。由此可知，以资料补《史记》者，未尝敢冒为史公之议论。

现在要谈到《礼书》、《乐书》的问题。首先我们应了解，史公在八书中首先建立《礼书》、《乐书》，乃标示他的政治理想；而真的政治理想，必然是由针对现实政治所作的深刻的批评而来。礼乐的意义，由宗教性的神人之际的关系，演变而为封建政治中

---

① 转引自《考证》。

的君臣上下之际的关系，更演变而为政治社会重要生活的各种关系，更演变而为士人作为人格修养熏陶的工具，其特点，皆在把这些关系、意义，表现为合理的行为形式。这都是由行为的形式，向其内在精神升华的演变。所谓礼的内在精神，或者称为"礼意"，大体是指向"让"、"敬"、及"节"与"文"之"中"，以至各守其责任与权利的合理范围之"分"，以建立人与神、人与人、人与事、身与心的合理状态。当孔子说"君子义以为质，礼以行之"[①]的话时，礼成为实现"事之宜"的行为方式，这是礼从以身份制为骨干的封建政治中完成了它的蜕皮转变的大标志。战国中期，法家之说大行，以军事组织及战场刑罚，转用到一般社会及人民日常生活上面，这即是以严刑峻罚为内容的刑治。人民被统治者残害压迫的情形，因此而更为突出。于是孔子的"道之以政，齐之以刑，民免而无耻。道之以德，齐之以礼，有耻且格"的观点，也随之得到发展，将礼治与刑治对立起来，以礼乐之治，作为儒家政治理想的具体化。此至荀子而有了更明显的表现。汉初思想家，有如贾谊，今日称为《淮南子》中的儒家及董仲舒们，都是继承此一统绪。史公之写《礼书》、《乐书》，正是此一统绪下的产物。先明了此点，便可断定《礼书》、《乐书》，必出自史公本人，非他人所得而补。用后来以记当代仪节掌故为主的礼乐书来看《史记》的《礼书》、《乐书》，便怀疑它不是史公的原璧了。

　　《礼书》一开始是"太史公曰，洋洋美德乎，宰制万物，役使群众，岂人力也哉"；是说明统治者的权力，并不足以宰制万物，役使群众。宰制只能由万物自己，役使也只能由群众自己。所以

---

① 《论语·卫灵公》。

他便接着说"余至大行礼官,观三代损益,乃知缘人情而制礼,依人性而作仪……人道经纬万端,规矩无所不贯……所以总一海内,而整齐万民也"。"人道经纬万端,规矩无所不贯",这是说礼的一般作用。"总一海内,整齐万民",这是说政治上的礼治。而礼是缘人情、依人性,所以礼治即是缘人情依人性的政治,而不是统治者运用自己的力(人力)去控制人民的政治。这是把儒家的民本政治思想,使其能通过礼乐教化,而使其得以具体实现。再接着叙述礼的重要内容,而申其意为"所以防其淫侈,救其雕敝。是以君臣朝廷尊卑贵贱之序,下及黎庶车舆衣服宫室饮食嫁娶丧祭之分,事有宜适,物有节文"。到此为止,他总结了礼在政治社会方面的意义,亦即是为政治社会树立了广大的行为规范。再接着叙述"周衰,礼废乐坏",仲尼行教化于下,欲稍加补救。"仲尼没后,受业之徒,沈湮而不举,或适齐楚,或入河海,岂不痛哉。"接着以"微言"的方式,叙述了秦汉之所谓礼的本质。"至秦有天下,悉内(收)六国礼仪,采择其善,虽不合圣制,其尊君抑臣,朝廷济济,依古以来(依托古礼传下之形式以行之)。至于高祖,光有四海,叔孙通颇有所增益减损,大抵皆袭秦故。"秦据法家尊君抑臣的思想[1]以制朝仪,叔孙通承之,"自诸侯王以下,莫不振恐肃敬",使刘邦泰然谓"吾乃今日知为皇帝之贵也",可知秦汉之所谓礼,完全成为统治者威压臣民的工具,这与史公前面所说的"缘人情以制礼,依人性以作仪",相去太远。史公在现实政治威压之下,只轻轻点出"虽不合圣制"一句,然秦汉的朝

---

[1] 司马谈《论六家要旨》,其论法家有谓"若尊主卑臣,明分职,不得相逾越,虽百家弗能改也"。是尊君卑臣,为法家思想特色之一。

仪，不足称为礼，其意甚明。再接着叙述文帝"好道家之学"，景帝乐晁错"世务刑名"之言，群臣又皆"养交安禄而已"，皆未尝能改秦礼之弊。"今上（武帝）即位，招致儒术之士，令共定仪，十余年不就"，"乃以太初之元，改正朔，易服色，封泰山，定宗庙百官之仪，以为典常，垂之于后云"，这样便把武帝在礼方面的作为叙述完了。改正朔，易服色，是汉初以来贾谊们的主张。改正朔，是改秦的以十月为岁首，为夏时的以正月为岁首，这是有意义的。但以新修的太初历代替原有的四分历，中间加入了乐律的不相干的因素，这便为史公所不取。易服色，是通过《吕氏春秋》十二纪而受了邹衍的五德运转思想的影响，本无实质意义。但贾谊、董仲舒们是想以此为改变承秦之后的政治方向的象征。秦的以刑为治，至汉武而得到高度的发挥，此观于《酷吏列传》及《汉书·刑法志》而可见；所以改正朔，易服色的实质意义，完全没有了，亦即是礼在这两个仪式中完全失掉了意义。至于武帝"令共定仪，十余年不就"，乃是以封禅为主题的。方士们以封禅为主题所成就的"以为典常，垂之于后"的，具见于《封禅书》。这是统治者的夸诞与愚蠢的大结集，可以说对史公心目中的所谓礼，是最大的嘲笑。史公在此一现实的嘲笑中，要保持礼在政治社会人生上的原有意义，所以接着便抄上荀子的《礼论》及《议兵》篇中的一部分，这一面是在两相对比之下，面对汉代所作的礼的严厉批评；同时也想由此以保持礼的精神，垂法于后世。《礼论》由"礼由人起"抄至"是儒墨之分也"，去一"也"字，直接转入《议兵》篇的"治辨之极也"，衔接得毫无痕迹；抄至"传曰，威厉而不试，刑措而不用"，其以《议兵》篇此段，讽谏武帝的穷兵任刑的用心，至为明显。以后继续抄《礼论》，至《礼论》的

"礼岂不至矣哉",易为"太史公曰,至矣哉",以提挈前后的文意,并非如泷川资言之所谓"太史公曰四字,后人妄增"。由上面的观点以读《礼书》,结构完整,义严而词婉,这能说不是出于史公之手吗?

若把我上面对《礼书》的观点转用到《乐书》方面,便不能不承认《乐书》同样是出于史公之手。《乐书》一开始就写:"太史公曰,余每读《虞书》,[1]至于君臣相敕,维是几安;而肱股不良,万事堕坏,未尝不流涕也。"这若不是针对汉武因骄纵侈泰,蔑视将相的职位,以佞幸绾兵权,[2]用宰相如儿戏,[3]屠之如羊豕,[4]则所谓"肱股不良,万事堕坏,未尝不流涕也"的"涕",怎么会流得下来。只有史公身在朝列,尤其晚年为中书令,对上述情形,见之切,感之深,才能流出这种眼泪。这岂是泛论泛说,可由他人来补笔的吗?乐是乐(音洛),容易被统治者利用,以助长其骄泰之心。而武帝承文景积累之后,席丰履厚,其所作所为,皆出以

---

[1]《虞书》今文《皋陶谟》。
[2] 卫青、霍去病,史公出其名于《佞幸列传》中,由此可以推见汉武用将之基本态度。《廿二史劄记》卷二有"武帝三大将皆由女宠"条。
[3]《史记·张丞相列传》:"及今上时,柏至侯许昌、平棘侯薛泽,武强侯庄青翟、高陵侯赵周等为丞宰。皆以列侯继嗣,娖娖廉谨,为丞相备员而已。无所能发明,功名有著于当世者。"
[4] 据《史记·汉兴以来将相名臣年表》,武帝用相,自窦婴至田千秋凡十二人。其中除田蚡、许昌,以外戚得终于位,薛泽罢免,公孙弘以阿谀终于位,石庆以谨厚不问事,在位最久(九年),得卒于位,及田千秋用于巫蛊悔祸之后外,窦婴罢相后弃市,李蔡、庄青翟、赵周自杀。公孙贺、刘屈氂腰斩。且由李蔡至刘屈氂,凡六相,中间除一石庆外,无一得善终。《公孙贺传》"时朝廷多事,督责大臣。自公孙弘后,丞相李蔡、庄青翟、赵周三人,比坐事死。石庆虽以谨得终,然数被谴。初贺引拜为丞相,不受印绶,顿首涕泣曰,臣本边鄙,以鞍马骑射为官,材诚不任宰相。上与左右见贺悲哀,感动下泣曰,扶起丞相。贺不肯起,上乃起去。"即此可见当时任相时之情景。

论《史记》

骄泰之心，满足其骄泰之欲，把本应当做的事，也变成为蠹害国家人民的事。所以史公接着说"成王作颂，推己惩艾"的"善守善终"。由此而发挥乐的精神是"沐浴膏泽，而歌咏勤苦"；"凡作乐者所以节乐。君子以谦退为礼，以减省为乐"，这都是针对武帝所下的针砭。更由此以言乐的起源与作用是："博采风俗，协比声律，以补短移化，助流（流布）政教。天子躬于明堂临观。而万民咸荡涤邪秽，斟酌饱满，以饰厥性"；乐由人民方面来，还是用向人民方面去。这都是针对汉代，尤其是针对武帝的叙述。由"治道亏缺而郑音起"，至"二世然之"止，叙述了乐向反面演变的情形，其关键在"秦二世尤以为娱"，视音乐为统治者一人娱乐之具，这便走向"以损减为乐"及"饰民之性"的反面。由"高祖过沛，诗三侯①之章"起，至《天马歌》的"涉流沙兮四夷服"止，叙汉室之乐已完具，而结以"中尉汲黯进曰，凡王者作乐，上以承祖宗，下以化兆民。今陛下得马，诗以为歌，协于宗庙。先帝百姓，岂能知其音耶。上默然不说。丞相公孙弘曰，黯诽谤圣制，当族"。武帝因得神马以为太一所赐而作《太一之歌》，又为求得千里马而两次兴师伐大宛，"欲侯宠姬李氏，拜李广利为贰师将军"。第一次，"发属国六千骑及郡国恶少年数万人攻郁城，郁城大破之，遂引兵而还。""往来二岁，还至敦煌，士不过什一二"；第二次，"赦囚徒材官，益发恶少年及边骑，岁余而出敦煌者六万人，负私从者不与。牛十万，马三万余匹，驴骡橐驼以万数，多赍粮，兵弩甚设，天下骚动，转相奉伐宛。凡五十余校尉"。此次成功了，"取

---

① "兮"、"侯"，皆歌中拖长声调时所发之声。今《老子》中之"兮"字，帛书《老子》中皆作"呵"。按"侯""呵"之声放，"兮"之声敛。意者《楚辞》用"兮"，《楚辞》大行而"侯""呵"皆改作"兮"。

其善马数十匹，中马以下牝牡三千余匹。""军入玉门者万余人，军马千余匹。"①即是为了这数十匹善马，牺牲了五万大军，三万匹军马，及十万头牛与驴骡橐驼资粮等无算。因此役而被封侯者二。"军官吏为九卿者三人，诸侯相郡守二千石者百余人，千石以下千余人"，②更作歌以为祭告之用。这首歌可以说是由血河泪海所写成的，真可以说到了愚蠢颠狂状态。以此而言乐，岂是史公所能忍受。但身在当朝，只好写出汲黯与公孙弘这样一段委曲深切的故事，以寓其无穷的悲愤。

惟王应麟《困学纪闻·考史》引说斋唐氏之说，已指出得渥洼之马而作歌，在元鼎四年（前一一三年）；李广利获大宛善马而作歌，为太初四年（前一〇一年）。汲黯卒于元鼎五年（前一一二年），公孙弘卒于元狩二年（前一二一年）。得马作歌时，两人之卒皆已久，而汲黯也未尝为中尉，因此而断言"则此非迁之作明矣"。梁玉绳《史记志疑》对此言之尤详。虽司马光《资治通鉴考异》，以"或者马生渥洼水作歌在元狩三年（前一二〇年），汲黯为右内史（元狩三年罢）而讥之，言当族者非公孙弘也"之说相弥缝；泷川资言则以公孙弘为公孙贺，汲黯当为汲黯之弟汲仁，以牵就此一故事在人物与年月上之差舛。然在考证上皆难使人信服。

但若换一角度加以考查，则此问题将可得到不同的解答。《乐书》若为他人补作，则补作者凭空编造此一无实的故事，其用心何在？《史记》十篇之缺，以景、武两本纪的情形推之，殆皆犯

---

① 以上皆见《史记·大宛列传》。
② 同上。

有时忌。故补《景帝本纪》者，其避讳乃过于《汉书》之《景纪》。而褚少孙为了保存史公《武纪》原意，只好节抄《封禅书》。则补《乐书》者，何以补此于实无据、于意犯忌的故事？我认为史公在此段以前，皆系叙述事实；叙述事实，必须有所据。此段则系对前面之事实加以总的批评。《自序》说，"《诗》三百篇，大抵贤圣发愤之所为作也"，因为是发愤之作，故多出之以比兴，以济立言之道之穷；这在史公，则是所谓"微言"。微言与比兴之义相通，但求于情理上所应有，不必拘于事实之所本无。汲黯与公孙弘两人之言，在两人之性格上皆为其所应有；而"上默然不说"，亦武帝对汲黯之戆所流露的常情。于是姑构此一情节，亦犹诗人之比兴，以寄托其感愤之意。非史公，孰能对汲黯、武帝、公孙弘三人之性格，有如此深刻的了解，有如此自然的构成，有如此深长深刻的意味呢？

在叙完汉代作乐之违反乐的基本精神与作用后，录《乐记》以标示乐的理想，与《礼书》录《礼论》之用意正同。在录《乐记》至"子贡问乐"，以结一篇之名[①]后，应直承之以"太史公曰"，与《礼书》之结构亦同。其中夹入韩非《十过》篇师涓、师旷的一段神秘性的鼓琴故事，与史公之思想性格不合；当系太初以后，将乐律加以神化，《史记》的传承者在此种风气之下，所加进去的。

《自序》"非兵不强，非德不昌。黄帝汤武以兴，桀纣二世以崩，可不慎欤。《司马法》所从来尚矣。太公孙吴王子，能绍而明之，切近世，极大变，作《律书》第三"，则《律书》之为兵书无可疑。《尔雅·释诂》："律，法也。"（此即今日之所谓纪律）《易》

[①] 此处采用泷川资言《考证》之解释。

"师出以律"之律，正用此义。兵书称曰律书，乃标出军旅得以成立之最基本要求，以寓其深意。武帝太初历采用巴郡落下闳之谬说："以律（律吕之律）起历。曰，律容一龠积八十一寸，则一日之分也……乃诏迁用邓平（及落下闳）所造八十一分律历。"以律起历，本出于一时附会。汉初所用的四分历，以八十分为一日之数，乃出于实测之推算。黄钟长九寸，以九分为一寸，九寸为八十一分，乃出于制器调音之要求。两者毫不相干。今落下闳等为神秘其新历，以黄钟之八十一分，附会为新历之日数，此对音乐与历而言，皆两无是处，故史公虽参与制历之事，但《史记·历书》仍保留四分历，而不采用新制之太初历，其用心可见。然自以黄钟之八十一分，附会为历的"一日之分"以后，六律的意义，更加神化，以极于刘歆三统历中所言六律的意义，此为史公时所未有，尤为史公所不信。后人不明于此种思想的演变，渐以后起之说，乱前人之意，于是对《律书》多所附会。《司马法》、《孙子》、《吴子》及山东银雀山汉墓竹简中的《孙膑兵法》，皆未发现六律与兵之任何关系。下至《淮南子》中之《兵略训》，体大思精，间夹有极小部分之神秘思想，然亦不及六律与兵之关系。仅今日通行的经一再伪之《六韬》，中有《五音》篇，言"律音之声，可以知三军之消息胜败"，此殆战国末期方士之遗说，属于《汉志·兵书略》"兵阴阳十六家"中的一种附会之谈，然亦不过《六韬》五十七篇中的一篇，以备一说，尚无"六律为万事根本，其于兵械尤所重"这类的怪诞思想。史公对武帝的用将无方，征调无度，深致痛愤，此在《平准书》、《匈奴列传》赞中表现得非常深切。《律书》由"兵者圣人所以讨强暴、平乱世"起，至"太史公曰，文帝时，会天下新去汤火，人民乐业，因其欲然，能不扰乱，故百姓遂安，自年六七十翁，亦未尝至市井；游敖嬉戏，如小儿状，孔子所称有德君子者邪"止，乃史公原文。按《礼书》、《乐书》之例，应叙至"今上"的各种军事设施行动以终篇，并且我相信史公已经这样写了的。但其内容必大犯忌讳，较《礼书》、《乐书》为尤甚。盖《礼书》、《乐书》对"今上"的情形，尚可出以婉曲之笔；把这应用到《律书》方面，便很困难。西汉宣、元时代，神秘思想最为盛行，而这些神秘思想中，以有关律吕的思想更为神秘。于是由今日不能断定的某位人士，把有关大犯时忌的"今上"的叙述去掉，把当时流行的有关律吕的神秘思想，在被保留的一段原文的前后，塞了进来，便成为不伦不类的今日的《律书》的形式。所以《律书》开始由"王者制事立法，物度轨则，一禀于六律"至"同声相从，物之自然，何足怪哉"止的一段；及由"书曰七政二十八宿"以至最后的"钟律调自上古，建律运历，造曰（当作日）度，可据而度也。合符节，通道德，即从斯之谓也"止，全是出于这位人士的补笔。但这位补笔的还有一点良心，因为他所补的后面的一大段，除了保存了"律数""言十二律相互间之比例数"[①]外，实际是说的律与历的密切关系，所以《汉书》便称为《律历志》。但史公认为律与历毫无关系，所以只称为《历书》。《历书》中仅在"因诏御史曰"的诏中，转述了落下闳们"今日顺夏至，黄钟为宫，林钟为徵，太簇为商，南吕为羽，姑洗为角。自是以后，气复正，羽声复清"等数语。这叙的是诏书，与史公自己的观点全不相干。而在《历术甲子篇》中，没有杂入一句律吕的观念。补《律书》者为了保持史公《历书》的原有面

---

① 参阅丘琼荪著《历代乐律志校释》第一分册页一一九。

目，宁愿把律历相关的材料，不伦不类地夹在《律书》里，而不夹在《历书》里，这是他很有分际的地方。

历与天官，皆史公所主管，两者皆有长久的历史。史公特将两者各为一书，对古代这一方面的成就，作了初步的整理，并凸出其意义，使此一"文史星历，近乎卜祝之间，固主上所戏弄，倡优畜之，流俗之所轻也"①的业绩，因此而能在历史上占一确定的重要地位，以保持中国科学的古老传统，其识卓，其功伟。古代的占天工作，与占星术连结在一起，《天官书》也是如此。但与《淮南子》中的《天文训》相较，附会之辞较少。惟五纬行度的疾徐，《天文训》似较《天官书》为详，两者应有人作详细的比较研究。

《封禅书》，是史公作史精神最突出的表现。作史莫大乎显露历史之真实。有事的真实，有人的真实。事的真实，存乎兴造的原始动机与实现之历程。及其完成以后，则常为假借缘饰之辞所障蔽。人的真实，存乎其直接所流露之心态与知识水准。但政治人物之生活，有公私两面。其政治社会的地位愈高，则由私生活所透露之真，愈为装扮粉饰之公生活之伪所障蔽。于是事有表有里，人也有表有里。事与人的真实，常在里而不在表。且表的材料，常远超过里的材料。假定一位史学家，只停顿在表的材料上，而不能由表的材料以通向里的材料，则他将是一个被权势所玩弄所驱遣，以向世人、向后代，提供历史假象的人；这对史学家自己而言是悲哀，对所发生的影响而言，是罪过。归结起来，这只能算是无赖的宣传家，而不配称为史学家。史公在《封禅书》赞

---

① 见太史公《报任安书》。

论《史记》

里说"具见其表里",这句话,是他作史的最大目标,最大成就,特于《封禅书》结集为一个具体的典型,用最高的技巧,将其表达出来。

鬼神祭祀,是中国久远以来的传统宗教,其中当然夹杂有祈福禳祸的浓厚原始迷信在里面。但经周公与孔子的努力,把原始迷信减轻减少。此一努力,可分为两方面。一方面是将祭祀以礼加以限制,加以简化。天子、诸侯、大夫、士、庶人,在祭祀的对象上各有分限;在祭祀的时日、用品方面,也各有分限。另一方面,则将决定祸福之权,由鬼神转到人自身的行为,而将祭祀转化为崇德报功等的道德意义之上。这样才使人神混处的原始精神生活状态,渐进于理智清明的人文世界;这是文化上的一大进步。但秦杂西戎之俗,自立国以来,在祭祀上没有受到周室礼制的影响,还保留很浓厚的迷信成分。加以始皇侈泰之心,醉心于不死之药,鼓励了燕齐一带的方士,面对着浩瀚无涯的东海,发生了许多幻想与谎言,这与出自西戎的神话传统相结合,更增加了以迷信满足大一统皇帝侈泰之心的分量。封禅,是方士各种谎言的最高集结点,也是为了满足大一统皇帝侈泰之心的最高表现形式。历史上最先以封禅夸示功德的是秦始皇,继之者为汉武帝。封禅在祭祀中是突出的大典,秦皇汉武在实行封禅的仪礼中纷纷不决,由此可以窥见他们要由庄严的仪式以装扮出庄严的意义的用心。这是事与人的表。但此种庄严仪式,完全是由迷信所砌成;而所谓庄严的意义,完全是由侈泰愚妄之心所幻化;这是事与人的里。史公有"从巡祭天地诸神名山川而封禅焉。入寿宫,侍祠神语,究观方士祠官之意"的机会,看穿了方士如何玩弄皇帝,皇帝何以甘心受玩弄的把戏;"于是退而论次自古以来,用事于鬼神者，具见其表里。后有君子，得以览焉"。① 把事与人的"表里"表达出来了，也即是把掩蔽在庄严仪式后面的由专制、侈泰、愚妄结合在一起的事之里与人之里，表达出来了，使人类得透过由专制权力所散布的虚伪的历史资料以把握历史的真实；由历史的真实以把握人类前进的真正大方向，这才是作为一个史学家的真正责任与贡献。这正是史公作史的志尚所存。但此不仅需要卓越的智慧，遭逢的机会，更需要与人类大利大害、大是大非同其呼吸，决不为一时权势所夺的人格。这是支持史公具见其表里的基本力量；在《史记》进入汉代的各种叙述中，皆为此一精神所贯彻，特于《封禅书》中表现得最为集中。"至若俎豆珪币之详，献酬之礼"，不过是此历史真实的渣滓，更何足浪费笔墨，所以便委之于"则有司存"了。② 由此可知弥缝颠倒于由专制权力所安排散布的事之表与人之表的资料中，以构成历史的假象；由历史的假象，隐瞒历史的真正经验教训，使人类陷于混乱的泥淖中而永不能自拔，这是以史之名，毁灭史之实，乃历史的罪人，当然也是史公的罪人。

史公为了达到"具见其表里"的目的，运用了几种卓绝的表现技巧。第一种，采用了"反言若正"③的技巧，以加重"春秋之微"的意味。一开始"自古受命帝王，曷尝不封禅。盖有无其应而用事者也。未有睹符瑞见，而不臻于泰山者也"。以庄严之词，尽调侃之意；全篇义脉，皆由此流出。像武帝这种文化水准的人，看到这几句（假使的话），也会和看到司马相如的《子虚》、《上

---

① 以上皆见《封禅书》赞。
② 同上。
③ 此语来自《老子》的"正言若反"。

论《史记》

林》，把本以讽刺求仙的文章，读了却飘飘有凌云之想，而《封禅书》遂得以完璧流传下来。第二种是用暗示的技巧以点出封禅的虚妄。在上述数语后，接着写"虽受命而功不至，至矣而德不洽，洽矣而日有不暇给，是以即事用希……厥旷远者千有余岁，近者数百载，故其仪缺然湮灭，其详不可得而记云"一段，表面看，好像是为封禅何以仪礼之难作解释，实则暗示出此事乃于古无据。第三种用对比相形的技巧，使历史的真伪，在对比相形之下，无所遁形。从"《尚书》曰"起，到"禹兴而修社祀，后稷稼穑，故有稷祠，郊社所从来尚矣"止的一大段，简述从舜到周的祭祀的情形，实以与封禅产生的情形相对比，以事实证明封禅本为古代历史所无。以见方士所言，皆出于信口开河的捏造。而在这段叙述中，穿插"太戊修德桑谷死"，"武丁得傅说为相，殷复兴焉，称高宗。有雉登鼎而雊，武丁惧，祖己曰修德，武丁从之，位以永宁"等事，也是以暗示法暗示出人君之祸福，决定于修德与否，而不在于祭祀的多寡，由此以反映出秦皇汉武的颠倒愚妄。第四种则用穷源竟委的技巧，以暴露封禅乃出于两大神话系统的原形。而在这种叙述中，又随处运用"以叙述破除叙述"的技巧，而不诉之于语言的破除，其破除力更为有效。自"周克殷后十四世，世益衰，礼乐废，诸侯恣行，而幽王为犬戎所败，周东徙雒邑，秦襄公攻戎救周，始列为诸侯"，至"而后世皆曰秦缪公上天"止，叙述秦立国所受西戎之俗的迷信影响。在此段叙述中，既先点明"礼乐废，诸侯恣行"，以见秦之"作西畤"等祭祀，皆在"礼乐废"之后，为礼乐所不许。又在述"盖黄帝时尝用事，虽晚周亦郊焉"的方士们捏造故事之后，即以"其语不经见，缙绅者不道"，以点破其虚妄。由西戎来的许多淫祀，虽与封禅无直接关系，但不仅由此可以反映出汉武时各种淫祀的面影，因而表明其来源。且封禅之说，来自燕齐海上方士，伪托而为《管子》一书中的《封禅》篇；[①]至始皇将两大迷信系统加以统一，由汉武所继承。在实质上，封禅之实行，乃以两大迷信系统为其共同基础，因而封禅乃高据于两大迷信系统之上，统辖了两大迷信系统。故史公在叙述秦的迷信系统后，即叙述"齐桓公既霸……而欲封禅"的故事，而以"秦缪公即位九年"一句，作两段的勾连。在此一故事中，方士们既假管仲之口，肯定"古者封泰山，禅梁父者七十二家"；但又假管仲之口，先谓"皆受命然后得封禅"，以见封禅乃受命的天子之事。更谓封禅不仅须具备各种珍奇之物，且须"物有不召而自至者十有五焉。今凤凰麒麟不来，嘉谷不生，而蓬蒿藜莠茂，鸱枭数至，而欲封禅，毋乃不可乎？于是桓公乃止"，以增加其崇高而神秘的气氛，必如此而秦皇汉武乃为所掀动。此故事出现之真实时间，应叙于秦始皇之前。但史公只在指出其虚妄，而不是为此写考据文章，故姑就其所假托之时间，恰为秦缪公之九年，[②]即夹叙于秦缪公九年之后。在此故事叙完后，又回到"是岁（齐桓公会诸侯于葵丘之岁）秦缪公内晋君夷吾……缪公立三十九年而卒"，以破"缪公上天"之妄。封禅之说，方士有托之于孔子后学的，所以接着叙述"其后（秦缪公卒后）百有余年而孔子论述六艺。传略言易姓而王，封泰山，禅于梁父者七十余王矣。其俎豆之礼不章，盖难言之。"所谓"传略言易姓而王"的"传"，有

[①]《管子》一书，乃累积而成为"丛书"的性质；其中《封禅》篇虽亡，但系出于方士之伪托，前人言之已多。
[②] 齐桓公葵丘之会，据《十二诸侯年表》，为鲁僖公之九年，齐桓公之三十五年，秦缪公之九年。

论《史记》

如《易传》、《春秋》三传的传，盖方士附托于传六艺之传以神圣其谎言。史公接着引《论语》的"或问禘之说，孔子曰，不知。知禘之说，其于天下也，视其掌"；孔子连亲自参加过的禘，尚且表示不知，更何有于封禅。接着由"诗云纣在位，文王受命"①到"季氏旅于泰山，仲尼讥之"，系由正面说明周未尝封禅，连旅于泰山，亦为孔子所讥。这也是运用以叙述破除叙述的技巧。再接上"周人之言方怪者自苌弘"一小段，此乃插入另一言方怪的来源，以见封禅实亦言方怪的一种。"而晋人执杀苌弘"，可见言方怪者必无好下场，以与后面文成、栾大的结果相映带。由"其后百余年，秦灵公作吴阳上畤"起，至"其后百一十五年而秦并天下"，乃叙述西戎这一神话系统的发展。至此为止，秦受燕齐神话系统之影响不大。由"秦始皇既并天下而帝"起，至"此岂所谓无其德而用事者邪"止，说明秦始皇的封禅，是为求仙人不死之药，始在西戎迷信之上，加上燕齐方士的神话。由"三代之君（居），皆在河洛之间"起，至"祝官有秘祝，即有灾祥，辄祝祠，移过于下"止，述始皇除封禅求仙外的其他各种杂祀，此由继承其西戎神话系统而来。至此为止，史公把汉以前，由两个神话系统而来的封禅及杂祀的演进，总算摆清楚了。这和由周初礼制而来的祭祀系统，可作显明的对照。但秦始皇的方士活动的情形，具见于《淮南王列传》中伍被之口，为《封禅书》所略。《封

---

① 历来注家，对"诗云纣在位，文王受命"，多所纠葛。有的谓诗当作书；有的谓本无诗字。实则以文王为受命，乃周初的共同观念，《诗·大雅》的《文王》，《文王有声》，说得非常清楚。此处"诗云纣在位，文王受命"，乃史公对诗的概括性的引用。"政不及泰山"，是史公的话。意思是：诗已明说纣在位时文王已受命，但政不及泰山，以见受命与泰山无关，与封禅无关。

禅书》进入到汉以后，尤其是进入到"今上"的武帝时代，史公对方士的活动，始有更详细的叙述。于是，史公更运用了描写的技巧，加强以叙述代批评的效果。有心理的描写，有情景的描写，二者都是互相附益的。文帝发现新垣平所说"皆诈"以后，"怠于改正朔服色神明之事"。景帝仅命"祠官各以岁时祠如故，无有所兴，至今天子。""今天子初即位，尤敬鬼神之祀"，《封禅书》至此而始进入高潮。对"厚礼置祠之内中"的"女子神君"，则"闻其言，不见其人云"。对"一宫尽骇，以为少君神，数百岁人也"，并"以封禅则不死"，将封禅与不死，结合起来，更说了许多谎言的李少君，则"居久之，李少君病死，天子以为化去不死"。对"以鬼神方见上"，使武帝"自帷中望见""所幸王夫人"，因而封为文成将军的齐人少翁，已发现他先"为帛书以饭牛"，诈言"此牛腹中有奇"，而将其诛死，但"隐之"。天子既诛文成，惜"其方不尽"；又向"故尝与文成将军同师"的栾大诳谓"文成食马肝死耳"。将"敢为大言，居之不疑"的栾大，"拜为五利将军，佩天士将军，地士将军，大通将军印"。"其以二千户封地士将军大为乐通侯，赐列侯甲第，僮千人，乘舆，斥车马帷幄器物，以充其家，又以卫长公主妻之。赍金万斤……天子亲如五利之第。使者存问，供给相属于道……于是天子又刻玉印曰天道将军，使使衣羽衣夜立白茅上。五利将军亦衣羽衣立白茅上受印，以示不臣也。而佩天道者，且为天子道（导）天神也。于是五利常夜祠其家，欲以下神。神未至而百鬼集矣。然颇能使之。其后装治行，东入海求其师云。大见数月，佩六印，贵震天下，而海上燕齐之间，莫不搤捥而自言有禁方，能神仙矣。""而五利将军使，不敢入海，之泰山祠。上使人随验，实无所见，五利妄言见其师，其方尽多不雠，上乃诛五利。""其夏六月中，汾阴巫锦为民祠魏脽后土营旁，见地如钩状，掊视得鼎。"齐人公孙卿有札书，"因所忠奏之，所忠视其书不经……卿因嬖人奏之，上大说，乃召问卿。卿对曰……宝鼎出而与神通，封禅。""此五山，黄帝之所常游与神会，黄帝且战且学仙。患百姓非其道者，乃断斩非鬼神者。百余岁然后得与神通。""天子曰嗟呼，吾诚得如黄帝，吾视去妻子如脱躧耳。""自得宝鼎，上与公卿、诸生议封禅。""天子既闻公孙卿及方士之言，黄帝以上，封禅皆致怪物，与神通。欲放（仿）黄帝以上，接神仙人蓬莱士，高世，比德于九皇。而颇采儒术以文之。群儒既已不能辨明封禅事，而牵拘于《诗》、《书》古文而不能骋。上为封禅祠器示群儒，群儒或曰不与古同……于是上……尽罢诸儒不用。三月遂东幸缑氏，礼登中岳太室。从官在山下，闻若有言万岁云。问上（山上之人），上不言；问下（山下之人），下不言。""齐人之上疏言神怪奇方者以万数，然无验者。乃益发船，令言海中神山者数千人求蓬莱神人。公孙卿持节常先行候名山。至东莱，言夜见大人长数丈，就之则不见，见其迹甚大，类禽兽云。群臣有言，见一老父牵狗，言吾欲见巨公（指天子），已忽不见。上即见大迹，未信。及群臣有言老父，则大以为仙人也。"这样一直被欺得扰攘下去，其中可怜可笑的故事，层出不穷。直到"今上封禅，其后十二岁而还，遍于五岳四渎矣。在方士之候祠神人，入海求蓬莱，终无有验。而公孙卿之候神者，犹以大人之迹为解，无有效，天子益怠厌方士之怪迂语矣。然羁縻不绝，冀遇其真。自此之后，方士言神祠者弥众，然其效可睹也。"在上述的情景与心理互相映带的描写之下，由武帝求不死的侈泰之心，宁愿被欺自欺以自成其愚妄的事与人之"里"，实无遁形之余地。

通过《封禅书》以发现武帝之人的真实；由其人之真实以发现其文治武功的真实，则专制体制里所能包裹的东西，应当都可以洞察清楚了。

中国在新石器时代，已证明经济生活，是以农业生产为主体。农业生产，与水利不可分；这是立国的命脉。史公特立《河渠书》，其意义的重大，是显而易见的。《河渠书》内容分为三大部分。一为治河，一为漕运，一为水利。三者在文字中参错互出，以勾划出此方面的三大问题。

史公特重视经济，故立三专篇，将当时经济的全盘问题加以笼罩。以《河渠书》言水之利害，①以《平准书》言朝廷的财经政策，以《货殖列传》言社会的经济活动。为达到财经政策的目的，不能不使用严刑峻罚的手段，于是酷吏成为当时政治的骨干，所以《酷吏列传》与《平准书》为不可分。因财经政策的走向统制经济，以至引起社会经济机能的萎缩、混乱，故史公在《货殖列传》中主张自由经济。昭帝始元六年桑弘羊与贤良文学的大辩论，此即由桓宽所编集的《盐铁论》，②这都系上述问题的延伸。应与《平准书》作关连性的研究，始能真正了解当时的真实情形，和史公在经济方面的思想。

货币，是汉初经济活动中极感困扰的问题，武帝时，更发挥了货币对物资的控制作用，所以《平准书》中特重视此一问题。后面由"太史公曰，农工商交易之路通，而龟贝金钱刀布之币兴

---

① 《河渠书》赞"甚哉水之为利害也"。
② 本人于一九七五年写有〈〈盐铁论〉中的政治社会文化问题〉的长文，以疏导其内容，反驳当时江青集团有关这一方面的谬论。现收入本书。

论《史记》

焉"起，至"事势之流，相激使然，曷足怪焉"止的一段，柯维骐以为"太史公此赞，乃《平准书》之发端耳"，当为可信。

元封元年（前一一〇年）"桑弘羊为治粟都尉，领大农""置大农部丞数十人，分部主郡国，各往往置均输盐铁官，令远方各以其物如异时商贾所转贩（贩）者，为赋，而相灌输。置平准于京师，都受天下委输……贵则卖之，贱则买之。如此，富商大贾，亡所牟大利，则反本，而万物不得腾跃。故抑天下之物，名曰平准。"①平准令为大农令（太初元年更名大司农）的属官之一。《淮南子·齐俗训》"今夫为平者准也，为直者绳也。"天下的物价，皆操纵于此属官之手，皆以此属官所定者为物价之准，故即名此属官为平准令。其秩位虽不高（六百石），但平准令之出现，乃武帝财经政策发展之高峰，其机能深入于社会生活结构的每一角落，反映出政府权力的前所未有的膨胀，所以史公对一代财经政策的叙述，即以平准之官名为其书名。

《平准书》首言"自天子不能具钧驷，而将相或乘牛车，齐民无藏盖"，至"七十余年之间，国家无事，非遇水旱之灾，民则家给人足，都鄙廪庾皆满，而府库余货财"止，叙述长期战乱后的经济凋弊，及由凋弊而经济复兴繁荣的情形，其关键全在"国家无事"四字。而因经济繁荣所酿出的"宗室有土，公卿大夫以下，争于奢侈……物盛而衰，固其变也"。所谓"争于奢侈"，实武帝为之倡；而所谓"变"者，指变无事为多事。故接着叙述"自是之后，严助、朱买臣等招来东瓯，事两越，江淮之间，萧然烦费矣"等一层一层的多事情形，以至"兵连而不解，天下苦其劳；

---

①《汉书·食货志》。

而干戈日滋，行者赍，居者送，中外骚扰以（而）相奉，百姓抏弊以（而）巧法。财赂衰耗而不赡，入物者补官，出货者除罪，选举凌迟，廉耻相冒，武力进用，法严令具，兴利之臣，自此始也"。概括了武帝因席丰履厚而生侈泰之心；因侈泰之心而生穷兵黩武之念；因穷兵黩武而大量消耗国家社会的资材；因大量消耗国家社会的资材而讲求各种特殊的财经措施；因特殊的财经措施而破坏了政治社会的正常结构；因破坏了政治社会的正常结构而民不聊生，引起山东的盗贼蜂起，便不能不倚赖严刑峻罚的酷吏之治、屠杀之政。武帝的侈泰之心不已，多事不已，于是"事势之流，相激使然"，上述情形互相因缘，成为整个的恶性循环，使汉几至于亡国。史公不把武帝的财经政策，作孤立的处理，而系在"相激使然"中的互相因缘的整个恶性循环中加以处理。最后结以卜式的"烹弘羊，天乃雨"，为武帝的财经政策，作一暗示性的深刻评断。前人每称《史记·项羽本纪》，其全书文法，悉汇于此。实则史公在文学上之最高成就，无过于《封禅》、《平准》两书，此真为后人所无法企及的巨制。而其所以有此最高成就，乃来自其良心所赋予于他的卓识与勇气。

八、《史记》构造之四——列传中的若干问题

历史是由人的生活行为造成的，只有人才有历史；历史意识的出现，史学的形成，是人突破其血肉、血统在时空中存在的限制，使人的存在，与历史意识所及的一切人，在时空中连结起来，更由史学家的记录，把这种连结加以确定，加以延绵，加以扩展；于是人在宇宙中的地位，才得以稳定下来。所以人是历史的中心，可不须加以

论证的。但因史公特立列传一体，而人在历史中的地位，更为突出、显著。

《索隐》"列传者，谓叙列人臣事迹，令可传于后世，故曰列传"，是司马贞以列为叙列，传为流传。《正义》"其见行迹可序列，故云列传"，张守节的解释，与司马贞无异。按《管晏列传》赞"故次其传"，"次"有编次之义，即将相关材料编定次序以成篇。《仲尼弟子列传》赞"悉取论语弟子问并次为篇"，也是此意。《苏秦列传》赞"吾故列其行事，次其时序"，此处乃列与次互用。《田儋列传》赞"余因而列焉"，此列字皆应作"编次"解。是列传的列，与序同义。日人中井积德谓"传不一而足，次第成列，故谓之列传"，释"列"为各传的次第成列，当然不甚妥当。

"传"的本义为传递，所以送达急速之事。又由此递彼，皆曰传。《庄子·养生主》"指穷于为薪，火传也"，释文："延也。"[①] 是传由本义可引申为流传之义。则所谓列传者，乃"编次成篇，令可流传于后世"之意。至《伯夷列传》的"其传曰"，此乃古书之通称，与列传之传，义似有别。《汉书》去列字而仅称为传，则传有"述"义，[②] 班氏殆以"传"字兼"述""传"两义，"述而传之"，以一字为已足。

但列传之"列"字，亦或可另作解释。《史记》"本纪"的"本"，"世家"的"世"，皆与政治地位相关连，并由政治地位形成一定的身份标准。惟列传中的人物，其政治地位，既参差不同，因而无由以身份定标准。按二十等爵，第二十爵为彻侯，彻侯亦

---

① 参阅朱骏声《说文通训定声》"传"字下。
② 《礼记·祭统》"传著于钟鼎也"。释文"谓传述"。

称通侯；《汉书·高纪下》《定口赋诏》"令诸侯王通侯"者是。后因避武帝讳，改称列侯；由此可知：彻、通、列三字可以通用。侯有专称通称之别；周的公侯伯子男五等爵中，侯居第三位，此为专称。"诸侯"概括五等爵以为言，此为通称。"彻侯"，乃不复别为五等，而通称为侯之义。彻可与列通用，则所谓列传者，乃不复计其身份地位，而通称为传之意。若此说可以成立，则此"列"字为特用之例，不必与上所述"列"为编次之义相溷。而所谓传，即是"述而传"之意。《汉书》"本纪"去"本"字，又不立世家，而班氏又不了解史公"列"字的原意，用辞从简，故仅称"纪"称"传"。陈寿《三国志》从《汉书》；范蔚宗《后汉书》，始复《史记》之旧；六朝人著史亦皆如此，遂成为定例。今日通行本的《汉书》目录，皆标"列传"两字，中华书局编辑部的点校本也不例外，此乃一种疏忽。

由《伯夷列传》第一，至《李将军列传》第四十九，皆按年代先后为次序。在《匈奴列传》第五十与《南越列传》第五十三间，出有《卫将军骠骑列传》及《平津侯主父列传》。在南越、东越、朝鲜、西南夷四《列传》后，出有司马相如、淮南衡山两《列传》。在《循吏列传》第五十九后，出有《汲郑列传》；都看不出他这种次序的意义，便引起许多争论。赵翼谓"《史记》列传次序，盖成一篇即编入一篇"；"其次第皆无意义"；[①] 此不仅不合于《李将军列传》以前之情实，且匈奴等外夷六列传的先后，大体上系按照与汉发生关系，或得到解决之先后为次。匈奴在高祖时已发生关系，故首《匈奴列传》。南越于文帝时"愿长为藩臣奉贡职"，

[①] 见《廿二史劄记》卷一"《史记》编次"条。

故次《南越列传》。闽越于建元三年（前一三八年）击东瓯；六年（前一三五年）闽越王弟余善杀王郢以降，故次《东越列传》，东越乃闽越之别称。元朔元年（前一二八年）东夷薉君降，置苍海郡；元封三年（前一〇八年）朝鲜杀其王以降，故《朝鲜列传》又次之。元狩元年（前一二二年）复从事于西南夷；元封二年（前一〇九年），武帝发巴蜀兵击灭劳浸、靡莫，以兵临滇。滇王离难西南夷举国降，以时间计之，当在元封二年以后，故《西南夷列传》又次之。太初元年（前一〇四年）秋，遣贰师将军李广利伐大宛失利，三年（前一〇二年），大宛杀其王以降，故殿以《大宛列传》。其以时间为次序之严如此。然则卫将军以次五列传，侧杂于外夷及《循吏列传》之间，到底是什么意思？史公对并时人物，在此五传以前者仅有魏其武安、韩长儒、李将军三传。每传皆有深意。我试另作一大胆推测：以后五传，或系反对当时对外用兵的政策，或系暴露出选将用兵的真实情形，及由此所引起的内部危机。若其次序不以侧杂出之，再加上《酷吏列传》，则因集中所反映出的对武帝的批评性，更为强烈，史公于此不无顾虑。《魏其武安列传》，乃当时以内宠为背景的政治斗争的典型。伐匈奴是当时第一大事；而武帝用将一决于内宠，故使国家人民蒙受莫大的损失与痛苦。《李将军列传》及《卫将军骠骑列传》，写出武帝用将的两个方面，两传应做对照性的了解。合全中国数十年储蓄的力量从事匈奴，以全国人民的血肉，博内宠的嘲笑，所以史公当时的心情，大有"能言反对伐匈奴者，皆圣人之徒也"之慨。《史记》一书，很少录当时奏议，但凡谏伐匈奴及反对向外黩武之言论，皆为史公所不弃。他为韩长孺（安国）立传，因为他最先反对伐匈奴。"习文法吏事，而又缘饰以儒术"，"尝与公卿约议，至上前，皆倍其约，以顺上旨"，"弘为人意忌，外宽内深。诸尝与弘有郤（隙）者，虽佯与善，阴报其祸。杀主父偃，徙董仲舒于胶西，皆弘之力也"的公孙弘，其人品及事功皆不足为之立传。但他始终是不赞成"罢（疲）敝中国，以奉无用之地"的人；且其生活行为，深自敛抑，所以为他立传。主父偃初上书阙下"所言九事，其八事为律令，一事谏伐匈奴"。史公仅录其谏伐匈奴之言，长凡七千余字，这是他得以与公孙弘合传的主要原因。徐乐上书指出当时"天下诚有土崩之势"，类于亡秦。严安上书力言"穷兵之祸"、"行无穷之欲"、"非所以子民也"、"非所以安边也"、"非所以持久也"；故两人附传于此列传之后。司马相如在文学上的卓越成就，当然为史公所倾心。他虽然赞成通近蜀的邛、筰、冉駹，但卒感悟于蜀长老"通西南夷不为用"之言，欲谏不敢，"乃著书，借以蜀父老为辞，而已诘难之，以风天子。"传赞"太史公曰，《春秋》推见至隐，《易》本隐之以（之、以两字应倒乙）显……相如虽多虚辞滥说，然其要归引之节俭，此与《诗》之讽谏何异"。相如各赋，无不有深刻的讽谏意味，尤以《秦二世赋》及《大人赋》为最。故史公不惜引《春秋》及《易》以相喻。此相如之所以能成为"辞赋宗"，而史公之所以为其立传。史公之识，远过于扬子云"劝百而讽一"之言。而班固竟为子云之言所蔽，[①]后世遂无真知司马长卿者。《淮南衡山王列传》，记厉王长及其子淮南王安谋反的各种幼稚行为，盖所以明两代的冤狱，及公孙弘、张汤迎合意旨，牵连之广，杀戮之酷。汲黯直指武帝"内多欲而

[①]《汉书·司马相如传》及赞，录自《史记》。但在赞中加引"扬雄以为靡丽之赋，劝百而风（讽）一。犹骋郑卫之声，曲终而奏雅，不已戏乎"以作结，而不觉其与前所录史公之言相矛盾。后人又将此数语，羼入史公赞语中。

论《史记》

外施仁义",数揭公孙弘与张汤的诈伪,反对"天下骚动,罢敝中国,而以事夷狄之人。"他是敢于揭当时疮疤的人,所以武帝"欲诛之以事"。幸而他曾充武帝为太子时的洗马,勉强得以"诸侯相秩居淮阳,七岁而卒。"郑当时之所以入传,因其喜好宾客,且"每朝,候上之间说,未尝不言天下之长者。其推毂士及官属丞史,诚有味其言之也"。汲、郑合传,仅取两家盛衰时宾客之集散情形相同的这一点。

《史记》列传,可分为三大类。一为以个人为主体之列传,此为列传的骨干。次为有关政治、社会、文化方面之集体活动之列传,又次为外夷列传。因外夷列传之成立,而使中国史学,在两千年前实已具有世界史的规模。

张晏谓《史记》十篇缺中,"有《日者列传》、《三王世家》、《龟策列传》、《傅靳列传》"。又谓《三王世家》、《龟策列传》、《日者列传》,为褚先生所补。按《三王世家》赞的"太史公曰",其出于史公甚明;且与《自序》的"三子之王,文辞可观"之言相合。后面的"褚先生曰,臣幸得以文学为侍郎,好览观太史公之列传,传中称三王世家,文辞可观(按此指《自序》及《世家》之赞而言)。求其世家(按此指世家之本文而言),终不能得。窃从长老好故事者取其封策书,编列其事而传之";正与今《三王世家》"大司马臣去病,昧死再拜,上疏皇帝陛下"以下所列各"上言"与"制曰"相合;则此世家本文之编次,出自褚先生,他自己已说得明白。《武帝本纪》之被毁弃,为褚先生所不敢言;此世家之"终不能得",则褚先生可以公然言之。此后则补述三王被封之经过及其结果;并对策封三子之文,略加解释;盖史公所谓"文辞可观"，乃指两次之"制曰"，及策文而言。由此可知褚先生所补者，皆界划分明，无混淆之弊。

《傅靳蒯成列传》，柯维骐、崔适、泷川资言皆以为系史公原文，不信其为补作。然史公所作列传，在姓名后皆先述其人的出生地。《伯夷列传》虽系变例，以议论开始，但仍补出"其传曰，伯夷、叔齐，孤竹君之二子也"。《傅靳蒯成列传》，所传者共三人。第一人为"阳陵侯傅宽"，未及其出生地。第二人为"信武侯靳歙"，未及其出生地。第三人为"蒯成侯緤者沛人也，姓周氏"，与其他的列传体例相同。前两传之内容，仅转录当时之记功簿，不能发现任何其他意义。《蒯成侯列传》，特记"上欲自击陈豨，蒯成侯泣曰，始秦攻破天下，未尝自行。今上常自行，是为无人可使者乎。上以为爱我"数语，反映出杀戮功臣以后的人材寥落，及统治集团内心境寂寞的情形，与赞中"蒯成侯周緤，操心坚正，身不见疑。上欲有所之，未尝不垂涕，此有伤心者然。可谓笃厚君子矣"的意味深长的话相合。且《樊郦滕灌列传》，四人皆称其姓，此传则傅靳两人称姓，蒯成称爵。在次序上，此传应在《樊郦滕灌列传》之后；现列于《郦生陆贾列传》之后，可谓失其次序。因此，可作这样的推定：此传的傅靳部分已失，而蒯成部分及赞独存。傅靳部分，系褚先生以外之人所补。

《日者列传》，首尾完具。后面的褚先生所补，亦界划分明。而史公实以此传传司马季主，盖以司马季主斥当时的士大夫，为了个人在政治上的出路，"卑疵而前，孅趋而言，相引以势，相导以利，比周宾（傧）正，以求尊誉，以受公奉（俸）"之"皆可为羞"；"事私利，枉王法，猎农民，以官为威，以法为机，求利逆暴，譬无异于操白刃劫人者也"；"此夫为盗不操矛弧者也，攻而不用弦刃者也"。把专制下官僚集团之实同盗贼的丑恶本质，暴露了出来，有合于史公追求历史真实的本旨；其用心深而取义切，决非他人所能措手。所以张晏谓为褚先生所补，从任何角度看，亦不能成立。

褚先生谓"臣往来长安中，求《龟策列传》不能得；故之太卜官，问掌故文学掌习事者，写取龟策卜者，编于下方"，他未尝冒取史公原有篇幅之地位，至为明显。而今日可以看到的由"太史公曰"起，直到"岂不信哉"为止，乃史公《龟策列传》的叙论，其本传则已遗失，故褚先生特搜集材料，"编于下方"，亦至为明显。其写此叙论的用心，与写《封禅书》略同。后人纷纷之论，皆可谓以浅露窥宏深。

这里我想提出前人所未曾提出过的两个问题。一是《南越列传》赞，皆出之以韵语，了无意义。《朝鲜列传》赞，除末句多一"矣"字外，皆四字一句，亦了无意义，此两赞疑皆非出自史公之手。另一是《自序》叙目中的小序（一般亦仅称之为《自序》），有的是散文，有的是四字一句的韵文。散文者多有意义，韵文则辞句鄙俚而无意义；我怀疑因为有的小序散失了，后人乃仿《汉书》之例以补之。散文的小序，固可信为史公之笔；然其中亦有经后人窜乱的。《项羽本纪》、《高祖本纪》、《黥布列传》、《田儋列传》四小序，皆称项羽为"子羽"。《索隐》谓"籍字子羽"；《正义》谓"子羽，项籍也"。按《项羽本纪》"项籍者下相人也，字羽"，以单名为字，乃古人之常。《本纪》称项羽者四十七，赞称项羽者五；其他的本纪、世家、列传，凡涉及项氏的，无不称羽或籍，无一称"子羽"的。《汉书·高帝纪》有"是月项梁与兄子羽起吴"之语，"兄子羽"，是说项梁之兄的儿子名羽。子羽之名，殆由误读"兄子羽"而来。由此可以推知此小序的窜乱，乃在《汉书》通行之后。

九、《史记》构造之五——立传的选择

史德与史识的最大考验，在于以何种标准决定为何人立传。历史上的人物，尤其是写现代史时的现代人物，可以说是林林总总，既不能全为之立传，也不应全为之立传，势必有所选择，选择必胸有标准。由列传以窥著史者胸中的标准，由著史者胸中的标准以论著者的史德史识，以论所著书的成败得失，这是读史的第一要义。《史记》兼古代史与现代史，每立一传，皆有立一传的深意，亦即有其立传的标准。而积极的标准，必待有一消极的标准始能树立。此消极的标准为何，即首先必须破除势利之见。势利之见不能破除，便会以势利的大小为标准，而人类生存的意义，历史之所以能成为历史的意义，或几于泯绝。司马迁之所以为司马迁，便在他首先能破除此种势利之见，在势利圈以外，发现人的意义，发现历史的意义。《张丞相列传》"自申屠嘉死之后，景帝时开封侯陶青，桃侯刘舍为丞相。及今上时，柏至侯许昌，平棘侯薛泽，武强侯庄青翟，高陵侯赵周等为丞相。皆以列侯继嗣，娖娖廉谨，为丞相备员而已，无所能发明（犹"建立"）功名有著于当世者"，可说他在这里，集中地表现出他所操持的消极标准。

对人物的积极标准，概括言之，第一，其人在历史的形成中，有何意义；此意义必包括两方面，一为正面的意义，一为反面的意义。其次，是在历史的现实中（与形成有别），可以表现某种时

代风气、时代特色，或时代精神。而上面这种标准，是在历史现实的比较中决定，不是由著史者预定的权衡来决定。这是史学家与哲学家的大分界。在上面所引史公的一段话中，并未尝抹煞势利在历史中的作用，由某一方面说，历史是由势利来推动的。但有在历史中发生作用的势利，有不发生作用的势利。在史公心目中，一个创家立业的财主，和只是继承祖业的财主，在社会上，亦即是在历史中，其意义是完全不同的。他不屑为之立传的一批丞相，是"无所能发明功名"的一批人；亦即是既不能在历史的形成中发生作用，也不能在历史的现实中代表点什么，仅凭"丞相"两字，没有为他们立传的价值。

分解言之，形成历史的最大力量是政治，史公已因此而立有本纪、世家；书、表中也表现了这一方面的意义。但深入一层地去看，历史的成立，乃人生价值的展现与延续。可以说，没有人生价值，便没有历史。因此，就一个人来讲，他在历史中的地位，首先是由他的行为所表现的人生价值来决定的。《伯夷列传》中，谓"或择地而蹈之，时然后出言，行不由径，非公正不发愤，而遇灾祸者不可胜数也"，又谓"岩穴之士，趣舍有时，若此类，名湮灭而不称，悲夫"。由此可知，史公最关心的，是人类的行为价值，必须保有历史中的崇高地位。但这种价值是表现在各个方面，也表现为各种层次。历史是生活的现实，有时不能不降格相求。他以《伯夷列传》为首，因为伯夷兄弟的让国，与传说中的薄天下而不为的隐士们的故事结合在一起，代表了超越权势以外的最高人生价值。管晏功业，已分见于《齐太公世家》。但他特为之立传，主要系重视"知己"在人生中的重大意义。在《张耳陈馀列传》赞中谓："然张耳、陈馀始居约时，相然信以死，岂顾问哉。及据国争权，卒相灭亡，何乡者相慕用之诚，后相倍之戾也，岂非以利哉。"在《汲郑列传》赞中特记"始翟公为廷尉，宾客阗门。及废，门外可设雀罗。翟公复为廷尉，宾客欲往，翟公乃大署其门曰，一死一生，乃见交情。一贫一富，乃知交态。一贵一贱，交情乃见。汲郑亦云，悲夫。"友谊，是个人伸向社会的人与人相互关系的基础。《史记》一书，凡涉及此的，无不流露珍重慨叹之意。史公之心，殆与西塞罗（Mt. Cicero，前一○六年至前四十三年）写《友情论》的心情是相通的。为伍子胥立传，乃重视"复仇"在人生中的重大意义。此乃反映当时重视复仇的风气。为鲁仲连、邹阳立传，是有取于仲连的高义不帝秦，不为形势所屈。且有取于他"在布衣之位，荡然肆志，不诎于诸侯，谈说于当世，折卿相之权"（《传》赞）的节概。为邹阳立传，盖同情其狱中上书，深悲士人得知遇之难；而邹阳在辩解中不失抗直不挠之节。他在传中全录狱中所上书，和他在《老子韩非列传》中全录韩非《说难》之文，在《乐毅列传》中，全录蒯通、主父偃们读了"未尝不废书而泣"的《报燕王书》。在《屈原贾生列传》中，既采淮南王安借以自喻的《离骚传》，[1]更录其《怀沙》之赋；而贾谊则录其《吊屈原》及《鵩鸟》两赋。因为史公对大一统专制下的士人的遭遇，实怀有深悲巨痛，与西汉作《楚辞》系统的辞赋的人完全相同；此不仅反映出士人在历史中置境的艰难，且亦足以作历史发展实况的有力解说。为刺客立传，取其重义轻生，实东汉节义之先导。为游侠立传，因为这种人的重义轻生，不是对

---

[1] 有关《屈原列传》中采用淮南王安所作之传的讨论，具见于拙著《两汉思想史》卷二《淮南子与刘安的时代》一文。

个人负责，而是对社会负责，以"布衣"的地位，"设取予然诺，千里诵义，为死不顾世"，使"士穷窘而得委命"，"既已存亡生死矣，而不矜其能，羞伐其德"，这种形态的人，其意义又在刺客之上。在《田儋列传》中，详述田横及其客五百人"自到"的情形，是因为"田横之高节，宾客慕义而从横死，岂非至贤。余因而列焉"，其心境与作《刺客列传》者正同。为季布、栾布立传，以季布的"为气任侠"，而又能"摧刚为柔"，力折樊哙"得十万众横行匈奴中"之妄。附传其弟季心，因其"气盖关中"，"方数千里皆为之死"。所以为栾布立传，以其"奏事彭越头下，祠而哭之"，"不自重其死，虽往古烈士，何以加焉"。所以为袁盎立传，以其"仁心为质，引义忼慨"。为冯唐立传，以其"论将率（帅），有味哉，有味哉"。由上面概略的陈述，可知史公对人物价值的评定，除圣贤型、英雄型、学者型以外，必归于刚直有节之人。人生的形态与意义，是多方面的，借史公自己的话说，"天道恢恢，岂不大哉。谈言微中，亦可以解纷"，于是他特立了《滑稽列传》。他为滑稽立传，是这些人以滑稽的方法，伸展了自己的意志，亦即是在滑稽中伸展出自己的人格，所以史公便在赞中说"岂不亦伟哉"。但专制政治稳定后，凡可称为人才的，皆不易为政治社会所容；而皇帝所要求的，乃在于"长者"型的人物。《田叔列传》："孝文帝既立，召田叔问之曰，公知天下长者乎？"这说明了专制政治，进入到安定时期，专制主所要求的不是人才而是长者；长者以现在的话说，即所谓"老实人"或者称为"忠厚人"。冯唐当文帝面前说："陛下虽得廉颇、李牧，弗能用也"，也正是看透了这一点。此一要求，到元帝以质朴、敦厚、谦逊、有行的四科取士而更具体化。即此一端，也应可以说明中国历史在专制之下，必然陷于停滞的原因。史公写列传，写到汉代开国以后的人物时，已只有一节一端之人，可资选择，我推测，在他的内心，已有荒凉之感。他不会喜欢这种长者型的，但他是在写历史，"长者"已成为这一时代的历史形象之一，于是他便以卓越的描写技巧，写出了《万石张叔列传》及《田叔列传》。此类人虽不足齿数，是以"色媚"、"色幸"事上而完全没有人格可言的人，但既"与上卧起，公卿皆因关说"，并且只要是专制，在政治核心中，便有这一类型人物存在，"虽百世可知也"；于是从人生价值的反面，也只好写出《佞幸列传》。

其次，他非常重视学术文化在历史形成中的意义。凡有著作流传的，即使作为列传的材料非常缺乏，他也以各种形式为其立传。他所宗依的是孔子。但对诸子百家，都给予历史的地位，而不欲其归于泯灭。对汉初为大家所深恨的法家，也是如此。既为孔子立世家，又立《仲尼弟子列传》。在《管晏列传》中特提到管氏的《牧民》、《山高》、《乘马》、《轻重》、《九府》及《晏子春秋》。他在《老子韩非列传》中，为老子、庄子、申不害、韩非立传。史公已用"信以传信，疑以传疑"的方法，写成《老子列传》，[①]而今人有谓老子本无其人，有谓著《老子》者为李耳而非老聃，有谓著《老子》者为子华子；直至长沙马王堆汉墓中甲乙本帛书《老子》的发现，应可稍息短视而好立异者之喙。若无史公此传，则纷扰又将如何？"司马穰苴区区为小国行师"，而史公为之立传，是因"齐威王使大夫追论古者《司马兵法》，而附穰苴于

[①] 对此我曾写《老子其人其书的再检讨》一文，附载于拙著《中国人性论史》之后。（编者注：现整编《全集》，该文已收入《中国思想史论集续篇》。）

其中，因号曰《司马穰苴兵法》"。在赞中特推"《司马兵法》闳廓深远"，以与穰苴相区别。为孙武、吴起及"孙武后世子孙"孙膑立传，因《孙子》十三篇、《吴起兵法》，"世多有之"。而孙膑也是"世传其兵法"的人。史公既明传孙武、孙膑为两人，而今人犹疑其系一人，又谓孙膑本无兵法；直至近年发现了山东银雀山古墓中的竹简，始证实史公所记者为不诬。若无史公之传，三人姓名殆必将湮灭。商鞅是政治上形成的历史重要人物，不因其著书而始为之立传。但在赞中必提到他的《开塞》、《耕战》书。《孟子荀卿列传》，传有孟子、驺忌、驺衍、驺奭、淳于髡、慎到、环渊、接子、田骈、荀卿、公孙龙、剧子、李悝、尸子、长卢、吁子，"自如孟子至于吁子，世多有其书"；而以墨子作结。窥其意，殆欲网罗诸子百家，以纪录其历史的地位。在《乐毅列传》中，特附与乐毅家属并无关系的"乐氏之族有乐瑕公、乐臣（巨）公……乐臣公善修黄帝、老子之言，显闻于齐，称贤师"。赞中又述"乐臣公学黄帝、老子，其本师曰河上丈人，不知其所出。河上丈人教安期生。安期生教毛翕公。毛翕公教乐瑕公。乐瑕公教乐臣公。乐臣公教盖公。盖公教于齐高密胶西，为曹相国师。"借此以存此派的传承。《吕不韦列传》赞谓"孔子之所谓闻者其吕子乎"，称不韦为"吕子"，主要是因为吕不韦"乃使其客人人著所闻，集论以为八览、六论、十二纪，二十余万言。"《扁鹊仓公列传》，所以表彰医学。《儒林列传》，所以纪一代学术的主流。《日者列传》、《龟策列传》，所以保存文化中古老的传统，而另寄以深意。至屈原、贾谊、司马相如诸列传，为重视文学在历史中的意义，更不待论。《十二诸侯年表》序，以孔子作《春秋》为济衰周政治之穷；亦即欲以学术文化，济现实政治之穷。《自序》述著书之意，即隐然以此自任。其重视学术文化在历史中的意义而特提高其地位，乃必然之事。

又其次是人的政治活动，对历史形成的影响。史公所面对的春秋以后的历史，可分为两大阶段。一为由七雄并立，趋向秦的专制统一，这是历史发展的大里程碑。二为陈胜、吴广揭竿发难，豪杰并起亡秦，接着是楚汉之争，终由刘邦得到胜利，继承了秦所建立的大一统规模的专制政体。此种政体，支配了中国历史，垂二千年之久，这更是历史发展的重大关键。史公作史，必首先注重到参与了形成两大历史阶段的突出人物。于是在第一阶段中，他为商君、张仪、樗里子、甘茂、穰侯、白起、王翦、范雎、蔡泽、吕不韦、李斯、蒙恬诸人立传，而统括之以《秦始皇本纪》。其中樗里子"以骨肉重"，其分量不一定值得为他立传，但因"秦人称其智，故颇采焉"；传中并记下了他墓葬的预言，这是出于史公兴趣之广，是史学家的心灵，与艺术家的心灵可以相通的地方。历史的发展是复线的，是破坏与建立互为因缘的。是在抗拒中前进的，在抗拒中更可把握历史的全貌。于是他为苏秦、乐毅、廉颇、蔺相如、田单、鲁仲连诸人立了传。在历史发展中，常有一种特别风气，代表了某一时代的特性或时代精神，为作史者所必不可忽略。战国时代的特性，一为纵横之术，游士可立谈而致卿相，此已分见于苏秦、张仪、范雎、蔡泽、乐毅诸列传中。次为游士之众，养士之风之盛，常为汉初士人所乐道；史公自己，也受此一影响。于是他写了孟尝、平原、魏公子、春申君四列传；且间见于孟子、荀卿、乐毅、吕不韦各列传中。

在第二阶段历史的形成中，史公写了《项羽本纪》，陈涉、萧相国、曹相国、留侯、陈丞相诸世家；张耳、陈余、魏豹、彭越、黥布、淮阴侯、韩王信、卢绾、田儋、樊郦、滕灌、傅靳、蒯成诸列传；郦食其及陆贾，以辩说参与了一份，故有《郦生陆贾列传》（但陆贾之表现主要在统一天下以后），而总持之以《高祖本纪》。上列诸人中，有的是独开局面，有的则不过是依日月之末光，这些不同的分量，史公在各列传中都分别得很清楚。

刘邦统一天下后，一方面以杀戮功臣，实行同姓封建，为安定天下的手段。但这只能算是消极的手段。进一步必须有能得到安定的政策与政治。在政策方面，刘敬与叔孙通，是关键性的人物，所以便写《刘敬叔孙通列传》。而在政治的安定方面，除曹参援盖公黄老之术外，张苍的"明习天下图书计籍"、"又善用算律历"、"汉家言律历者本之张苍"，又"若百工，天下作程品"，这在以政治安定天下上，都是必要的，所以便为之立《张丞相列传》，以纲维其他有一节可取的御史大夫及丞相。吕后临朝听政，几覆刘氏，此系刘邦死后政治上的第一大危机，由此而有《吕后本纪》、《外戚世家》、《绛侯周勃世家》；并分见其事于《陈丞相世家》及《陆贾列传》，此乃历史中破坏与建立的相互斗争之一例。文帝用人，以"长者"为主；而张释之的持法，冯唐的论将，皆此时期之突出人物，故特立《张释之冯唐列传》。突出的贾谊，则早已与屈原合传。由文帝时所酝酿，由景帝时所爆发的七国之变，是汉初的第二大危机，因此而有《袁盎晁错列传》，而将立有大功的周亚夫，附传于《绛侯周勃世家》之中。进入武帝时代，政治斗争更显著地以后宫为背景。斗争的胜负，一决于后宫势力的消长；其在政治上，必然发生反淘汰作用，于是写《魏其武安侯列传》，以作为此种斗争的范例。匈奴问题，是汉初立国以来的大问题，武帝以侈泰之心，用佞幸之将，使国家濒于土崩瓦解，一切恶政酷政，皆由匈奴问题引出。所以如前所述，史公几存有"凡能反对伐匈奴者，皆圣人之徒也"的心理。此事既侧出于刘敬、季布、平津侯、主父各传中，而韩长儒、李将军、卫将军、骠骑列传，皆为此而立；史公自己对此事的总观点，则以微言方式，具见于《匈奴列传》赞。在《匈奴列传》中所列两方胜败伤亡损耗的情形，正应与《卫将军骠骑列传》中所述的情形，作一对比。

中国先秦儒家政治思想，即以"天下"为对象，而不囿于"中国"。孔子作《春秋》，在自己保存上，严夷夏之防；在生存与文化价值上，又视华夷为平等。史公继承了此种精神，特为当时可以把握到的"天下"，而立了匈奴等六列传，以尽历史所能含容之量。

集体活动的列传有九，最重要的为《循吏列传》、《酷吏列传》、《儒林列传》、《游侠列传》、《货殖列传》。与人民直接发生关系的是执法之吏与治民之吏。汉代承用秦法为治，刑法异常严酷，至武帝而愈演愈烈，形成了他这一代的酷吏政治。史公在人民惨怛呼号的巨大声音中，要暴露出"缘饰以儒术"下的政治真实内容，要描写出所谓酷吏政治真正狰狞黑暗的本来面目；要说明这种残暴政治，皆是出于"上以为能"的武帝主动的要求，并指出这种酷吏政治必使正常政治的运行归于荒废，①及其自身之必然堕落到人间地狱的境地。②便以恸愤之心写出了《酷吏列传》。又另写了

---

① 《酷吏列传》赞"自张汤死后，网密，多诋严，官事浸以耗废。九卿碌碌奉其官，救过不赡，何暇论绳墨之外乎"，正指此而言。
② 上赞中谓："至若蜀守冯当挫，广汉李贞擅磔人，东郡弥仆锯项。天水骆璧推(椎)咸(以椎击成其罪)河东褚广妄杀。京兆无忌、冯翊殷周蝮鸷。水衡阎奉朴击卖请，何足数哉，何足数哉。"这里史公正透出当时人间地狱的消息。

《循吏列传》，以作对照、启发之资，为人民求生路。史公在《循吏列传》中说："奉职循理，亦可以为治，何必威严哉"，这正是对武帝的反问。《循吏列传》中，叙述了孙叔敖、子产、石奢、李离，而汉代无一人。后人欲以汲黯、郑当时当之，[①]然《汉书·循吏传》，亦未列此二人。盖所谓循吏，乃必以人民之心为心，对人民负责之人。汲、郑两人的用心并不在此。《酷吏列传》，始于吕后时的侯封，略及景帝时的晁错，盖酷吏由法家的法术滋演而出。此时的真正酷吏，为郅都、宁成；此外皆武帝时人。史学家最大的良心，莫大于为亿万人民呼冤求救；所以《酷吏列传》的成立，乃史公最大的历史良心的表现。但酷吏中若有一节可取，如郅都、赵禹、张汤之伦，史公亦皆表而出之，正可表现史公这种持平的态度，乃道德精神未尝化为激烈情感，因而保持其平衡与客观，也正是作为一个伟大的史学家所必不可少的条件。

为传习五经的人，创立《儒林列传》，这在奠定中国文化的传承上，有重大的意义。某一民族，没有文化的传承，即意味着某一民族生命的断绝，也同时意味着某一民族在人类中所能负的责任的消失。文化传承，必须在许多文化遗产中确定一个主流，使众流因主流的存在而不致成为断潢绝港，可以并流下去。同时，文化是抽象性的；抽象性的东西，是不断在演变的，必须有一定的主要典籍，以求得在演变中的根源性、稳定性。这只要想到希伯来及希腊两大文化系统的传承情形，即可以明了。六艺，或称为五经，不是代表某一人一家的思想，而是古代文化长时期的积累与总结。诗书礼乐，在孔子以前，已成为贵族教养的共同教材。

[①] 此为泷川资言之说，见《伯夷列传》下。

两汉思想史（三）

到了孔子，才加以整理，并赋予以新的意味，以下逮于平民。孔子作《春秋》，并对《易》下了很大的工夫。但到战国中期以后，才把《春秋》与《易》，和诗书礼乐组织在一起，而称为"六艺"、"六经"，或"五经"，成为儒家思想在典籍上的根据，这含有两种意义。第一，儒家因孔子而成立，他的精神，是"万物并育而不相害，道并行而不相悖"①的精神，是鼓励自由创发的精神。所以韩非说"儒分为八"。②但因为有一定的典籍作根据，所以不论如何演变、分化，依然可以求出其本来面目，保持其主流的地位。第二，儒家所根据的典籍，是代表中国文化长期发展的历史，既不像宗教教义的经典，含有强烈的排斥性、固执性；也不像希腊的形而上学，含有由过分逻辑推理而来的游离性与逼窄性。六经或五经，是平实切近而富有涵容性，它并不排斥什么；这便与孔子的精神相符契。因此，在典籍上以六经为根据的儒家，作为文化传承中的主流，与其他文化系统比较起来，应可以说是利多于弊的。而此种基础，是由史公的《儒林列传》所奠定的。尔后正史皆守史公此一矩镬，而不敢失，也即说明了中国文化主流，亘二千年而未尝断绝。

　　史公未为董仲舒立专传，而仅列入《儒林传》中，未言及其"推明孔氏，抑黜百家，立学校之官（指博士），州郡举茂材孝廉皆自仲舒发之"的事；史公对立五经博士的观点，我们不得而知。但由《儒林列传》叙论看，史公对当时文化政策的感情，是相当复杂的。叙论首述孔子"论次诗书，修起礼乐"及"因《史记》作《春秋》，以当王法"的用心，乃在于救世。继述孔子死后，孔

---

① 见《中庸》"仲尼祖述尧舜"章。
② 见韩非子《显学》篇。

门弟子在传承中"为王者师",尚能抱道自重。再接著叙述儒术绌于战国,六艺缺于暴秦,孔甲积怨发愤于陈王(陈涉),与之俱死。刘邦诛灭项籍,举兵围鲁,鲁中诸儒尚讲习礼乐,以见在暴秦之下,楚汉战争之余,学脉亦未尝断绝。次叙汉历高、吕、文、景,朝廷对儒术的消极态度。武帝因赵绾、王臧之属而始响之,但为窦太后所扼。窦太后崩后,"公孙弘以《春秋》,白衣为天子三公",奏请"为博士官置弟子五十人",并按其学业品第加以录用。"自此以来,则公卿大夫吏,斌斌多文学之士"。习儒术者有正式参予政治的途径,这当然是一件大事。王鸣盛谓此篇对武帝君臣,多是颂扬,"可谓不以人废言,恶而知其美。"方望溪则谓"子长序儒林曰,余读功令,至于广厉学官之路,未尝不废书而叹,盖叹儒术自是而变也"。[①]两人的话,我认为都说到了一面。在以农业经济为基础的大一统专制之下,学术得不到朝廷的承认提倡,便很难有长期生存发展的机会。但学术之权,一旦操在朝廷手上,固然学术可给政治以若干影响,例如汉代有意义的奏议,到元、成而始盛,即其显证。但专制政治,也会给学术以影响,限制其发展的方向、范围,并进而歪曲学术的自身,以"阿世"代替了"救世"的目的。尤其是汉代儒术,是通过叔孙通及公孙弘两人而进入到朝廷的边缘,史公会有种特别感受的。这种复杂的感情,不是能以简洁的语言可加以表达,所以便不知不觉地"废书而叹"了。

《游侠列传》的成立,盖在重视政治以外的社会势力。中国历史中最严重问题之一,乃在政治势力支配了一切,更无其他宗教势力、社会势力,可以稍稍发生制衡作用,使政治只有顺着统

[①] 王氏之言,转引自《考证》。方氏之言,见《望溪先生全集》卷二《书儒林传后》。

治者骄奢横暴的本质去演进。游侠对政治当然没有制衡的分量，但"缓急，人之所时有"；而在专制政治之下，一遇到缓急，连"有道仁人"，尚遭横逆困厄而莫可如何，"况以中材而涉乱世之末流乎"，这在"窃钩者诛，窃国者侯"的情势下，简直是逼得走投无路。"今游侠其行虽不轨于正义，然其言必信，其行必果，已诺必诚，不爱其躯，赴士之阸困"，使"士穷窘而得委命"，这是在铺天盖地的专制政治巨压之下，所挣扎出的一条缝隙，使走投无路的人，在此缝隙中尚得暂时相煦以沫，从这种地方，便可看出"侠客之义，又曷可少哉"。"然儒墨皆排摈不载"，至使"自秦以前，匹夫之侠，湮灭不见，余甚恨之"，所以便为他可得而闻见的汉初匹夫之侠，立此列传，以补儒墨识见之所不及。可以这样地说，游侠是在社会上为厄困之士打不平，而史公则是在史学上为这些被政治诬陷的游侠打不平。这种在政治缝隙中为厄困之士打不平的力量，必为专制者所不容，所以公孙弘竟以"布衣为任侠行权"的罪名，把当时最著名的郭解翁伯族诛了。史公对此，不能不吐出"於戏惜哉"的痛愤之声。班氏父子讥史公为"序游侠，则退处士而进奸雄"，[①]史识的高下，在这种地方，已够判然明白。

史公在《平准书》中叙述了武帝的财经政策所及于社会的巨大破坏作用；在《货殖列传》中叙述了经济地理及社会上私人的经济活动的重大意义，而突出了自由经济，才是推动经济发展的动力。此种卓识，尤为班氏父子所不能理解，反讥之为"述货殖，则崇势利而羞贱贫"，[②]实以自暴其浅陋。

[①] 见《汉书》六十二《司马迁传》赞。
[②] 同上。

论《史记》

《货殖列传》的成立及其思想内容，是由当时以统制为聚敛的手段，因而给政治社会以莫大破坏的影响所启发出来的。史公的政治思想本于儒家，主张以礼乐适民之性，节民之欲。此一思想，实以承认人民生活上的物质要求是合理而不可夺的为其根据。没有这一根据，则就政治而言，所谓礼乐仁义，都没有意义。儒家政治思想，必先富而后教的原因在此。史公首先指出国家经济政策之得失，是"故善者因之，其次利道之，其次教诲之，其次整齐之，最下者与之争"，由"因之"到"整齐之"，是由放任到干涉的不同阶段，史公在此各阶段的"善"与"次"差别中，即以放任为国家最好的经济政策，以干涉为国家不良的经济政策。以"与之（民）争"为"最下"，这是痛斥武帝的财经政策而言。其次，叙述人民在分工中追求财富的活动是"人各任其能，竭其力，以得所欲"，这是不需要政府干涉的。"故物贱之征贵，贵之征贱；各劝其业、乐其事，若水之趋下，日夜无休时。不召而自来，不求而民出之"，这几句话是说某处的物价贱，则市场供应减而物价将贵。某处的物价贵，则市场的供应将增而物价将贱；系说明由物价的贵贱而自然发生市场上供求调节及物价调节的作用。人民顺应此调节的作用以作经济活动，一出于自然，而不需要政府加以干涉；"岂非道之所符，而自然之验耶"，这是为放任政策所提出的事实根据，同时即是理论基础。又次则述财富对国与家的重大意义。故"天下熙熙，皆为利来；天下壤壤（穰），皆为利往"，乃是社会生活的正常现象。"夫千乘之王，万家之侯，百室之君，尚犹患贫，而况匹夫编户之民乎"，这几句话，深慨叹于当时统治阶级凭其权势以亟亟求利，却以匹夫编户之民的求利为一种罪恶而加以严酷的打击，实系政治上的莫大罪行。"千乘之王"的上面，实更有一穷奢极侈的皇帝,以为之祸首,特避忌而未敢说出,但读者应可心照不宣。由开始的"老子曰"起,到此处为止,实为此列传的绪论。在此绪论中所表现的经济思想,欧洲要到十七世纪才开始出现,以打开由中世进入近代之门。而史公正式提出于两千年前,其史识的卓越,真可谓冠绝今古。

绪论后,首叙汉以前的著名货殖人物。由计然、范蠡、子贡、白圭,以迄猗顿、郭纵、乌氏倮、寡妇清;至秦"徙豪杰诸侯强族于京师",而突出的货殖人物,始受一大挫折。其中最值得注意的是白圭治生产的理论。他说:"吾治生产,犹伊尹、吕尚之谋(言由全局着眼而知所取予),孙吴用兵(言能极权变而有决断)、商鞅行法(强有所守)是也。是故其智不足与权变,勇不足以决断,仁不能以取予,强不能有所守,虽欲学吾术,终不告之矣。"白圭的话,已具备现代大企业家的精神与气概,由此可反映出战国初期我国经济的高度发展。

由"关中自汧雍以东河华"起,到"燕代田畜而事蚕"止,全面地叙述了当时可以掌握得到的经济地理及与经济地理密切关连的民情风俗,其意在反映出社会性的经济活动。接着伸张"富者人之情性,所不学而俱欲也"的事实。意谓此种社会现实,史家不应闭目不睹。再将政治上封侯者之收入,与"素封"[①]者相比,以见财富实乃官爵以外的人生社会的一大归趋,一大出路;必须对财富的意义加以肯定。他说"是以无财作力,少有斗智,既饶争时,此其大经也。今治生不待危身取给,则贤人勉焉。是故本

[①] 按无王之名,而有王之实,谓之素王。无封侯之名,而有与封侯者相同之享受,谓之素封。

富为上，末富次之，奸富为下"。一面说出因财力不同，求富的途径亦不同的一般情况；一面也对由财富来源不同而作上、次、下三等级的价值判断，给社会求财富以正当的目标。又说"若至家贫亲老，妻子软弱，岁时无以祭祀，进醵饮食被服，不足以自通，如此不惭耻，则无所比矣"，"无岩处奇士之行，而长贫贱，好语仁义，亦足羞也"，这是对寄生虫生活的士阶层，揭去虚伪，痛下针砭的说法。接着说"凡编户之民，富相什则卑下之，伯则畏惮之，千则役，万则仆，物之理也"，反映出人的社会地位，是由财富所决定；而此种决定，不是凭政治权势，乃是事物自然之理。在此叙述中，岂不反映出前期资本主义的一个社会形态。由"通邑大都，酤，一岁千酿"，到"佗杂业不中什二，则非吾财也"止，概括地叙述了各地以实物经营致富的状况。"请略道当世千里之中，贤人所以富者，令后世得以观择焉"，有如蜀卓氏、程郑、宛孔氏、曹邴氏、刁闲、师史、宣曲任氏、桥姚、无盐氏、诸田氏、韦家栗氏、安陵杜氏等；这些人所以值得称为"贤人"，因为他们"皆非有爵邑奉禄，弄法犯奸而富。尽椎埋去就，与时俯仰，获其赢利；以末致财，用本守之。以武一切，用文持之，[①]变化有概（法），故足术（述）也。"在这里，我们可以了解，史公之所谓"奸富"，乃指"有爵邑奉禄，弄法犯奸而富"的政治上的直接剥削集团而言。由《盐铁论》贤良文学口里所说出的，我们可以了解，政治上除了原有的直接剥削集团以外，通过桑弘羊的财经政策，更出现了以桑弘羊为首的新兴的豪富集团，遍布于全国的都邑。这都

[①] 按此处之所谓"以武一切"，乃形容争利（武）不采手段而言；"用文持之"，指前所言"任公家约"之类。

是史公之所谓"奸富"。奸富是杜绝社会一切生机的最大毒素。史公所以给这些"以末致财"、"以武一切"的货殖者以高的评价，除了前面所说的，他把握到了财富，是社会发展的重大动力与必然结果，不能不承认它的意义外，在他的内心里，觉得这种由经济而来的社会势力，较之由专制而来的政治势力，更合于人类本性的要求；由它所发生的贫富不均的弊害，实较由专制政治所发生的以人民为鱼肉的弊害为轻。尤其是在与凭借政治势力所形成的庞大的新旧豪富集团的相形之下，更显出"力农畜工虞商贾，为权利以成富"的人，其中虽有本富末富之不同，但较之奸富，还较为合理，在历史上还有推动社会前进的作用。我们应当承认资本主义，较以前的专制封建为进步，这是评断历史发展的大方向。尤其是在史公心目中，单轨运行的社会，总不如多轨运行的社会更为健全，所以他以慷慨的感情，激宕的笔调，写《游侠》、《货殖》两列传，实出自反抗专制政治这一套压迫机器，有为社会留下乃至开辟生机的重大意义在里面。而《货殖列传》，更证明史公的识量，能深入到社会的里层，观察到广面的社会经济活动的实态，提出在复杂中所显出的趋向与规律。例如他引"谚曰，百里不贩樵，千里不贩籴。居之一岁，种之以谷；十岁树之以木；百岁，来之以德。德者人物①之谓也"，叙述了业无贵贱，都可以发大财的实例后，总结之以"此皆诚壹之所致。由是观之，富无经业，则货无常主；能者辐凑，不能者瓦解"。这不是深入于社会经济活动之中，是不能说出来的。班氏父子浅陋，贬抑《游侠》、《货殖》两列传，《汉书》尽去史公《货殖列传》的精华，仅撷取

---

① 此处之所谓"人物"，当指有才德之子孙而言。

人名及简单之事实，以备《货殖传》之一体，尔后史家，遂不复注意到社会经济活动的情形，《货殖列传》，遂在史中绝迹，使此一重大社会生活，不复为史家所记录。此乃意味对社会正常追求财富的活动，采取不屑不洁、不予以评价的态度。其结果使社会聪明才智之士，并力于仕进一途，得意者由贵而富，此实史公所斥为最下的"奸富"。失意者困顿琐尾，在无以自存中过着各种形式的乞食生活。原意在扬学术而抑货殖，将文化与货殖分途；结果，使奸富与末富因缘为利，阻滞社会经济正常发展的坦途，软弱知识分子自立自强的志气，其关系于民族生存发展者实为巨大。

十、《史记》构造之六——表现方法上的若干特点

以下将史公在写列传（包括若干世家）中所用表现手法的若干特点，稍为提出，其中有的是可以看出史学与文学的会归点的。

史公作列传的第一大义，具见于《伯夷列传》。他为材料不足，且材料又多属可疑的伯夷立传，有两重意义。一因孔子之言，而可确定有伯夷、叔齐让国之人之事；而此让国的高节，在战国时代，作为士人在政治污浊中励志奋起的标志，更出现下随和务光等的寓言。史公深洞当时宫廷斗争及曲学阿世等丑态，所以《自序》说"末世争利，维彼奔义，让国饿死，天下称之"。为了矫世励俗，所以特列为人伦首选，此其一。其次，由伯夷叔齐的"积仁絜行如此而饿死"，及"回（颜渊）也屡空，糟糠不厌（足），而卒早夭"的情形看，可知"天道无亲，常与善人"的待望，常常是落空的。但伯夷、叔齐、颜渊，因"得夫子（孔子）而名益彰"，"附骥尾而行益显"。他三人虽困阨于当时，卒赖孔子而得流

传于后世。君子立身处世，可视富贵如浮云，不为举世混浊所动，而自甘贫贱；但"没世而名不称"，虽君子亦不能无所恨。没世之名，乃人道不致终穷，善恶终可大白的表现；这是君子通过自己之名所不能自已的对人类前途的希望。可是"闾巷之人，欲砥行立名者，非附青云之士（此处指孔子），恶能施于后世哉"，则因天道的难凭，圣人的不世出，由没世之名以寄托人类前途的希望，亦渺不可得；则人类在权势支配一切的"举世混浊"中，究竟走向甚么地方去呢？史公的奋起作传，盖所以救天道之穷，继圣人之志。《伯夷列传》由"或曰，天道无亲，常与善人"起，到最后止，他所要说的都是这种意思。《伯夷列传》乃史公标明他写列传的大义所在，亦可视为各列传的总序论；后人纷纷之论，诚无与于史公微旨。《汉书·王贡龚鲍传》的叙论，及由《后汉书》所开始的《逸民列传》，都是由《伯夷列传》所引发出来的。但后来流于形式，更未能将《伯夷列传》的大义，流贯于有关各传之中。

由上面的大义流贯下来的，他的第一特点，乃是在政治的成王败寇、赏荣诛辱的巨大势利浪潮中，以巧妙的手法，透出历史的真实，展现历史的良心。这在后人尚论古人时，尚不可多得，在他则贯彻在"本朝"的势力圈子里面，无所畏怖。因此，他所写的"当代史"，是"真实的当代史"，即扬子云之所谓"实录"。但两千年来，竟没有人能读懂。这便掩蔽了血缘专制政治下的罪恶，蒙混了历史正常发展的方向。汉代政权出现的前提条件是亡秦。他破例为项羽立本纪，为陈涉立世家，把亡秦之功，不归之于刘邦而归之于陈、项两人，这是历史的真实，但此一历史真实，在汉臣的歌功颂德中，已经淹没了。

史公突破这类的歌颂，用破例的特笔，把此一真实显现出来，这便是来自他的历史的良心。刘邦把天下彻底家产化，更以阴狡狠毒的手段杀戮韩信、英布、彭越，而亲定萧何功第一；史公在刘邦所封一百四十三人的列侯中，特把萧何、张良、曹参、陈平、周勃数人，列为世家；这是在一大批平庸中所作的选择。但他在《萧相国世家》中，述萧何不断用心于释刘邦之疑，以图免诛戮之祸，所费的笔墨，超过述萧何的功烈。而在赞中谓："萧相国何，于秦时为刀笔吏，碌碌未有奇节。及汉兴，依日月之末光。何谨守管籥，因民之疾奉（秦）法，顺流与之更始。淮阴黥布等皆以（已）诛灭，而何之勋烂焉，位冠群臣，声施后世，与闳夭、散宜生等争烈矣。"这里说出了若没有韩信、黥布，刘邦便不能得天下。韩信、黥布之功，实远在萧何之上。他两人被诛灭后，才轮到"何之勋烂焉"，在《萧相国世家》中记"列侯毕已受封，及奏位次，皆曰，平阳侯曹参，身被七十创，攻城略地，功最多，宜第一"。在《曹相国世家》中，亦录曹参战功甚多。但史公在赞中却说："曹相国参，攻城野战之功，所以能多若此者，以与淮阴侯俱。及信已灭，而列侯成功，唯独参擅其名。"事实上，曹参诸人，只能算是一种战将。战将的成功失败，决定于统帅的指挥。韩信乃当时最伟大的战略家，或且是中国历史中最伟大的战略家。一般人，只留心到他的背水阵等等，而忽视了他在指挥垓下之战中，利用项羽的中央突破作战的战略，先诱其入彀，因而使项军受到四面包围的歼灭性的打击，这在世界军事史上，也应当有极崇高的地位。曹参这种战将，只有在他指挥之下，才可发挥其勇不顾身的能力。《淮阴列传》赞中谓："假令韩信学道谦让，不伐己功，不矜其能，则庶几哉（则庶几可免于难），于汉家勋，可以比周、召、太公之徒，后世血食矣。不务出此，而天下已集，乃谋叛逆，夷灭宗族，不亦宜乎。"在这短短一段文字中，第一，表明信之取祸，乃在不能"学道谦让"，此观于"信尝过樊将军哙，哙跪拜送迎，言称臣，曰，大王乃肯临臣。信出门笑曰，生乃与哙等为伍"而可见。但他的夷灭宗族，乃谓其"谋叛逆"。史公以"天下已集"的微言，断言淮阴无谋叛之事。萧何必在淮阴、黥布诛灭之后，而其勋始烂然，但极其至，也不过与周的第二流人才闳夭、散宜生比烈。对淮阴侯的品第，则系与周的第一流人才周、召、太公并肩比美。在《樊郦滕灌列传》赞中谓："吾适丰沛，问其遗老，观故萧、曹、樊哙、滕公之家及其素，异哉所闻。方其鼓刀屠狗卖缯之时，岂自知附骥之尾，垂名汉廷，德流子孙哉。"所谓"异哉所闻"，是这些特别煊赫于汉廷的功臣，世俗及其子孙，必附会出他们微时的许多与众不同的故事。及史公亲自访问了他们的故乡遗老后，才知道他们未富贵之前，只不过是庸碌无奇之辈。而他们成就功名的基本条件，乃是"附骥之尾"，不是他们自己在微贱时所能料及的。但在《淮阴侯列传》赞中谓"吾如淮阴，淮阴人为余言，韩信虽为布衣时，其志与众异。其母死，贫无以葬，然乃行营高敞地，令其旁可置万家。余视其母冢，良然"。这说明了韩信在贫贱中，已因其抱有雄才伟略，相信自己必自致于青云之上。这便与樊、郦、滕、灌们，作出非常显明的对照。而他的悲惨结局，完全出自他太信赖了刘邦的推食解衣，太相信了"汉王之不危己"。这是历史上以良心对阴毒者的最大教训；也是中国历史上首出的蔑功诛良的最大冤狱。史公身为汉臣，但在由政治势力所形成的许多诬枉材料中，发挥了他的最大的历史良心，暴露了政治势力所掩蔽下的最大历史真实。史公并非对被刘邦诛戮的人，都寄以同情；在《韩信（应称"韩王信"）卢绾列传》赞中谓"韩信、卢绾，非素积德累善之世，徼一时权变，以诈力成功。遭汉初定，故得列地称孤"，以此与对淮阴、黥布、彭越的评价互相对照，益信史公笔下的公平允当，而非对汉室存有私人恩怨于其间，所以值得称为历史的良心。此一历史的良心，贯注于《史记》全书之中，随处可见。为未曾封侯的李广立列传，也是一个比较突出的例子。

第二，是从一个小的具体故事，把握人的个性；由其人的个性以解释其人的一生行为，于是在这里提供了个性潜力的自我展现的范例。这是最高的史学成就，也是最高的文学成就。但作史与写小说不同。写小说可由作者凭想象之力，塑造出人物的个性，而作史则必凭真实的材料。人的个性能集中表现于一个小故事中的机会不多；即使有这种情形，但这种材料，只能在偶然中流传下来，所以史家能够得以运用的材料，会受到很大的限制。不过史公一接触到这种材料，便立刻能抓住它的意义而不肯放松。这种灵敏的感觉，或者是伟大史学家的心灵与伟大文学家的心灵可以互通的地方。兹举数例如下：

《李斯列传》："李斯者，楚上蔡人也。年少时为郡（乡）小吏，见吏舍厕中，鼠食不絜（洁），近人犬，数惊恐之。斯入仓，观仓中鼠食积粟，居大庑之下，不见人犬之忧。于是李斯乃叹曰，人之贤不肖，譬如鼠矣，在所自处耳。"李斯的意思是认为人的自身，无所谓贤不肖，贤不肖乃决定于所处地位之高下。在他的这一"叹"中，实际是否定了人格的意味，他此后之所为及其结果，乃其人格不能负担其知识，以至背弃其知识的展现；此种展现，在处于自身利害关键之地位时，更为明显。

《叔孙通列传》："叔孙通者薛人也。秦时以文学征，待诏博士数岁。陈胜起山东，使者以闻。二世召博士诸儒生问曰，楚戍卒攻蕲入陈，于公如何？博士诸生三十余人前曰……愿陛下急发兵击之。二世怒，作色。叔孙通前曰，诸生言皆非也。夫天下合为一家……安敢有反者。此特群盗鼠窃狗盗耳，何足置齿牙间。郡守尉今捕论，何足忧。二世喜曰善。尽问诸生，诸生或言反，或言盗。于是二世令御史案诸生言反者下吏，非所宜言。诸言盗者皆罢之。乃赐叔孙通帛二十匹，衣一袭，拜为博士。叔孙通已出宫反舍，诸生曰，先生何言之谀也。通曰，公不知也，我几不脱于虎口，乃亡去之薛。"刘邦统一天下后，鲁两生对叔孙通的批评也是"公所事者且十主，皆面谀以得亲贵"，与秦诸生之言正合，可知"谀"乃叔孙通的个性。所谓谀，指的是投人所好，即今日之所谓"投机"。史公以"进退与时变化"来形容，"时"乃指权力意志或明或暗的要求。"与时变化"，正是"谀"的具体内容。他因汉王憎儒服而"服短衣"，是出自此种个性；"专言诸故群盗壮士进之"，是出自此种个性。"高帝悉去秦苛仪，法为简易。群臣饮酒争功，醉或妄呼，拔剑击柱，高帝患之。叔孙通知上益厌之也，说上曰……臣愿征鲁诸生与臣弟子共起朝仪……臣愿颇采古礼与秦仪杂就之"，更是此一个性的发挥。他笑不肯应征的鲁两生曰"若真鄙儒也，不知时变"，也是此一个性的自然流露。第一次实行他所制朝仪时，"自诸侯王以下，莫不振恐肃敬"，实行后，"于是高皇帝曰：'吾乃今日知为皇帝之贵也'"，这是由他的个性发挥所得的结果。"古礼"是封建时期的礼。时过境迁，古礼的规定，当然不能完全合于秦汉大一统的时代。但封建时代的君臣源于血统，所以"同姓大国则曰伯父，其异性则曰伯舅。同姓小邦则曰叔父，其异姓小邦则曰叔舅"。[1] 血统政治的本质是非常不合理的。不过他们因此而把君臣关系，当作亲属关系来处理，所以由此所定出的礼，一面固然要定尊卑贵贱之分，但同时也要通尊卑贵贱之情。君臣之间，尚不至太相悬隔。"大夫见于国君，君若劳（慰劳）之则还辟（避），再拜稽首。君若迎拜，则还辟（避），不敢答拜。""大夫见于国君，国君拜其辱。"[2] 郑康成曾谓古者君臣之道，通于朋友，[3] 是有根据的。秦仪是根据法家尊君抑臣所定出来的，是要以人臣的卑微，显出人君的至高无上所定出来的。由人君地位与人臣的悬绝，不仅更加深了人君地位与人民的悬绝，且也加强了官吏地位与人民的悬绝。这是政治发展方向的一大关键。当刘邦"法为简易"，引致群臣拔剑击柱的时候，假使叔孙通能取古礼之意，定君臣在差等中而仍可互通情意之仪，以举君臣一体之实，刘邦也未必不可以接受，因为他此时对此一问题，还是一张白纸。但叔孙通若这样做，便不能迎合"吾乃今日知为皇帝之贵也"的潜意识的要求，也不能得到"乃拜叔孙通为太常，赐金五百斤"的酬报。投机是出卖自己的良心与知识，其目的当然在取得现实的利益。由叔孙通所定的朝仪，在使皇权专制，取得了更明确的形式；使皇权对臣民的压迫，在此形式下取得"非礼之礼"的地位，因而成为此后无法改易的死结，这在中国政治史中是头一件大事。刘邦的父亲及刘邦死后，令诸侯王及郡国广为之立庙，并规定把死人的"衣冠月出游之"，这一套为了达到将统治者加以神化以至近于无耻的仪节，当然也是出于此位投机大

---

[1] 见《仪礼·觐礼》。
[2]《礼记·曲礼》下。
[3] 见陈兰甫所录《汉儒通义》。

家之手。汉儒不屑言叔孙通为汉所制之礼，扬雄至称不应征的鲁两生为"大臣"，[①] 斥叔孙通为"椠（惈）人"。[②] 由此亦可窥见汉代儒者对此事的评价。历代知识分子中，必以叔孙通型的知识分子为当时得令。但叔孙通"皆以五百斤金赐诸生"，这却是后起的叔孙通们所无法做到的。

《酷吏列传》："张汤者杜人也。其父为长安丞，出，汤为儿守舍。还，而鼠盗肉。其父怒，笞汤。汤掘窟得盗鼠及余肉，劾（控告）鼠掠治，传爰书（爰书似为纪录之口供），讯鞫论（判决）报（应得之罪），并取鼠与肉，具狱磔堂下。其父见之，视其文辞，如老狱吏，大惊，遂使书狱。"张汤之成为酷吏，可以说都是由此一故事所表现出的个性的延展。

第三，则是掌握具体的关键性材料，以显露人物精神面貌的特性。每一个人的生活历程，多是曲折而繁复的。若一一作具体的叙述，不仅笔墨不胜其繁，且其人的真正精神面貌的特性，反因过繁而混杂隐晦。若为求简化而做抽象性的概括，则易使人物因一般化而失其真实感的存在。史公为人立传，如前所述，必有所以为其立传之故。他在取材时，常掌握所以为其立传的具体的关键性材料，以形成一篇的骨干，不仅可收以简御繁，以约得要之效，且其人的精神面目的特性，反能因之益显。张良所以成为张良，以其"运筹帷幄之中，决胜千里之外"，故《留侯世家》，即以此为骨干而展开的。《世家》中谓"所与上从容言天下事甚众，非天下所以存亡，故不著"。史公于此，说出了他选材的要领，可

[①] 扬雄《法言·五百》篇"昔者齐鲁有大臣，史失其名。曰：'何如其大也？'曰：叔孙通欲制君臣之仪，征先生于齐鲁，所不能致者二人……"
[②] 《法言·渊骞》篇"或问……叔孙通，曰，椠（惈）人也"。

论《史记》　　　　　　　　　　　　　　　　　　　　　　　　　　　　383

推此以了解各列传的构成。史学的义法,文学的义法,莫大乎此。至于在一个列传中,将有关人物,以穿插、映带、提点等技巧,将其组织为全传有机体的一部分,使文章的内涵丰富,而枝干分明。在一篇中由问题发展之阶段,以形成文字之段落时,常以一两语总结上文,同时即开启下文,使上下的段落,勾连密切,断而不断,文章的结构,在条畅疏朗进行中,自然融为一体,决无松懈间隙可乘。并且常以简洁的语句,反映当时的大局,在大局的反映中,解释个人的行为;也常在叙述个人的行为中,以一两句提点的方法,反映出当时的大局。凡此三点,亦为史公表现技巧的特色,在《项羽本纪》中特为显著。

第四,则是以微言侧笔,暴露人与事的真实。《司马相如列传》赞"《春秋》推见至隐,《易》本隐之以(当作"以之")显",《春秋》何以要推见至隐,因至隐之所在,即历史真实之所在,亦即对历史作解释的关键之所在。由此不难了解,与推见至隐的同时,即为冒犯权势者的忌讳,势必引起灾祸与阻挠。《匈奴列传》赞"孔氏著《春秋》,隐、桓之间则章,至定、哀之际则微。为其切(近)当世之文(记录),而罔褒(而多诬枉的谀词),忌讳之词也(欲突破诬枉的谀词以推见至隐,则必为冒犯忌讳之词,故不得不出之以微言)"。① 所谓微言,即《自序》所谓"诗书隐约者"的隐约之言,与彰明较著之言相反。汉武伐匈奴,财穷民困,使天下几于土崩瓦解。究其原因,一为恃中国之大,决策轻率。一为以佞幸充将帅,以弁髦视宰相,而一任残酷之吏,腋削之徒以为治。史公《匈奴列传》赞即以微言透出此问题的真实。

---

① 按此数语,过去注解皆误,故在括弧内重作注释。

世俗之言匈奴者，患其徼（希求）一时之权（权宠），而务谄纳其说，以便（迎合）偏指（武帝片面的想法），不参彼己〔不参究彼（匈奴）己（汉）之实情〕。将率（帅）席（凭借）中国广大，气奋（凭借中国广大而气奋，言非出于真勇），人主因以决策，是以建功不深。尧虽贤，兴事业不成，得禹而九州宁。且欲兴圣统，唯在择任将相哉，唯在择任将相哉。

以上凡八十二字，在婉曲掩抑的笔调中，把问题完全透露出来了，此即微言的范例。前面我所说的凭历史良心，叹息韩、彭诸人的被诛，及冷视萧、曹诸人功烈人品的真价，无不出以微言之笔。《平准书》最末一段在叙述于是弘羊"赐爵左庶长，黄金再百斤焉"之后，接着是"是岁小旱，上令百官求雨"，而以卜式的"亨（烹）弘羊，天乃雨"六个字，作全篇的总结，此乃假卜式的六个字，作评断武帝财经政策的微言。全书此类的微言，随处间出。《自序》因答上大夫壶遂"夫子所论，欲以何明"之问，而谓"余所谓述故事，整齐其世传，非所谓作也。而君比之于《春秋》，谬矣"的几句话，而使"余闻董生曰"以下，所发挥的孔子作《春秋》的大义，皆变成为他从事著作的微言。一般的微言，多出以含蓄酝藉之笔；然亦有本于痛愤之情，出以激昂之笔的，依然是史公的微言。《十二诸侯年表》序"太史公读《春秋历谱牒》，至周厉王，未尝不废书而叹也，曰，师挚见之矣。纣为象箸而箕子唏；周道缺，诗人本之衽席，《关雎》作。仁义陵迟，《鹿鸣》刺焉"。这种对历史变动的叹息，实系对武帝奢靡逾

论《史记》　　　　　　　　　　　　　　　　　　　　　　　　　　　　　385

度，女宠越制[①]的微言。《高祖功臣侯者年表》序"至太初，百年之间，见侯五（高祖所封而现仍存在者仅五侯），余皆坐法陨命亡国耗（消失）矣，罔（网）亦稍密矣"，此系对"父祖累百战之功而得国，子孙负一朝之过而失侯"的微言。《乐书》"太史公曰，余每读《虞书》，至于君臣相敕（戒敕之意），维是几安。而股肱不良，万事堕坏，未尝不流涕也。"这是对武帝的骄奢淫佚，将相皆不得其人的微言。《外戚世家序》由"人能弘道，无如命何。甚哉妃匹之爱，君不能得之于臣，父不能得之于子，况卑下乎？"至"岂非命也哉。孔子罕言命，盖难言之也。"此一段乃对自吕后以来，外戚为政治中毒瘤之一，与专制政体不可分的微言；此微言遂概括了中国两千多年的历史。《孟荀列传》序"太史公曰，余读《孟子》书，至梁惠王问何以利吾国，未尝不废书而叹也"；此乃对武帝专用言利之臣的微言。《儒林列传》序"太史公曰，余读功令，至于广厉（励）学官之路，未尝不废书而叹也"；此乃对学术被诱于利禄而将被歪曲变质的微言。以此处所已举者推而求之，全书尚随处可以发现。

我之所谓侧笔，意谓一篇传记之形成，必有某人一连贯之重要行事，以形成一篇的主要纲维，也就是形成一篇的主文。侧笔则是轶出于主文之外所穿插的小故事，所以侧笔系对主文而言。史公则常用这种侧笔，以暴露人与事的真实，乃至假此以拆主文的台，使主文成为带有滑稽意味的表现。因为构成主文的材料，常是其人其事的"表"的材料。《萧相国世家》序"高祖以吏繇咸阳，吏皆送奉钱三，何独以五"，以与后文的"乃益封何二千

[①] 西汉由俭入奢，始于景帝，而大盛于武帝；此点可参阅《汉书》七十二《贡禹传》。

户，以帝尝繇咸阳时，何送我独赢奉钱二也"相呼应。又叙汉三年，萧何用鲍生计，"遣子孙昆弟能胜兵者悉诣军所"，以与后文高祖问诸将谓"且诸君独以身随我，多者两三人。今萧何举宗数十人皆随我，功不可忘也"相呼应，则所谓"萧何功最盛"，"至于萧何发踪指示，功人也"，及关内侯鄂君以萧何为"万世之功"等等，在上述两侧笔对照之下，其意义便不能不动摇了。但萧何以丞相拜为相国，恩宠达到高峰时，即一叙"召平谓相国曰，祸自此始矣"，再叙"客有说相国曰，君灭族不久矣"。于是当了相国以后的萧何，在政治上更无一事可纪，惟栖遑于救祸免死之术，卒以"因为民请曰，长安地狭，上林中多空弃地，愿令民得入田……上大怒曰，相国多受贾人财物，乃为请吾苑。乃下相国廷尉械系之。"后虽因王卫尉"陛下何疑宰相之浅也"之言，把萧何救出，得保首领以终；然以开国的相国地位，仅有避祸、受祸、免祸的故事足述，且成了此篇中主文的后半部，此乃对高祖性格及其诛赏的一大侧笔，使"仁而爱人"，"常有大度"（《高祖本纪》）的赞词，都成了废话。在《世家》序"何置田宅，必居穷处；为家不治垣屋。曰，后世贤，师吾俭；不贤，毋为势家所夺"。这便足显出高祖说"相国多受贾人财物"的话，是出于无赖的话，这是侧笔中的侧笔。

《留侯世家》，言张良病者凡六。由此可知张良自追随刘邦以来，即是一个长期抱病之人。但史公在赞中却说"余以为其人，计魁梧奇伟"，则把正文中六个病字完全否定了，而暗示出张良的病，乃早看透刘邦狠毒成性，预作防患全身之谋。此谋若仅出于成功之后，未必为刘邦所信。由此可知张良见几之早，虑患之深；不经史公以此侧笔点醒，千古将真以张良为一病夫。赞在此句之

论《史记》　　387

后,接着说"至见其图,状貌如妇人好女",乃谦退敛抑的形容,并非病夫的形容。

《陆贾列传》中附传平原君朱建,内容乃纪录朱建与辟阳侯审食其的关系;而下面一段,乃此附传得以成立的主要原因。

> 辟阳侯幸吕太后,人或毁辟阳侯于孝惠帝,孝惠帝大怒,下吏,欲诛之。吕太后惭,不可以言……平原君……乃求见孝惠幸臣闳孺,说之曰,君所以得幸帝,天下莫不闻。今辟阳侯幸太后而下吏,道路皆言君谗,欲杀之。今日辟阳侯诛,旦日太后含怒,亦诛君。何不为辟阳侯言于帝……于是闳孺大恐,从其计,言帝,果出辟阳侯。

我们试想,"辟阳侯行不正","大臣多害辟阳侯行,欲遂诛之"。平原君为了报答母死,辟阳侯送了百金丧礼的恩德,特以诡辞救其出狱,这种事值得称道而为其立附传吗?但无此附传,则被西汉士大夫所痛恨不齿的吕后的丑德秽行的真实,将以何法明白宣布于天下后世。所以上面的叙述,实系《吕后本纪》的一大侧笔。

《卫将军列传》:"大将军既还,赐千金。是时王夫人方幸于上。甯乘说大将军曰,将军所以功未甚多,身食万户,三子皆为侯者,徒以皇后故也。今王夫人幸,而宗族未富贵,愿将军奉所赐千金,为王夫人亲寿。大将军乃以五百金寿。天子闻之,问大将军,大将军以实言;上乃拜甯乘为东海都尉。"有了这一段侧笔,则前面所叙的"天子曰,大将军青,躬率戎士,师大捷,获匈奴王十有余人"这类的话，皆成滑稽的表演。由此可知，用侧笔所暴露出的真实，岂不较通过语言所作的评断，更为有力吗？

微言、侧笔，是在不得已的情形下所使用的方法。在可以作明白叙述判断时，史公决不放弃这种责任。如《卫将军骠骑列传》"诸宿将所将士马兵，亦不如骠骑，骠骑所将常选（《索隐》：常选择取精兵）。""然少（指霍去病）而侍中，贵（骄贵）不省士（不恤士卒）。其从军，天子为遣太官，赍数十乘。既还，重车（辎重之车）余弃梁肉，而士有饥者。其在塞外，卒乏粮，或不能自振，而骠骑尚穿域（划定鞠戏之界域）蹋鞠；或多此类。大将军为人，仁善退让，以和柔自媚于上。然天下未有称也。"上面是史公对卫、霍两人所作的正面的评价，未尝有一点含糊。《佞幸列传》赞"太史公曰，甚哉爱憎之时，弥子瑕之行，足以观后人佞幸矣。虽百世可知也"。对这类人物的评断，也未尝有一点含糊。这是作史的正法，例不胜举。

第五，史公所传的人物，都是历史中具体的人物，而不是思想中抽象的人物。所谓思想中抽象的人物，是把人物拿在自己思想中不知不觉地加以抽象化、单纯化，善则全善，恶则全恶，以合于自己思想上的要求或假定。这在无形中，使历史人物，成为架空的人物，而历史也因之成为架空的历史。所谓历史中具体的人物，其性格行为，都受到现实生活中的限制，具备了人的优点，也具备了人的弱点；善恶的比重各不相同，但总是善中有恶，也可能恶中有善。并且具体的人物生活，除了道德、功利、荣辱等等以外，还有感情及与现实利害无关的生活情调情趣，亦即生活的艺术性和趣味等。史学家最大的任务，应当在材料许可范围之内，把人的各方面表达出来，这才是符合于历史具体人物生活的实态。但这关系于史学家的德量的涵养,及艺术性的感受能力。史公为项羽立本纪,但没有夸张他的才气及掩盖他的各种弱点。为陈涉立世家,也没有掩盖他由雇农出身的朴素及他的不少弱点。《仲尼弟子列传》赞:"太史公曰,学者多称七十子之徒,誉者或过其实,毁者或损其真。钧之未睹厥容貌(犹真象)则(而)论言。弟子籍出孔氏古文,近是。余以弟子名姓文字,悉取论语弟子问并次为篇;疑者阙焉。"在上面的文字中,一面可以看出他取材的谨慎,同时也可看到他态度的持平。《苏秦列传》赞"太史公曰,苏秦兄弟三人,皆游说诸侯以显名,其术长于权变;而苏秦被反间以死,天下共笑之,讳学其术。然世言苏秦多异。异时事有类之者,皆附之苏秦。夫苏秦起闾阎,连六国从亲,此其智有过人者。吾故列其行事,次其时序,毋令独蒙恶声焉"。《刺客列传》赞"世言荆轲,其称太子丹之命,'天雨粟,马生角也',太过。又言荆轲伤秦王,皆非也"。此皆史公自言其持平、征实之意。而其所以能持平、征实,是来自他把历史中的人物,作具体的人物来处理。这一立足点,实贯注于他的全部传记之中。

有的事情,与现实中的利害得失,并无直接关连,而只是反映出个人生活,乃至社会生活中的感情、情调,此即我所谓历史人物的艺术性。但历史人物的自身,常在生活的某种状态下,于不知不觉中流露出某种生活感情、情调,无所谓艺术性不艺术性,必待伟大的史学家、文学家,能以自己的艺术心灵去加以发现、把握,并表而出之,而始成其为艺术性。这与一般艺术家发现美的对象的情形,并没有大分别。因为有这种发现、把握、表出,而得以显出人生某一方向的真际,使历史世界,更能表现出是充实的"人的世界"。《项羽本纪》记项羽在垓下被围后,"项王则夜起饮帐中，有美人名虞，常幸从；骏马名骓，常骑之。于是项王乃悲歌慷慨，自为诗曰，力拔山兮气盖世，时不利兮骓不逝。骓不逝兮可奈何，虞兮虞兮奈若何。歌数阕，美人和之，项王泣数行下，左右皆泣，莫能仰视。于是项王乃上马骑，麾下壮士骑从者八百余人。"由史公这一叙述，而项羽悲歌慷慨的神情，与美人名马，互相映照的悲剧气氛，使后人还可以感触得到。

《高祖本纪》："未央宫成，高祖大朝诸侯群臣，置酒未央前殿，高祖奉玉卮，起为太上皇寿曰，始大人常以臣无赖，不能治产业，不如仲力。今某之业所就，孰与仲多。殿上群臣皆呼万岁，大笑为乐。"这一小故事，把刘邦潜意识中在家庭的挫折感与报复感，流露了出来，这岂非把由宫殿、诸侯群臣，及由叔孙朝仪所妆饰的伟大无比的皇帝形象，一起拆穿，露出了与一般天真小儿无异的真实形象，使刘邦成为更具体存在的刘邦吗？十二年十月，刘邦已击破黥布军，他心目中所畏惧的强敌，至此已屠戮略尽，"还归过沛，留；置酒沛宫，悉召故人父老子弟纵酒。发沛中儿，得百二十人，教之歌。酒酣，高祖击筑，自为歌诗曰，大风起兮云飞扬，威加海内兮归故乡，安得猛士兮守四方。令儿皆和习之。高祖乃起舞，慷慨伤怀，泣数行下。谓沛父兄曰，游子悲（颜师古注，顾念也）故乡。吾虽都关中，万岁后，吾魂魄犹乐思沛。且朕自沛公以诛暴逆，遂有天下，其以沛为朕汤沐邑，复（免繇役）其民，世世无有所与。沛父兄诸母故人，日乐饮极欢，道旧故，为笑乐十余日。高祖欲去，沛父兄固请留高祖，高祖曰，吾人众多，父兄不能给。乃去。"在这段故事中，刘邦岂不是与沛的诸父兄诸母更以真性情、真面貌相见相接，而呈现出一片"人的世界"吗？项羽在失败时的"悲歌慷慨，泣数行下"，是容易了解的。刘邦在志得意满之余，却也是"慷慨伤怀，泣数行下"，这是一个枭雄人物，将政敌完全消灭后，心目中更无值得措意之人，所引起的一片苍凉寂寞的心情的流露。此一故事所含的艺术意味，或且超过了项羽的故事。

《陆贾列传》："孝惠帝时，吕太后用事，欲王诸吕，畏大臣有口者；陆生自度不能争之，乃病免家居。以好畤田地善，可以家焉。有五男，乃出所使越得囊中装，卖千金，分其子，子二百金，令为生产。陆生常安车驷马，从歌舞鼓琴瑟侍者十人，宝剑直（值）百金。谓其子曰，与汝约，过汝，汝给吾人马酒食，极欲（最多）十日而更。所死家，得宝剑车骑侍从者。一岁中，往来过他客，率不过再三过。数见不鲜，无久慁（打扰）公为也。"陆贾以"辩士"而入传。上面的故事，与陆氏的功名才智，了无关涉。但经史公加以记录，不仅保留了陆氏真实的生活面貌，令读者如见其人，且在历史上保留了此一从容淡远的生活典型，增加了人生内容的丰富。

有的并不如上面所引的故事，具有较完整的艺术意味，而只是出于史公将他的艺术心灵所把握到的片断，随意点染出来，以增加历史及其文章中的情调风趣，使历史成为更生动、更有风趣的历史，使他表现历史的文章，成为更生动更有风趣的文章，这也是艺术性表现的一端。《陈涉世家》，在叙述了陈涉六个月的剧烈活动，终为其御庄贾杀以降秦，及当时豪杰，乘时并起亡秦的情形以后，再接着叙述两件轶事，以作陈涉所以速亡的解释。其一是："陈胜王凡六月。已为王，王陈。其故人尝与佣耕者闻之，之陈，扣宫门曰，吾欲见涉。宫门令欲缚之，自辩数，乃置，不肯为通。陈王出，遮道而呼涉。陈王闻之，乃召见，载与俱归。

入宫，见殿屋帷帐，客曰夥颐（好多啦）！涉之为王沈沈者。"[1]史公记此一语，此农民之朴拙，及陈涉为王之气派，皆跃然纸上；所以此一语之纪录，即有莫大之艺术性。《萧相国世家》，在"拜何相国，益封五千户，令卒五百人，一都尉为相国卫。诸君皆贺，召平独吊"后，接着"召平者，故秦东陵侯。秦破，为布衣，贫，种瓜于长安城东，瓜美，故世俗谓之东陵瓜，从召平以为名也"，盖史公对召平在陵谷变迁之后，种瓜而瓜美的一事，感到兴趣，故顺笔带出，此事遂在以后诗文中成为意味深长的典故。《张丞相（张苍）列传》"苍以客从攻南阳，苍坐法当斩，解衣伏质，身长大肥白如瓠。时王陵见而怪其美士，乃言沛公，赦勿斩，遂从西入武关。""初，张苍父长不满五尺。及生苍，苍长八尺余，为侯丞相。苍子复长。及孙类长六尺余，坐法失侯。苍之免相后，老，口中无齿，食乳，女子为乳母。妻妾以百数，尝孕者不复幸。苍年百余岁而卒。"盖史公对张苍的身型、老年的生活形态，及其相关的相术与养生的传说，感到兴趣，故闲笔及此，特对相术与养生的传说，引而不发，使读者更易把握到张苍的具体存在。在同列传中附传周昌。"昌为人强力敢直言，自萧、曹等皆卑下之。昌尝燕时奏事，高帝方拥戚姬。昌还走，高帝逐得，骑周昌项，问曰，我何如主也？昌仰曰，陛下即桀纣之主也；于是上笑之。然尤惮周昌。""及帝欲废太子……而周昌廷争之强。上问其说，昌为人口吃，又盛怒曰，臣口不能言，然臣期期知其不可。陛下虽欲废太子，臣期期不奉诏。上欣然而笑。"在此一叙述中，刘邦的

---

[1]《集解》引"应邵曰，沈沈，宫室深邃貌。音长含反"。《索隐》引"刘伯庄以沈沈犹谈谈……犹俗云'谈谈汉，是'。《考证》"沈与耽、覃声近义同，大也，深也"。按沈沈不必切近宫殿言，殆即"很神气"、"很威风"之意。

论《史记》

傲慢不拘细节，周昌的强直不屈，以及君臣间的亲切关系，都反映了出来。而"期期"之词，亦成为口吃者的美谈。《万石列传》叙石奋之子石庆为太仆的情形。"御出，上问车中几马，庆以策数马毕，举手曰，六马。"此一描述，便把石庆敬谨无他长的情形描活了；使这种无事功、无学问的人物，恰如其分地保持了他的历史的存在。通过此种描写，而将这种平淡的细节，也赋予艺术性的生命。

以上各端，皆是举例的性质。

第六，史公怀有道德的因果报应观念。我在《原史》一文中，曾指出中国古代，是通过史官而将宗教过渡到人文。但在人文中，亦即在史学中，依然保持有宗教的因素，最主要的是代替神对人间，特别是对统治者，作善恶最后的审判，以树立政治、社会、人生行为的义法。这种意思，史公在《十二诸侯年表》序及《自序》中已说得很清楚，这也是他的历史良心的文化上的根源。但在战国末期，似乎流行一种道德的因果报应的观念，史公受其影响，而成为史学中的宗教精神的另一形态。并为尔后佛教进入中国，因其轮回报应之说而风靡一时，开了先路。

《白起王翦列传》："武安君（白起）引剑将自刭，曰，我何罪于天，而至此哉。良久曰，我固当死。长平之战，赵卒降者数十万人，我诈而尽阬之，是足以死。遂自杀。""或曰，王离，秦之名将也。今将强秦之兵，攻新造之赵，举之必矣。客曰不然。夫为将三世者必败，必败者何也，必其所杀伐多矣，其后受其不祥。今王离已三世将矣。居无何，项羽救赵击秦军，果虏王离"。白起与客之言，正是当时流行的因果报应观念的反映。《陈丞相世家》："始陈平曰，我多阴谋，是道家之所禁。吾世即废，亦已矣，终不能复起，以吾多阴祸也。"陈平之侯，传到曾孙陈何"坐略人妻弃市国除"。史公在引陈平之言后，继之以"然其后曾孙掌，以卫氏亲贵戚，愿得续封陈氏，然终不得"。史公记此，盖所以证实陈平的预言，这即说明史公接受了此种观念。所以《项羽本纪》赞"太史公曰，吾闻之周生曰，舜目盖重瞳子，又闻项羽亦重瞳子，羽岂其苗裔耶，何兴之暴也"，这并不是宕虚之笔，而实有其思想的背景。下面引若干例证。惟不限于列传。

《燕召公世家》赞："太史公曰，召公奭可谓仁矣。甘棠且思之，况其人乎。燕北迫蛮貉，内措齐晋，崎岖强国之间，最为弱小，几灭者数矣。然社稷血食者八九百岁，于姬姓独后亡，岂非召公之烈耶。"《陈杞世家》赞："太史公曰，舜之德可谓至矣。禅位于夏，而后世血食者历三代。及楚灭陈，而田常得政于齐，卒为建国，百世不绝，苗裔兹兹，有土者不乏焉。"《韩世家》赞："太史公曰，韩厥之感晋景公，绍赵之孤子武，以成程婴公孙杵臼之义，此天下之阴德也。韩氏之功于晋，未睹其大者也。然与赵魏终为诸侯十余世，宜乎哉。"《蒙恬列传》："蒙恬喟然太息曰，我何罪于天，无过而死乎？良久徐曰，恬罪固当死矣。起临洮，属之辽东，城堑万余里，此其中不能无绝地脉哉。此乃恬之罪也，乃吞药自杀。"此反映出当时另一种迷信，为后世言堪舆风水术者之祖。但史公在赞中加以反驳，依然拉回到道德的因果报应的观念上。"太史公曰，吾适北边，自直道归，行观蒙恬所为秦筑长城亭障，堑山堙谷，通直道，固轻百姓力矣。夫秦之初灭诸侯，天下之心未定，痍伤者未瘳，而恬为名将，不以此时强谏，振百姓之急，养老存孤，务修众庶之和；而阿意兴功，此其兄弟遇诛，不亦宜乎？何乃罪地脉哉？"《黥布列传》"太史公曰，英布者，其先岂《春秋》所见楚灭英六，皋陶之后哉。身被刑法，何其拔兴之暴也"。《东越列传》赞："太史公曰，越虽蛮夷，其先岂尝有大功德于民哉，何其久也。历数代常为君王，勾践一称伯……盖禹之余烈也。"《西南夷列传》赞："楚之先，岂有天禄哉……秦灭诸侯，唯楚苗裔尚有滇王。汉诛西南夷，国多灭矣，唯滇复为宠王。"

　　从上面的材料看，史公似乎真相信道德的因果报应。但这里有两个值得注意的问题。第一，上面材料中最后一人是陈平。自陈平以后，再没有此种资料、此种论点。因此种论点，实以对道德理性的信任为其根据。在血缘专制情形之下，人的吉凶祸福，完全不能用道德理性来加以解释，于是此论点不能不归于破灭。只好靠后来佛教"三世"轮回之说来加以弥补，影响以后二千年的社会。第二，承认道德的因果报应，便不能不承认在这后面有一个赏善罚恶的可资信任的天。但史公所能提出为此作证的，在历史中只居极端的少数，而且有的是出于史公由希望而来的推论。史公在历史中所遇到的绝对多数，尤其是摆在他眼面前的全般政治社会现象，都在为他的这一观念作反证；于是他落在现实上，不能不写出《伯夷列传》中的感叹，以作史来与无凭的天道作抗争。这是人文精神中所保留的宗教性不能不受到的限制。

读《〈论史记〉驳议》——敬答施之勉先生

当我读到施之勉先生《〈论史记〉驳议》的第一个感想是：施先生以八十多岁的高龄，还肯读我长约八万字的《论史记》的拙文，并赐与指正，这种老而益壮，不崖岸自高的治学精神，使人佩服。第二个感想是：我年来认为学术上的认真讨论，是推动学术前进的重要方法之一，我自己便得到这种好处。学术是天下的公器，讨论中的得失，与个人的荣辱无关；在讨论中引起双方的反省，对问题的澄清，有很大的帮助。例如台北故宫所藏黄大痴两山水长卷，经过前后两年多的热烈讨论后，终于把三百多年的大骗案，完全拆穿了，若不是来自四面八方的压力，我便没有机会彻底解决此一问题。所以我对参加讨论的先生们，是诚心的感佩。又如我的《扬雄论究》初稿刊出后，施先生不同意我对扬雄到长安时年四十二岁的说法。经过施先生这一反对，我便把有关材料，重新排比一次，使自己的说法说得能更清楚明白。施先生此次的批评，是由司马迁的生年开始；我接受王国维之史公生于景帝中元五年（西元前一四五年）的说法而有所补正。施先生则认史公是生于汉武帝建元六年（西元前一三五年）；两说相差十年。为了以后的讨论容易条理，先依王氏的《太史公行年考》，加上我的补正，简列于下（凡未加"补正"两字或括弧者，皆王氏原文）。

汉景帝中元五年（西元前一四五年）丙申，公生，一岁。

武帝元朔三年（前一二六年）乙卯，二十岁，案二十而南游江淮……又案《汉书·儒林传》，司马迁亦从孔安国问故……安国为博士，当在元光（前一三四年至前一二九年）元朔（前一二八年至前一二三年）间……时史公年二十左右；其从安国问《古文尚书》，当在此时也。又史公于《自序》中述董生语（按应改为"于《自序》中有余闻之董生曰"。盖"述董生语"，不意味着他见到了董生。）。董生虽至元狩（前一二二年至一一七年）、元朔（前一二八年至前一二三年）间尚存（按应为"虽至元朔、元狩间"），然已家居，不在京师。则史公见董生，亦当在十七八以前……

又王氏于元鼎元年（前一一六年）乙丑，三十岁下谓"案《自序》云：于是迁任为郎中，其年无考。大抵在元朔、元鼎间。其何自为郎，亦不可考"。

"补正"：元朔五年（前一二四年）丁巳，二十二岁。是年公孙弘奏请为博士置弟子五十人。公南游江淮归，由太常选为博士弟子，从孔安国问《古文尚书》，当在元朔六年、元狩元年（前一二三至前一二二年）间，时史公年二十三四岁。

"补正"：元狩二年或三年（前一二一至前一二〇年）己未，年二十五岁。史公以博士弟子"高弟"由太常"籍奏"为郎中。此当为元狩二、三年间事，时年二十五六岁。姑系于此。

"补正"：元鼎元年（前一一六年）乙丑，三十岁。史公向董生问《公羊春秋》，在董生长安家居之后，时年为三十岁前后，不能确定，姑系于此。

元封元年（前一一〇年）辛未，三十六岁。考《汉书·武帝纪》，元鼎六年（前一一一年）定西南夷……其明年（原注：元封元年）春正月行幸缑氏，登崇高，遂东巡海上，夏四月癸卯还登封泰山……父谈之卒，当在是秋。

元封三年（前一〇八年）癸酉，三十八岁。案《自序》，太史公卒三岁，而迁为太史令。

太初元年（前一〇四年）丁丑，四十二岁。又案《自序》"五年而当太初元年，十一月甲子朔旦冬至，天历始改……太史公曰，先人有言……于是论次其文"，是史公作《史记》，虽受父谈遗命，然其经始则在是年。盖造历事毕，述作之功乃始也。

"补正"：史公《自序》谓于"天历始改"之太初元年，"论次其文"，与所谓"至于麟止"之意正同，皆假此以神圣其事业，非谓以此为起讫。王说太拘，实则在太初元年以前，麟止以后，皆在从事中。

天汉三年（前九十八年）癸未，四十八岁。据《李将军列传》、《匈奴列传》及《汉书·武帝纪》、《李陵传》，陵降匈奴在天汉二年（前九十九年）。盖史公以二年下吏，至三年尚在缧绁，其受腐刑亦当在三年而不在二年也。

"补正"：太始四年（前九十三年）戊子，五十三岁。史公于此年春三月随武帝行幸泰山，任安与史公书，当在此前后，即《报任安书》中所谓"东从上来"者是。王氏将《报任安书》系于此年，不确。

"补正"：征和二年（前九十一年）庚寅，五十五岁。武帝如甘泉。秋七月，江充将胡巫入宫捕蛊，涉及太子，太子无以自明，乃杀江充，白皇后发兵反，败走自杀。任安为北军使者，以持两端，下吏，腰斩。史公《报任安书》，当在任安被刑之前，约为是年之十一、二月间。

昭帝始元元年（前八十六年）乙未，六十岁。案史公卒年，绝不可考。

按推论史公生平，一为根据《史记·自序》"卒三岁而为太史令"下的司马贞《索隐》注，"《博物志》，太史令，六百石，茂陵显武里大夫司马（迁）年二十八。三年（元封三年）六月乙卯，除六百石也"。据此上推，史公生于武帝建元六年（前一三五年）。一为《自序》为太史令"五年，而当太初元年"下张守节《正义》注，"案迁年四十二岁"。据此上推，史公生于景帝中元五年（前一四五年）。两者说相差十年。王氏采用《正义》说法的原因，认为《索隐》的"年二十八"的"二"字乃"三"字之讹。"'三'讹为'二'，乃事之常"；而《正义》的"年四十二"的"四"字，"'三'讹为四，则于理为远。"王氏说法的最大长处，在于若《索隐》之"二"字系"三"字之讹，则两家之说法是一致的；采用了《正义》的说法，也安顿了《索隐》的说法。等于是以两说为根据。而他采用的考证方法，是用"因形近而误"的常法。若采用《索隐》"年二十八"的说法，则对于《正义》的"年四十二"，作何安顿，由郭沫若到施先生，皆无一言。这是于二说中取其一而无条件的弃其一的方法，在考据上近于悍。由此即可证明王氏之说的优越性。

郭沫若以为汉代"二"、"三"、"四"字的写法是卄卅卌。卄卅卌，"都仅一笔之差，定不出谁容易，谁不容易来"，以推翻王氏"'三'讹为'二'，乃事之常，'三'讹为'四'，则于理为远"的论证。当我写《论〈史记〉》时，承认"郭氏此一说法可以成立，但只是把有异同的两个材料，打成了平手，尚未能转为王氏说法的反证"。但近来才知道，这是我当时运思不精密的误断。王氏之所谓"讹"，并不是指汉简上的讹。晋初对"二十"、"三十"、"四十"等字的写法，已与今日无异，此由日本二玄社所刊《书迹名品丛刊》三之《木简残纸集》，可以证明。晋张华著《博物志》采用汉简时，亦必以"二十"、"三十"、"四十"简易之字体，改易汉简之廿卅卌之字体。若张华未改写，唐司马贞援引时亦必改写。书籍刊印后，尚易发生因形近而误的情形；在抄写时代，其因形近而误，当更为常见。所以郭氏之论，乃"不知时变"的架空之论。我应借此机会纠正我一时的疏忽。施先生坚持《索隐》之说，我相信是受到郭氏之说的影响。此一问题，至此而应可谓完全澄清了。

施先生以史公生于建元六年（前一三五年），史公二十岁出游为元鼎元年（前一一六年），为郎中系元鼎二年（前一一五年）。由为郎中至太始四年（前九十三年）《报任安书》时（施先生此处系采用王氏之说），共二十三年，与《报任安书》中"待罪辇毂下二十余年"相合。"如生于景帝中元五年，则至太始四年，三十三年，与书中待罪辇毂下二十余年不合"。此一论证，乃补郭氏的不足。

但施先生说法最大的弱点，在于何以能断定史公在元鼎二年，年二十一岁时为郎中？汉武初，郎选尚未滥，除皇帝特别恩赐者外，其能为郎的资格计：（一）二千石任子，（二）富赀，（三）技艺，（四）博士弟子高弟，（五）献赋上书献策，（六）举孝廉等。王国维因没有把史公从孔安国学《古文尚书》，与孔安国为博士时，史公曾为博士弟子，及由博士弟子高弟而可为郎等情形，连

读《〈论史记〉驳议》——敬答施之勉先生

在一起来考虑，所以说"其何自为郎，亦不可考"，因为发现不出史公有可以为郎的资格。施先生既不承认史公曾因博士弟子高弟而为郎，则史公在二十一岁时，是凭借什么资格而为郎中呢？若如我所说，史公二十六岁左右为郎，至征和二年五十五岁《报任安书》，经过了二十八九年，亦未尝不可称为"待罪辇毂下二十余年"。

施先生引《礼记·深衣》注：三十以下，无父称孤等材料，以为史公生于武帝建元六年，则其父死时史公年二十六，与《报任安书》中"蚤失二亲"之语合。若以为史公生于景帝中元五年，则其父死时史公年三十六，与上语不合。按史公只云"蚤失"，并未云"蚤孤"。云"二亲"，并非仅云"父"。他特别说出"蚤失二亲"，安知其母不是死在其父之前，因而连带在一起说"早失二亲"。何况"蚤失"两字，并无严格年龄的限定，以孝思之忱，认定三十六岁时已父母双亡是"蚤失"，这应当可以说得通的。

拙文以孔安国在元狩五年（前一一八年）由博士迁初设之谏大夫，可见在此以前，都是当博士。元狩五年前七年的元朔五年（前一二四年）公孙弘为丞相，奏请置博士弟子五十人，史公从安国问《古文尚书》，当在此时（其详情阅原文）。施先生则以公孙弘为丞相及请置博士弟子，皆当作元朔三年（前一二六年）。"将相、公卿二表在五年，误。建元侯、恩泽侯二表在三年，是也。"其证据因为《儒林传》记公孙弘请设博士弟子，中有"谨与太常臧、博士平等议曰"之语，臧即孔臧。据《公卿表》"元朔二年蓼侯孔臧为太常，三年（元朔三年）坐南陵桥绝，衣冠道绝，免。"孔臧既于元朔三年已免去太常，则请置博士弟子若为元朔五年，不得更有"太常臧"与议。而建元侯、恩泽侯二表，又记公孙弘

402　　　　　　　　　　　　　　　　　　　　　　两汉思想史（三）

系于元朔三年为丞相。两相印合，故施先生认为公孙弘入相及请置博士弟子，应为元朔三年而非五年，于是我的有关说法，完全推翻了。实则施先生在此处犯有很明显的错误。《资治通鉴考异》卷一在"五年（元朔五年）封丞相公孙弘为平津侯"下谓"《史记·将相名臣表》、《汉书·公卿百官表》，弘为相，皆在今年（元朔五年）。《建元以来侯者表》、《恩泽侯表》，皆云元朔三年封侯。按三年（元朔三年）以弘为御史大夫。盖误书'五'为'三'。因置于此年"。东汉末，荀悦约《汉书》为《前汉纪》，卷十二元朔三年"御史大夫张欧免，内史公孙弘为御史大夫"。元朔五年"冬十有一月乙丑，丞相薛光（泽）免，御史大夫公孙弘为丞相，封平津侯"。由御史大夫而拜相，乃宰相制度尚未完全破坏时之常轨。把上面的材料看了，则公孙弘之相，及请设博士弟子，皆在元朔五年，更无可疑之理。至《公卿百官表》记孔臧于元朔三年免太常之事，则可确切证明"三"字乃"五"字之误。太常主管祭祀，祭祀一年都有，所以《公卿百官表》上所记太常的免与任，在时间上都是紧相衔接，绝无例外，可以覆案。惟有记孔臧于元朔三年免太常，至元朔五年始记"山阳侯张当居为太常"，然则元朔四年的祭祀，由何人担任呢？由此可以断言孔臧系元朔五年免太常。未免以前，当然可以参与有关的议论。两个关键性的问题解决了，则施先生与此相关连的议论，应可不必讨论。至施先生谈到《古文尚书》、《今文尚书》的问题，我只简单指出，《古文尚书》只比《今文尚书》多出十六篇，其余除字句少异外，都是相同的。故孔安国得"以今文读之"。孔壁发现《逸礼》、《古文尚书》、《左氏传》，实际等于今人在通行本外，发现了古抄本古版本。其意义一为补今本之所缺失，一为可以证明今日所传者，其来有自，足以增加其价值。这是我细读刘歆《移让太常博士书》而恍然大悟的，他日将另文详加讨论。知道今、古文《尚书》之分别，仅在十六篇之有无，其余二十九卷（以篇计之，则为三十四篇），原是相同，则孔安国之以《今文尚书》为博士，与其治孔壁中发现之《古文尚书》，其间并无扞格之处。

我以为史公从董生受《公羊》之学，必在董氏家居之后，其时史公年在三十岁前后。《董仲舒传》"仲舒在家，朝廷如有大议，使使者及廷尉张汤，就其家而问之"。施先生根据《公卿百官表》，"元朔三年中大夫张汤为廷尉，五年迁"之文，而断定"仲舒于元朔、元狩间已致仕家居"，甚确。惟谓"《武帝纪》徙郡国豪杰于茂陵前后有二。一在元朔二年，一在太始元年"，由此断定仲舒与史公徙茂陵，"当同在元朔二年"，则大有问题。按《汉书·主父偃传》"又说上曰，茂陵初立，天下豪杰兼并之家，乱众之民，皆可徙茂陵。内实京师，外消奸猾，此所谓不诛而害除。上又从之"。《武帝纪》元朔二年"又徙郡国豪杰及訾（赀）三百万以上于茂陵"。仲舒、史公，既皆不应罹此咎，亦无此资格。仲舒及司马谈官京师，有随时徙居京师之自由，岂必与此辈同徙。又《仲舒传》"年老以寿终于家，家徙茂陵"，则仲舒原家长安，死后其家乃徙茂陵。宋敏求《长安志》谓仲舒所葬之虾蟆陵，在万年县南六里。《陕西通志》引《马溪田集》云，"墓在长安故城二十里"；万年县，长安故城，实即西汉建都之长安。茂陵乃汉槐里县之茂乡，与长安相距尚远。若仲舒生前已居茂陵，当不至远葬长安。

又按王氏推定史公见董生当在十七、八岁以前，施先生认为"尚合"，但王氏与施先生所推之生年，相差十岁。故王氏之所谓十七、八岁，在施先生则应为七、八岁。两说是无由符合的。

关于史公《报任安书》之年月，施先生接受王氏太始四年之说。我认为是征和二年十一月末、十二月初左右的事，施先生则谓此时"任安死已四五月矣"。因为施先生据"《刘屈氂传》，北军使者任安，与司直田仁，同在七月腰斩也"。按《武帝纪》，征和二年七月，太子以节发兵与刘屈氂大战长安，太子出亡。"御史大夫暴胜之、司直田仁坐失纵，胜之自杀，仁腰斩。"《刘屈氂传》"北军使者任安坐受太子节，司直田仁纵太子，皆腰斩"。施先生忽略了"腰斩"是判刑，判刑须经过"下吏"的手续。所以《史记》卷一〇四《田叔列传》谓田仁"坐纵太子，下吏诛死"。褚先生补《任安传》亦谓"司直（田仁）下吏诛死"，"下安吏，诛死"。且任安之下吏，因"任安笞辱北军钱官小吏，小吏上书言之，以为受太子节，言幸与我其鲜好者。书上闻"，于是武帝"下安吏诛死"，经此转折，则任安之"下吏"，计亦当在八、九月。一经"下吏"判罪，汉制必于冬季行刑，所以史公在报书中说"今少卿抱不测之罪，涉旬月，迫季冬"。《汉书补注》引沈钦韩曰："戾太子事在征和二年七月……安以怀二心腰斩，而犹系至季冬，则汉法之异于后也。"施先生认田仁、任安，即腰斩于征和二年七月交兵之后，疏矣。又，暴胜之、田仁、任安三人，处人伦大变所采的态度，皆非常合理。武帝此时几已完全失掉理性，实为汉室最大污点。他后来因三老上书及车千秋之言而深切悔恨，此三人之死，亦当在悔恨之中。《史记》已有田仁的附传，褚先生为任安补传，而班固不为之立传，盖深为武帝讳。他在《司马迁传》中仅称任安为益州刺史而不称其北军使者的原因在此。施先生因此而谓他与史公书系在益州刺史任内，则报书开始的一段话皆无从索解。此乃施先生的大失。

施先生援《汉书·司马迁传》"宣帝时，迁外孙平通侯杨恽祖述其书，遂宣布焉"之言，遂以为"迁书至宣帝时始宣布，则武帝何能见及，怒而削之也"？此盖以拙文引卫宏《汉旧仪》注曰"司马迁作《景帝本纪》，极言其短及武帝过，武帝怒而削之"，施先生以为不可信。我在《〈盐铁论〉中的政治社会文化问题》一文的末尾曾说：又两方（御史大夫及贤良文学）皆多次引用《史记》。若史公死于武帝后元二年（前八十七年）甲午，则距始元六年（前八十一年，盐铁大辩论之年）仅六年，而其书已大行。《汉书·司马迁传》赞谓迁既死后，'其书稍出。宣帝时，迁外孙杨恽祖述其书，遂宣布焉'的话，还未能完全符合《史记》流传的真相。就常情推测，史公著史，近二十年，武帝岂能无所闻。《史记·司马相如列传》"相如既病免，家居茂陵。天子曰，司马相如病甚，可往从悉取其书。若不然，后失之矣。使所忠往"，则武帝闻史公著书而向其索阅，史公岂能拒绝。卫宏之言实无可疑。

拙文谓"但他（史公）除在《高祖本纪》赞中，略采（邹衍的）三代忠敬文三统之说以外，对邹氏（邹衍）深观阴阳消息而作迂怪之变……的一套大话，并不深信"。施先生引了《春秋繁露》的《三代质文改制》及《董仲舒传》对策之"三王之道，所祖不同，非其相反，将以救溢扶衰"等文字，又引缪荃孙曰："用夏之忠，此《公羊》家说，《春秋》所祖述……史公盖闻之董生者也。徐先生以三代忠敬文三统相救，为邹衍之说，缪矣。"我在写《董仲舒〈春秋繁露〉之研究》一文时，曾把《公羊传》好好地研究过一次，并作了约略的分类与统计，发现《公羊传》是一部很平实的书，没有何休所说的"其中多非常异义可怪之论"。较《公羊》为后出的《穀梁传》中有"阴阳"观念，《公羊传》中没有。

《穀梁传》中言及天道，《公羊传》中除"天王"之天以外，连天字恐怕也没有，更何有天统地统人统的三统。何休所谓"非常异义可怪之论"，皆来自《春秋繁露》的《三代质文改制》等篇，与《公羊传》自身毫无关系。缪荃孙所说，乃不研阅原典，凭空断案之论。又《汉书·严安传》，安上书言世务中有谓"臣闻邹子曰，政教文质者，所以云救也。当时则用，过则舍之，有易则易之。"三统的尚忠尚敬尚文，简言之，即是"文质"，董氏言三统，即以"三代质文改制"名篇。邹衍在仲舒前百余年，邹衍的思想，在西汉发生了很大的影响，仲舒所受的影响更大。我以"三代忠敬文三统相救为邹衍之说"，很难说是"缪矣"。

我谓史公不用《五帝德》"杀三苗于三危"，而改"杀"为"迁"，此迁字译《舜典》"窜三苗于三危之窜字"，较为合理。施先生则谓"杀非杀戮，即窜之假借字"；"经典窜蔡窜𥻦四字，同音通用，皆谓放流之也。"但《孟子·万章上》"万章问曰，象日以杀舜为事，立为天子，则放之何也"。这分明是杀与放对举。"放"、"迁"、"窜"、"流"（下文"流共工于幽州"）在此处应是同义。我的说法似乎没有错。

我推重褚少孙，并认为他能得史公的微旨，例如他补《钩弋夫人传》，补《任安传》，补《东方朔传》，都值得深思细味。所以我认为他截取《封禅书》以为《武帝本纪》，实有深意。施先生引诸家之说，作相反的看法，这是见仁见智的问题，此不辩。

我由思想史的大纲维，以衡断《史记·礼书》、《乐书》之所以为真而非伪，这是过去考据家所没有到达的层面。施先生所引诸家异同之说，此不辩。

我以《封禅书》"《诗》云，纣在位，文王受命"，是"史公对

《诗》的概括性引用"。施先生有关这段所引的材料及"此节是述周自文王受命，至成王而后封禅也"的说法，皆我所不取。读者就《封禅书》详读细玩，自可作别择。

又汉沿用秦之二十等爵，此为郡县制下的二十等爵。《汉兴以来诸侯王年表》汉兴序爵二等，此乃封建制又加上郡县制下的"爵二等"。汉初半封建、半郡县，故有两系统的爵位。"诸侯王"，是说汉室所封之王，即封建时代之诸侯，施先生对此名词的解释，我不以为然。"二等爵"中之侯，指的是二十等爵中之彻侯，史公此处是就半封建、半郡县的事实，绾带两系统的爵位以言。二十等爵之十九等为关内侯，即为汉所常见。此处似不应把两系统混淆为"凡二等"。

《史记·自序》的小序中，有四处称项籍为"子羽"，《索隐》谓"籍字子羽"，我则认为项籍只以羽为字，子羽乃来自《汉书·高纪》"是月项梁与兄子羽起吴"一语中"兄子羽"之误读，而推断此小序的窜乱"乃在《汉书》通行之后"。施先生引《汉书·叙传》"子丝慷慨"，颜师古注"爰盎字丝。此加子者，子是嘉称，以偶句耳"的孤证，断定《自序》小序中的"子羽"的"子"字，是史公加上去的嘉称。按《汉书·叙传》中的小序，皆四字一句的韵文，加一"子"字以"偶句"之说，尚可成立。而颜注的重点乃在"以偶句耳"一语。《史记·自序》中之小序是用的散文；其间用四字韵文者，皆后人仿《汉书》所窜乱。项羽及汉高两本纪小序，四字韵文，明非史公之笔。黥布及田儋两列传小序，皆散文，并无"偶句"的问题，则施先生所引的孤证亦难成立。

我推重韩信是"中国历史中最伟大的战略家"，并举垓下之战为例；施先生似不以为然。我是正规军人出身，四十年前，除教室的课程外，私人在战术战史上，很下过一番功夫，这是一般论史者所没有具备的条件。此不辩。

我对"夥颐"、"沈沈"的解释，似与施先生的解释无大差异。

关于《史记》书名之演变问题，我已注明是采用陈直之说，而修正其以《史记》名称，当以桓帝时的《东海庙碑》为最早之说，认为在桓帝以前已经流行；这一点我与施先生是一致的，惟施先生引《汉书·五行志》中称引《史记》十余条立说，更为充实。但施先生引《后汉书·班彪列传》中"武帝时司马迁著《史记》"之语，此乃范蔚宗叙事之语，不出于班彪，不足以为班彪已用《史记》一词之证。且《彪传》录有他论史之文，主要是论《史记》，但未出《史记》之名。由此可以断定，"将《太史公书》称为《史记》，今日可以考见的，莫早于班固。"（按此说不能成立，见"补志"）

我对"太史公曰"的"公"字的解释认为，这是"秦汉之际，自称或称人之口头语"，"并无特别意义"。施先生引《周礼·职丧》注"居其官曰公"，及《史记·孝文纪》《索隐》"宦犹公也"，因而断定"太史官，后又称太史公也"。按"太史公曰"之"公"，是司马迁的自称，此"公"字指的是人，犹今日流行之某公某公。官是官职或官署。如何可以与称人之公相混？施先生引《周礼·职丧》注的"居其官曰公"，《正义》特加解释为"公谓官之常职也"，此处之"公"非就人而言，从注的上下文看，至为明显。至《孝文纪》的《索隐》注，是解释"五帝官天下"，而言"官犹公也"，意思是"官天下"即是"公天下"，即是"天下为公"，这与"太史公曰"之公，相去更远，如何可以证明"太史官故又称太史公"

呢？至施先生所引的"太史官曰"，乃史臣既不知其姓名，又不知其为太史还是太史令，故作此泛泛之称，不能以此证明"太史公曰"即是本于"太史官曰"。史公明明自称为"太史公"，便只能从"公"字去解释。施先生的解释，我觉得远于事实了。

《论〈史记〉》拙文中所提出的论点颇多，望施先生及其他学人，继续提出指教。

一九七八年一月二十一日于九龙

编者先生：

《读〈论史记驳议〉——敬答施之勉先生》拙文寄上后，又思施先生对拙文之驳议，几无一说可以成立。我除接受其由张汤为廷尉之年，以推论董仲舒家居之年外，又接受其"《汉书·五行志》，称引《史记》十余条，师古曰，此《志》凡称《史记》者，谓司马迁所撰也，是班固称《太史公书》为《史记》也"之说。日来心殊不安。今日特再将《汉书·五行志》加以查考，知施先生果误。颜师古注之谬，王先谦《汉书补注》，已引齐召南、钱大昕两氏之说，加以驳正。综记《五行志》所引《史记》，有八条出于《国语》。秦事三条，虽不知所出，但亦史公《史记》所无。唯"夏后二龙伯阳甫事见《周纪》；土缶楛矢事见《孔子世家》，余皆无之（钱大昕说）"，钱氏遂以"班《志》所云《史记》，非专指《太史公书》矣"，是他以上两条所称之《史记》为《太史公书》。按《五行志》引汉代灾异，其与史公著书年代相及者，亦在二十条以上，无一称出自《史记》。则《周纪》及《孔子世家》两条之所谓"史记"，并亦指史官所记之泛称，钱氏当时尚不知史公书用"史记"一词之为后出（刘知几亦不知），故有此失。实则陈直原文详加辨析，班固时对史公书，或仅称"史"或称"前史"，尚未出"史记"之名，决无可疑。我一时记忆偶疏，遂为施先生之说所蒙，言考证之不可以不亲查原典，稍一偷惰，即有此失，自后当更引以为戒。

一九七八年一月二十六日补志

《史》、《汉》比较研究之一例

为把握汉代史学思想，在《论〈史记〉》一文后，应当有《论〈汉书〉》一文。但我感到，与其将两书作平列式的研究，不如将两书作对比式的研究，更能显出两书的特性，并且对史学在专制政治下，向何种方向演变，或可因此而能得到更大的启发性。我在《论〈史记〉》一文中，为了突出史公的思想与成就，已将两书作了若干比较。但若仅如此，则不仅两书何以有此异同的原因不够明了，且对《汉书》的价值，亦将因之受到掩覆，这是不公平的，也不是全面把握问题的方法。将《史》、《汉》加以比较的工作，前人已从不同的角度做了不少。我所做的或者比前人前进了一步，但就两书内涵的丰富而言，感到这里所写出的，依然只能算是"一例"，希望有人能继续做这种工作。

一、问题的回顾

《汉书》问世后，它在史学上所发生的影响，实较《史记》为大。《史通》卷一《六家》谓"诸史之作"，"其流有六"，"而朴散淳销，时移世异。《尚书》等四家，[①]其体久废，所可祖述者，惟

[①] 四家谓《尚书》、《春秋》、《国语》、《史记》。

《左氏》及《汉书》二家而已"，正可反映出此种情形。唯将《史》、《汉》加以比较，而尊《史》抑《汉》者，当始于张辅。《晋书》卷六十《张辅列传》：

> 又论班固、司马迁云，迁之著述，辞约而事举，叙三千年事，唯五十万言。班固叙二百年事，乃八十万言。烦省不同，不如迁一也。良史述事，善足以奖劝，恶足以监戒，人道之常。中流小事，亦无取焉，而班皆书之，不如二也。毁损晁错，伤忠臣之道，不如三也。迁既造创，班又因循，难易益不同矣。又迁为苏秦、张仪、范雎、蔡泽作传，逞辞流离，亦足以明其大才。故述辩士，则辞藻华靡，叙实录，则隐核名检，此所以迁称良史也。

张辅谓班固"不如迁者一也"的问题，《史通》卷九《烦省》篇中，已指出这不过是因时代的不同，所凭借的材料，有多少之异，不应以此定优劣。赵翼更指出《汉书》多载有用之文，"不得以繁冗议之",[①] 所以张辅此说，可谓毫无意义。并且如后所述，在叙述文字上，《史记》实较《汉书》为繁，与张氏所说的恰恰相反。张辅责班固之不如迁者二，盖谓《汉书》之传，选材不得体要，我看不出有这种情形。至谓班固"毁损晁错，伤忠臣之心"，为不如迁者三，事实上则正相反。《汉书》此传，在间架上本诸《史记》，但加入晁错的几篇有意义的文章，大为晁错生色。史公因不喜晁错所学的是"申商刑名之学"，故他与袁盎同

---

① 见赵著《廿二史劄记》卷二"《汉书》多载有用之文"条。

《史》、《汉》比较研究之一例　　　　　　　　　　　　　　　　413

传，在赞中许袁以"仁心为质，引义忼慨"；而对晁错则借"语曰，变古乱常，不死则亡，岂错等谓邪"的话，以深致讥议。班氏之赞，对袁盎则大体上袭用史公之语，对晁错则加以改写，谓其"锐于为国远虑，而不见身害"。结之以"悲夫，错虽不终，世哀其忠，故论其施行之语著于篇"。其态度实较史公为平恕。张辅其他的论点，亦了无意义。大约在清谈风气之下，人不乐读书而好随意立论，所以他的《史》、《汉》比较，没有客观上的价值。

其次，《后汉书》卷四十下，范蔚宗取华峤之辞以为班彪、班固父子的传论，也可以认为是一种《史》、《汉》比较。

> 论曰，司马迁、班固父子，其言史官载籍之作，大义粲然著矣。议者咸称二子有良史之才。迁文直而事核，固文赡而事详。若固之序事，不诡激，不抑抗，赡而不秽，详而有体，使读之者亹亹而不厌，信哉其能成名也。彪、固讥迁是非颇谬于圣人。然其论议，常排死节，否正直，而不叙杀身成仁之为美，则轻仁义，贱守节愈（甚）矣。固伤迁博物洽闻，不能以智免极刑，然亦身陷大戮（原注："此已上略华峤之辞"）。智及之而不能守之，呜呼，古人之所以致论于目睫也。

上面的话，是承认两家在史才上各有所长，而推重班固之意为多。对班氏父子有关司马迁的批评，并未加反驳，仅讥其"轻仁义，贱守节"较迁为更甚；此点沈钦韩引《汉书·王章传》赞及《翟义传》赞以实之。①按与王章合传者共六人，赞亦及六人。前五人的赞，皆用瑕瑜互见的笔调。对王章谓其"刚直守节，不量轻重，以陷刑戮，妻子流迁，哀哉"。这不是"轻仁义，贱守节"的表现。《翟义传》赞出于司徒掾班彪，赞谓翟义"身为儒宗"，对其起兵抗王莽被族诛为"义不量力，怀忠愤发，以陨其宗，悲夫"，这也不是"轻仁义贱守节"的表现。至于说到迁、固皆未能明哲保身，但范蔚宗亦卒陷刑戮，这是专制下知识分子的共同悲剧，不应以此为论人之资。而范氏的"赞曰，二班怀文，裁成帝坟，比良迁（司马迁）、董（董狐），兼丽卿（司马相如）、云（扬雄）"。则他之所以推重班书者，可谓甚为笃至。所以他写《后汉书》，受《汉书》的影响，大过于受《史记》的影响。至于他在狱中与甥侄书谓班书："任情无例，不可甲乙辨（此大概指数人合传的配列情形而言）。后赞于理近无所得，惟志可推耳，博赡不可及。"此信乃为标榜己书，故对班固的批评，无损于他对班书的全般的评价。但毁誉之辞，亦多未得当。到刘知几的《史通》，始对两书作了较慎重详细的比较、批评。兹按该书卷次节录于下：

（一）寻《史记》疆宇辽阔，年月遐长。而分以纪传，散以书表。每论国家一政，而胡越相悬。叙君臣一时，而参商相隔，此其为体之失者也。兼其所载，多聚旧记，时采杂言，故使览之者事罕异闻，而语饶重出，此撰录之烦者也。（卷一《六家》）

（二）《汉书》家者，其先出于班固……循其创造，皆

---

① 见王先谦《后汉书集解》本文所引。

准子长。但不为世家，改"书"曰"志"而已。……如《汉书》者，究西都之首末，穷刘氏之废兴，包举一代，撰成一书。言皆精练，事甚该密。故学者寻讨，易为其功。自尔迄今，无改斯道。（同上）

（三）既而丘明传《春秋》，子长著《史记》，载笔之体，于斯备矣……盖荀悦、张璠，丘明之党也。班固、华峤，子长之流也。惟此二家，各相矜尚。必辨其利害，可得而言焉。夫《春秋》者，系日月而为次，列时岁以相续。中国外夷，同年共世，莫不备载其事，形于目前。理尽一言，语无重出，此其所以为长也。至于贤士贞女，高才俊德，事当冲要者，必盱衡而备言。迹在沈冥者，不枉道而详说……故论其细也，则纤介无遗；语其粗也，则丘山是弃，此其所以为短也。《史记》者，纪以包举大纲，传以委曲细事，表以谱列年爵，志以总括遗漏。逮于天文地理，国典朝章，显隐必该，洪纤靡失，此其所以为长也。若乃同为一事，分见数篇。断续相离，前后屡出……又编次同类，不求年月。后生而擢居首帙，先辈而抑归末章，遂使汉之贾谊，将楚屈原同列，鲁之曹沫，与燕荆轲并编，此其所以为短也。考兹胜负，互有得失。而晋世干宝著书，乃盛誉丘明，而深抑子长……向使丘明世为史官，皆仿《左传》也，至于前汉之严君平、郑子真，后汉之郭林宗、黄叔度，晁错、董生之对策，刘向、谷永之上书，斯并德冠人伦，名驰海内；识洞幽显，言穷军国。或以身隐位卑，不预朝政；或以文烦事博，难为次序。皆略而不书，斯则可也；必情有所容，不加刊削，则汉氏之志传百卷，并列于十二纪中，

将恐碎琐多芜,阑单失力者矣。故班固知其若此,设纪传以区分,使其历然可观,纪纲有别。(卷二《二体》)

(四)司马迁之记诸国也,其编次之体,与本纪不殊,盖欲抑彼诸侯,异于天子,故假以他称,名为世家。案世家之为义也,岂不以开国承家,世代相续。陈胜起自群盗,称王六月而亡……无世可传,无家可宅,而以世家为称,岂当然乎……至于汉代则不然(与周之封建诸侯不同),其宗子称王者皆受制于京邑,自同州郡。异姓封侯者,必从宦天朝,不临方域……而马迁强加别录,以类相从。虽得划一之宜,讵识随时之义。盖班固知其若是,厘革前非……并一概称传,无复世家,事势当然,非矫枉也。(卷二《世家》)

(五)异哉班氏之《人表》也。区别九品,网罗千载。论世则异时,语姓则他族,自可方以类聚,物以群分,使善恶相从,先后为次,何藉而为表乎?且其书上起庖牺,下穷嬴氏,不言汉事,而编入《汉书》……何断而为限乎?"(卷三《表历》)

(六)古之天,犹今之天也。今之天,即古之天也……但《史记》包括所及,区域绵长,故书有《天官》,睹者竟忘其误,榷而为论,未见其宜。班固因循,复以天文作志。志无汉事,而隶入《汉书》,寻篇考限,睹其乖越者矣。(卷三《书志》)

(七)夫古之所制(指典籍),我有何力?而班《汉》定其流别,编为《艺文志》。论其妄载,事等上篇……愚谓凡撰志者宜除此篇。(同上)

（八）而汉代儒者，罗灾眚于二百年外（谓在汉代二百年以外，收罗灾情的材料）。讨符会于三十卷中（谓在《春秋左氏传》三十卷中求灾眚的应验）……如斯诡妄（谓所附会的灾异之说），不可殚论。而班固就加纂次，曾靡铨择，因以《五行论》而为志，不亦惑乎。（同上）

（九）既天文有志，何不为人形志乎……既艺文有志，何不为方言志乎？但班固缀孙卿之词，以序《刑法》；探孟轲之语，用裁《食货》。《五行》出刘向《洪范》，《艺文》取刘歆《七略》，因人成事，其目遂多……盖可以为志者其道有三焉：一曰都邑志，二曰氏族志，三曰方物志。（同上）

（十）必寻其（《论赞》）得失，考其异同，子长淡泊无味……孟坚辞惟温雅，理多惬当。其尤美者，有典诰之风。（卷四《论赞》）

（十一）《史记》者载数千年之事，无所不容。《汉书》者纪十二帝之时，有限斯极。固既分迁之记，判其去取；纪传所存，唯留汉日；表志所录，乃尽牺年。举一反三，岂宜若是。（卷四《断限》）

（十二）寻马迁《史记》，上自轩辕，下穷汉武，疆宇修阔，道路绵长。故其《自叙》，始于氏出重黎，终于身为太史。虽上下驰骋，终不越《史记》之年。班固《汉书》，止叙西京二百年事耳。其《自叙》也，则远征令尹，起楚文王之世；近录《宾戏》，当汉明帝之朝，包括所及，逾于本书远矣……施于家牒，犹或可通；列于国史，多见其失者矣。（卷九《序传》）

（十三）盖左丘明、司马迁，君子之史也；吴均、魏收，

小人之史也……若司马迁、班叔皮，史之好善者也。（卷十八《杂说下》）

（十四）班氏著志，牴牾者多。在于《五行》，芜累尤甚。（卷十九《汉书·五行志》）

刘知几"历事二主，从宦两京；遍居司籍之曹，久处载言之职"。[1] 寝馈于史学者约三十年之久，所以他所著的《史通》，在史学方面的分量，堪与刘彦和的《文心雕龙》在文学方面的分量并称。将上录材料稍加综合，他将当时史学所承，分为两个系统。一是由左丘明所代表的《左氏传》的编年体，一是由司马迁所代表的《史记》的纪传体；他认为这两个系统，各有短长，不相轩轾。但为求史的完备，他内心是更重视纪传体的，此通过《史通》全书而可见，由前面所录的（三）亦可略窥其端倪。在纪传体中，他主要的要求约有四端：一是断限要严，二是序例要清，[2] 三是是非要出于公正，四是著作须成于私人。三、四两端，对《史记》、《汉书》，刘氏认为皆无大问题，所以对两书的比较、批评，多是就一、二两端来立论的。前面所录的（一），是指《史记》的纪传体，因其"疆宇修阔，年月遐长"，没有断限，发生两种弊病，一为叙述难免夹杂，二为材料难免重复。（二）则认为《汉书》有断限，所以能"言皆精练，事甚该密"。因此，断代史遂为后代所禀承。此一批评的当否，留到后面讨论。（四）论《史记》将世家一体，延至汉代为不识"随时"之义，故《汉书》废除世家，"一律称传"

---

[1] 刘知几《史通》原序。
[2] 《史通》卷四《序例》："夫史之有例，犹国之有法。国无法，则上下靡定；史无例，则是非莫准。"

为"事势当然"，此站在体例的统一上，刘氏的说法，是可以成立的。（五）（六）（七）（八）（九）（十）（十一）（十二）（十四），其中除《五行志》牵涉到内容的批评，并另立专篇①驳正外，其余都是站在断限的立场，而认为班氏不应有《古今人表》、《天文志》、《五行志》及《艺文志》的。此一批评，其当否甚关重要，也留到后面去讨论。（十）是对《史》、《汉》论赞的批评，认班氏较马迁为优，这是来自刘氏为当时文体所限，且对马迁的认识不深。由韩、柳的古文运动起而在文学上对《史记》的认识一变；由我的《论〈史记〉》一文出而对马迁的微言大义，可能略有发挥。（十二）是站在断限上论马迁、班氏叙传的得失，祖马迁而抑班氏，此乃出于刘氏之迂拘。（十三）为刘对马迁及班彪作平等的肯定。刘氏推重班彪过于班固。大较而论，刘氏的推重班固，乃由重视断限而来；然创造之功，则他不能不归之马迁。其他所论，虽有得有失，但并不能说他一定是出于偏见。

宋郑樵受刘知几的影响，②但在断限与会通的这一点上，则与刘氏持相反的意见。清人章学诚，特尊郑氏，于是著史贵会通而卑断代，遂成为一时风气。郑氏说：

> 自《春秋》之后，惟《史记》擅制作之规模。不幸班固非其人，遂失会通之旨，司马氏之门户，自此衰矣。班固者浮华之士也，全无学术，专事剽窃。……由其断汉为书，是致周秦不相因，古今成间隔。自高祖至武帝，凡六世之

---

① 《史通》卷十九有《五行志错误》及《五行志杂驳》两篇。
② 郑樵《通志》二十略中之《氏族略》《都邑略》，固倡议于刘知几；其《昆虫草木略》，即由刘氏所倡之《方物略》而出。故知郑樵实受有《史通》之影响。

前,尽窃迁书,不以为惭。自昭帝至平帝凡六世,资于贾逵、刘歆,复不以为耻。况又有曹大家终篇,则固之自为书也几希。往往出固之胸中者,《古今人表》耳。他人无此谬也。后世众手修书,道旁筑室,掠人之文,窃钟掩耳,皆固之作俑也……迁之于固,如龙之于猪,奈何诸史弃迁而因固。刘知几之徒,尊班抑马。且善学司马迁者莫如班彪。彪续迁书,自孝武至于后汉,欲令后人之续己,如己之续迁……世世相承,如出一手……其书不可得而见,所可见者,元成二帝赞耳,皆于本纪之外,别记所闻,可谓深入太史公之阃奥矣……固为彪之子,既不能保其身,又不能传其业,又不能教其子,为人如此,安在乎言为天下法。(《通志·总序》)

自班固以断代史,无复相因之义。虽有仲尼之圣,亦莫知其损益,会通之道,自此失矣。语其同也,则纪而复纪,一帝而有数纪;传而复传,一人而有数传。天文者千古不易之象,而世世作《天文志》。《洪范五行》者,一家之书,而世世序《五行传》。如此之类,岂胜繁文。语其异也,则前王不列乎后王,后事不接于前事。郡县各为区域,而昧迁革之源。礼乐自为更张,遂成殊俗之政。如此之类,岂胜断缏。曹魏指吴、蜀为寇,北朝指东晋为僭……房玄龄秉史册,故房彦谦擅美名。虞世南预修书,故虞荔、虞寄有嘉传。甚者桀犬吠尧,吠非其主……似此之类,历世有之。伤风败义,莫大乎此。(同上)

迁法既失,固弊日深。自东都至江左,无一人能觉其非。惟梁武帝为此慨然,乃命吴均作《通史》,上自太初,下终齐室，书未成而均卒。隋杨素又奏令陆从典续《史记》，讫于隋，书未成而免官。岂天之靳斯文而不传欤？抑非其人而不佑之欤？（同上）

郑樵志大才疏，于班固极丑诋之能事，略不反省自己所说的有无根据。例如他说班固"掠人之文"，却没想到作史一定要掠他人之文的，司马迁是如此，郑氏自著《通志》的纪传部分，也是"即其旧文，从而损益"（《总序》）。因《汉书·古今人表》为一般人所共同诟病，所以他便说"往往出固之胸中者，《古今人表》耳"（同上），班氏"潜精积思二十余年"，[1]岂除《古今人表》外，皆无所用心。又责班书启后来作者偏私之弊，"伤风败义，莫大乎此"，其言诚似。但郑氏著《通志》，应上承春秋，下迄当世（南宋）；乃因"《唐书》、《五代》，皆本朝大臣所修，微臣所不敢议，故纪传迄隋"。（《总序》）史公著书之精神，莫大于褒贬当代，以发现历史之表里，而郑氏则连宋代大臣所修之史亦不敢议，则是作为史学基础的近代史当代史，永无人敢于执笔。此较之于执笔而不免偏私者，又远为卑怯，这还能绍史公的宏业吗？诸如此类，不必多辩，仅就其所谓会通与断限之论，稍作衡量。

历史是在人与事的因果流贯中所形成的，时间没有断限，历史也没有断限；除非某一民族在历史中消失掉。但就学历史的人而言，尤其就写历史的人而言，则在便宜上必分为若干断限。就中国以一个民族为主流，不断地融合其他民族以形成主流扩大的形势而言，在便宜上要分断限，则以朝代的兴亡，为划分断限的

---

[1]《后汉书·班固列传》。

标准，乃极自然而合理的事情。因为这不仅意味着统治集团的交替，且势必给文化、社会以巨大影响。《史通》卷二的《二体》篇，以"丘明传《春秋》，子长著《史记》，载笔之体，于斯备矣"。篇中较论二体长短，以编年体便于政治活动的贯通，亦即是便于作通史，但难作社会性及典章制度方面的赅备。纪传体能尽赅备之责，但《史记》无断限，以致"兼其所载，多聚旧记，时采杂言，故使览之者事罕异闻，而语饶重出，此撰录之烦者也"，这是他对《史记》作为通史的批评。其实，史公系以本纪、表、世家、书、列传为骨干，建立一种完整的新体裁、新形式，而将各种材料，加以分解后，融合于此新体裁新形式之中，使历史出现一种新面貌，无所谓"事罕异闻"、"语饶重出"的问题。但在史公以后，应用此体以求该备，则从事著作的人，势必自设断限，乃可尽搜罗编整之能。而以朝代为断限，恰可成为一种客观的共同标准。在政治人事以外的典章制度等，应明其因革损益的情形，所以《汉书》十志，皆具通贯的性质，而不以西汉为断限，此正班氏能深于著史的地方，刘氏有关这方面的批评，皆自暴其浅陋。但刘氏对尔后以纪传体为通史的批评，是完全恰当的。他说：

> 至梁武帝又敕其群臣，上自太初，下终齐室，撰成《通史》六百二十卷。其书自秦以上，皆以《史记》为本，而别采他说以广异闻。至两汉以还，则全录当时纪传，而上下通达，臭味相依。而吴、蜀二主，皆入世家，五胡及拓跋氏，列于夷狄传，大抵其体皆如《史记》。其所为异者，唯无表而已。（卷一《六家》）

郑樵仅注意到《梁书》四十九《吴均列传》"使撰《通史》，起三皇，讫齐代，均草本纪、世家，功已毕，唯列传未就"，郑氏便据此以大发感慨。而不知此"未就"乃吴均经手者未就，梁武帝命群臣所共撰者则已就。所以《梁书》卷三《武帝本纪下》"又造《通史》，躬制赞序，凡六百卷"，《隋书·经籍志》所录者尚有四百八十卷。按梁武帝制《通史》的用心，不在史的断限与贯通的问题，而在由三皇以下的统绪以争取南朝在历史中的正统地位。杨素奏令陆从典续《史记》的用心，也是如此，这是政治性的立场，而不是史学性的立场。此点刘、郑两氏皆未能了解。刘氏站在史学的立场对《通史》的批评是"况《通史》以降，芜累尤深。遂使学者宁习本书，而怠窥新录。且撰次无几，而残缺逾多。可谓劳而无功，述者所宜深戒也"。（卷一《六家》）证之事实，《隋志》所录之《通史》四百八十卷，已经残缺；至《唐志》则仅有一百七十卷，后遂湮没无闻。郑樵《通志》二百卷，仅赖其二十略的七十六卷以俱传，自七十七卷以下所抄之纪传，岂复有人过问？深入言之，纪传体之不适宜于通史，除刘氏上面所述，常作无意义的重复外，更须注意到，前人所著的良史，其取材及表现的文字，皆各有用心，各有精意。作通史者随意加以取舍，使其原有之精神面貌，不免为之丧失；此在班固袭《史记》，已在所不免；郑樵、李贽[①]之流，更何足论。若纪传体之通史行，将使史学仅具形式而无精神。且近代史现代史，乃史学得以成立的基础。无近代史无现代史即无史学。作近代史现代史的人，有的以一人

[①] 明李贽著有《藏书》、《续藏书》，其体裁盖亦欲以纪传为通史，去取任心，抑扬随意，乃一无可取之书。

一家一地一事为断限。岂特必有纪传体之断代史而始能有编年体之通史，且必须有一人一家一地一事之许多断限史而始能写成一代之断代史。所以断代史乃各种断限史的完整而完成的形式。纪传体代代相续，史史相承，何有所谓"周秦不相因，古今成间隔"的怪论。史公创体，其势不得不起自黄帝，他因材料的限制，即以黄帝为断限。班氏继业，其势不得不承继史公。承继史公而至死尚不能完业，则其势不能不设定断限以期成为首尾完具之书，甚为明显。他袭史公的一部分，以自成一书，如后所述，其意在于尊汉，而并不在标榜断代，甚至也不止于后世之所谓著史。他在《汉书·叙传》的最后说："凡《汉书》，叙帝皇，列官司，建侯王。准天地，统阴阳，阐元极，步三光。分州域，物土疆，穷人理，该万方。纬六经，缀道纲，总百氏，赞篇章。函雅故，通古今，正文字，惟学林。"他的意思是囊括一代的政治文化，以上通于唐虞三代，故曰"通古今"，岂刘知几立断限的体例所能限，更非郑樵"古今成间隔"之说所能诬。他在政治上以西汉为断限，乃在古今之变中，自然所形成的一个段落。他受命著《光武本纪》及功臣、平林诸传二十八篇，也是《汉书》的延续，但这里所写的不能成为历史的段落，故《东观汉记》，必经多人的继续，虽间及献帝时事，但终未能如《后汉书》之完整，则以其未能达成应有的断限。作史者各有其用心及其能力之所至。纪传体以朝代为断限，乃势所必然。由通断以论《史》、《汉》优劣，与由文字多少而论《史》、《汉》优劣，同属没有意义。

二、班氏父子的家世、思想及其著书的目的

除了上述的班、马体例异同优劣之论以外，尚有不少的人，从史学文学的立场作过这种工作，但率零碎不足道。其中最鄙陋无识者，莫如方苞所持以绳饬班氏之义法。①欲较论班、马的异同优劣，必追及他们作史的动机与目的。欲追及他们作史的动机与目的，必先把握他们的思想。欲把握他们的思想，须究明他们的家世与其时代。史公这方面的问题，我在《论〈史记〉》一文中②已加以论述，此处偏于班氏父子方面的叙述。

《汉书·叙传》，是一篇有点奇怪的文章。《汉书》元、成二帝纪赞，及卷七十三《韦贤传》赞，卷八十四《翟方进传》赞，卷九十八《元后传》赞，虽并出有"司徒掾班彪"之名，以见出自班彪，但《叙传》中盛扬先烈，而无一字及班彪之作史；班彪作史的情形，必待范蔚宗《后汉书》卷四十上《班彪列传》而始明。固叙事以详密称，而《叙传》仅著"时隗嚣据垄（陇）拥众，招辑英俊……嚣问彪曰……"但隗嚣何缘而得问班彪，无从查考。至《后汉书·班彪列传》谓"年二十余，更始败，三辅大乱。时隗嚣拥众天水，彪乃避地从之"，而彪此时之行迹始显。《后汉书》有"彪复辟司徒玉况府"，且曾上言"宜博选名儒有威重明通政事者以为太子太傅"等事，为光武所纳。"后察司徒（孝）廉，为望都长，吏民爱之。建武三十年，年五十二卒官（西纪三至五十四年）"。而《叙传》皆无之，仅谓其"举茂材，为徐令，以病去

---

① 《方望溪先生全集》卷二有《书〈汉书·礼乐志〉后》，《书〈汉书·霍光传〉后》及《书〈王莽传〉后》三文，皆鄙陋不足观。
② 见《大陆杂志》五十五卷六期。

官，后数应三公之召，仕不为禄。所如不合，学不为人，博而不俗，言不为华，述而不作"；则不仅《汉书》传赞中的"司徒掾班彪"的"司徒掾"之来历不明；且其父的生卒之年亦不具。但在他盛宏先烈的叙述中，使我们可以了解与他们思想形成有关的家庭背景。

据《叙传》，班氏是楚令尹子文之后。"始皇之末，班壹避地于楼烦（颜师古注：楼烦，雁门之县）……当孝惠、高后时以财雄边。四传而至班况。"况女为成帝婕妤，由《汉书》卷九十七下《外戚传》的《班婕妤传》中，可以了解她是一位有文采而又能深自抑制，得免于赵飞燕姊妹之祸的才德兼备的女人。班氏虽以边疆豪富入仕，但至班况已为"左曹越骑校尉"。且因班婕妤的关系，已跻身于外戚之列，而又能免外戚之祸。"况生三子，伯、游、稚"，长子"伯容貌甚丽……拜为中常侍"。郑宽中、张禹在金华殿为成帝讲《尚书》、《论语》，特诏伯得听讲。"数年金华之业绝，出与王、许子弟为群（师古注：王，成帝母家；许，成帝后家），在于绮襦纨绔之间，非其好也"。他又得到王太后的信任，成帝"每朝东宫常从。及有大政，俱使谕指于公卿……卒年三十八"。次子游，"以对策为议郎，迁谏大夫，右曹中郎将，与刘向校秘书……上器其能，赐以秘书之副。"东平思王以叔父之尊，"求《太史公》、诸子书"而不许，所以这是一种殊遇。"游亦早卒"。三子稚，为广平相时，没有顺王莽意旨采上"颂声"，被劾"嫉害圣政，不道"，幸赖太后顾念班婕妤之贤，许其得补延陵园郎，"由是班氏不显莽朝，亦不罹咎。"伯、游、稚，都是班婕妤的兄弟，他们都有"加官"，得随侍皇帝左右。《叙传》谓"谷永尝言建始、河平之际，许、班之贵，倾动前朝，熏灼四方，赏赐无量，空虚内

《史》、《汉》比较研究之一例　　　　　　　　　　　　　　*427*

帑，女宠至极，不可尚矣"。班氏特引谷氏之言，盖深以此为荣幸。游生子名嗣，"贵老严（庄）之术"，因桓谭修儒术而拒不借书给他。稚生子名彪，"幼与从兄嗣，共游学。家有赐书，内足于财。好古之士，自远方至，父党扬子云以下，莫不造门"。所以班氏父子继史公修书，有些观点，受了扬子云的影响。①班彪（叔皮）治学的方向，与其从兄嗣不同，"唯圣人之道，然后尽心焉"。班婕妤于班嗣、班彪为姑母，在因更始之亡而关中大乱以前，他们一直是享受着外戚的余荫，可以说，他们和汉室有特殊的关系，也可推测他们对汉室抱有特殊的感情。

王莽亡时（西纪二十三年），班彪年二十。王莽未亡以前的形势，可用卜者王况的话加以概括。"况谓焉（魏成大尹李焉）曰，新室即位以来，民田奴婢不得卖买，数改钱货，征发烦数，军旅骚动，四夷并侵，百姓怨恨，盗贼并起，汉家当复兴。"②由长安的卜者说出"汉家当复兴"，这可反映出当时的社会心理；班彪因家庭关系，此时学业已有成就，对卜者所说的情形，当必更有所感受。

更始亡时（西纪二十五年），班彪二十二岁。更始亡而关中大乱，彪因"旧室灭以丘墟兮，曾不得乎少留；遂奋袂以北征兮，超绝迹而远游。"③他因家毁而投隗嚣，当在二十二三岁的时候。他因隗嚣有纵横之志，"著《王命论》"，当在光武即位于冀州（西纪二十五）之后，但他此时不仅与光武尚未通声气，且因交通断绝，

---

① 见拙著《两汉思想史》卷二《扬雄论究》页五三八至五三九。（编者注：现为页四九六至四九七。）
②《汉书》卷九十九下《王莽传》。
③《全后汉文》卷二十三班彪《北征赋》。

并不知道光武的情形，所以在答隗嚣之问，及《王命论》中，绝未提及光武。《王命论》之作，当在他二十五六岁时，这是他的思想基干。

《王命论》主要是说明"神器有命，不可以智力求"。他认为"盖在高祖，其兴也有五。一曰帝尧之苗裔，二曰体貌多奇异，三曰神武有征应，四曰宽明而仁恕，五曰知人善任使"。五个条件中，班彪实系以前三者为主，因为前三者是天命的证明，后两者可以说是由前三者而来。再又加上"灵瑞符应，又可略闻矣"的刘媪"梦与神遇"，及"白蛇分"、"五星聚"等天命在身的征验，不仅可以证明高祖之得天下，不是凭"智力求"；并以此断定天下必再归于刘氏。他眼见更始之亡，未闻光武之兴，即悬空作此断定，这可以说是把政权固定在刘姓身上而不能转移到他姓的政治思想，这是刘氏家天下的天命论、宿命论。与由贾谊的《过秦论》以来，下逮刘向、杜邺、谷永等等的奏疏，皆以天命为不可恃，两相比较，是非常突出的。更与西汉诸大儒，皆认定"官天下"应为政权运行的常轨，两相比较，更是政治思想上的大倒退。班彪"唯圣人之道，然后尽心"，在政治的根本问题上，实与圣人之道背道而驰；我推测，这是来自通过外戚关系所保持的对刘氏的感情，及吸收了当时社会心理的反映，而将其天命化、理论化。此一思想，深深印入于他的儿子班固的思想之中，此通过他的《两都赋》、《典引》、《离骚序》而皆可见。《汉书·叙传》自述其著书的目的是：

固以为唐虞三代，《诗》、《书》所及，世有典籍。故虽尧舜之盛，必有典谟之篇，然后扬名于后世，冠德于百王，故曰,巍巍乎其有成功,焕乎其有文章也。汉绍尧运,以建帝业,至于六世,史臣乃追述功德,私作本纪,编于百王之末,厕于秦、项之列。太初以后,阙而不录。故探采前记,缀辑所闻,以述《汉书》。起元高祖,终于孝平王莽之诛,十有二世,二百三十年,综其行事,旁(广)贯五经,上下洽通。为《春秋》,[①]考(成)纪、表、志、传,凡百篇。

由此可知,班氏不满史公将汉代"编于百王之末,厕于秦项之列"。故特以前汉为起讫,称为"汉书",以与唐虞三代之书,争光并美;其意在于尊汉,为汉代之统治者而著书,绝无标榜断代之意。后人纷纷,皆谬为揣测。史公则"耕牧河山之阳",出身于平民。他父亲是以"余先周室之太史也",[②]为其家世背景,不认为与汉廷有特殊关系。史公的政治思想,正如拙文《论〈史记〉》中所述,是抱着"天下为公"的思想,这与班氏父子"天下为汉"的思想,恰成一显明的对照。史公所面对的是人类整个的历史,汉代仅为此整个历史中之一阶段,并无亲疏厚薄可言。他著史的目的,是"述往事,思来者",是为了人类将来的命运着想,历史皆在人类

[①] 此句师古"为《春秋》考纪,谓帝纪也"。王先谦《汉书补注》引"刘奉世曰……考,成也。言以编年之故,而后成纪、表、志、传,非止于纪也……齐召南曰……李贤注《后汉书》引《前书·音义》曰,《春秋》考纪,谓帝纪也。言考核时事,具四时以立言,如《春秋》之经。较师古注尤明"。按似当以"为《春秋》"为一句。"为《春秋》"者,意谓如孔子之作《春秋》。省略其言者,盖亦班氏之微言也。《春秋》有褒贬,《汉书》虽意在尊汉,然未尝无褒贬。考,成也,成纪、表、志、传凡百篇。
[②] 皆见《史记·自序》。

命运之前衡定其是非得失，决非在汉代统治者之前，衡定其是非得失。只要着眼到史公与班氏父子，在家庭背景、思想，与著书目的上的不同，便应首先发现到流注于《史记》与《汉书》中的精神，会大异其致。这是比较研究工作的大前提。但不应因此而忽视了班氏父子，毕竟是有儒学教养的人；儒家思想，一定会给他们对汉室的感情以制约，而使他们的史识，在许多地方得到升进。因之在汉代范围以内的是非得失，他们与史公依然是站在共同的基础上，大体上可以成为天下之公。若没有这一点，《汉书》的价值便很难肯定。

三、班氏父子对《史记》的批评

《后汉书》卷四十上《班彪列传》仅谓"彪既疾嚣（隗嚣）言，又伤时方艰，乃著《王命论》"，以二三语述其著论的指归，而未录其文。但概略采录了彪的"因斟酌前史（指《史记》）而讥正得失"的言论。由彪对史公的批评，可以窥见他与史公在史学识解上的同异，兹录如下：

> 唐虞三代，《诗》、《书》所及，世有史官，以司典籍。暨于诸侯，国自有史。故孟子曰，楚之《梼杌》，晋之《乘》，鲁之《春秋》，其事一也。定、哀之间，鲁君子左丘明，论集其文，作《左氏传》三十篇；又撰异同，号曰《国语》二十篇；由是《乘》及《梼杌》之事遂暗，而《左氏》、《国语》独章。又有记录黄帝以来至春秋时帝王公侯卿大夫，号曰《世本》一十五篇。春秋之后，七国并争，秦并诸侯，

则有《战国策》三十三篇。汉兴，定天下，太中大夫陆贾，记录时功，作《楚汉春秋》九篇。孝武之世，太史令司马迁，采《左氏》、《国语》，删《世本》、《战国策》，据楚汉列国时事，上自黄帝，下讫获麟，① 作本纪世家列传书表，凡百三十篇，而十篇缺焉。迁之所记，从汉元（高祖）至武以绝，则其功也。② 至于采经摭传，分散百家之事，甚多疏略，不如其本。务欲以多闻广载为功，论议浅而不笃。其论学术，则崇黄老而薄五经；序货殖，则轻仁义而羞贫贱；道游侠，则贱守节而贵俗功。此其大敝伤道，所以遇极刑之咎也。然善述序事理，辩而不华，质而不野，文质相称，盖良史之材也。诚令迁依五经之法言，同圣人之是非，意亦庶几矣。夫百家之书，犹可法也，若《左氏》、《国语》、《世本》、《战国策》、《楚汉春秋》、《太史公书》，今之所以知古，后之所由观前，圣人之耳目也。司马迁叙帝王则曰本纪；公侯传国，则曰世家；卿士特起，则曰列传。又进项羽、陈涉而黜淮南、衡山，细意委曲，条例不经。若迁之著作，采获古今，贯穿经传，至广博也。一人之精，文重思烦，故其书刊落不尽，尚有盈辞，多不齐一。若序司马相如，举郡县，著其字；至萧、曹、陈平之属，及董仲

---

① 李贤注："武帝泰始二年，登陇首，获白麟，迁作《史记》，绝笔于此年也。"按武帝无泰始年号。冬十月祠五畤获一角兽，因以元狩纪年。《史记·自序》"至于麟止"，正如梁玉绳所谓"取《春秋》绝笔获麟之意"，盖"假设之辞耳"。史公作史，终于太初，而成于天汉；在未死以前，即征和之际，当仍在加笔，决非绝笔于获麟之年。彪误，李注尤误。此种显著谬误，而王先谦《集注》，未曾修正者何也。

② 此句之"则"字，从监本移于"绝"字之下。

舒并时之人，不记其字，或县而不郡者，盖不暇也。今此后篇，慎核其事，整齐其文，不为世家，唯纪传而已。传曰，杀史见极，平易正直，《春秋》之义也。①

按史公作史，实以继承《春秋》的"贬天子，退诸侯，讨大夫"自任，《自序》中乃以《春秋》统贯六经。班彪的重点则在左丘明之传，亦即在史之自身，而未尝重视在史的后面的意义；这由他的刘氏家天下的宿命论，是不难理解的。《史记·自序》，他当然看过，也当然会看得懂。"崇黄老而薄五经"，系指司马迁之父司马谈的《论六家要指》而言。至司马迁本人，则既未尝菲薄黄老，但尤推崇六艺，以六艺为考信的准绳，以《春秋》为著作的导引，这在《史记·自序》与全书中，没有一点含糊的。但班氏内心，既深不以史公援《春秋》贬天子之义为然，则对《史记·自序》中所述著书之动机、目的，与其所遵循的轨范，皆持否定的态度。但史公所张出的六艺之帜，特别是《春秋》之帜，是不能否定的，于是姑以其父司马谈的思想，栽在史公身上，借以贬低其学术上的地位，因而否定其"贬天子"的意义，借此以维系汉家皇室的用心，是可以想见的。所以《汉书》用《史记·自序》以为《司马迁传》时，干脆把"贬天子"三字删掉。同为五经，在立五经博士以前及立五经博士以后，精神面貌，为之一变。在未立五经博士以前的五经的精神，广博而生动；在立五经博士以后，五经之出于博士者，其精神自然狭隘而拘滞。未立五经博士以前，习

---

① 此二语之意义不明。

五经者"耕且读，三年而通一艺"，[①]他们多立足于社会。立五经博士以后，因"广励学官之路"，而习五经者皆托身于朝廷。史公所习者盖立五经博士以前之六艺，故能深入于社会生活之中，而可写出《货殖列传》；且认定是非不应仅操之于朝廷，故可写出《游侠列传》，而不认为与六艺有所矛盾。班氏所习者乃立五经博士以后之五经，故不知不觉地，将习五经者之生活，游离于社会之上，以货殖与五经之教不相容，故特加以贬抑。并以游侠为盗窃朝廷赏罚之权，抹煞士人在社会上之悲惨遭遇，不深原史公立传立言之意，遂妄责其"轻仁义而羞贫贱"，"贱守节而贵俗功"；并谓"此其大敝伤道，所以遇极刑之咎"；对史公所遇极刑，认为理所当然，略无同情之意，此乃立足于人类，与立足于一家一姓的思想上的冲突，遂影响其对史学乃至整个文化识解之高下。但班氏不了解或不承认史学乃圣人为探索人类运命，挽救人类运命的重要手段，依然承认史学为"圣人之耳目"，承认史公有"良史"之才，在否定其作史精神中，仍不得不承认其作史的业绩。故他仍续"前史"而为"后篇"。史公面对春秋战国之形势，不能不有世家。班氏面对汉代的形势，并不能不去世家。至《史记》中尚有"刊落不尽"之"盈辞"，乃来自"一人之精，文重思烦"，"盖不暇也"，这是深知甘苦之言，平情之论。他仅及纪传，而未及书表，未足以尽《史记》的规模，故班固所承《史记》的规模，实艰难之业。而他（班彪）自称他所续的史传是"慎核其事，整齐其文"，眼光虽狭，而下笔谨严，其不足者在思想而不在品格，所以范蔚宗推为"通儒上才，倾侧危乱之间，行不逾方，言不失正，

[①]《汉书·艺文志·六艺略》序。

仕不急进，贞不违人，敷文华以纬国，典守贱薄，而无闷容……何其守道恬淡之笃也"，[1]范氏此处是从人的品格上，推许班彪于班固之上，因为他认为"彪识皇命，固迷世纷"[2]的原故。

班固节取其父论史公之文，以为《汉书·司马迁传》赞，但亦有与其父不相同之见解。兹录如下，以便比较两人对史公识解之深浅，亦即对史学识解的深浅。

赞曰，自古书契之作而有史官，其载籍博矣。至孔氏纂之，上继（断）唐尧，下讫秦穆。唐虞以前，虽有遗文，其语不经，未言黄帝、颛顼之事，未可明也（按此为严守《尚书》之断限，不以史公述黄帝、颛顼为然）。及孔子因鲁史记而作《春秋》，而左丘明论辑其本事以为之传（按此处对班彪原文删改，使孔子之《春秋》与《左氏传》之关系，更为明白）。又纂异同为《国语》。又有《世本》，录黄帝以来至春秋时帝王公侯卿大夫祖世所出。春秋之后，七国并争，秦兼诸侯，有《战国策》。汉兴伐秦定天下，有《楚汉春秋》（按以上所删字句，不及原文之详密）。故司马迁据《左氏》、《国语》，采《世本》、《战国策》，述《楚汉春秋》，接其后事，迄于大汉（天汉），[3]其言秦汉详矣。至于采经撷传，分散数家之事，甚多疏略，或有抵梧（迕），亦其涉猎者广博，

---

[1]《后汉书》卷四十上《班彪列传论》。
[2] 同上传赞。
[3] 杨树达《汉书窥管》："树达按，大汉无义，当作天汉。天汉，武帝年号。司马贞《索隐序》云，太史公记事，上始轩辕，下讫天汉。并本此文为说。是唐人所见《汉书》并不误。裴骃《史记集解序》引此文作天汉，尤其明证矣。"

贯穿经传，驰骋古今，上下数千年间，斯以勤矣（按此段文字之增删，较其父对史公更有了解），又其是非颇谬于圣人，论大道（按以"大道"易原文之"学术"，较有分际），则先黄、老而后六经；序游侠，则退处士而进奸雄（按此处以"奸雄"易"俗功"，知固较其父恶游侠更甚）；述货殖，则崇势利而羞贫贱（按此句文字之修正，较彪文为有分际）；此其所蔽也（按此较彪之"此其大敝伤道，所以遇极刑之咎也"之责难，减轻甚多）。然自刘向、扬雄，博极群书，皆称迁有良史之才，服其善序事理，辨而不华，质而不俚，其文直，其事核，不虚美，不隐恶，故谓之实录（按此段称美迁之成就，其分量远过于彪文）。呜呼，以迁之博物洽闻，而不能以知自全；既陷极刑，幽而发愤，书（师古：言其《报任安书》）亦信矣。迹其所以自伤悼，《小雅·巷伯》之伦。夫唯大雅"既明且哲，能保其身"，难矣哉（按此段对史公之深厚同情，完全为彪文所无）。

两相比较，班固实以自己之观点，略采其父之文，则其不出"司徒掾彪曰"，亦自有故。由此可见班固用力之深，或且在其父班彪之上，未可轻加抹煞。

除思想上的问题外，还有班固所受政治上的压力，也不能不加以考虑。明帝已特别注意到史的重大作用，固因"有人上书显宗，责固私改作国史"，"诏下郡国收固"，若非班超的驰诣阙上书援救，他是否会在此时即死于狱中，很难断定。又班氏在《典引》中具述明帝以《史记·始皇帝本纪》赞所用贾谊《过秦论》为非。又谓史迁"以身陷刑戮之故，反微文刺讥，贬损当世，非谊士也"，这无异是对班固的一种暗示。所以班氏作史，精神上所受政治的压力是相当大的。我怀疑他把帝纪改为简单的编年，可能与此有关。而他与史公的异同，可能也应把此一因素加在里面。

四、《汉书》之成立历程

了解《汉书》成立的历程，为了解《汉书》在史学史上的分量的第一步。《后汉书》卷四十上：

> 彪既才高而好述作，遂专心史籍之间。武帝时，司马迁著《史记》，自太初以后，阙而不录。后好事者颇或缀集时事，然多鄙俗，不足以踵继其书。彪乃继承采前史遗事，傍贯异闻，作后传数十篇。

《史通·正史》篇"《史记》所书，年止汉武；其后刘向、向子歆，及诸好事者若冯商、卫衡、扬雄、史岑、梁审、肆仁、晋冯、段肃、金丹、冯衍、韦融、萧奋、刘恂等，相次撰续，迄于哀平间，犹名《史记》。至建武中，司徒掾班彪，作后传六十五篇"。按《汉书》武帝以前，取之《史记》，则《史记》入汉以后之所记，亦可视为《汉书》得以成立之第一历程。刘向等十五人所作，仍为班氏父子所资。刘向《新序》原三十卷，今存十卷；其第十卷皆述汉事，其中有引自《史记》的，有补《史记》所缺的。如"孝武皇帝时，大行王恢数言击匈奴"条，较《史记》为详备，班固即取其中王恢的议论以入《韩安国传》，即其一例。而根据《汉书》七十六《赵尹韩张两王传》赞，则刘向、冯商、扬雄们确曾继《史记》而作传，是毫无可疑的。此中尚漏列褚少孙。褚少孙除为史公补缺四篇外，亦有续史公之作，如《外戚世家》后及《滑稽列传》后之"褚先生曰"者皆是。凡在班彪以前所补所作的，皆可视为《汉书》得以成立的第二历程。班彪所续六十五篇，乃以一人为单位之篇，与《汉书》合数人为一篇者不同，此可视为《汉书》得以成立之第三历程。《后汉书》卷四十上《班彪列传》：

> 固字孟坚（生于建武八年，西纪三十二年；死于永元四年，西纪九十二年）。年九岁，能属文，诵诗。及长，遂博贯载籍，九流百家之言，无不穷究。所学无常师，不为章句，举大义而已。性宽和容众，不以才能高人，诸儒以此慕之。
>
> 父彪卒，归乡里。固以彪所续前史未详，乃潜精研思，欲就其业。既而有人上书显宗（明帝），告固私改作国史者，有诏下郡收固，系京兆狱，尽取其家书。先是扶风人苏朗，伪言图谶事，下狱死。固弟超，恐固为郡所核考，不能自明，乃驰诣阙上书，得召见，具言固所著述意，而郡亦上其书，显宗甚奇之，召诣校书部，除兰台令史（《汉官仪》：秩百石），与前睢阳令陈宗，长陵令尹敏，司隶从事孟异（冀），共成《世祖本纪》。迁为郎，典校秘书。固又撰功臣平林新市公孙述事，作列传载记二十八篇，奏之。帝乃复使终成前所著书……固自永平中始受诏，潜精积思，二十余年，至建初中乃成。当世甚重其书，学者莫不讽诵焉。

按彪死于建武三十年，固应为二十二岁。入明帝之永平元年（西五十八年），应为二十六岁。《史记》有纪、传、表、书、世家五种体裁，班彪并世家为传，尚有四种体裁。彪所续者仅传六十五篇，表、书皆缺，而应有之传亦不仅六十五篇，故固以为"未详"。因有人上书入狱，不知何年，但从"郡亦上其书"的话看，是他已写成了一部分。以意推之，固出狱至除兰台令史与陈宗等共修《世祖本纪》，"迁为郎"，当在永平二、三年间，时固年二十八岁左右。因他奏进"所作列传二十八篇"，"乃复使终成前所著书"，推定这是永平五、六年间的事情，时固年三十二、三岁。永平共有十八年（西纪五十八至七十五年）。如上面的推定可以成立，则他在受命明帝后，尚有十二、三年间，从事自己的著作。加上归扶风后的三四年，再加上章帝的建初共有八年（西纪七十六至八十三年），始写成全书初稿，这是《汉书》得以成立之第四历程，这是决定性的历程。所以范蔚宗说他"潜精积思，二十余年，至建初中乃成"。章帝在建初八年后，尚有元和三年（西纪八十四至八十六年），章和二年（西纪八十七至八十八年），皆固迁为郎之年，亦应即皆固继续从事著作之年。但建初四年（西纪七十九年）冬十一月会诸儒于白虎观，议五经异同，"作《白虎通德论》，令固撰集其事"。又"肃宗（章帝）雅好文章，固愈得幸，数入读书禁中，或连日继夜。每行巡狩，辄献上赋颂。朝廷有大议，使难问公卿，辩论于前"，再加上他作《两都赋》、《典引》等，都要花费相当的时间。但约略计算起来，他专心写成《汉书》的初稿，共费了"二十余年"，是没有错的。这一点所以值得叮咛提出，因为对《汉书》的评价是重要的。由此可知郑樵谓"往往出固之胸中者《古今人表》耳"之妄。

和帝永元元年（西纪八十九年），窦宪出征匈奴，以固为中护军，行中郎将事，固作《封燕然山铭颂》。永元四年（西纪九十二年），窦宪伏诛，固坐免官。因"诸子多不遵法度，吏人苦之。"固奴又曾辱骂洛阳令。洛阳令因窦宪败，捕固下狱，竟死狱中，时年六十一岁。所以在和帝永元的四年间，固未能从事著作。《后汉书》卷八十四《列女传》：

> 扶风曹世叔妻者，同郡班彪之女也，名昭……博学高才。世叔早卒，有节行法度。兄固著《汉书》，其八表及《天文志》，未及竟而卒。和帝诏昭就东观藏书阁，踵而成之……时《汉书》初出，多未能通者。同郡马融伏于阁下，从昭受读。后又诏融兄（按当为弟）续继昭成之。

八表及《天文志》，班固当已着手，特有待补苴，故须班昭、马续的踵成，这是《汉书》得有今日面貌的第五历程。由《汉书》成书的历程，可以了解著史的艰难，及《汉书》内容的结实。

五、《史》、《汉》比较之一——纪

体例上，除班彪去世家外，《汉书》可谓一承《史记》的规模，①无可比较。内容上，则凡"接其后事"的，亦无可比较。兹仅从纪、表、志、传，袭用《史记》的部分着手。

班氏著书，意在尊汉，则首须尊刘邦。但《史记》的《高祖本纪》，既尽量采录刘邦的长处，而将其短处，以微言方式，散见

---

① 《史通》卷一《六家》："寻其（《汉书》）创造，皆准子长。但不为世家，改书曰志而已。"

于他传，且流布已久，班氏无从改写，只好在相关材料的编排取舍上，着实加了一番用心。班氏把《史记》八千字左右的《项羽本纪》省为六千四百余字，以为《项羽传》，省去的部分，多有政治深意。项梁由范增之策，立楚怀王孙心为怀王后，即对项羽加以防嫌，为项羽使英布杀怀王的张本。所以此事本无是非可论的。但刘邦既假"为义帝发丧"之名以攻项羽，则对怀王防嫌项羽的情形，应尽可能地以掩覆。所以《项羽本纪》中"楚兵已破于定陶，怀王恐，从盱台之彭城，并项羽、吕臣军自将之"一段文字，班氏将其完全省去。项羽、刘邦鸿门之会，刘邦的死生，全系于项羽之一念；而项羽之一念，受影响于当时参与人物的心态与各个动作，此真历史发展中最紧张最微妙的一天，所以史公作了集中的详细描述。班氏为了减低项羽的声势，除在《项羽传》中删去《项羽本纪》中若干突出的文字及委曲的情形外，将此段材料，简单节入《樊哙传》中，将"项王即日因留沛公与饮"的座次一段，完全删掉。因为在这一座次中，以"项王、项伯东向坐"为最尊，"亚父南向坐"次之；"沛公北向坐"，乃屈居人臣北面之位，在班氏看来，这是很不光彩的，所以非加以隐瞒不可。垓下之战，虽从全般战略上看，项羽已在大包围圈中，有必败之势，但决胜的前夕，依然是"汉王败固陵"。这说明刘邦临阵指挥的能力是有限的。垓下决战的胜利，主要是靠"多多益善"的韩信。《史记·高祖本纪》的记载是"五年，高祖（应作"汉王"）与诸侯兵共击楚军，与项羽决胜垓下。淮阴侯将三十万自当之，孔将军居左，费将军居右，皇帝（汉王）在后，绛侯柴将军在皇帝（汉王）后。项羽之卒约可十万。淮阴先合，不利，却，孔将军、费将军纵，楚兵不利；淮阴侯复乘之，大败垓下"。按项羽用兵的个性及

《史》、《汉》比较研究之一例　　　　　　　　　　　　　　　441

在敌众我寡的形势下，他采用的是中央突破战术。韩信估计到这一点，不仅在正面部署了三重兵力，使项羽的突破不易奏功；并应用诱敌入彀的方法，一举而收包围歼灭的效果。"淮阴先合，不利，却"，他把直接指挥的部队，首先出动合战，使项羽知道了这是敌方主力的出动，便大胆地向他突击。他的"不利，却"，是有计划的"不利，却"，不是真正的"不利，却"；他既退却，项羽的军队必乘势突进；但他退却到预定的位置，又能立稳阵势，不再退却；而项羽军的左右两侧，暴露在孔、费两将军部队之下，陷入了三面包围之中，所以孔、费两将军此时才纵兵出击，韩信再由正面反攻，楚军遂受到歼灭性的打击。韩信的部署，固然是世界战史中可称为典型的包围歼灭战的部署；但项羽也是不世出的名将，岂能容易陷入包围圈套之中；所以韩信不能不使出先攻伪败，以诱敌进入圈套的险着。其关键全在由伪败的退却中，依然能再站住阵脚以阻敌前进，这非有极大的指挥能力与极高的威望，是做不到的。韩信在伐赵的井陉之战中，借"背水"之势，也显出了这种本领。我们只要想到赤壁、淝水这类的战役，前军一经动摇，大军即随之崩溃的情形，便可以了解这是战场上的险着。垓下决战的胜利，完全是靠韩信这种伟大军事家的部署及指挥之力。但班固觉得这样的实录，更增加了韩信在刘邦事业中的有决定性的地位；而韩的被掳被诛，更足以显出汉家的不德，所以便在《高帝纪》中，完全删去。

《史记·高祖本纪》末在"群臣皆曰，高祖（《汉书》将高祖改为'帝'，较合理）起微细，拨乱世反之正，平定天下，为汉太祖，功最高，上尊号为高皇帝"后，有下面一段：

太子袭号为皇帝，孝惠帝也。令郡国诸侯各立高祖庙，以岁时祀。及孝惠五年，思高祖之悲乐沛，以沛宫为高祖原庙。高祖所教歌儿百二十人，皆令为吹乐。后有缺，辄补之。高帝八男（历叙八男）……次燕王建。

共一百四十字，班《纪》皆删去。按史公未立惠帝本纪，太子袭号为皇帝，"孝惠帝也"一语为不可无。班氏立有《惠帝纪》，故此语可略。"高帝八男"中，《史记》仅为齐悼惠王肥立世家，为淮南王长立传，则此总叙高帝八男，有其必要。《汉书》有《高五王传》，以"高皇帝八男"一段为传首，又"淮南厉王长自有传"，则加上惠帝、文帝，八男皆有着落，故在帝纪中"高帝八男"一段可删。"令郡国诸侯各立高祖庙……高祖所教歌儿……"一段共五十四字，史公叙在此处，乃与前面"十二年十月，高祖已击布（黥布）军会甄……高祖还过沛，留置酒沛宫"一大段相呼应。高祖在沛教歌儿百二十人，史公以为在礼乐的基本观点上不足述，但可以表现刘邦的个性，故有此呼应之笔。站在文章的立场看，有此一叙述，则结构完整而又富有风致。班氏则将此段移于《礼乐志》中，并将字句加以简化；因为他以此为汉代礼乐的一部分，便采用了各归其类的方法。由此可知两氏对文字安排的异同，皆苦心经营，不是苟且随意的。在这种地方，不应以优劣论。

《史记·高祖本纪》赞："太史公曰，夏之政忠，忠之敝，小人以野，故殷人承之以敬。敬之敝，小人以鬼，故周人承之以文。文之敝，小人以僿，故救僿莫若以忠。三王之道，若循环，终而复始。周秦之间，可谓文敝矣。秦政不改，反酷刑法，岂不谬乎。故汉兴，承敝易变，使人（民）不倦，得天统矣。"史公此文，用邹衍文质相救之说，①而其真正用意乃在"秦政不改，反酷刑法，岂不谬乎"三语。"汉兴承敝易变，使民不倦"，《史记正义》谓史公"引《礼》文②为此赞者，美高祖能变易秦敝，使百姓安宁"。但萧何律令，一承秦刑法之酷，班氏因此而作有《刑法志》；所以史公此处的话，乃是以微言作讽刺，班氏是会了解的。质言之，史公对刘邦，实一无赞颂，所以史公此处所表现的思想，即反秦反法的思想，为当时儒者的共同思想，班氏亦不曾例外。但他要尊汉，便更要尊汉的一世祖刘邦，于是他仅保留史公的"得天统矣"一句，此外便完全割弃，重新着笔。而"天统"的内容，史公与班氏绝不相同，这是很容易明了的。

《汉书·高帝纪》在"上尊号曰高皇帝"后，添写了这样的一段："初高祖不修文学，而性明达。好谋能听。自监门戍卒，见之如旧。初顺民心，作三章之约（按此乃临时性的）。天下既定，命萧何次律令，韩信申军法，张苍定章程，叔孙通制礼仪，陆贾造《新语》。又与功臣剖符作誓，丹书铁契，金匮石室，藏之宗庙。虽日不暇给，规模弘远矣。"这一段是从好的方面将刘邦的一生，加以总结，应当即是《高帝纪》的赞。但班氏以此为未足，更写了附会《春秋左氏传》，以证明"汉承尧运，德祚已盛；断蛇著符，旗帜上赤，协于火德，自然之应，得天统矣"的共二百三十五字的"赞曰"，这样便觉得汉德可以与二帝三王比隆了。按《后汉书》

---

① 见《汉书》六十四下《严安传》。
② 《礼记·表记》有"子曰，夏道尊命事鬼……殷人尊神率民以事神……周人尊礼尚施事鬼……"一段；又有"子曰，虞夏之质，殷周之文，至矣……"数语，与邹衍之言相似而实不同，邹衍或由此演变而出。邹氏之说，至唐已晦，故《正义》以为史公系引《礼》文。

二十七《杜林列传》："明年（建武七年）大议郊祀制，多以为周郊后稷，汉当祀尧。诏复下公卿议，议者佥同，帝（光武）亦然之。林（杜林）独以为周室之兴，祚由后稷。汉业特起，功不缘尧。祖宗故事，所宜因循。定从林议。""汉家尧后"之说，始见于昭帝元凤三年《眭弘传》。眭弘之为此言，重在汉"有传国之运"，主张应"求索贤人，禅（禅）以帝位"，眭弘卒以此伏诛。[①]后来刘向父子，站在宗室的立场，加以宣扬；贾逵为争《左氏》立官，亦加以利用。汉室若果信此说，则对尧应特有表彰。由杜林之言，则汉室亦未尝信其为真实，而班氏遽以此书之史册，这是承其父《王命论》的余绪，特出于尊汉之心的。

史公不为惠帝立本纪，因为他即位后不久，吕后"断戚夫人手足，去眼煇耳，饮瘖药，使居厕中，命曰人彘"，并还要惠帝去看，"乃大哭，因病，岁余不能起，使人请太后曰，此非人所为。臣为太后子，终不能治天下"。惠帝挂名帝号，七年死后，"太子即位为帝，谒高庙。元年，号令一出太后，太后称制"。四年"帝废位，太后幽杀之"，更"立常山王义为帝"，"不称元年者，以太后制天下事也"。所以史公只立《吕后本纪》。而在《吕后本纪》中，主要叙述吕后的凶暴行为，及刘、吕的斗争；对于这一共十五年的政治设施，除简略地叙述了"城长安"一事以外，几无所论及。"太史公曰，孝惠皇帝、高后之时，黎民得离战争之苦，君臣俱欲休息乎无为，故惠帝垂拱，高后女主称制，政不出房户，天下晏然，刑罚罕用，罪人是希，民务稼穑，衣食滋殖。"这是对

---

① 见《汉书》七十五《眭弘传》。

朝廷无政治而天下依然安定的一种解释。盖在史公心目中，此一阶段，实无政治可言。

班氏采《史记·外戚世家》写得很沉痛深刻的叙论以作《汉书·外戚传》的叙论，是他对汉初外戚之祸的看法，与史公相同。他为惠帝、高后各立纪，将吕后的恶德录入《外戚传》中，于是吕后一人，既有纪而又有传。对戚夫人之死，增加了"令永巷囚戚夫人……戚夫人舂且歌曰……"的一段材料，使此事的经过，更为完备，可知他并不想为吕后隐瞒什么。他之所以在两纪中改用提纲挈领的编年体，不惜将惠帝及吕后个人的行为架空，并以此成为他自己所编帝纪的成法；但不愿放过吕后，所以又在《外戚传》中重出。大概他认为由此而可保持帝统的面子，以符合尊汉的用心，且借此可以减少他在帝纪叙述中所冒的危险。他在《惠帝纪》赞中称惠帝"可谓宽仁之主。遭吕太后亏损至德，悲夫"，由惠帝的居心以承认他存在的意义，可谓平允。而《高后纪》即用史公之赞以为赞，盖不以此段天下安定之功与吕氏，和史公之用心是相同的。

班氏在惠、吕两纪中，补录了若干有意义的政治设施。如惠帝即位，重吏禄的诏。四年举民孝弟力田者复其身；除挟书律。《高后纪》元年，除三族罪，妖言令，初置孝弟力田，二千石者一人（言令各举一人）等，足以补《史记》之缺，这是较《史记》为完备的地方。

对文帝的观点，班氏与史公相同，所以《汉书·文帝纪》的赞，虽然没有用《史记·孝文本纪》"太史公曰"的赞，但即截取《本纪》在"后七年六月己亥帝崩于未央宫"前面一段总结性的叙述，以作帝纪的赞，仅在后面加"断狱数百，几至刑措，呜呼仁哉"三句作结。但这依然是来自"太史公曰"收尾的"呜呼，岂不仁哉"的。不过《汉书》的《文帝纪》，虽然大部分袭用《史记》，但依然加了一番增删移易的工夫。并且我怀疑《史记》的《文帝本纪》，可能也有残缺，计有四年、五年、七年、八年、九年、十年、十一年、十二年，及后三年、四年、五年，共十一年，皆缺而不书，亦未如《吕后本纪》书明"三年无事"。这是有点奇怪的。虽然《汉书·文帝纪》，在这几年中，除十二年有较详记录外，余亦皆非常简略，例如九年仅"春大旱"三字，可视为因为当时太平无事，史公乃援"《春秋》常事不书"之例，特别略过，究竟未免略得太多了。《史记》文帝元年"人或说右丞相（勃）曰，君本诛诸吕，迎代王，今又矜其功，受上赏，处尊位，祸且及身。右丞相勃乃谢病免罢"，《汉书》移置《周勃传》。六年，《史记》以一百三十一字记淮南王长以谋反迁蜀道死事，《汉书》则仅书"十一月淮南王长谋反废迁蜀严，道死雍"十六字。此外则移置到《淮南传》。其他尚有《史记》详而《汉书》略的，但他作了"语在《郊祀志》"，"语在《刑法志》"，"语在《晁错传》"的交代。有未作此交代而亦系移到他处的，如元年十二月"上曰，法者治之正也"一段议论，移到《刑法志》。凡此，可以看出他删改《史记》本纪的体裁，以就他所创立的帝纪体裁的实例。但有两点值得特别提出的。一是史公对于除引起当时政治措施的灾异外，皆不加纪录，而《汉书》自《惠帝纪》起，对灾异无不加以补录；这是受了董仲舒、刘向们思想影响的关系。其次，记匈奴之事，《史记》详而《汉书》略，这说明匈奴问题在政治上的比重，在史公时代远较班氏时代为重。诏令方面，《汉书》较《史记》有所补充，这是来自著书的着眼点稍有不同，应以《汉书》为优。在字句的增减上,《汉书》后出,应当因有所凭借而更密,但事实上并非如此。元年正月,《史记》"有司皆固请曰,古者殷周有国,治安皆千余岁",《汉书》易"皆千余岁"为"皆且千岁",当然以《汉书》之义为长。《史记》"三月,有司请立皇后,薄太后曰,诸侯皆同姓。立太子母为皇后。皇后姓窦氏"。顾炎武谓:"文帝前后死,窦氏妾也。诸侯皆同姓,无甥舅之国可娶,故援母以子贵之义,立窦氏为后。开景帝、武帝立贱者为后之端,故史公记之如此。"《汉书》则简化为"皇太后曰,立太子母窦氏为皇后",而其中的委曲情形不可复见。《史记》"上从代来,初即位,施德惠天下,填抚诸侯,四夷皆洽欢,乃循从代来功臣",《汉书》既去"上从代来初即位"一语,又将"乃循从代来功臣"一语,简为"乃循代来功臣",意义因之不明。《汉书》常有意义不明,而后人曲为之解之句,皆由求简太过而来。十四年,《史记》文帝欲自将击匈奴,因"皇太后固要帝,帝乃止。于是以东阳侯张相如为大将军,成侯赤为内史(《正义》:赤音赫),栾布为将军"。《汉书》将"成侯赤为内史",改为"建成侯董赫内史、栾布皆为将军";董赫本封成侯而非建成侯,其误一。据《公卿表》,董赫此年为内史而未为将军。《汉书》则以为由内史而与栾布同时调为将军,故用一"皆"字,其误二。盖班氏不了解当时形势,匈奴一入边,京畿即为之震动,故文帝以成侯赫为内史,乃所以加强京畿之拱卫,与命将为同时,且亦为同一目的,致有此误。两书相较,类此者尚多。至于记后元年,《史记》"其岁,新垣平事觉,夷三族",《汉书》"冬十月,新垣平诈觉谋反,夷三族"。将"其岁"改为"冬十月",这在时间上较《史记》为密。《史记》称"其事觉",不言"诈"而"诈"自见。《汉书》易为"诈觉",此种异同无关宏旨。

惟《汉书》添"谋反"两字，新垣平一介江湖术士，如何有谋反的可能？文帝以自己受骗，故"夷三族"以泄愤；班氏则轻轻加上"谋反"两字，以见夷三族为理所当然。这种随意捏造罪名的记载，有伤历史的良心，此乃出于班氏尊汉之心太过。

我在《论〈史记〉》一文中指出《孝景本纪》虽因逢武帝之怒而被破弃，现《本纪》乃迁后不知何人所补，但开始一段及赞的"太史公曰"，补者仍存史公之旧。《史记》开始的一段是"孝景皇帝者，孝文之中子也。母窦太后。孝文在代时，前后有三男。及窦太后得幸，前后死，及三子更死，故孝景得立"。在史公这段叙述中，实以"立嫡立长"的传统观念为背景，以见孝景之所以得立，实经过了一段曲折的情形；窦得幸而前后死，三子亦更死，其中是否含有宫闱惨剧在里面，史公未曾明言，后人自亦不必臆测；但这种叙述，对于景帝的尊严，多少有点损害。所以《汉书·景帝纪》便简化为"孝景皇帝，文帝太子也，母曰窦皇后"，这便把史公所叙的曲折一下子掩覆过去了。《史记》称"母窦太后"，既是景帝之母，当然应称太后。《汉书》"母曰窦皇后"，"皇后"是站在文帝立场的称呼；既曰"母"，则已站在景帝的立场，如何可以称"皇后"。一字之差，两人文字的疏密立见；此例极多。

《史记·孝景本纪》的全文不可见，但由保存下来的赞，与《汉书·景帝纪》的赞，两相比较，史公与班氏两人对景帝的观点，并不相同；但班氏下笔是相当有技巧的。兹分录于下：

太史公曰，汉兴，孝文施大德，天下怀安。至孝景，不复忧异姓。而晁错刻削诸侯，遂使七国俱起，合从西乡

（向）。以诸侯太盛，而错为之不以渐也。及主父偃言之，而诸侯以弱，卒以安，安危之机，岂不以谋哉。

史公首先承认景帝时代是社会比较太平安定的时代，但他把功劳归之文帝而不愿归之景帝。其次，他以七国之变，为景帝时代政治上的大事。晁错为之不以渐，未能善其谋，责晁错，实以责景帝。《汉书·景帝纪》赞：

> 赞曰，孔子称斯民三代之所以直道而行也，信哉。周秦之敝，罔密文峻，而奸轨不胜。汉兴，扫除烦苛，与民休息。至于孝文，加之以恭俭。孝景遵业。五六十载之间，至于移风易俗，黎民醇厚。周云成康，汉言文景，美哉。

班氏对景帝的称颂，也止用"遵业"两字，则他仍未跳出史公所作批评的范围。但他不提七国之变，即是不打景帝的痛脚，而转一个弯，把汉的文、景，比之周的成、康，这便把景帝的地位提得很高了。

《史记》的《今上本纪》[①]虽不存，但把《平准书》、《封禅书》、《魏其武安侯列传》、《卫将军骠骑列传》、《酷吏列传》等综合起来，汉武的人格智慧、文德武功的真面目，可以说，都已经勾划出来了。宣帝因其祖父戾太子的叛变，而已降为平民，赖霍光弄权专制的野心，得以跻身九五。于是他认为自己是由戾太子以上承武帝，极力加以推尊，以填补内心的虚弱。即位之初，即诏丞相御

[①] 现《史记·孝武本纪》的名称，依《自序》，应称《今上本纪》。

史，称颂武帝功德，欲为他立庙乐。长信少府夏侯胜当庭数武帝罪过，"亡德泽于民，不宜为立庙乐"，"诏书不可用"，胜因此下狱。[①]然胜之言，乃当时对武帝的公论。贡禹在元帝初的奏议，更明白指出武帝乃汉室由盛转衰的关键。[②]这些义正辞严的议论，既皆为班氏所录，在《酷吏传》中，他亦未为武帝加隐瞒，武帝的罪过，他岂有不知之理。但他居然以夏侯胜认为"不可用"的诏书，为《武帝纪》赞的底本，而更加以夸饰，谓"汉承百王之弊，高祖拨乱反正，文景务在养民；至于稽古礼文之事，犹多缺焉。"于是把武帝所演的"假戏"，通过班氏的口而"真唱"出来，认为"后嗣得遵洪业，而有三代之风"。最后仅用"如武帝之雄才大略，不改文景之恭俭，以济斯民，虽《诗》、《书》所称，何有加焉"的委曲之笔，略示美中的不足，实际则是把武帝的地位，推在文、景之上，遂造成后人对武帝的错误印象。在雄才大略上，将汉武与"秦皇"并称，这不仅是由尊汉太过，以致汩没了历史的真实，且对儒家政治是为了人民，统治者的功罪，应由人民的遭遇来决定的大传统，班氏父子在这种地方，似乎没有深切地把握到。《武纪》以下，无可比较，但可由此类推。

六、《史》、《汉》比较之二——表

《史记》有十表，《汉书》有八表。《史记》中《秦楚之际月表》以前的一《世表》、两《年表》及《秦楚之际月表》，因与汉无关，

---

① 见《汉书》七十五《夏侯胜传》。
② 见《汉书》七十二《贡禹传》。

《史》、《汉》比较研究之一例　　　　　　　　　　　　　　　　　　*451*

故皆为《汉书》所无。其他各表的异同及有无,是值得作比较研究的。《汉书》之《异姓诸侯王表》,起自"西楚霸王项籍始为天下主,命立十八王",以此为"汉元年";此实截取《史记·秦楚之际月表》"义帝元年"以后之表,下接《史记·汉兴以来诸侯王年表》中之异姓王表。《史记》合异姓同姓诸侯王为一表,下讫武帝太初四年(太初仅四年);即史公著书大体断限之年。① 班氏分同姓另为《诸侯王表》,而异姓诸侯王,"讫于孝文,异姓尽矣",② 所以此表即讫于文帝之世。项羽所封十八王③与刘邦所封异姓八王,④ 性质完全不同,而班氏合为一表,盖欲以《秦楚之际月表》的一部分,表示秦亡楚兴,及楚汉兴亡的演进。然项氏封十八诸侯王以前的情形不明,仍不足以表现历史转变的关键。故为班氏计,实应留《秦楚之际月表》以清理历史眉目。《史记·汉兴以来诸侯王年表》,以刘邦即帝位之年(西纪前二〇二年)为"高祖元年",这是符合历史事实的。因为在这以前,还有义帝及项羽,刘邦还是项羽所封的汉王。《汉书·异姓诸侯王表》,却以《史记·秦楚之际月表》中的"义帝元年"(西纪前二〇六年)为"汉元年",这即是出自以汉室为中心的对历史真实的埋没。《汉书》将异姓、同姓的诸侯王,分为两表,在形式上,似乎较《史记》合异姓同

---

① 史公著书,至太初而讫,自未可疑。然太初四年后即天汉元年。列传中出有天汉时事,亦情理之常。故此处称"大体断限之年"。
②《汉书》卷十三《异姓诸侯王表》序。
③ 计项羽西楚霸王、吴芮衡山王、共敖临江王、英布九江王、张耳赵王、赵歇代王、田都齐王、田安济北王、田市胶东王、章邯雍王、司马欣塞王、董翳翟王、臧荼燕王、韩广辽东王、魏豹魏王、司马卬殷王、韩成韩王、申阳河南王。
④ 韩信齐王徙为楚王、英布淮南王、卢绾燕王、张耳赵王、彭越梁王、韩王信代王、共敖临江王、吴芮长沙王。

姓诸侯王为一表，条理更清楚。但史公所以合为一表，在借此以表现汉初政治的形势三变，通过诸侯王的封废所运用的策略亦三变；由此可以把握到汉初政治形势的大纲维。由楚汉对立的形势而封异姓，由天下已统一的形势而杀戮异姓，代之以同姓。至文帝时，由要求中央集权的形势而开始削除同姓，终之以主父偃的"众建诸侯"之策，这都是一连贯的发展。表叙的"太史公曰"，即完全发挥这种意思。适应了此一形势，即引生出另一形势；解决了此一问题，即引生出另一问题，所以结之以"形势虽强，要之以仁义为本"，以点出政治上应采用的根本原则。班固把它分为二表，便使上述意义完全消失了，而成为单纯的年月、人物、官爵的序列。这是《史记》的表，与《汉书》及以后正史中的表，最大的分别。《汉书·异姓诸侯王表》，撮取《史记·秦楚之际月表》序及贾谊《过秦论》以为序，则其意重在项羽所封的十八王，所以说"故据汉受命，谱十八王，月而列之。天下一统，乃以年数"。据此文，一若十八王为汉所封，反而把汉封异姓八王，为刘邦战胜项羽的重大因素的意义抹煞了。抹煞异姓王的开国之功，这是班固为了尊汉的一贯态度，后面还要提到。

班氏析《史记·汉兴以来诸侯王年表》中的同姓诸侯王以为《汉书》的《诸侯王表》，并撮取敷衍补益史公的叙以为叙，而精神全异。史公认为周之封建是为了"褒有德"，"尊勤劳"，"以辅卫王室"。班氏则仅强调"辅卫王室"的这一点。史公未尝言及封建的功效，而仅言及封建的弊害，[①]而班氏特夸张其功效，将西

[①] 史公序，谓"汉定百年之间，亲属益疏，诸侯或骄奢，忕（习）邪臣计谋为淫乱"，此系封建流弊之概述。

汉之亡，归咎于"王莽知中外殚微，①本末俱弱。"盖史公对政治的得失兴亡，"要之以仁义为本"。而对朝代的更替，并无迫切之情。班氏既深情于汉室之兴亡；又仅由"中外殚微，本末俱弱"，以论兴亡的教训；殊不知正因由封建而来的局面不能维持，始发展成为后来有名无实的局面。若封建的形势继续维持，而仁义不施，汉不亡于外戚，亦将亡于另一种情形之下。这种地方，正因班氏著史之立足点低于史公，故其政治上的见识，亦不能不低于史公。

汉武帝听主父偃之计，于元朔二年，下诏使诸侯王得推恩分封子弟以国邑，于是由文帝时代起，所感到同姓诸侯王对朝廷的威胁，至此得完全解决；中央集权的要求，至此亦已完成。史公在《汉兴以来诸侯王年表》叙中，叙述其经过，认为这是"强本干、弱枝叶之势"。由此政策所封的诸侯，则列为《建元以来王子侯者年表》，次于《建元以来侯者年表》之后，这是按其时序以决定其次序。《汉书》则称为《王子侯表》，次于《诸侯王表》之后，则是由问题之归趋所决定的次序。《汉书》将此表分为上下，表下乃列平帝元始间（西纪一至五年）王莽"伪褒宗室侯及王之孙"所封的侯，其性质与武帝为削弱诸侯王所封的王子侯，并不相同。可视为《王子侯年表》的副表。

《汉书》将《史记》的《高祖功臣侯者年表》及《惠景间侯者年表》中的惠、文部分，合为《高惠高后文功臣表》，略采史公《高祖功臣侯者年表》之叙以为叙。但史公之叙，意在发明"居今

---

① "中"指"国统三绝"，师古"谓成、哀、平皆早崩，又无继嗣"。"外"指诸侯王"势与富室无异"。

之世，志古之道，[①]所以自镜也"的历史教训，而不在这些诸侯坐法陨命亡国的自身。站在史公的立场，这种事，在政治上是无关重要的。他说"观所以得尊宠及所以废辱，亦当世得失之林也"，即是隐约点明这种意思。班氏则引杜业之"纳说"，意在"乐继绝世"，"安立亡国"，不问其所以"废辱"的原因，而要求把他们先世的"尊宠"，永远继续下去。这也是两人政治观点异同之所在。

《汉书·景武昭宣元成功臣表》，系截取《史记·惠景间侯者年表》的景帝部分，加上《史记·建元以来侯者年表》，更附益以昭、宣、元、成时代封侯之功臣为表。按《史记·惠景间侯者年表》，实包含文帝所封之侯。据叙，此期间所封之九十余侯，共包括六类：（一）"追修高祖时遗功臣"（二）"及从代来"（从文帝由代王来长安即帝位的人）（三）"吴楚之劳"（讨伐吴楚七国有功者）（四）诸侯子弟（此与武帝时推恩封诸侯王之子弟不同）（五）"若肺腑"（外戚）（六）"外国归义封者"。《建元以来侯者年表》，则以"北讨强胡，南诛劲越，将卒以次封"为主，而附之以"若肺腑"及"外国归义者"。史公年表，不仅谨守年次先后，且各表分合之故，皆所以表现各表所代表时代政治特色与重点。班氏的分合，则把此种意义隐没了。

《汉书》特将因外戚及恩泽而封侯者立《外戚恩泽侯表》，此中之侯，史公皆按封侯年代，列入各年表之中，班氏特检而出之，以与功臣侯者相对照，应有其意义。惟史公仅对高祖所封者称功臣；惠、景以下，则不称功臣。因高祖封侯之时，虽意有爱憎偏袒，要

[①] 按此所谓"志古之道"，指上文古之诸侯，所以能守国长久，以其能"笃于仁义奉上法"而言。

皆以打天下有功可纪者为据。此后则并未遵守此种客观标准，故不冠以"功臣"的名称。乃班氏则概冠以"功臣"之称，其中名实不相称者甚多。且因封侯之性质而分类，其分类恐亦不止此。

然班氏所以"别而叙之"，特立此表之用心，意存贬刺，是值得称道的。表序首称"自古受命及中兴之君，必兴灭继绝，修废举逸"，所以"武王克殷，追存贤圣"。及高祖"庶事草创，日不暇给，然犹修祀六国，求聘四皓"等情形，以与因外戚及出于恩泽而封侯者相对照，则其为政治上的最大失德之意，不直言而自明。此盖亦班氏应用微言之一例。

《史记·汉兴以来将相名臣年表》，亡失叙论，且孝昭始元元年以后，显为他人所补。但此表与诸侯王及侯者诸表的性质大不相同，史公赋与以特别的意义。诸侯王及侯，及爵而非职，仅表示政治上的地位，不表示政治上的责任。所以他们之封废，虽亦为政治人事的重要举措，但与一般政治的措施，并无直接关系；因此，这类的表，省纪录之烦的意味较重。《汉兴以来将相名臣年表》，凡分五栏：一"纪年"，二"大事年记"，三"相位"，四"将位"，五"御史大夫"；相、将、御史大夫，理论上是政治操作的中心，是政治得失的关键所在，所以史公便加上"大事年记"一栏，与相、将、御史大夫的任、免、死，合列在一起，由此可以总摄政治的纲维、得失，使览者得以提要钩玄，对历史较易作集中的把握、判断，这是史公立此表的主要用心。所以《自序》说"国有贤相良将，民之师表也。维见汉兴以来将相名臣年表（按'年表'两字疑衍），贤者记其治，不贤者彰其事，作《汉兴以来将相名臣年表》"。《汉书》略去此表，所以清万斯同特补《汉将相大臣表》，已失史公本意。但亦可谓班氏将此表加以扩充，扩充而

456　　　　　　　　　　　　　　　　　　　　两汉思想史（三）

为《百官公卿表》。表序历述设官分职的历史及汉代宰相以下各官的职守、员额，由此而推演为司马彪《续汉书》八志中的《百官志》，使形成政治结构的官制，得有系统有条理地记录于历史之中，此乃补史公之所未及，其意义之重大，固不待言。

《汉书》八表中，受后人批评最多的是《古今人表》。刘知几认为：

> 异哉班氏之《人表》也！区别九品，网罗千载，论世则异时，语姓则他族。自可方以类聚，物以群分，使善恶相从，先后为次，何藉而为表乎。且其书上自庖牺，下穷嬴氏，不言汉事，而编入《汉书》……何断而为限乎？（《史通》卷三《表历》）

按刘氏之意可分两点：第一点他认为应使"善恶相从，先后为次"，不应把"异时"、"他族"的善人恶人，统列在一个表里面。刘氏在写此篇时，对表的作用，尚未明了，所以责史公之表为"成其烦费"，"语其无用，可胜道哉"。他对《人表》的第一点批评，系由此而来。到他写《杂说上》时，了解到表的作用，便应当反过来，承认异时、他族及善恶等统一列于一表之内，以便提挈比较，"此其所以为长也"。第二点是认为表内皆汉以前的人物，其中"不言汉事"，为破坏了《汉书》之"汉"的时代"断限"。我在前面已经指出过，班氏的用意，只在"以缀续前记"，[①]并推尊汉室。断

---

① 按"前记"指《史记》。班氏称《史记》只称"史"或"前记"。此乃《高惠高后孝文功臣表叙》中语。

限的观念，是后人所加上，而为刘知几所提倡的，班氏自己根本没有此一观念。所以凡属这类的批评，对班氏皆无所当。至表内未入汉代人物，颜师古注以为"但次古人而不表今人者，其书未毕故也"。《补注》引钱大昕曰："今人不可表，表古人以为今人之鉴，俾知贵贱止乎一时，贤否著乎万世。失德者虽贵必黜，修善者虽贱犹荣。后有作者，继此而表之，虽百世可知也……颜盖未喻班旨。"又引梁玉绳曰："若表今人，则高祖诸帝，悉在优劣之中，非班所敢出也。"梁氏《人表考序》又引钱宫詹（大昕）之言谓："此表用章儒学，有功名教。观其尊仲尼于上圣，颜、闵、思、孟于大贤，弟子居上等者三十余人，而老、墨、庄、列诸家，咸置中等。书首祖述夫子之言，《论语》中人物，悉见于表，而他书则有去取。详列孔氏谱系，俨以统绪属之。孟坚具此特识，故卓然为史家之宗。"恽子居《〈古今人表〉书后》，[①]特举例以发明"次古人即以表今人"之意。此皆可谓能见其大。班氏著书，虽意在尊汉，然《春秋》"贬天子，退诸侯，讨大夫"[②]之大义，固未敢全忘。诚如恽子居所说，班氏把"身无事功，而为弑被弑被灭者，列之第九等之愚人；而有事功者列之第八等，所以著哀、平、王莽之罪也"。"齐桓公列第五等，秦始皇列第六等，而高祖、武帝，可推而知。"按在此表以上之诸表，皆仅列人之姓名爵位官守，未作价值判断。然人的历史，必由人、事，及价值判断所构成，否则成为一种混沌的世界，历史亦无由继续，亦无由叙述。《古今人表》所分之品第是否得当，乃一问题，然其屏除爵位权势于价值

---

① 见《大云山房文稿》初集卷二。
② 《史记·太史公自序》史公引董仲舒语。

判断之外，一以人格、学术、事功为标准，以见人的地位、尊严，在此不在彼。此则犹承《春秋》、《史记》之统绪，以标示人类行为的大方向大趋归，诚可推为班氏著史的一大卓识。则班氏作史之微言，莫大乎此。郑樵之徒，纷加指摘，何足以与此。至其影响于东汉末期的月旦人物的风气，及魏的九品官人的制度，证明这种人物批评，是为历史所需要的。

至张晏历举评第的"差违纷错"，师古又谓张氏之论"亦自差错"，齐召南又举数例，以证"此表屡经传写，紊脱尤多"。夏燮《校汉书八表》卷八《校古今人表》，梁玉绳著《人表考》，蔡云有《汉书人表考校补·附续校补》，翟云升有《校正古今人表》，[①]这站在考史的立场上，各有其意义，此处俱不涉及，仅就著史的立场，论其大端如此。

七、《史》、《汉》比较之三——书、志

班氏自名所著为《汉书》，则不能不易《史记》之"书"为"志"，此无关宏旨。《史记》之为书者八，《汉书》之为志者十。《史记》始于《礼书》第一，《乐书》第二，《汉书》则合《礼书》、《乐书》为《礼乐志》第二。《史记》次为《律书》第三，《历书》第四。而《律书》的内容本为兵书，今已残缺，且被后人羼乱。《汉书》合称《律历志》第一，而将《史记·律志》中"大刑用甲兵"一小部分，取入《刑法志》中。《史记》把《礼书》、《乐书》安放在前面，说明史公用心的重点在标示政治的方向。《汉书》把

[①] 自夏燮以下，皆收入《二十五史补编》内。

《律历志》放在前面，说明班氏用心的重点在标举统摄一切的天道。《史记·自序》谓"律居阴而治阳，历居阳而治阴，律历更相治，间不容翲忽"云云，与《历书》的内容，全不相应，《律书》中无一字及律，其为窜乱律书者所改写，无复可疑。《律历志》取自刘歆的"三统律"，或称"三统历"，[①]他的目的不仅在言乐律、时历及二者相互的关系，而系承董仲舒之后，把凡可以拼进去的东西都拼在一起，以形成一个无所不包的天的哲学系统；这是董仲舒以后所发展出的一种特殊思想形态，其基本思想是天道由阴阳而见，阴阳运行于三百六十五日之中，故天道由时历而见。这是孟喜、京房们的"卦气说"所创造的。再加上落下闳们的音律也通过"气"而与历发生关系；[②]他们认为天道由历而见，也由律而见，所以律历都是天道。既是天道，当然无所不包。这样一来，把由实测而来的历学，变成了非常奇特的拼盘[③]式的哲学大系统。一直

[①]《汉书·律历志上》以黄钟为天统，林钟为地统，太簇为人统："此三律之谓矣，是为三统。"此系刘歆的特别思想。又"至孝成世刘向总六历，列是非，作五纪论。向子歆，究其微妙，作《三统历》及谱以说《春秋》，推法密要，故述焉"。

[②]《汉书·律历志上》："而闳（落下闳）运算转历，其法以律起历，曰，律容一龠，积八十一寸，则一日之分也……夫律阴阳九六，爻象所从出也，故黄钟纪元气之谓律。律，法也。莫不取法焉，与邓平所治同……乃诏迁用邓平所造八十一分律历。"

[③] 所谓拼盘，是指我国酒席上将许多样菜肴，拼在一个盘子里的拼盘而言。在盘子里的许多样菜肴，形式摆得很整齐，但相互间并没有内在的关连。西汉人喜建立无所不包的哲学大系统，仅凭想象之力，把许多东西聚合在一起，其实这些东西相互之间，也并没有内在的关连，不能算是逻辑的结构。所以我方便称为拼盘式的哲学系统。西方由思辨的逻辑推演所建立的形上学，有如春蚕吐丝一样，或者可方便称为蚕丝式的哲学；这是一种逻辑结构，但在这结构中并没有材料。所以他们以为无所不包，实际什么也没有包在里面。故亦称为"观念游戏"。两种哲学形态，没有高下真假可分，但拼盘式的哲学中，毕竟还保有若干材料。并且他们还是落实在现实的政治、社会、人生问题之上，提出合理的解决之方，这都是出自深刻的观察与思考。

至沈约修《宋书》，始复历志之旧。这一方面是因西汉所言带有神秘性之律，至东汉已无人可以明了。一方面是因何承天等的努力，明斥《三统历》之谬。但《三统历》虽沿袭《太初历》，但对日食周期及星次运行等，附加了新的知识。更导入上元积年以作历推算的起点；而其推算不仅包括日月，且包括了五星，具备了天体历的规模。所以站在纯历学的立场，也有他的贡献。他在中国历学史上仍占有重要的地位，不在其哲学，而在其所纪录的实测与推算。

史公根据"六艺"之目，故分礼乐为二书。班氏本礼乐的互相为用，故合礼乐为一志。司马彪承《汉书》之绪，沈约复《史记》之初。这种分合，应可谓无关宏旨。

《史记》的《礼书》，是针对秦汉以权势统治人民，而提出礼治的真正意义的。《乐书》是针对汉初，尤其是针对武帝时由皇帝的荒淫，大臣不能尽责，而提出乐是以"歌咏劳苦"及"损减"为教的。这都是由深入于现实政治之中，以发现礼乐的真正意义，都是犯忌讳之词。而对于当代的礼，则以"大抵皆袭秦故"，"官者养交安禄而已"，及武帝"乃以太初之元，改正朔，易服色，封太山，定宗庙百官之仪，以为典常"，作极简单扼要的概括。于当代之乐，则以"高祖过沛，诗三侯之章"，"今上即位，作十九章……多尔雅之文……世多有，故不论"，及"又尝得神马渥洼水中，复次以为《太一之歌》"，"后伐大宛，得千里马……次作以为歌"，而终之以汲黯的"先帝百姓，岂能知其音耶……丞相公孙弘曰，黯诽谤圣制，当族"，也是极简单扼要的概括。并且在这种概括中，都含有深刻的批评性。在史公心目中，认为汉代的礼乐，不足称为礼乐，所以便把荀子的《礼论》及《议兵》篇的一部分，

《史》、《汉》比较研究之一例

和《礼记》中的《乐记》，分别录在后面，以作正面的启发，其用心是很深的。

礼乐的意义，由战国中期以后，一直到西汉诸大儒，多有所阐述。在儒家思想中，遂占有重要的地位。班氏在此种背景之下写《礼乐志》，他的态度谨严深稳，其用心，其观点，与史公并无不同；而在体制上，《史记》的《礼书》、《乐书》，有点像一支悍锐的奇兵；而《汉书》的《礼乐志》，则有堂堂正正，法度森严的大军气象，这应当算是《汉书》中的一篇大文章。《叙论》"六经之道同归，而礼乐之用为急"，以简严之笔，说明"礼乐所以通神明，立人伦，正情性，节万事"，并引《礼记·经解》"故婚姻之礼废，则夫妇之道苦，而淫辟（僻）之罪多"一段以作例证。而"敬畏之意难见，则著之于享献辞受，登降跪拜。和亲之说难形，则发之于诗歌咏言，钟石管弦"的几句话，可谓将礼与义的关系，概括得深切著明。书中历叙汉代贾谊、董仲舒、王吉、刘向等主张制礼乐之议不行，以见汉代的礼乐，不足以称礼乐。叙到"世祖（光武）受命中兴"，"乃营立明堂辟雍"；"显宗（明帝）即位，躬行其礼，宗祀光武皇帝于明堂，养三老五更于辟雍"。班氏仅许之以"威仪既盛矣"。接着说"然德化未具，群下无所颂说，而庠序尚未设之故也"；而结之以"故君臣长幼交接之道，寖以不章"。是他对东汉，亦未尝宽假。

在乐的部分，先简述"先王立乐之方"。接着对古代雅乐，及春秋以后的"礼乐丧矣"，作了较《史记·乐书》为详的叙述。汉代先叙述"叔孙通因秦乐人制宗庙乐"的情形，而点出"大氐（抵）皆因秦旧事焉"。此后叙述"武帝郊祀之礼"，"作十九章之歌"，及《安世房中歌》十七章的经过，并纪录歌词，又纪录了孔光、何武所奏定的各乐的乐工人数，这在史的体例上，较《史记》为密。因另有《郊祀志》，所以在礼的部分，对郊祀的仪节，便在这里省略。但他点出"常御及郊庙，皆非雅声"，"皆以郑声施于朝廷"；"是时（成帝时）郑声尤盛"，而结之以"今大汉继周，久旷大仪，未有立礼成乐，此贾谊、董仲舒、王吉、刘向之徒，所以发愤而增叹也"。班氏在这种地方，坚持了儒家礼乐的原则，对历史作了严正的批评，以保持历史发展"应然"的方向，是与史公无异的。不过史公乃切指现实的政治，而班氏则泛述一般的情形，所以史公是冒着更大的风险。

刑法，是统治者最重要的统治手段，史公《酷吏列传》中，深痛汉代刑罚之酷烈。然在被人伪托羼乱的《律书》中，可以发现出于史公之笔的，仅述兵制而未及刑法，《汉书》在《礼乐志》后，继之以《刑法志》第三，在"大刑用甲兵"的观念下，先概述了古代及汉的兵制，①而重点则在叙述汉代的刑法。此在作史的体例上言，与《郡国志》、《艺文志》，同为补史公之所不足，意义重大。在作史的识解上言，从正面提出了政治中与人民的生命财产直接关连在一起的最严重的问题。此一最严重的问题，一直延伸到现在而仍未能解决，成为中国历史中最黑暗最残酷的一面。这可以说是中国所有的统治阶层，所有的知识阶层的奇耻大辱。同时，他在此志的全文中，不知不觉地充满了痛愤之情，流露为悲慨之笔，使此文的风格，特接近史公。因为由汉初起，凡是像样的儒生，莫不以汉承秦代根据法家所制定的刑法，太违反人道，皆欲把它翻转过来，而终未能作到。班氏乃在两百多年的儒生所

---

① 准此以言，宋钱子文撰《补汉兵志》，应正名为《汉书·刑法志补》。

要求的积累之下，又加以他曾"系京兆狱"的痛苦经验，写成此志，故充实光辉，言之不能自已。连武帝在此问题中所占的重要分量，也未曾为之讳。叙到韩信、彭越，具五刑而死的惨毒，也露出了叹息之声。此问题中包含三个因素，一是皇帝的意志，一是"执法之吏"，而最根本的则是法律的原则和条文。志中把这三大因素，都深刻地反映了出来，并且充满了对人性的信赖，强调了儒家以教育为目的的刑法原则。"董仲舒治《公羊春秋》，始推阴阳为儒者宗"，[①] 衍为一代学术潮流；推其最根源的动机，乃在"尚德不尚刑"的一念。所以言政治史而不深入到此一问题，固然是未能把握到人民的痛苦。言汉代思想史而不深入到此一问题，便容易成为浮游惝恍的无根之谈。

班氏补充编纂《史记》的《平准书》以为《食货志》第四。史公以平准名书，重点在汉武的财经政策；班氏以食货名志，重点在社会的经济生活。《食货志》分为上、下两卷，上卷志食，下卷志货。所以《平准书》系采综合的叙述方法，以见各因素的互相因缘，由此以透视整个时代的动态。《食货志》则采分析的叙述方法，以便于将复杂的因素加以条理。在文章构造上，史公所采的途径为难，班氏所采的途径为易。在这种地方，后人大抵只能学班氏而不能学史公。

班氏所补的有三：一为对汉以前的叙述。二为因时代限制，《平准书》及《史记》其他各书，内容多较《汉志》为略；班氏后出，所凭借者厚，所以在被限定的范围内，能较史公集中了更多的精力，补充了更多的材料。在《食货志》中，班氏采用了《周

---

① 《汉书》二十七上《五行志》叙论。

官》中的有关材料，这是史公时代所没有的。在汉代补充了许多有意义的奏议，更补充了"武帝末，悔征伐之事，乃封丞相为富民侯……赵过为搜粟都尉"，因而记载了赵过改良耕种方法的情形，尤有重大意义。三为补充了武帝以后的情形，特详于王莽，这是很自然的。

班氏把《平准书》中有关食的部分编入上卷，作了重要的补充，此卷班氏用力最勤。将《平准书》中述武帝财经政策的部分，也即是《平准书》的最主要的部分，编入下卷，仅有文字改正，此不具论。班氏深受《论语》"不患寡，而患不均"的影响。全文皆以此为衡量经济得失之原则，这也是很可注意的一点。

班氏把《史记》的《封禅书》改称为《郊祀志》第五，封禅是特称，郊祀是全称。《封禅书》是由反面提出问题，主要是以此暴露秦皇、汉武由泰侈而求长生，由求长生而陷入方士的各种骗术中，以自暴其愚蠢。《郊祀志》则由正面提出问题，用心是在说明祭祀的真正意义，及周公在这一方面，制定了由天子、诸侯、大夫以及士、庶人"各有典礼，而淫祀有禁"，[①]以见凡违反周公所制定的祀典，都是淫祀，都应在禁止之列。班氏改了《封禅书》的名称，但对此一问题的观点，与史公并无二致。

此志可方便分为三部分。一是叙论的部分。因为史公是从反面提出问题，所以《封禅书》的叙论，由"自古受命帝王，曷尝不封禅"，到"其详不可得而记云"，采用"反言若正"的方法，以见封禅一事的无稽。班氏是从正面提出问题，所以在叙论中不采用史公只字，由"《洪范》八政，三曰祀，祀者所以昭孝事祖，

[①]《汉书》二十五上《郊祀志上》叙论。

通神明也"到"故郊祀社稷，所从来尚矣"，先说明祭祀的正当意义，作以后全文判断的标的。虽然文字不多，但方便称为第一部分。

从《封禅书》的"《尚书》曰"（《郊祀志》改为"《虞书》曰"）起，至"公孙卿之候神者，犹以大人之迹为解"，终孝武之世，乃《封禅书》的主文，几乎亦可谓为它的全文，除极少数的文字异同外，全为《汉书·郊祀志》所吸收，方便称之为第二部分。

由"昭帝即位"到王莽"自以当仙，语在其《传》"，这是"接其后事"，方便称之为第三部分。

在第二部分，史公生动的描写，深刻的讽刺，班氏都保留了下来，中间还加了一点材料，例如把《封禅书》"于是天子遂东（《汉书》无此二字）幸汾阴"下，加"汾阴男子公孙滂洋等见汾旁有光如绛"一句，此皆未尝为武帝讳。在文字上有极少数的增删修改，及在最后有一两处移动；一般地说，修改的文字，多不如《封禅书》原文，且亦有改错了的。例如《封禅书》"上有所幸王夫人"，《郊祀志》改为"李夫人"，据沈钦韩说，此时当为王夫人而李夫人乃在其后。移动则是为了接其后事，调整与下文的关系。还有，在年代的计算上，两者常有不同。例如《封禅书》"禹遵之，后十四世……""后十四世，帝武丁得傅说为相"，两"十四"，《郊祀志》皆作"十三"。据王先谦《补注》：由禹……至孔甲，"并禹数之为十四，除禹数之则十三也"。又：自太戊至武丁，"共十四世，除太戊数之为十三"，则这种数字的不同，由于两人起算的不同，不能谓谁对谁错。又"其后三世汤伐桀"，《郊祀志》"三世"作"十三世"，据齐召南说，《史记》是对的。"后十四世世益衰"，《郊祀志》"十四世"作"十三世"，据齐召南说：

两者"并讹"。然即此一端，亦可知班氏此志之袭《史记》，并非仅随自己行文之习惯，对文字有所调整，他实际对材料作了一番检讨的工夫。

接其后事的第三部分，最难得的是他记载了张敞、贡禹、韦玄成（韦的议论此处仅提到"语见《韦玄成传》"）、匡衡、张谭、谷永、杜邺及王莽未做皇帝以前的有意义的议论。其中刘向的议论，因他系站在宗室的立场，仍陷于迷信迷雾中；而王莽做了皇帝以后，又"兴神仙事"，由此可知，最高权力，是可以使人"变性"，以致迷失理智的。赞以"究观方士祠官之变，谷永之言，不亦正乎，不亦正乎"作结。谷永是针对"成帝末年，颇好鬼神。亦以无继嗣故，多上书言祭祀方术者"，乃"说上曰，臣闻明于天地之性，不可或（惑）以神怪。知万物之情，不可罔以非类。诸背仁义之正道，不遵五经之法言，而盛称奇怪鬼神，广崇祭祀之方，求报无福之祠（祀），及言世有仙人，服食不终之药……者，皆奸人或（惑）众，挟左道，怀诈伪，以欺罔世主……是以明王距而不听，圣人绝而不语"。谷氏的这些话，把由秦皇、汉武在这一方面因侈泰骄妄愚蠢所制成的妖云怪雾，才算流入了一股清新之气，所以我说，班固在这一问题的观点上，是与史公相同的。

这里引申出另一问题。周公制定祭祀之礼，对祭祀的范围、仪节，皆加以规定、限制，儒者特别加以推崇。过去，我不能了解他的真正意义。现在由《封禅书》、《郊祀志》所叙述的最高权力者被方士玩弄于股掌之上，由此而劳民伤财，以作罔世诬民之事，真达到了疯狂的程度。假定不悬出周公所制的富有人文精神之礼以为鹄的，使少数儒生，还可凭此以与愚妄诈伪之大流相抗

《史》、《汉》比较研究之一例

拒，历史真要投向无底的黑渊中去。所以祭祀之礼，应从这种地方去把握。

《史记》的《天官书》，在《汉书》则为《天文志》第六。据《后汉书》八十四《列女·班昭传》，《天文志》乃马续所成。但由《史记·自序》及《汉书·叙传》，亦可看出两人对此问题的观点。

以星气言祯祥，这是史公以前的传统，同时也是史公身为太史令的职责之一，故《天官书》中，不能不加以序述。但史公对此，似乎并不太相信，于是形之语言者，多托为犹疑两可之辞。《自序》谓"星气之书，多杂祯祥，不经，推其文，考其应，不殊。比集论其行事，验于轨度以次，作《天官书》"。《天官书》赞："太史公曰……天则有日月，地则有阴阳。天有五星，地有五行。天则有列宿，地则有州域。三光者阴阳之精，气本在地，而圣人统理之。幽、厉以往尚矣。所见天变，皆国殊窟穴，家占物怪，以合时应（言并无一定之准据。以合于时者为应验）。其文图籍祯祥，不法（其见于图籍以言祯祥者，皆不可以为法），是以孔子论六经，纪异（仅纪其异）而说不书（而不书对异象之解说），至天道命不传。传（得）其人，不待告；告非其人，虽言不著。"所以《天官书》中，虽记录了祯祥，在史公不过因官守以虚应故事。《汉书·叙传》："炫炫上天，县象著明。日月周辉，星辰垂精。百官立法，宫室混成。① 降应王政，景以烛形。三季之后，厥事放纷。举其占应，览故考新。述《天文志》第六。"在上面几句话中，把天上的"百官"、"宫室"，作了进一步的形象化，把由这种形象

---

① "张晏曰：星辰有宫室，百官各应其象以见征咎也。"是张氏以百官为指地上之百官而言。但将下文连结在一起来了解，则此百官，乃指星辰的官位而言。

所给与于"王政"的影响，较史公作了更密切、更进一步的确定，这主要是来自两人的时代思想背景的不同。

马续所续成的《天文志》，[①]中宫[②]天极星，东宫苍龙，南宫朱雀，西宫咸池，北宫玄武，五经星部分，皆录自《史记》。自岁星以下，则多各申一说。例如《天官书》"察日月之行，以揆岁星顺逆。曰东方，木，主春，日甲乙。义失者罚出岁星……"《天文志》"岁星，曰东方春木，于人五常，仁也，五事，貌也。仁亏貌失，逆春令，伤木气，罚见岁星……"《天官书》的"日甲乙"出于《吕氏春秋·孟春纪》，《天文志》将其略去。把仁义礼智信的五常，配金木水火土的五行，在史公时代，仅由董仲舒作初步的尝试，而尚无明确的定说。以《洪范》的五貌配五行，大概出于后史公约七十年的刘向。所以这种异同，第一，可以反映出时代思想的发展演变。第二，可以了解这种道德价值向天文天象上的投射，本是出于人的一种想象，既没有逻辑的根据，也没有事实的根据，想象可以出入的范围是很大的。最后某种想象被认为与某些现象，较为近似，便约定俗成地成为定说。而这种定说，也始终是虚浮不实的，在这里，与天官天文的自身是不相干的。此外，须要专门知识方面的比较，我没有资格开口。

班氏新立《五行志》第七，这是董仲舒建立"天人相与"的

[①]《汉书补注》引齐召南说，以《天文志》为马续"所撰"，并引《晋书·天文志》"凡天文以下五句直云马续云"为证。按《后汉书·列女·班昭传》只谓"兄固著《汉书》，其八表及《天文志》，未及竟而卒，和帝诏昭就东观藏书阁，踵而成之"。"后又诏融兄续继而成之"，则《天文志》并非有目无书可知。且就《叙传》看，《表》及《天文志》，乃有材料尚未完全收入，而《天文志》待补充整理者更多；其骨干轮廓，则班氏已具，故只应称为"续成"。

[②]依钱大昕、王念孙，五经星之"宫"字皆应作"官"。

哲学后，学术趋向以想象猜度言灾异，以灾异附会矫揉的《洪范》、《春秋》，再由被附会矫揉的《洪范》、《春秋》，以言现实政治的得失，遂成为一代学术风气的结果。这是汉代学术中"非合理"的一面。在方法上，完全以想象代替了思维；在内容上，以想象矫揉了经传的本来面貌；这是学术中最大的武断。班氏在此一与现实政治相勾连的学术风气积累之下，便写出了《五行志》。刘知几谓"斯（指《五行志》中所引经传）皆不凭章句，直取胸怀，或以前为后，以虚为实，移的就箭，曲取相谐，掩耳盗铃，自云无觉"，[①] 正指此而言。若史公生于班固的时代，是否受此影响而出此，观其当邹衍之说盛行时，他虽相当详赅地叙述了邹氏学说，但结之以"邹衍其言虽不轨，倘亦有牛鼎之意乎"，[②] 大概会跳出这种烟雾，将其摒弃不录吧。邹氏及附会邹氏者的著作见于《汉书·艺文志》者，可谓相当的繁富。但除史公在《孟荀列传》中所述，及其他偶加引用之零星语言者外，皆已堙没无闻。可知这种无实之谈，本来是受不了时间的考验的。汉代此种非合理的学术风潮，原亦应随时间之经过而消失。《汉书·艺文志》"五行三十一家，六百五十二卷"，与"阴阳二十一家，三百六十九篇"，皆一无存者。但因班氏在史中特立一志，以致此种非合理的学术，得到了较完整的保存，且后来修史者，都须备此一格。这站在今日研究思想史的立场来说，可谓为幸事；但站在它所及于后世思想发展的不良影响来说，实是中国学术发展的大不幸。

[①]《史通》卷三《书志》篇。
[②]《史记》卷七十四《孟子荀卿列传》。

刘知几除在《史通·书志》篇对《五行志》深加讥评外，又有《汉书五行志错误》及《五行志杂驳》两篇，[①]可谓尽讥弹之能事。但刘氏自身亦陷在此非合理的思想泥淖中，所以他的讥弹，在引用文献的是正上有其意义；他自己所发舒的新解，同为毫无意义。因为这种出于想象而不是出于思维推理的说法，本可以随人随时随事而异，有如测字者的测字一样。至于他指摘引书失宜中的"《史记》、《左氏》，交错相并"一项，他根本不知道，汉人乃以"史记"为古史的通称，到东汉末期，《史记》方成为《太史公书》的专称，他的这一指摘，近于以其昏昏，使人昭昭了。

另一点应在这里一提的是：自董仲舒以迄孟喜、京房、刘向们的非合理的这一方面（他们还有合理的一方面）的学术活动，今天看来，在知识上是没有意义的。但在他们，也和许多伟大的宗教家、形而上学家一样，是以严肃的态度、热烈的追求，认定自己真正揭露出"天人相与之际"的秘密，是真实无误的真理。因此，在他们的各种奇说异论中，都流注着他们真实的精神，并且都是以现实社会中人民的悲惨运命，为他们想象的基点。所以他们表现在现实政治社会上的大是大非，都是符合人民生存的要求的大是大非。他们常常赌着自己的生命，以坚持他们所认定的大是大非，因为他们认为这种大是大非，是由阴阳五行的灾异所显示出来的，亦即是天的意志的表现，他们的精神，得到了天的意志的支持，所以宁冒万死而不悔。从这一点说，他们较之西方

[①]《史通》卷十九。

的形而上学，有更真实的基础与真实的意义。胡适们骂他们是大骗子，只显出自己的浮薄无知而已。

班氏创立《地理志》第八，意义重大。清汪远孙《汉书地理志校本序》中说："班氏孟坚，创作《地理志》，上续《禹贡》、《周官》、《春秋》，下及战国秦汉，迄乎平帝元始二年（西纪二年），以为西汉一代之志乘。又本朱赣，条其风俗，考其山川，则行乎地者可以施其政。后世之言地理者，悉祖是书矣。"按近代政治学，率以主权、人民、土地，为构成国家之三要素。班氏《地理志》继《禹贡》之后，将当时大帝国的生存空间，提出具体而详备的叙述，使此后史与地不相离，时间与空间得到统一，此乃史学自身的一大发展。地理观念之成立，始于交通。班氏在《序论》中首谓"昔在黄帝，作舟车以济不通"，即此一语，亦可见其卓识。全志可分为三大部分，首录《禹贡》及《周官·职方氏》，以明地理的沿革；尔后言历史地理者，应以此为元祖。第二部分为汉代郡国县道，此为《地理志》的主文，在此主文中，具录各郡国人民的户口数字，此为世界上最早最完备的户口记录，由此可知汉代政治对户口的重视，亦即最早具有"人口论"的意识。[①]又记有现耕田可垦田及不可垦田的数字，使生产观念与地理观念

[①]《地理志》所总结当时（元始二年）的户口数字是"民户一千二百二十三万三千零六十二。口五千九百五十九万四千九百七十八"。是每户约五人。中国当父母尚在时，很少有分居的传统习惯。父母及夫妇占有四人，而子女仅有一人，不合情理。由《周官·职方氏》（按本《周书·职方》第六十二）所反映之各州所生子女数，以荆州之一男二女为最少，冀州之五男三女为最多。豫州、青州、兖州、并州皆二男三女，雍州三男二女，幽州一男三女，扬州二男五女。此数字虽颇机械，但应可以反映出一般的生育情形。故仍以孟子所称"八口之家"，近于事实。故西汉末人口，应为一亿左右。但因逃避算赋（人头税）及兵役关系，隐蔽无名籍者多，故官府记录者只有此数。

连结在一起。亦即含有经济地理的意义。第三部分自"凡民函五常之性"起,备录了各地之山川与社会风俗的关系,此乃人文地理之元祖。所以班氏《地理志》的成立,是世界史学中非常突出的成就。

班氏尽取史公的《河渠书》以为《沟洫志》第九。"沟洫"一名,盖取《论语》禹"尽力乎沟洫"之意。在袭用《河渠书》后,始接其后事。所以班氏此志,系一循史公之成规,未尝自出新意,此亦事势所当然。《河渠书》的"太史公曰",皆史公自述其所亲历者以志慨,班氏无从袭用,故只得另写"赞曰"。惟河指黄河,渠指为水利由人工所开之水道。全篇皆以黄河为经,以其他各水为纬;而志中凡关及水利之设施,皆称渠而未尝称沟洫;且沟洫乃田间之水道,与渠之性质亦不相同;所以沟洫之名,远不及河渠名称之实际。言魏文侯时的水利,史公归之西门豹,班氏根据《吕氏春秋·乐成》篇,归之史起。但征之褚先生补《滑稽列传》,及《后汉书·安帝纪》初元二年修西门豹所分漳水为支渠以溉田等纪录,则左太冲《魏都赋》谓"西门溉其前,史起灌其后",为得其实。班氏存史起而抹煞西门豹,犹病其查考之不精,由此可知史公之言,未可轻废。惟史公叙文帝时"河决酸枣,东溃金堤,于是东郡大兴卒塞之。其后四十有余年,今天子元光之中……"班氏改"四十有余年"为"三十六岁",齐召南指出"孝文十四年河决东郡,至元光三年,河决濮阳,实三十六年",由此可知班氏于袭用中的负责态度。

班氏删刘歆《七略》之要以立《汉书·艺文志》第十,对我国文化的传承,有莫大关系。孔子作《春秋》,所纪者为政治;但所据以权衡政治,褒贬人物的,则为文化学术。政治有王朝的兴废，而文化学术，则贯通于王朝兴废之中，以形成历史延续的统绪。史学的兴起，实出于文化学术发达到某种高度时，人对自身存在的自觉。所以历史与文化学术是不可分的。文化学术，一存于其人，一存于其书。书较人的寿命为长久，由书而得以知其人，得以知其人在学术文化上的成就、贡献，所以保存书，即所以保存学术文化，即所以保存历史。文化积累，书籍繁多，著史既不可能是编纂丛书，而编纂丛书亦不成其为史；于是在史中保存群书的目录，区别其流派，撮录其要端，使读史者可由此以窥见文化学术表现于著作的全貌，由此以窥见其流传之统绪，演变之源流，这是将文化学术拥抱于史学中的最重要的方法之一。尤其世变不常，典籍之损失重大，犹赖史中保有已经损失的目录，由目录以知道在历史中曾有此书，由书名以推想在历史中曾有此类思想，得于茫昧中勾画出文化在历史中的稀薄但不是虚幻的面貌，以与其他可以切实把握得到的材料映带在一起，以得出比较完整的历史形象，这意义当然是非常重大的。所以刘向们校录群书，刘歆继之总为《七略》，是一个意义。班氏取《七略》以入《汉书》，是另一意义。这关系于班氏对史的统一的识解。

《艺文志》的六略，乃按典籍的内容分为六大类。每一略中，又按其内容分为若干小类，称之为"家"。这种分类，即表示刘氏父子所把握到的整个学术的流别。所以《艺文志》可以反映出先秦学术的概略面貌，反映出先秦学术在汉代传承的情形，反映出汉代学术的特性。例如由《六艺略》及儒家者流，可知汉代儒术之盛。道家三十七家，仅次于儒家，《老子》已有四家的传、说，可知道家思想在西汉的流行。名家七家，墨家六家，其中皆无汉人著作，可知此两家在汉之微。如诗赋不附于《六艺略》诗家之后，另为一略，由此可知西汉对文学之特为重视。而兵书之另为一略，乃反映兵书特为汉初所尊重。[①]《术数略》、《方技略》的成立，及阴阳家之盛，仅次于道家，乃董仲舒"始推阴阳为儒者宗"[②]所发展演变的结果，反映出刘向父子在学术上的见解与态度。刘氏父子在学术上和董仲舒相同，有其非合理的一面，也有其合理的一面；而态度则较董氏更为开朗。凡此皆表现在对经学今古文的问题，能突破五经博士所设的藩篱，作平情的处理。而对诸子百家，认为皆有所长，皆有所短，绝无举一而废百之意，这在他们担当全般典籍整理的任务上，是非常必要的条件。由《七略》而来的《艺文志》，不仅非后来同类之志所能及，且在品质上亦远驾清代《四库全书总目提要》而上之，这不仅是从事者的知识问题，大关键在于他们对学问的态度问题，甚至关连到他们的品格问题。

八、《史》、《汉》比较之四——传

因《汉书》无世家一体，所以入汉以后，《史记》的世家，《汉书》皆改为传。其中项羽的本纪及陈胜与萧相国等五侯的世家问题，在《论〈史记〉》一文中已经谈过了。这里为便于比较，《史记》中入汉以后的世家，皆作传来看待。

首先，自项羽起，到武帝时为止，考查两者立传的概略情形。

[①]《史记·太史公自序》"韩信申军法"，《汉书·艺文志·兵书略》，"汉兴，张良、韩信次兵法"，此乃政府最先着手整理的典籍，由此可知汉初对此一方面的特别重视。
[②]《汉书》卷二十七上《五行志》叙论中语。

凡同者此处从略，仅述其异者。大体上说，史公立传时的选择，较重视有历史意义的实质，而班氏则有时较重视著作形式上的整齐。《史记》"高祖八子"之名，及齐悼惠王肥、赵隐王如意、赵幽王友、赵共王恢等的遭遇，因系吕后专制，大发其毒狠之私的结果，而诸人又无独立行谊可述，故《史记》皆附见《吕后本纪》。"子建为燕王"，亦附见《吕后本纪》。其中除齐悼惠王之子齐哀王襄、朱虚侯刘章，因捍卫刘室，诛灭诸吕有功，另为之立世家；及淮南厉王长因后有淮南王安之变，另为之立列传外，余皆不为之立独立之世家。《汉书》卷三十八，则有齐悼惠王肥、赵隐王如意、赵幽王友、赵共王恢、燕灵王建的《高五王传》。其"厉王长另有传"，则与《史记》同。《高五王传》，在形式上，较《史记》为整备；但不仅在内容上无所增益，且史公由诸王之遭遇以集中写出吕后的凶残成性，借此以暴露此段历史之真相的用心，反因之模糊消失。且其中有的传则可谓全无内容。例如："赵隐王如意，九年立，四年（师古曰，赵王之四年）高祖崩，吕太后征王到长安，鸩杀之，无子绝。"据《吕后本纪》："赵王少"，惠帝"自挟与赵王起居饮食"，根本没有结婚，则"无子绝"三字，反增纠葛。"赵灵王建十一年，燕王卢绾亡入匈奴，明年立建为燕王，十五年薨。有美人子，太后使人杀之，绝后。"把这列入《诸侯王表》中已经够了，何取乎另立专传的名目。又如《史记》有《淮南衡山王列传》，关于济北王勃，则因无事可述，故仅于文帝立厉王长之三子刘安为淮南王，刘勃为衡山王，刘赐为庐江王。景帝将衡山王勃徙为济北王，将庐江王赐徙为衡山王时，附带叙及，不另立济北王勃的专传。《汉书》则有《淮南衡山济北王传》，把淮南厉王长的三个儿子都列出了，这在形式上便很整备。但内容是"济北贞王勃者,景帝四年徙。徙二年,因前王衡山凡十四年薨",再就是传了两代"国除",此外更未述一事,这列在《诸侯王表》中不是已经够了吗?

还有,《史记》的附传,实含有许多不同的意义。附传是在列传标题上不出其名的,在《汉书》则几乎都被改为专传之名,这种变动,有得有失。例如周昌、赵尧、任敖、申屠嘉,大概史公以为他们只有一节足称,不足为之立专传,故皆附入《张丞相(张苍)列传》中,以见汉初在萧何、曹参、陈平之外,惟张苍为特出。故由人物价值轻重的批评,以表现政治活动中有主从之分,在历史的复杂现象中,依然可以看出一条主线。这一意义,在最后"自申屠嘉之后,景帝时开封侯陶青、桃侯刘舍为丞相,及今上时,柏至侯许昌、平棘侯薛泽、武强侯庄青翟、高陵侯赵周等为丞相,皆以列侯继嗣,娖娖廉谨,为丞相备员而已。无所能发明功名,有著于当世者"的一段话中,更为明显。这些丞相,连列入附传的资格也没有,则专传与附传的分量不同,自可推见。在"太史公曰"中,说明"张苍文学律历,为汉名相",这是说明所以为他立专传的原因。就周昌、申屠嘉们说,"然无术学,[①]殆与萧、曹、陈平异矣",这是说明何以不为他们立专传。史料是一堆材料。史学是从一堆材料中把历史的关节线索,及人物对历史形成的意义等疏导出来,使人对历史可以把握到一个明朗的形象;在此明朗的形象中,看出人类的大方向。所以没有价值判断便没有史学,便不能把逝去的历史重现。班氏则一概与以专传的地位,这在体裁的眉目上是清楚多了。但历史的主线,也因之不复存在。

[①] 此处所谓"术学",乃指智术及学问而言,不可与"学术"一词混。

朱建因陆贾而有以自见其智术，此乃《陆贾列传》之余波，史公殆欲借此以透露吕后的隐密，故将其附《陆贾列传》后。蒯通组入《淮阴侯列传》，以见韩信之冤；伍被组入《淮南王安列传》，以见刘安之迂阔，其谋叛为可疑。卫绾、直不疑、周仁附《万石张叔列传》，因卫绾"自初官以至丞相，终无可言"，"塞侯（直不疑）微巧，而周文（名仁）处谄，君子讥之；为其近于佞也。"此传皆"长者"型的人物，但史公觉得他们三人的品格，次于石奋、张叔，所以都列入附传。田蚡（武安侯）构陷窦婴（魏其侯）以致窦婴被诛，为史公所深痛。"灌夫无术而不逊"，为促成此祸原因之一。而灌夫本人，除讨伐七国时驰入吴军外，其活动皆交错于窦婴、田蚡之间，故史公作为《魏其武安侯列传》的附传。董仲舒、兒宽，皆见《儒林传》。卜式附《平准书》，因为他的起与绌，皆与武帝的财经政策相关连。张汤、杜周列入酷吏，所以说明他二人的本质。张骞附《大宛列传》，而错见于《卫将军列传》。李广利附见于《大宛列传》，徐乐、严安，附见于《主父偃列传》，皆有义例可以推寻。以上诸人，班氏皆列为专传。董仲舒之列为专传，因董氏在汉代学术的影响，至宣、元时代而大著。但班氏既录入天人三策，其势亦非专传不可。《兒宽传》补充了"迁左内史"后的政绩，及促成封禅等材料。但传末依然采用了史公"宽在三公位（《汉书》作'宽为御史大夫'），以和良承意（《汉书》作'以称意'），从容得久（《汉书》作'任职故久'），然无所匡谏于官（《汉书》无然字，'所'作'有'，'官'作'上'），官属易之，不为尽力（《汉书》无此句）"的意思。由此可知史公衡论之公。张汤、杜周，大概是因他二人子孙的煊赫而得改专传。但班氏却未为桑弘羊立专传。大概因为若把桑弘羊的材料，从

《食货志》中抽出来，便使《食货志》中最重要的部分无从着笔的原故。

《史记》有《扁鹊仓公列传》，其用意在重视医学，故详录仓公学医治方及脉法等。扁鹊在先秦，仓公淳于意系汉初人，班氏乃弃而不录，仅将淳于意女缇萦上书救父事录入《刑法志》中，这是对医学的忽视，亦即对科学的忽视，成为中国文化发展中的一大弱点。《史记》有《滑稽列传》，《汉书》代之以《东方朔传》，这是很有意义的。《史记》有《日者列传》、《龟策列传》，为《汉书》所无；这是在文化的发展上，两者已式微不足道，代之而起的是董氏阴阳五行思想的蕃衍。但依班氏之例，未尝不可以从《日者列传》中，抽出司马季主为其立专传。

《汉书》中也有较《史记》增益了在时间上史公可以着笔而未曾着笔的传。因一篇《至言》而增立了"尝给事颍阴侯为骑"，此外未见其他官职的《贾山传》，这与为"学黄老之术"，极力反对厚葬的杨王孙立传，都表现出其卓越的史识。又为"守军正丞"，敢于斩为奸的"监事御史"的胡建立传，也同样为难得。他站在文学的立场，增益了枚乘、严助、终军等列传，也都有意义。史公不屑为景、武两代的丞相许昌们立传，班氏亦未尝为之补传。为丞相公孙贺立传，其内容主要记载"贺引拜为丞相，不受印绶，顿首涕泣"的情形，以见武帝晚年的轻于用相，又轻于杀相的昏暴。为左丞相刘屈氂立传，是为了叙述巫蛊之巨变。这都是很得体的。

史公与班氏最大的分歧点，我已经指出过，史公是站在人类的立场看历史，所以汉代及其他朝代，在史公心目中，是受到同样的客观尺度来处理。而班氏则是站在汉代帝室的立场来看历史，

《史》、《汉》比较研究之一例　　　　　　　　　　　479

所以他所操持以衡量历史的客观尺度，与史公未尝不相同，因为两人都是儒家思想，但应用到汉代帝室时，尺度的客观性，便不知不觉地打了若干折扣，这在帝纪中对高祖与武帝的处理最为明显。而在传中，则对以韩信为首的被杀戮的异姓功臣的处理上最为明显。史公对被杀戮的异姓功臣，都客观地记录了他们在这段历史大变动中所发生的作用和意义。这些记录一经流传下来，因为符合于人类求真的本性，便不容易被推翻。班彪所努力的，只在"续其前史"，即是对史公所写的，予以全般的承认。班固则要使其著作成为与唐虞三代之书比美的汉代之书，所以不能不截取《史记》中汉代的记录，而以陈胜、项羽两传为时代过渡的桥梁。对于有损刘氏庄严的异姓功臣诸记录，他在良心及事实上不能不承认，但在承认中也作了技术性的处理，以减轻他们的分量，亦即所以维护帝统的庄严。

在《史记》，魏豹、彭越为合传。黥布（英布）、淮阴侯及田儋各独立为一传，韩信（韩王信）、卢绾为合传。《汉书》则魏豹、田儋、韩王信为合传，因为这都是六国余荫的异姓之臣。在形式上，《汉书》的排列似较合理。但史公主要是因为彭越是魏豹王魏时的"相国"，一直到垓下之战前，始封为梁王，王魏豹故地。他两人有密切的关系，又因为他两人都是贫贱出身，而在忍辱不死上，两人又有相同之处，由此而引发了史公忍死著书的"同命感"，所以史公将他两人合传。

　　太史公曰，魏豹、彭越虽故贱，然已席卷千里，南面称孤，喋血乘胜，日有闻矣。怀叛逆之意，及败不死，而虏囚，身被刑戮，何哉，中材已上，且羞其行，况王者乎。

彼无异故，智略绝人，独患无身耳。得摄尺寸之柄，其云蒸龙变，欲有所会其度，[①]以故幽囚而不辞云。

上面的话，和《报任安书》中的话合看，更容易了解史公的心境。在专制黑暗残暴迫害得无理可说的情形之下，希望保存自己的生命，以与残暴的迫害者，作时间上的竞争，这是人类争取前途保证的最后的愿望。假定这种愿望也放弃，或破灭了，即是个体生命、集体生命的最后大悲剧。

彭越、黥布、韩信，是"同功一体之人"。[②]魏豹与彭越同传，而魏豹部分仅三百二十一字左右，彭越部分则有一千一百九十三字左右。实质上，魏豹等于是彭越传的附传；但魏豹首事在先，而彭越又是他的相国，不好出以附传的形式。这说明了史公的本意，是要对"同功一体"的三人，各安排一个独立的列传的。

韩王信虽系韩襄王的孽孙，但项羽先所封为韩王者为韩成，及成因无功被贬为列侯，更被杀后，项羽所封者为郑昌。信之得封为韩王，全出于刘邦的恩德。但他封韩王之后，据其自称，对汉有三罪，"荥阳之事，仆不能死，囚于项籍（实系降），此一罪也。及寇（匈奴）攻马邑，仆不能坚守，以城降之，此二罪也。今反为寇（匈奴）将兵，与将军（柴将军）争一旦之命，三罪也。"[③]他的情形，与魏豹及田儋皆不类。

卢绾因与刘邦"同里"、"同日生"，又"俱学书"，得到刘邦

[①] 按此句的"其度"，指预定的计划。"欲有所会其度"，意谓将乘"云蒸龙变"的时机，想实现（会）他预定的计划。
[②]《史记》卷九十一《黥布列传》滕公以黥布反事问故楚之令尹，楚之故令尹所言。
[③] 具见《史记》卷九十一《韩信列传》。

《史》、《汉》比较研究之一例　　　　　　　　　　　　　　　　　　　　481

特殊的"亲幸",因而他之得封为燕王,殆无一功可纪,此与韩信、彭越、黥布的情形,可谓天壤悬隔。陈仁锡谓"韩王信、卢绾,封王同,反叛同,亡匈奴同,子孙来降同,故二人同传",[①] 大体是不错的。

《史记·田儋列传》,实为田儋、田荣、田横三人的合传。他们"兄弟三人更王",既不由项氏,亦非由刘氏,皆自力所致。项氏之亡,与其未能得志于田儋之弟田荣,有莫大关系。田氏的情形,与魏豹、韩王信皆不同,故史公为之独立立传。

由上所述,可知班氏的安排,在形式上较为合理;而在问题的实质上,则史公的安排为不可易。

班氏为了尊崇帝室,不惜歪曲历史的用心,在将韩信、彭越、英布、卢绾、吴芮五人为一合传上而表现得最为明显。《史记》的合传,必其中人物,在重要方面的性行上大约相类相称,《汉书》亦是如此。班氏把卢绾与韩、彭、英三人列在一起,用意是在贬低他们三人的地位。贬低他们三人的地位,即是维护帝室的庄严。吴芮本人没有参加过灭秦灭项的战役,只派将梅鋗,"与(沛公)偕攻析、郦";项羽"以芮率百越佐诸侯从入关(按指梅鋗从入关),故封芮为衡山王,封梅鋗十万户侯。刘邦"以鋗有功从入武关,故德芮,徙为长沙王"。这是最小的一个王国。他"一年薨","子成王臣嗣"[②] 的时候,因为英布是他的姑丈,当英布与刘邦战"不利,与百余人走江南"时,臣"使人绐布伪与亡,诱走越,故

---

① 引自《史记会注考证》本传下。
② 以上具见《汉书》卷三十四《吴芮传》。

信（英布相信）而随之番阳，番阳人杀布兹乡民田舍"，[1]以此得"传国数世"。他的情形，与韩、彭、英三人既不相类，分量又不相称，怎么可以合传？并且吴芮把他"一年薨谥曰文王"七个字算在一起，纪录他平生，只有一百三十个字，根本不够为他立专传的条件。班氏所以这样安排，是认为"唯吴芮之起，不失正道，故能传号五世，以无嗣绝。庆流支庶，有以矣夫。著于甲令，而称忠也"；他认定这是一位模范功臣，使韩、彭、英三人，在此模范功臣相较之下，益显得他们三人和其他人一样，"皆徼一时权变，以诈力成功"，本身没有一点真实本领，所以他们"事穷势迫，卒谋叛逆，终于灭亡"，[2]是罪有应得，一点无亏损于人类良心，无损于帝室庄严的。班氏在赞中所表现的态度，与《史记》上有关的三个"太史公曰"的态度，正好成一正号与负号的明显对照。

史公已经写出了实录性的列传，班氏无从推翻，但他在文字上也使用了若干技巧。汉二年八月，刘邦以韩信为左丞相击魏，九月"下魏破代，汉辄使人收其精兵，诣荥阳以拒楚"。汉三年九月，韩信、张耳下井陉，斩成安君陈余，掳赵王歇后，"行定赵城邑，发兵诣汉"。楚急围刘邦于成皋，"汉王出成皋，东渡河……晨自称汉使，驰入赵壁，张耳、韩信未起，即其卧内，上夺其印符，以麾召诸将，易置之……汉王夺两人军，即令张耳备守赵地，拜韩信为相国，收赵兵未发者击齐"。[3]刘邦自彭城败退后，与项羽相持于荥阳成皋一带，屡战屡败，主要是靠韩信在赵所收的军

---

[1] 以上见《史记》卷九十一《黥布列传》。惟给布者作"长沙哀王"。据《集解》《索隐》及正文，皆认为应是"成王臣，吴芮之子"。
[2] 以上皆见《汉书》卷三十四的传赞。
[3] 以上皆见《史记》卷九十二《淮阴侯列传》。

队作救急之用。《汉书·韩信传》在"魏王豹惊，引兵迎战信，信遂虏豹，定河东"下，加"使人请汉王，愿益兵三万人，臣请以北举燕赵，东击齐，南绝楚之粮道，西与大王会与荥阳，汉王与兵三万人"一段，再接"遣张耳与（信）俱，进击赵代"。班氏所增的"汉王与兵三万"的这段话，不仅为《史记·淮阴侯列传》所未有，亦为《高纪》及《张耳陈馀列传》所未有，尤为当时刘邦所处的紧迫形势所不能有，且与此句下面相隔两句的"汉辄使人收其精兵"，有直接的矛盾。班氏所增的材料，若有所据，亦当在摒弃之列；若无所据，更为史笔所不许。班氏殆欲由此以见不仅韩信以兵力支持了荥阳成皋之战，刘邦也曾以兵力支持了韩信的河北之战。由此以平衡刘邦与韩信的关系。当韩信下齐，并斩楚将龙且后，"项王恐，使盱台人武涉往说信"，班氏把武涉说韩信中最重要的共二十句语，都加以删节，且另立《蒯通传》，将蒯通说韩信的语，从《韩信传》中，分割出去，这都是为了减轻刘邦夷韩信三族的罪恶。

　　班氏的尊汉，在与帝室的尊严有关时，他便偏向帝室的一面；但他父子既皆以儒术立身，受董仲舒、刘向、刘歆、扬雄的影响最大，则儒家之所谓君道臣道以及一般人立身行己之道，都不能不影响到他的历史观念。所以他大部分承受了史公的业绩，采用了许多史公的论赞。而在史公以后的各传，不仅采录了许多对当时政治社会严厉批评的言论；并且在选择时，未尝以当时的权势为标准，而尽可能地选择在历史中代表某种价值的，以作立传的标准。在《史记》以后的各传，皆照顾到历史各方面的意义与关键，精严郑重，诚能使人读之不厌。盖他所凭借者厚，而在不与帝室尊严发生直接冲突时，他仍能承儒家之绪，以表现其史识史德，否则他根本不能被推为良史之一。我们应当由此一角度去读《汉书》各传。

班氏有时也用到微言以显历史真实的技巧。例如霍光是西汉存亡继绝的关键性人物，所以《霍光传》，是分量很重的传。《昭帝纪》赞所写的即是"光知时务之要"。传谓："先是后元元年（武帝死前之一年），侍中仆射莽何罗，与弟重合侯通，谋为逆。时光与金日䃅、上官桀等共诛之，功未录。武帝病，封玺书曰，帝崩发书以从事，遗诏封金日䃅为秺侯，上官桀为安阳侯，光为博陆侯，皆以前捕反者功封。时卫尉王莽子男忽（师古曰，即右将军王莽也，其子名忽）侍中，扬语曰，帝病，忽常在左右，安得遗诏封三子事，群儿自相贵耳。光闻之，切让王莽，莽鸩杀忽。"班氏若不以王忽之言为可信，传中决不暇记及此。且杀莽何罗的只是金日䃅，与霍光、上官桀并无关系。若因此事封侯，岂会事隔一年，始见之遗诏？且又将并无关系之人，并封在一起？光传"元平元年昭帝崩，无嗣。武帝六男，独有广陵王胥在，群臣议所立，咸持广陵王……光内不自安。郎有上书言周太王废太伯立王季，文王舍伯邑考立武王，唯在所宜……言合光意，光以其书示丞相敞等，擢郎为九江太守"。因郎的一言，乃迎立"武帝孙昌邑哀王子"昌邑王贺。及"既至即位，行淫乱，光忧懑"，乃决心废立，于是光即与群臣俱见白太后，具陈昌邑王不可以承宗庙状，"太后被珠襦，盛服，坐武帐中……召昌邑王伏前听诏"，由尚书令宣布的罪状凡数百言，最重要的是"五辟之属，莫大不孝"。但卷六十三《昌邑王贺传》，龚遂曰："……宜进先帝大臣子孙亲近，以为左右。如不忍昌邑故人，信用谀谀，必有凶咎。"卷七十六《张敞传》"会昌邑王征即位，动

《史》、《汉》比较研究之一例 485

作不由法度,敞上书谏曰,'……国辅大臣未褒,而昌邑小辈先迁,此过之大者也'"。据此,则霍光废昌邑的真正原因,也未尝不间接表达了出来。昌邑废后,"光坐廷中,会丞相以下,议定所立。广陵王已前不用,及燕刺王反诛,其子不在议中。近亲唯有卫太子孙号皇曾孙,在民间,咸称述焉",于是"光遂复与丞相敞等上奏"了一番堂皇的话。但卷六十《杜延年传》"帝(昭帝)崩,昌邑王即位废。大将军光、车骑将军张安世,与大臣议所立。时宣帝养于掖庭,号皇曾孙,与延年中子佗相爱善。延年知曾孙德美,劝光、安世立焉"。霍光欲立幼、立疏、立贱,以达到自己专制的目的,玩弄帝位于股掌之上,较王莽殆尤过之。他和王莽的不同,一在他能"知时务之要"的政策,一是运用女儿充当昭帝、宣帝的皇后,及与上官桀、金日䃅等结为婚姻;另一是把自己的子侄女婿,遍布朝廷枢机之地,并掌握了兵权。上官桀看不惯他玩弄少主,专权太过的情形,便想援立燕王旦,因而以反叛的罪名被诛。霍光一生,是继续不断地丑恶地权力斗争的一生;班氏不能不推其功,但斗争的错综复杂情形,也未尝不可通过班氏的记录透露了出来。

尤其是,宣帝非霍光做不了皇帝。但霍光虽死,他若不族诛霍氏,则他根柢的弱点,始终操在霍氏家族手上,皇帝的尊严与权力,势必有所亏损。所以族诛霍氏,乃出于宣帝不能不如此的预谋。光死后,他的丧礼"皆如乘舆制度"的尽量铺张,及"天子思光功德"的矫情处理等等,都是预谋的步骤。宣帝一步一步地剥夺了霍家所掌握的兵权,造出许多事端,弄得霍家怪异百出,"举家忧愁"后,说他们有"因废天子而立"的想法,这当然是预谋的成熟。于是"会事发觉,云(霍光侄孙)、山(云之弟)、明友（范明友，霍光之婿）自杀，显（霍光妻）、禹（霍光之子）、广汉（郑广汉，霍光之婿）等捕得，禹腰斩，显及诸女昆弟皆弃市。唯独霍后（霍光之女）废处昭台宫。与霍氏相连坐诛灭者数千家。"宣帝的预谋至此始得完全实现。这种情形，班氏不是不知道，但他如何从正面写出呢？他叙述了"男子张章先发觉"，"建发其事"，因而张章等五人皆得封侯后，再叙述"徐生上疏言霍氏泰盛，陛下即爱厚之，宜以时抑制，无使至亡。书三上，辄报闻。其后霍氏诛灭，而告霍氏皆封，人为徐生上书"，详述曲突徙薪的故事，因谓"今茂陵徐福，数上书言霍氏且有变，宜防绝之。乡使福说得行，则国无裂土出爵之费，臣亡逆乱诛灭之败。往事既已，而福独不蒙其功，唯陛下察之，贵徙薪曲突之策（指徐福），使居焦发灼烂之右。上乃赐福帛十疋，后以为郎"。经此故事的叙述，则宣帝对霍家的本意，不在成全，而在诛灭，已可谓跃然纸上。又述霍光骖乘，宣帝"有若芒刺在背"事，引"故俗传之曰，威震主者不畜，霍氏之祸，萌于骖乘"，则谋叛之为诬枉，亦可谓不言自明，此亦可谓微言之一例。由此亦可见班氏用心之密，必须后人熟读而深思之始见。

九、《史》、《汉》比较之五——文字的比较

史学除作者的人格、学识，有决定性的作用外，作者文字的巧拙，在表现的效率上，也有非常重要的意义。史公与班氏，在文学上是属于两种不同的文体，后人好尚不同，但不应以此论巧拙。下面举例性的比较，是想由文体的不同，进入到表现上的效

果。而这种举例，在《汉书》袭用《史记》的文字而有所修改时，最为显著。这种修改，又选的是与两人的政治观点无关系的。

首先由字句加以比较，[1]我发现班氏常将史公所用的虚字及动词去掉。试从《史记·项羽本纪》与《汉书》的《项羽传》中，随意举出若干例。其下有"·"者为被班氏省去之字。

《史记·项羽本纪》

① 项梁杀人，与籍避仇于吴中。
② 籍长八尺余，力能扛鼎，才气过人，虽吴中子弟，皆已惮籍矣。
③ 于是梁为会稽守。
④ 少年欲立婴便为王。
⑤ 陈婴母谓婴曰，自我为汝家妇，未尝闻汝先古之有贵者。
⑥ 此时沛公亦起沛往焉。
⑦ 从民所望也。
⑧ 穷来从我，不忍杀之。
⑨ 天下匈匈数岁者，徒以为吾两人耳。
⑩ 于是项王乃悲歌忼慨。
⑪ 项王泣数行下。
⑫ 亡其两骑耳。

---

[1] 宋倪思有《班马异同》三十五卷，将两书作了并排对比的工作，使文字异同，可以一目了然，我在二十年前，曾看到此书。惜此次未能找到，非常可惜。杨士奇《史汉异同跋》："思以班史仍《史记》之旧，而多删改，务趋简严，或删而遗其事实，或改而失其本意。"倪氏可谓为知言。

《汉书·项羽传》

① 项梁尝杀人，与籍避仇吴中。
② 籍长八尺二寸，力扛鼎，才气过人，吴中子弟皆惮籍。
③ 梁为会稽将。
④ 欲立婴为王。
⑤ 婴母谓婴曰，自吾为汝家妇，闻先故未曾贵（全句结构之次序改）。
⑥ 时沛公亦从沛往。
⑦ 从民望也。
⑧ 穷来归我，不忍杀。
⑨ 天下匈匈，徒以吾两人。
⑩ 乃悲歌忼慷。
⑪ 羽泣下数行（句结构改）。
⑫ 亡两骑。

上面的例子，是有概括性的。尤其史公用作上下连结的虚字，例如③、⑩的"于是"两字，常为班氏所省。当然也偶然有由班氏所增加的虚字，例如《史记》"剑一人敌，不足学，学万人敌"；《汉书》则增一"耳"字，作"学万人敌耳"。但由班氏所增的虚字，绝对少于由他所减的虚字。而增得得当的，如①的增一"尝"字，也少于增得不得当的。史公描写项羽粗豪之气，所以"学万人敌"，不用"耳"字。班氏加一"耳"字，是把"学万人敌"和上面的"书足以记名姓（《汉书》作"姓名"）而已"的"而已"两字，等量齐观，这是添得不太得当的。也有不是虚字而为班氏所省去的，例如"又不肯竟学"，班氏去一"学"字而成为"又不肯竟"，这在意义上并无亏损，但在此段的文气上，便有两种不同的感觉。上述的情形，在班氏袭用史公的赞语中，表现得尤为突出。例如《汉书·项羽传》赞是袭用《史记·项羽本纪》赞的。《项羽本纪》赞"身死东城，尚不觉悟，而不自责，过矣"。班氏去"而"字去"矣"字，成为"身死东城，尚不觉悟，不自责过失"，不特把《史记》文气的顿跌，变而为《汉书》的直遂，且语意也随之而变。又如《汉书》的《张耳陈馀传》赞，也是袭用《史记》的。《史记》"太史公曰，张耳、陈馀，世所称贤者（《汉书》去'者'字），其宾客厮役，莫非（《汉书》易'莫非'为'皆'字）俊杰；所居国无不取卿相者。然耳、馀始居约时，相然信以（《汉书》去'以'字）死，岂顾问哉。及据国争权，卒相灭亡，何乡者相慕用之诚，后相倍（《汉书》作'背'）之戾（《汉书》作'盭'）也，岂非以利哉。名誉虽高，宾客虽盛，所由殆与太伯延陵季子异矣"。（《汉书》将"岂非以利哉"以下全削去，易以"势利之交，古人羞之，盖谓是矣"），也是把《史记》的跌宕，变为《汉书》的直遂。

其次，应就表现之精确性加以比较。表现精确，是著史文字的最基本要求。就常情而论，袭用前人文字而有所修正，在表现效率上应更为精确。但将《史》、《汉》加以比较后，因修改而更精确者，占极少数；因修改而将精确度减低者，占绝对多数。试以《张耳陈馀列传》的首一段为例：

《史记·张耳陈馀列传》

①张耳者，大梁人也，其少时及魏公子毋忌为客。

②张耳尝亡命游外黄，外黄富人女甚美，嫁庸奴，亡（逃亡）其夫，去抵父客。父客素知张耳，乃谓女曰，必欲求贤夫，从张耳。女听，乃卒为请决，嫁之张耳。张耳是时脱身游，女家厚奉给张耳，张耳以故致千里客，乃宦魏为外黄令，名由此益贤。

③陈馀者，亦大梁人也。好儒术，数游赵苦陉。富人公乘氏以其女嫁之，亦知陈馀非庸人也。馀年少，父事张耳，两人相与为刎颈交。高祖为布衣时，尝数从张耳游，客数月。

④秦灭魏数岁，已闻此两人，魏之名士也，购求有得张耳千金，陈馀五百金。张耳、陈馀，乃变名姓俱之陈，为里监门以自食。

《汉书·张耳陈馀列传》

①张耳，大梁人也。少时及魏公子毋忌为客。

②尝亡命游外黄，外黄富人女甚美，庸奴其夫，去抵父客。父客谓曰，必欲求贤夫，从张耳。女听，为请决嫁之。女家厚奉给耳，耳以故致千里客，宦为外黄令。

③陈馀亦大梁人，好儒术，游赵苦陉。富人公乘氏，以其女嫁之。馀年少，父事耳，相与为刎颈交，高祖为布衣时，尝从耳游。

《史》、《汉》比较研究之一例　　491

④秦灭魏，求耳千金，馀五百金，两人变名姓俱之陈，为里监门。

上面的②，《汉书》将《史记》的"嫁庸奴，亡其夫"缩为"庸奴其夫"，语意不及《史记》原文明显。在"去抵父客"下省去"父客素知张耳"一句，则父客何以劝女嫁张耳的原因不明。省去"张耳是时脱身游"一句，则"女家厚奉给张耳"的意义不显，"耳以故"的"故"的原因亦不明。省去"名由此益贤"一句，及在③省去"亦知陈馀非庸人也"一句，则④中秦的购求两人的原因不明；且富人公乘氏之所以把女嫁陈馀的原因亦不明。③中将《史记》"高祖为布衣时，常数从张耳游"的"数"字省掉，又将"客数月"一句去掉，则不足以表示刘邦、张耳的关系很深，不能说明刘邦何以对张氏父子（子张敖）的情谊特厚。张耳不过是做过外黄令，陈馀则始终是一平民，不是政治上突出的人物，所以④中史公在"秦灭魏"下更加"数岁"两字，以见并不是秦一灭了魏，便知道他两人是名士而即购求他两人的，乃在灭魏的"数岁"后，才知道他两人是魏之名士，这才悬赏购求。班氏省去"数岁"，在时间上便含浑不清；又省去"已闻此两人魏之名士也"，则悬金购求的意义不易明了。《史记》的"为里监门以自食"，顺便点出张、陈两人在逃亡中的生活；《汉书》省去"以自食"三字，对于他两人逃亡中的生活，表达得不够完全。上面的例子，在全书中都是有概括性的例子。

时间、方位及地点，在历史叙述中当然占有重要的地位。《汉书》有的在时间上修正了《史记》的错误，但有的则《史记》未错，而经他修改反而错了的；这在《汉书》袭《史记》的《封禅书》以为《郊祀志》中，表现得很清楚。但一般地说，《史记》对时间、方位、地点的叙述，较《汉书》为详密。试以袭《史记·淮阴侯列传》以为《韩信传》为例。

《史记·淮阴侯列传》

① 汉二年出关……令齐赵共击楚，四月至彭城。
② 汉与楚和，六月魏王豹谒归视亲疾……
③ 其八月乃以韩信为左丞相，击魏。
④ 信遂虏豹，定魏为河东郡。
⑤ 遣张耳与信俱引兵东北，击赵代兵，后九月破代兵。
⑥ 六月，汉王出成皋，东渡河。
⑦ 信追北至城阳皆虏（广）楚卒，汉四年遂皆降，平齐。
⑧ 信至国，召所从食漂母，赐千金。及下乡南昌亭长，赐百钱。
⑨ 汉六年，有上书告楚王信反。

《汉书·韩信传》

① 二年出关……令齐赵共击楚彭城。
② （《汉书》此处省去）
③ 乃以信为左丞相击魏。
④ 信遂虏豹，定河东。
⑤ 遣张耳与俱，进击赵代，破代。
⑥ 四年，汉王出成皋。
⑦ 信追北至城阳，虏广。楚卒皆降，遂平齐。

⑧ 信至国，召所从食漂母，赐千金。及下乡亭长钱百。
⑨ 有变告信欲反。

上表所列，在全书中是有概括性的。这里有一点，应当特加说明。在刘邦即皇帝位以前，《史记》在年号上，皆加一"汉"字，如①中的"汉二年"；《汉书》则否。盖史公之意，在刘邦未即皇帝位以前，统一之时间，应属于楚，如《秦楚之际月表》所列。但汉人抹煞楚在这段时间内的实际政治地位，直以秦亡之年为汉的元年，史公不能反对，故特加一"汉"字，以表示此元年、二年等，乃汉的元年、二年，而非代表当时一统的元年，至⑨的"汉六年"的"汉"字，可视为一时的笔误。

《汉书》比《史记》，录了很多有意义的策议奏疏，但《史记》也录了不少的彼此对话。《史记》录此种对话时，常尽力保持对话时的两方神气；而《汉书》袭用《史记》时，则常将这种地方加以删节，由此影响到《史记》上的人物比较生动，比较能表现个性；而《汉书》上的人物，则缺少这种生动个性的表现。试以《淮阴侯列传》中蒯通说韩信的一段，与《汉书·蒯通传》为例。

《史记·淮阴侯列传》

① 齐人蒯通，知天下权在韩信，欲为奇策而感动之，以相人说韩信曰，仆尝受相人之术。韩信曰，先生相人何如？对曰，贵贱在于骨法，忧喜在于容色，成败在于决断。以此参之，万不失一。韩信曰，善。先生相寡人何如？对曰，愿少间。信曰，左右去矣。通曰，相君之面，不过封侯，又危不安。相君之背，贵乃不可言。韩信曰，何谓

也……愿足下熟虑之。韩信曰，汉王遇我甚厚。载我以其车，衣我以其衣，食我以其食。吾闻之，乘人之车者，载人之患。衣人之衣者，怀人之忧。食人之食者，死人之事。吾岂可以乡利倍义乎。蒯生曰，足下自以为善汉王，欲建万世之业，臣窃以为误矣。始常山王成安君……

《汉书·蒯通传》

①蒯通知天下权在信，欲说信令背汉，乃先微感信曰，仆尝受相人之术。相君之面，不过封侯，又危而不安。相君之背，贵而不可言。信曰何谓也……信曰，汉遇我厚，吾岂可见利而背恩乎？通曰始常山王成安君……

也或许可以这样的说，史公所录的，较多保持原貌，而班氏则认为这类文字，无事实上的意义，故特多删节。史公录贾谊的《过秦论》以为《秦始皇本纪》及《陈涉世家》赞，文字与贾氏的《新书》无大出入。班氏所录贾氏《治安策》，则与《新书》的出入较大。《汉书》中常有因删节他人之言太过，以致意义不很明了的。但在思想史中文学史中，常有识解不足的人，对意义不十分明了的语言，特别感到其"不可说"的神秘性而加以推崇的。虚字的去取，关乎著史者的文体、习性。对他人文字语言的保留或删节，则与文体、习性无关。史公决不会为古人造作语言，这关于对古人语言原貌重视的程度。

将上面的比较加以综合，应当可以得出如下的结论。

史公的文体疏朗跌宕，富于变化；文句的组成较为圆满；篇章的结构，线索分明，照应周密，所以在理解上亦较为容易。在叙述上，则较精确而能尽量地保存历史的原貌。班氏大概要力存简要，所以他的文体较为质重简朴而缺少变化。结构的线索不甚分明，上下文间的关系，有的须读者加以推想补充，使人感到较《史记》的文字为难懂，说好听一点，似乎较《史记》为古奥。对于叙事，未能如《史记》的尽其委曲，渐流于空洞化；对人物的活动，未能像《史记》的描出其生态，渐流于抽象化。不过，和以后的著作纪录比较起来，还是高出很多的。并且《汉书》中有的传也写得很绵密，例如《霍光传》、《外戚传》等。其中《张汤传》、《杜周传》、《韦贤传》，我怀疑是由他们的家传而来。

　　《史记》的文字，我觉得与《左传》及先秦诸子中的儒家为近，这是古代散文流行以后的正统。到了班氏手上，何以有这一曲折？我想可能有两个原因：第一，他要把他的著作，与唐虞三代之书比美，所以称为"汉书"。因此，他可能有心模拟《尚书》，力求简古，例如在用字上，《史记》上的用字，比较是当时流行的，并把他所引用的《尚书》，用当时流行的语意加以转译。而班氏则常将《史记》上流行的字，改为古字。这一点，前人已经指出过。而王莽时有拟《周诰》的风气，班氏也可能受此影响。这样一来，他的文体，不是顺着古代散文的正统趋向而下笔的，乃是把散文的趋向挽回到《尚书》的时代而下笔的。刘知几说他"有典诰之风"，或可和我的推测相印证。第二，司马迁也可能作过赋，《艺文类聚》卷三十的《悲士不遇赋》，也可能出于他之手。但他在赋上所下的功夫，不能及班氏于万一。而与他并时被称为词赋之宗的司马相如的赋，吸收有重要的散文成分在里面，其气势的雄浑跌宕，实与史公的《自序》及《报任安书》，有异体同工之妙。但相如以后，及相如以外诸家的赋，则板重多于跌宕，整齐多于变化。班氏《汉书》的文体，也可能受到他在赋上面所下的深厚工夫的影响。总之，《汉书》的文体，不是代表古代散文正统的文体。

由此我们可以了解，韩愈、柳宗元们针对当时流行的骈文而提倡古文，亦即是提倡在骈文之外，另创造一种富有艺术性的散文，他们特重视《史记》而未尝重视《汉书》，乃事理所当然，亦可见他们在文学上造诣之高，真能把握到古文的正统。明代前、后七子，主张"文必秦汉"、"文必西汉"，虽然在时代风气之下，他们也标举《左》、《史》，但我怀疑他们之所谓"秦汉"，所谓"西汉"，实际是以《汉书》为范本的。与后七子相抗的归震川（有光，号熙甫），后人说他能得《史记》之神，这是在《史记》的虚字上用功夫，在《史记》的跌宕上用功夫，所得到的效果。但史公之神，发乎他的精神、情感，深入于历史之中，与历史人物同其呼吸的自然之神。而明以后古文家仅能得之于讽诵中的声调模拟，其深浅大小，不可以道里计。

《史记》札记

吴福助抄辑

摘抄例言

（一）本文依据东海大学图书馆特藏组收藏徐复观先生手批日本泷川龟太郎《史记会注考证》，择要摘抄。

（二）凡作者撮述史文段落大意，供个人诵读备忘之用，而未加评论诸条，不录。

（三）作者释注原书，部分零句片语，内容或有重复，或仅供个人记诵之用，缺乏参考价值者，不录。

（四）作者论述史文，供个人构成某种见解之基础，内容较乏参考价值者，不录。

（五）作者引录他书相关资料以参读，而未加评论者，不录。

（六）作者用红、蓝原子笔及蓝水钢笔反复诵读札记，批写时间先后，难以认定，今昔不加区别。

（七）所录考论《史记》本书各条，一律系以史文，并注明原书页码。其或批驳三家注及《会注考证》所引注家说法者，夹注说明，以便检读。

（八）所录各条，校释字义加引号（""），书名加书名号（《》），

"按"下加冒号（：）。所系史文较长者，录其首尾句子，中加省略号（……），以便观览。

卷一　五帝本纪

五帝本纪第一（页1、2）

始于黄帝而不始于伏牺、神农，盖为材料所限制。
《说文》十三上"纪"，段玉裁注："《史记》每帝为本纪，谓本其事而分别记之也。"

幼而徇齐。（页4）

徇，慧，敏捷之意。
按：史公虽采《大戴礼》，然改字乃常见之事。（《索隐》）

神农氏世衰。（页5）

崔述乃以神农、炎帝为二人。（《集解》皇甫谧说）

东至于海，登丸山。（页9）

中国疆域之所自始，亦即建国之所自始。

官名皆以云命。（页10）

政治制度之所自始。

> 万国和，而鬼神山川封禅，与为多焉。（页 11）

推许黄帝为最善。

> 顺天地之纪。（同上）

《大戴记·五帝德》"顺天地之纪"上有："黄帝黼黻衣，大带、黼裳、乘龙扆云，以顺……"
按：纪犹序也。

> 幽明之占（故），死生之说。（页 12）

人道民生之所自始。

> 旁罗日月星辰，水波土石金玉。（同上）

按："旁罗"者，广及之义；言广及于天地皆得其所之意。

> 有土德之瑞，故号黄帝。（页 13）

按：黄帝之名已见于《左传》，非因邹衍五德终始之说而始有。特邹衍援黄帝之名以为傅会。（《考证》）

黄帝二十五子，其得姓者十四人。（页14）

锡土而始有姓。
按：同姓不婚，乃后起之事。（《考证》崔述说）

眚灾过赦。（页38）

按："过赦"，《尚书》作"肆赦"，则此"过"字疑"遂"之误。"肆类上帝"之"肆"，《史记》正作"遂"也。

惟刑之静哉。（页39）

泷川之言甚是，且以成其一人之文体也。（《考证》）

迁三苗于三危。（页41）

按：此段乃用《五帝德》之文。但《五帝德》谓杀三苗于三危，《尚书》则用"窜"字。史公用"迁"字，盖其用字之慎也。

尧立七十年而得舜。（页42）

以下杂采《孟子》、《左传》、《国语》、《大戴记·帝系》及《韩非子》而成。

尧知子丹朱之不肖不足以授天下……而卒授舜以天下。
（页43）

按：此数语为史公所发挥，乃其所把握之历史关键也。
尧、舜有与此相反之传说而不采，所谓"必考信于六艺也"。（《正义》引《竹书》说）

舜曰："天也夫！"（同上）

按：舜为天子"天也"，虽系《孟子》之言，然舜若不感其为天命，即不应践天子位，故史公直记云曰"天也夫"，非误解也。（《考证》梁玉绳说）

顺事父及后母与弟。（同上）

按：后母之说，史公必有所本，特后人不见耳。（《考证》崔述说）

予观《春秋》、《国语》，其发明《五帝德》、《帝系姓》章矣。（页67）

按：（一）在民族现实及生活之精神中，有此一段历史，则历史家不能弃而不顾。（二）又有许多互相发明之资料，足以证明《帝德》等记载之有旁证，其材料有可用之价值。
按："发明"者，互相发明之意。

书缺有闲矣。(同上)

按:"闲"当作"间隙"之"间"。《尚书》残缺有不完全之处。

择其言尤雅者。(同上)

不如此,则各个材料无法加以构成。

卷二　夏本纪

载四时。(页6)

按:载,乘也。乘四时之运以为功。

卷三　殷本纪

简狄取吞之,因孕生契。(页2)

按:《史记·五帝本纪》去其神话,于《殷纪》、《周纪》、《秦纪》则书之,盖神话之来源不同,一为后人之附加,一为其本系之自述。后人所加者,史公可以去之。其本系自述其典者,史公安得而抹煞之乎?

西伯归,乃阴修德行善。(页30)

梁乃迂腐之见。(《考证》梁玉绳说)

卷四　周本纪

居期而生子。(页2)

此根本不了解古代常须经过一种神话之阶段。(《考证》)

武王亦答拜。(页26)

小司马氏陋见。(《索隐》)

余各以次受封。(页32)

此乃谬迁之说。(《考证》崔述说)

周既不祀。(页96)

按："既"者，卒也。下不应有缺文，王说非。(《考证》王鏊说)

卷五　秦本纪

《秦本纪》第五(页1)

按：《秦本纪》直述至二世之亡，首尾完整，此与三代之《本纪》无异。其所以另立《始皇本纪》，乃因时近资料丰富，分之以求其详。实则《始皇本纪》，乃《秦纪》之别出耳。诸说何纷之乎！（《索隐》、《考证》）

四十四年，攻韩南郡取之。（页76）

按：此系引《潜研堂集》卷十二答问九，文字翦裁多不当。（《考证》引钱大昕说）

王齕将，伐赵武安、皮牢，拔之。（页77）

睡虎地秦简《大事记》，昭襄王"四十八年，攻武安"，足证此处"武安"不误。梁说不足信。（《考证》梁玉绳说）

卷六　秦始皇本纪

大索逐客。（页11）

按："大索逐客"，乃逐吕不韦之客。李斯为吕不韦舍人，故亦在被逐之列。非逐一切之游客也。

方今水德之始。（页23）

按：五德运转，本无所根据，而系人有意安排。此说倡始于邹衍，故秦人自以邹说为主。

胡、王诸氏，乃根据刘向后起相生之说，又不知汉初有继秦、不继秦之诸项主张，故有此拘愚之见。(《考证》胡三省、王鸣盛说)

更名民曰黔首。(页28)

"黔首"一词在前已流行，至此乃成为政府之正式法令，加以统一。

亲巡远方黎民。(页34)

按："黔首"乃通称，"黎民"乃仿古之称谓，此在文辞上乃常见之修饰辞，与下《琅邪刻石》称"郡守"为"方伯"者正同。

项羽为西楚霸王，主命分天下王诸侯，秦竟灭矣。(页86)

此即注明为项羽立本纪之故。

善哉乎贾生推言之也。……是二世之过也。(页87)

按：贾生之论所以立劝戒，其与史实有出入，乃出于其主观意识之要求。诸人所批评皆系腐论。

其势居然也。(页89)

按:"势居"犹"居势",《考证》妄。(《考证》)

卷七 项羽本纪

项羽本纪第七(页1)

全文约八千零八十四字,《汉书·项羽传》约六千四百七十九字。

(一)个人材料之取舍。(二)个人材料之安排。(三)一般情势之反映与穿插。(四)脉络之贯通。(五)以事实代说明结论。凡此皆须先能把握纲领,融会贯通。

项籍者,下相人也。(页2)

项籍为全篇之主,故先叙其平生。但项梁未死时,梁实为主体,故须即叙梁。二人在生活与事业上不可分,故在叙项羽中带出与梁之关系,在叙项梁一段中,又带出项籍。

此小段叙项氏与楚之关系,以显出项氏起兵之背景。

项籍少时学书不成,……又不肯竟学。(页3)

此数语叙出羽粗豪之气的性格。其所以能穿插于项梁叙述之中者,以其年少受项梁之教也。

此一段叙述，反映羽之性格。此性格与其尔后事业相关。

　　以是知其能。（页4）

　　按："知其能"者，知各人之能力也。为他日起事成军作准备。此句与下皆相勾连，此其所以为法之密也。

　　梁与籍俱观，籍曰："彼可取而代也。"（同上）

　　按：秦楚之际为历史上一大转变，故史公对此种心理极力描写。
　　由此数句所流露之野心，为尔后起事张本。
　　一种心理，两种口气，表现两种性格。一粗豪，一沉鸷。（《考证》刘邦语）

　　籍长八尺余。（同上）

　　以上皆衍梁事，故此处必补出籍。
　　对羽之形容，不缀于上段而出于此处者，盖所以为吴中子弟惮籍作注解，而吴中子弟之惮羽，乃与起兵举大事有关也。且上皆叙项梁之才，若此处不插入项籍，则文字成为单线发展，以致忽视项籍的一面。

　　才气过人。（同上）

以上叙未起事前情形，处处伏笔。"气"字尽羽之一生。

虽吴中子弟，皆已惮籍矣。（页5）

按："已惮籍"之"已"，从"项梁奇籍"而来。《汉书》此句去"虽"、"已"、"矣"三字，遂无跌宕之致。

秦二世元年七月，陈涉等起大泽中。（同上）

此句提醒当时形势。

江西皆反。（同上）

按：当时之所谓"江东"，乃指长江下游而言。"江西"，乃指长江上游而言。由下游向上，故下曰"渡江而西"也。

后则为人所制。（同上）

《史记》用句较《汉书》多变化，于此亦可见一端。（《考证》引《汉书》）

请召籍使受命召桓楚。（同上）

按：《汉书》多改《史记》之"命"为"令"，盖"命"尊于"令"也。

一府中皆慑伏，莫敢起。（页6）

按："一府"者，全府也。"起"，犹动也。

梁部署吴中豪杰。（同上）

"部"乃组成互相隶属之单位。"署"乃安置其职位。

有一人不得用，……众乃皆伏。（同上）

由此一具体事实之叙述，而项梁蓄计之久，才识之过人，皆得以彰显。

徇下县。（同上）

按：如李说，则"徇"者，以兵力略取之意。（《集解》李奇说）

以上叙起事时情景。

项梁乃以八千人渡江而西。（页7）

"渡江而西"，乃一大关键，十一字句写来堂皇，脉络显活。此小段叙其起事后渡江之机缘。

无适用。(页8)

按:"适"应释作"合",无适用者,无合用之人也。颜说非。(《考证》颜师古说)

少年欲立婴便为王。(同上)

"少年欲立婴便为王",此乃当时一般之社会心理。婴母劝其"有所属",乃见其较一般心理特为细密,故史公特书之。此乃文中之插曲,然插曲必与主题有关系,乃能有风致而不觉赘累。

异军苍头特起。(同上)

按:"特起"者,不属于他人而独树一帜之意。

陈婴母谓婴曰。(同上)

此段所以著婴母也。婴母之识未必特为可贵,要出自妇人,斯为可贵耳。

未尝闻汝先古之有贵者。(同上)

按:就《汉书》所改,可知《史记》之"先古"原作"先故",班固误解"故"义而妄改。

> 婴乃不敢为王，……以兵属项梁。（同上）

　　有此一般，以见项梁因家世而得众望，乃其所以能迅速发展之原因。

　　此两小段叙项氏之始大。中间夹入陈婴之母一段，一以描写当时之各种心理，一以显出项氏之人望。叙事文中有此等笔墨，乃能有生气。且陈婴之母，得此而入于史乘。

> 当是时秦嘉已立景驹为楚王。（页9）

　　按：《汉书》去"当"字，文势弱。

> 项梁已并秦嘉军。（页10）

　　提笔必如此，精神脉络乃贯注而不散漫。

> 项梁前使项羽别攻襄城。（同上）

　　此段以项梁为主，而照应到项羽。

> 还报项梁。（同上）

　　至"还报项梁"止，述项梁起事之初期发展，至此告一段落。文章段落，须与事势相应。

项梁闻陈王定死。（同上）

必点醒此句，乃与全般形势相应。此乃另开以后之局面。此段在叙项梁之初步发展，且暗叙出此时之形势。

此时沛公亦从沛往焉。（同上）

因以后与沛公互相关涉，故此时须插入此一句。此为另一事，故用"焉"字以顿跌之。《汉书》去"焉"字，文气全别。

居鄛人范增，年七十。素居家，好奇计。（同上）

数语为以后之行动作准备，故此数语为前段转向后段之桥梁。

今陈胜首事，不立楚后而自立，其势不长。（页11）

范增论陈胜，未尝不是。盖陈假楚继而首发难，其势甚孤，故应有社会潜力之凭借。但非所以论于项梁之时。盖项梁此时，形势已与陈胜时不同也。

乃求楚怀王孙心，民间为人牧羊，立以为楚怀王。从民望也。（页12）

按此时乃历史之一大转变时期，平民而有为天子之心，无所借助于早经没落之六国遗族。平民而有为天子之心，乃新的浪潮，而六国遗族之后起，乃余光之反照。此意惟张良知之耳。且楚与六国平列，原非天下之共主。立楚后并不足以号令天下，尔后六国之叛楚，此亦其原因之一也。

此段叙立怀王之经过，已伏下杀义帝张本。

> 项梁自号为武信君。（同上）

此处叙陈婴与项梁之地位，以见怀王一开始即不信任项氏。

> 与齐田荣、司马龙且军救东阿。（同上）

"初，章邯既杀齐王田儋于临菑，田假复自立为齐王。儋弟荣走保东阿，章邯追围之，梁引兵……"按《汉书》加此数句，较为明密。

因齐与项氏相终始，纠葛最多，故叙此一段。

> 项梁已破东阿下军。（页13）

因中夹叙齐事，故必有此句，而其前后相终始显。
此段叙楚与齐之关系较详，因与项氏兴亡有密切关系。

> 齐遂不肯发兵助楚。（同上）

为后伏笔。

项梁使沛公及项羽，别攻城阳，屠之。……外黄未下。（同上）

若项羽及刘邦非主要人物，则此类小军事行动，必略去不加叙述。（指城阳一役）
此小段叙项、刘之活动，乃项梁死后形势转移作伏笔。

项梁起东阿，西北至定陶，再破秦军。（页14）

此乃与上并叙，而非续叙。

宋义乃谏项梁曰。（同上）

叙此段，不仅见项梁之所以败，且由此而伏下宋义为上将军一段公案。

项梁死。（页15）

叙项梁之死，自起事至此告一段落。以后乃以羽为主。

乃与吕臣军俱引兵而东。（同上）

引兵而东，乃暂退军也。
此小段叙项梁死后之形势。

章邯已破项梁军。（同上）

　　此句系明脉络。
　　自此以后，以巨鹿之战为主。此为秦亡楚兴之关键。一切叙述皆以巨鹿之战为中心。

　　当此时赵歇为王，陈余为将，张耳为相。（同上）

　　按：叙事之法，有其一贯主题，楚者此文之主题。然楚未掌握全局以前，其行动必与全局相关；故必叙全局而楚行动之意义乃明。即楚以外之某一局部形势，若与楚之利害有关，则此形势亦成为楚行动之背景，必此种背景明而后楚之行动意义乃显。故一切插叙均以此断之。
　　此小段叙秦、赵两军之形势，即叙楚以外之形势。此时之全局仍在秦。

　　楚兵已破于定陶。……将砀郡兵。（页16）

　　必有此句提醒，脉络乃明。（指首句）
　　此小段叙楚之形势。
　　在两方关连交错一决雌雄时，必将两方形势交代清楚，眉目乃清楚。
　　按：《汉书》去此数句，所以加羽杀怀王之罪也。

　　项羽为鲁公为次将。（页17）

羽之封不叙于上一小段而叙于此者，以便与宋义作对照，且与上系别为一路也。

> 范增为末将救赵。（同上）

按：《汉书》"救赵"之移置是也。

> 诸别将皆属宋义，号为卿子冠军。（同上）

号"卿子冠军"，壮义之声势。

> 行至安阳，留四十六日，不进。（同上）

《汉书》去"四十六日"四字，文因抽象化而不现精神。

> 夫搏牛之虻，不可以破虮虱。（页18）

按："搏牛"二句，喻赵小而坚，秦攻之不易也。上句言章邯虽破项梁，但未必即能攻破邯郸也。

> 强不可使者。（同上）

由"强不可使"四字，可以知怀王防羽之故。

今将军诛乱。(页 20)

语气未完。慌乱不暇完也。
此段叙杀宋义事,为巨鹿之前奏。
杀宋义为羽获得权力之张本,故详叙之。

项羽已杀卿子冠军。(同上)

加强羽之声势。

无一还心。(同上)

按:"一"者,在此段乃丝毫之意,言绝无还心也。

当是时……诸侯军无不人人惴恐。(页 21)

此数语已将战事叙了。必加此一小段,乃有声有色,且使人有战事之真实感。
叙楚军之声威不由敌军反映,而由友军反映,此其所以有声有色。因此时之友军系处于旁观地位。

项羽由是始为诸侯上将军,诸侯皆属焉。(同上)

前者为楚上将军也。
此段叙巨鹿之战。

经巨鹿之战即秦之命运已失,故巨鹿战为亡秦事业之高峰。

> 章邯军棘原,项羽军漳南,相持未战。(同上)

此三句说清战后形势。以下之活动,皆在此形势下进行。

> 项羽悉引兵击秦。(页 24)

羽盖乘其狐疑不决而击之。

> 章邯使人见项羽,欲约。(同上)

章邯乃秦主力,故对其降楚经过详叙之。章邯降而秦势已尽矣。

此段所以详叙章邯之降者,盖章邯降而秦实已亡矣。但若无巨鹿之战即无章邯之降。故由此点言,则此段亦可谓为巨鹿之战的余波。

> 到新安。(页 25)

此处《汉书》加"汉元年,羽将诸侯兵三十余万,行略地至河南,遂西"数语,较明密。

> 行略定秦地,至函谷关。(页 26)

一面前进，一面略定秦。

此段叙章邯降后项羽之行动。按秦军完全覆没后，秦实已亡。文字由亡秦转入于刘项斗争。其第一高峰为鸿门之会。故此段乃鸿门之会的先声。

按：《汉书》将此段移入《高纪》，为《项纪》减色，为《高纪》生色矣。

当是时，项羽兵四十万，在新丰鸿门。沛公兵十万，在霸上。（页27）

此小段叙两方形势。

按：有此两句，两方之壁垒分明，而文势亦特现精神严整。

范增说项羽曰……急击勿失。（同上）

叙此一段，为鸿门之会作势。

良曰："料大王士卒，足以当项王乎？"（页28）

按：观下文项庄"君王与沛公饮"之言，则顾说是也。（《考证》顾炎武说）

此一夜之事关系于楚汉兴亡，故详叙之。

此段详叙张良缘项伯以求解救之经过，以见刘势之弱，情势之险。

吾得兄事之。（页29）

南宋绍兴庚申刊《集解》本作"吾得见兄事之"。

不如因善遇之。（同上）

按：梁说迂论也。此时项、刘在表面上固仍为友军而非敌军也。（《考证》梁玉绳说）

项王曰："此沛公左司马曹无伤言之，不然籍何以至此。"（页30）

项羽此语具见其年少气盛，而实则中无定见，实童骏耳。

项伯东向坐，……张良西向侍。（同上）

坐次可以反映当时之地位，且为后之演出交待场面也。
按：《新序》（《杂事》篇）"秦欲伐楚，使使者往观楚之宝器"一段，昭奚恤所定之坐次，正与此处合，以东向为贵，西向次之。
范增之南向坐，盖所以尊之，故不称范增，而称"亚父"，下乃加"亚父者，范增也"一句以解释之。
按：后汉间蜀，"见使者，详惊愕曰：'吾以为亚父使者，乃反项王使者！'"按此，则"亚父"当为尊敬之辞，非其字也。
按：《韩非子·外储说左下》："管仲相齐……曰：'臣尊矣，然而臣疏。'乃立为仲父。"又《外储说右下》："昔者齐桓公爱管

仲，置以为仲父。"按此，则如说是而刘说非矣。(《集解》如淳、《考证》刘攽说）

又鸿门之会，为项氏一生发展之最高峰，又为由灭秦转入刘项斗争之转捩点。而一夜及半日之紧张活动，关系于刘项兴亡者至大，其决定因素全系于两方人士之心智活动。换言之，此为在此一段历史中，历史人物性格之集中表现，故史公对群象之描写特力。此盖说历史中之人格活动以掌握历史之关键也。

　　大礼不辞小让。（页33）

枫山本、三条本无"小"字。按：无字者是也。

　　当是时项王军在鸿门下，沛公军在霸上。（页34）

二句提醒当时形势。

　　沛公则置车骑，脱身独骑。（同上）

"脱身"犹单身。

　　谨使臣良奉白璧一璧。（同上）

各本下"璧"字作"双"，泷本"双"误作"璧"。

　　立诛杀曹无伤。（页35）

按：欲杀刘邦者，仅范增少数人之私计。就外表言，固仍为友军耳。董份之论迂切。(《考证》董份说)

项王使人致命怀王。(页36)

按："致命"犹"请命"。

汉之元年四月，诸侯罢戏下，各就国。(页44)

此段叙项羽封诸侯王之形势，政治力由秦转于项羽。

项王出之国，……击杀之江中。(页45)

此一小段结束交代项羽与怀王之关系。
陈涉乃首义之人，怀王孙心系项家所立所废，其在历史上之地位与意义，岂可相提并论，赵翼真腐俗之见。(《考证》赵翼说)

今尽王故王故丑地。(页47)

各本下"故"字作"于"字。

齐、赵叛之。(页48)

按：彭越此时受命于田荣，不应与齐并列；《汉书》改"齐、赵"为"齐、梁"，非是。(《考证》)

令萧公角等击彭越。(同上)

此为楚汉相争之始。

按：自鸿门以后，重心移于刘、项之争。凡叙齐、赵、彭越、臧荼，皆与刘、项之争有关，故分叙而实有一重心以贯注之。

项王由此怨布也。(同上)

为后作伏笔。

多所残灭。(页49)

按：汉能劫五诸侯兵而羽必出之于阬戮，刘、项之胜负于此可见。

春，汉王部五诸侯兵。(同上)

"五诸侯兵"以颜说为长。(《考证》颜师古说)

而自以精兵三万人，南从鲁出胡陵。(页50)

此处可见项之能用兵，兵少则行动迅速，而指挥掌握为易。

项王乃自东击彭越。汉王得淮阴侯兵，欲渡河南，（页58）

自荥阳之战以后，由相持而项羽转于罢弊，其原因为韩信与彭越之袭扰楚后方。

汉之转机在于得彭越、韩信之力。

皆会垓下诣项王。（页68）

按："诣项王"者，指向项王。三字非衍。（《考证》中井积德说）

汉皆已得楚乎？是何楚人之多也！（同上）

此处用"乎"字、"也"字，其气衰矣。

项羽乃欲东渡乌江，（页71）

按：项羽之事业皆其本身才气之直接表现，而气尤为其人格之具体内容。故于垓下之败后，直至其死，皆其人格之直接描写也。

故分其地为五：……封吕胜为涅阳侯。（页73）

此小段叙诸人得侯之易，实反衬出项羽之余威。

《史记》札记

525

自矜功伐，奋其私智而不师古。（页76）

此处之"而不师古"，殆指其不能用人而言。

卷八　高祖本纪

常有大度，（页5）

《佞幸传》："汉兴，高祖至暴亢也。"李笠《订补》："此皆恐犯罪讳以杂见错出而明己论也。"按：如李说则《本纪》为虚语。《本纪》之"大度"，乃刘季未得天下以前容忍精神。《佞幸传》之"暴亢"，乃刘季得天下后所暴露之本性。故有"汉兴"二字，以见其得天下以后情形也。

是时章邯已以军降项羽于赵矣。（页31）

此点破灭秦之功在羽而不在邦。

沛公以为诈，（页32）

此以见司马之为实录也。（《考证》）

闻项王怒欲攻沛公，（页37）

无所谓尊君之体。（《考证》梁玉绳说）

士卒皆歌思东归。（页 41）

林乃腐论，可笑。(《考证》林伯桐说）

有功者辄裂地而封为王侯。（页 63）

可知此为其得天下之主要条件。

王陵对曰：（页 65）

按：陵言与韩信言合，又与上群臣之言合，此即所谓"顽钝无耻嗜利者多归汉"也。

太公家令说太公曰：（页 68）

家令之言，定一尊于人主，此乃不明大体之言。

乃伪游云梦，会诸侯于陈，楚王信迎，即因执之。（页 70）

于此见刘邦之深惧韩信。

天子以四海为家，非壮丽无以重威，且无今后世有以加也。（页 75）

萧何陋说。

　　始大人常以臣无赖，不能治产业，不如仲力。今某之业所就，孰与仲多？（页76）

此种描写，乃人格之涌现。

　　立子恒以为代王。（页79）

按：书名者史公之笔，不书名者乃后人所改，钱说误也。（《考证》钱大昕说）

　　高祖还归过沛，……道旧故为笑乐十余日。（页80、81）

此等处所叙述之生活，皆其率真之表现，故可以表现其人格。

　　高祖崩长乐宫。（页85）

如臣瓒之说，则高祖以秦庄襄王三年，岁在甲寅生。（《考证》）

卷九　吕后本纪

　　薄夫人子恒为代王。（页4）

此以后世例前代，不当。(《考证》梁玉绳说)

三年，方筑长安城。……十月朝贺。(页8)

按：吕后主政，无设施可言，故特为省笔以见意。

君等幸得脱祸矣。(页9)

按：汉初，诸大臣以能免死为大事，诸说皆迁。(《考证》)

三年，无事。(页15)

按："无事"者，无新造之事，非无循常之事。

诸吕权兵关中，(页27)

按：名词常作动词用，"权兵"者即执兵权之意，不必"拥"字义长也。(《考证》)

代王，方今高帝见子，最长，(页35)

按："见子，最长"者，现存之子最长也。

太史公曰：……衣食滋殖。(页37、38)

按：此赞不完具，但系言朝廷乱而天下仍得以安之故。

卷十　孝文本纪

此所谓盘石之宗也。（页3）

按："宗"疑"安"之误。

及为收帑，（页13）

按："及"者，"乃至"之义，非"乃"字之误。

卷十一　孝景本纪

孝景本纪第十一（页1）

按：《孝景本纪》，仍系史公之旧，而经后人删削者，非本于《汉书》。

更命廷尉为大理，……置左右内官，属大内。（页12、13）

按：此段，《汉书》仅"十二月，改诸官名"七字，可知此文乃在《汉书》之后。

卷十三　三代世表

余读谍记，（页3）

"谱牒"对举，则"牒"以列其事，"谱"以纪其系谥；单举则其义可以互兼。（《考证》）

从黄帝至武王十九世。（页22）

"十九世"之"十"字，当有脱文。

卷十四　十二诸侯年表

十二诸侯年表第二（页1）

傅氏之说可信，但对其所以然之故，尚未能言之成理。按：董仲舒有孔子作《春秋》，亲周王鲁之说，司马氏既本《春秋》以成表，故亦以鲁居于王位，不与十二诸侯同。亦犹秦统一六国，故不与六国同也。（《考证》傅占衡说）

按：表有曹而无《曹世家》。表无越而有《越世家》。曹乃成王时同时受封之国，入表以存周室封建之形势。其细已甚，故不为其作世家。此表以春秋为主，越在春秋之末始见，故不必入表。然尔后曾称霸诸侯，且有史料可据，故为之立世家。

按：此序主要言世运之隆污演变之故。

序意：在周厉王以前，世运寄于政统。自厉王之始乱而政统不足以持世运，故孔子作《春秋》，而世运寄于学统。此亦史公作史之意也。

师挚见之矣。（页3）

按：就《论语》之语意推之，似以《关雎》为国风之始，乃厘定于师挚，故曰"师挚之始"，大约史公以为师挚之所以定《关雎》为首，正因其有闺门教化之意。

周道缺，……《鹿鸣》刺焉。（页4）

"诗人本之衽席"，盖针对汉初而言。
此数语言之始于微，即《自序》引《易》曰："失之毫厘，差以千里"之意。

乱自京师始，而共和行政焉。（页5）

此段言周室因失其礼义之本以至王纲解纽，不复为历史命运之所寄。
周之政统实终于此。
"共和"应以杨树达《师䣛𣪍跋》之说为妥，见《积微居金文说》页一三八。

是后或力政，……贼臣篡子滋起矣。（同上）

按:"力政"者,以力为政也。

此段言周衰而有五伯,但五伯孙"力政",故依然非世运之所寄托。

此极言世运之无所托。

齐、晋、秦、楚其在成周微甚……皆威而服焉。(同上)

此言四国乃凭地形之便利而起,非以德服天下也。

此段言周室失政后,历史上之混乱情形,使生民无所托命。

是以孔子明王道,……不可以书见也。(页6、7)

此段言孔子作《春秋》,乃世运之所系,学术文化代政治而维系世运也。

由个人言,谓之"义"。由政治言,谓之"法"。与"古文义法"不同。

按:"王道备,人事浃",以见《春秋》为世运所寄也。

按:荀子谓《春秋》之微也。史公谓七十子之徒,变其传指,为其不可以书见也。由此可知作史之艰难,故无理想以克服此艰难,即不能写成客观之历史。

因孔子史记具论其语,成《左氏春秋》。(页7)

孔子因事以见义,则义亦由事而显,故《左氏》具论孔子所语之事实,使事实为义法之断制。

《史记》札记

按："论"乃编定之意，"其语"者，孔子所语《春秋》之事实也。

史公因董氏而义承《公羊》。此处特出《左氏》者，因年谱之材料，皆本于《左氏》。

铎椒为楚威王傅，……各往往捃摭《春秋》之文以著书，不可胜纪。（页8）

由此段叙述可知，《春秋》非仅作史书看，而系作私人之著作看。

盖即就事（具体的思维）言理，而非以思辨言理之思维特性。此段言"春秋学"之发展流变。

汉相张苍历谱五德，（页9）

以年历列明五德转运之数。

欲一观诸要难。（同上）

此句总评其缺点。

此系就以上各家加以评断，而指不完不备无所折衷，以见其作此《年表》之意。

于是谱十二诸侯，自共和讫孔子。（同上）

就史对儒者及驰说者之批评观之，乃由教训之意识，转为史学意识之表现。孔子乃匹夫耳，自共和讫孔子，此正表明以文化济政治之穷。

表见《春秋》、《国语》、学者所讥盛衰大指著于篇。（同上）

按：此处之《春秋》，乃包括《吕氏春秋》而言。

卷十五　六国年表

六国年表第三（页1）

按：《六国年表》，主要为秦并六国之过程，故序以秦为主。
按：此序言秦统一天下之经过，以见时代变迁之急。
此篇之理念为司马光史观之所本。
按：对世变之深切感受，即所谓"通古今之变"，此乃史家把握历史之关键。

谋诈用而纵横短长之说起。（页3）

按："短长"犹言利害，策士向时君陈策，何者为长，何者为短，短长相较，以动时主，故谓之"短长术"。

盖若天所助焉。（页4）

按：史公此等处言天，言其德不足王也。

或曰："东方物所始生，西方物之成熟"。（同上）

此乃当时术数家之言，史公引之。
此段对秦能统一天下所作之怀疑性之解释。

烧天下诗书，诸侯史记尤甚，（页5）

按：《竹书纪年》当为魏之史臣所录。
按：由此亦可见孔子作《春秋》在史学上之贡献。

世异变，成功大。（同上）

按："世异变"者，世与前代异而情势亦因之而变也。

传曰"法后王"，何也？（同上）

按：《荀子》之所谓"法后王"，乃指法周而言，史公及后人皆误解。

学者牵于所闻，……悲夫！（页6）

"牵"犹拘也。

由此可知当时学者之不敢道，并非真出于政治得失之判断，而系来自成败势利之见。

卷十六　秦楚之际月表

秦楚之际月表第四（页1）

刚性的句子，气象挺拔；柔性的句子，风神飘逸。两者以相形而愈显其特性，以迭出而更显抑扬顿挫。

此文可作《风骨》篇（《文心雕龙》）之范文。

虐戾灭秦，自项氏。（页2）

阬降卒，杀子婴，焚宫室，故曰"虐戾"。

拨乱诛暴，平定海内，卒践帝祚，成于汉家。（同上）

此实以十六字为一句。
笔势挺拔。

故愤发其所为天下雄，安在无土不王。（页3）

按："愤发"犹奋起。
上文跌宕低回，此两句则重新振起，故能于跌宕之中，依然可以透出强大的力量。

岂非天哉，岂非天哉！（页4）

按：此序乃见汉兴为历史上之一大变局，此大变局非一二人之力使然，故曰"岂非天哉"。

以见时势造英雄，非一人之力。

此二句乃此序之主题，层层逼出，故特为有力。

非大圣孰能当此受命而帝者乎？（同上）

"大圣"乃作主题闪避之用。

秦二世元年。（页5）

按：在此表二世元年之所谓"楚"，系指陈涉及楚怀王，此与项氏无关。项氏后又号令天下，亦与原来之"楚"无关，故不能不将"楚"、"项"分而为二。

卷十七　汉兴以来诸侯王年表

汉兴以来诸侯王年表第五（页1）

按：此篇以形势为主题。

汉以大封异姓诸王，合天下之力以灭项羽，得天下后力求安天下之策。始则杀戮功臣，非异姓者不王，以同姓制异姓。继则同姓亦尾大不掉，乃削封召乱。继则采众建诸侯而少其力之遗策，以强干弱枝，以中央制地方。此皆在形势上讲求安定。然枝弱而王室兴，汉卒以亡，则仅凭形势以求安定之果不足恃也。史公之以仁义为本，信哉。

> 形势虽强，要之以仁义为本。（页7）

汉削弱封建，其形势已强矣，其仍以仁义为本，盖以安天下者，在此不在彼也。

此表之最大特色为仅有兴废叛服之记载，而无政治文化之设施及交互之交往。盖此一封建局面，全为形势逼出，此外更无目的、成效可言。

卷十八　高祖功臣侯者年表

高祖功臣侯者年表第六（页1）

按：此表与前表异者，不仅上表以王为主，此表以侯为主；抑且上表所列者，为当时之所谓王，亦同于诸侯，当时形势之所不得不封。其封与废，皆所以对应当时之形势，以求安定天下，而非出于酬庸报功。此表所列者，则以酬庸报功为主，非由形势所主宰，而系由高祖私人所主宰。故在性质上与前者不同，因分为二表。

> 封爵之誓曰："使河如带，泰山若厉。国以永宁，爰及苗裔。"（页2）

按：此处所引者乃相传之古誓词，非就汉而言，视此段之上下文而极易明白。《困学纪闻》所引《楚汉春秋》之词，乃汉高祖袭用古誓词，而于末二句改为汉语。两不相混，无所谓"吕后更之"。梁盖未求之于上下文义耳。（《考证》引梁玉绳说）

曰：异哉所闻！（同上）

按：此谓古者衰微之以渐，久而尚存，而汉则封之未必以其道，失之亦非其渐。骤封骤失，故曰异于古所闻。

罔亦少密焉。（页4）

此《自序》所谓"隐约"者也。

然皆身无兢兢于当世之禁云。（页5）

此段言汉室之上薄下偷，不及于古。

居今之世，志古之道，所以自镜也，未必尽同。（页5）

封废皆不出于一己之私，所以自镜其失。
此段似曲为汉室原谅，而实所以深其慨感，且肯定其在历史中之意义。

卷十九　惠景间侯者年表

惠景间侯者年表第七（页1）

按：此表序文义似不完。

按：此表内所列之侯，皆所以表示朝廷之恩泽，与前二表殊科，故云"当世仁义成功之著者也"。

卷二十　建元以来侯者年表

建元以来侯者年表第八（页1）

按：此表以汉武伐闽越、匈奴之将帅为主。序文之意，以为蛮夷在所当伐，然以汉武凭借之厚，而消耗国力至大，则其设施用舍之不当可知。封侯者之多，正见其耗费耗力耗时之大且久。此乃序之微意所在。应与《匈奴传》赞合观。

卷二十一　建元已来王子侯者年表

制诏御史，……朕且临定其号名。（页2）

按：此种封侯，毫无政治上之意义，仅表示天子一人之恩而已。

卷二十三　礼书

洋洋美德乎！宰制万物，役使群众，岂人力也哉？（页2）

按："洋洋美德乎"系美礼。"宰制万物"两句，指政治权力，"岂人力也哉"，言非可恃人力而须恃礼。此乃一篇之主题。
政治应本于礼，而不出于人之权力意志。

仲尼曰："禘自既灌而往者，吾不欲观之矣。"（页4）

"仲尼曰"二语，乃对周废以后之总判断，言徒具礼之形式者，皆不足观。
夹此句言礼之不可乱，以引起下文。

奢溢僭差者谓之显荣。（同上）

按："差"乃差失之意，即政治上之失礼。

而况中庸以下，（页5）

按：此处之"中庸"，犹中人之资者。

至秦有天下，……依古以来。（同上）

因汉承秦礼，故此处对秦采曲笔。

"尊君抑臣"，为此后礼制之骨干，缘人情而为节，诱进以仁义之意全失。

按：《正义》释"依古以来"为"依古以来典法行之"，与上文义矛盾，此句下当有阙文。按：当释为"依托古礼传下之形式行之"。

躬化谓何耳，（页6）

按："躬化"犹言"身教"。"躬化谓何耳"，犹言"身教之谓何"，言不合于身教之旨也。

御史大夫晁错明于世务刑名，数干谏孝景曰：（同上）

此言晁错本刑名精神以言礼，非礼之本义。

追俗为制也。（页7）

"追俗"犹"随俗"。

乃以太初之元改正朔，……垂之于后云。（同上）

此言汉或以侈泰之心补秦之缺漏。

是儒墨之分。（页12）

由此处之以删字而衔接无迹，可知由礼论中夹入议兵一段，盖有其深切用意，乃针对汉武穷兵而言也。

刑措而不用。（页 16）

下又入礼论。

太史公曰：（页 22）

按：非后人妄增。（《考证》）

卷二十四　乐书

太史公曰：……未尝不流涕也。（页 2）

按：乐以和为主。汉时君臣间残忌猜嫌，故史公于发端处有此痛切之感。
按：此当与《匈奴列传》赞对看。
仅以文章惯性论之，陋矣。（《考证》方苞说）
"维是几安"，恐系"惟几惟康"（《尚书·益稷》）一语之转用。（《考证》）

推己惩艾，（页 3）

"惩"，创也。即鉴戒之意。

君子不为约则修德，……非大德谁能如斯！（同上）

按：此皆针对汉武而言。

斟酌饱满，（同上）

按："斟酌饱满"，言取之于音乐而得精神满足。

名显邻州，（页4）

此四字疑衍文。

赵高曰：（页5）

此以赵高比公孙弘。

二世然之。（同上）

此言乐随政坏而极于秦。

高祖过沛，……习常肄旧而已。（同上）

此段言汉兴四代，音乐简陋。

通一经之士，……多尔雅之文。（页6）

按：由此可知当时经学之陋。

世多有，故不论。（页7）

由此更可知史公著书，所以备遗补缺之意。且甚有微辞。

又尝得神马渥洼水中，……当族。（页7、8）

因马作歌，正以见其侈心的流露。（指汉武帝）
按：先王作乐，采自风俗，所以通人之情，饰人之性，以与万民共之也。而武帝竟以马而作乐，具用之郊祀庙享，故说为此语以讥之。（汲黯谏武帝语）
以上是武帝之荒淫无知，全失音乐之本意。
按：此或亦史公作象征性之叙述，以自表无微意耳。（公孙弘语）

声相应，故生变；（页9）

声与声相应，故生变化。郑生非。（《集解》郑玄说）

凡音由于人心，……故身死国亡。（页72）

此段特强调音乐乃天人相感之桥梁。下引《韩非子·十过》篇，以为此段之例证，未可谓为"妄增"。

太史公曰：……故君子终日言而邪辟无由入也。（页75、76）

按：此或为序文"当族"以下之文，史公置于此，所以正汉廷之失，而又欲顾及身之祸。似未可轻谓为后人妄增。

卷二十五 律书

王者制事立法，……何足怪哉？（页2至4）

按：史公《自序》之意，其所谓"律"，乃《易》"师出以律"之律。本篇将音乐之六律，加以神化，似为史公所未有，于古亦无据。史公本文当自"兵者，圣人所以讨强暴、平乱世"，至"孔子所称有德君子者邪。"此本文与"律"毫不相干，故知开始之一大段，乃汉代术士之言，至西汉末而大行，遂由后人加上以求完备，非史公本文。

按：八书中惟《律书》、《历书》、《天官书》，前后皆无"太史公曰"，盖编纂尚未成篇之书也。

按：此书最为错乱，其中有应属《历书》者，有应属于《乐书》者。

作战乃生死存亡，决于顷刻之事，故在此种特殊心理之上，

《史记》札记 547

古人认为与天地相关连，而由气以窥天地之机，由机以定其师行所宜，乃有望气听声之事。（论"望敌知吉凶，闻声效胜负"两句）

　　兼列邦土。（页5）

汉人不尽讳。（《考证》梁玉绳说）

　　南越、朝鲜自全秦时，（页7）

"全秦"者，言当秦统一之时。

　　朕能任衣冠，（同上）

"衣冠"指中国。"任衣冠"者，仅任中国之责。

　　太史公曰：……孔子所称有德君子者邪！（页9）

此言汉之不轻用兵，所以暗示武帝穷兵黩武之不当。

　　《书》曰：七正二十八舍。（同上）

此下乃后人所妄加，恐系出于纬书。

卷二十八　封禅书

封禅书第六（页1）

按：文学之效果在将人世之情事，加以刻尽描述，使其隐而不明、晦而不显者，皆由此而得到明确之形象。使人行之于不知不觉、意识惝恍之中者，却见之于客观反映之中，在客观反映中自见其心机、嘴脸，此写实主义之所以成为文学之一巨流也。此篇与文学为一体。

按：此文实分两大段，由"自古受命帝王"起，至"移过于下"止，历述封禅实起于秦俗及齐方士之言，为典礼所未有。由"汉兴"起，至末尾止，乃描述汉武之淫侈童骏，为方士所玩弄之可怜可笑。虽以封禅为主，而封禅实源于淫祠求福，故并述各种不经之淫祠怪说。

按：《封禅书》为后来《郊祀志》之所自出，此乃以宗教历史中之问题为主。中国宗教与政治不分。但经周公及儒家之努力，已由原始之迷信而奠基于道德之上。但当由不德之君，因野心与无知的结合，而又走回迷信之路。《封禅书》即为揭破此点而作。

自古受命帝王，曷尝不封禅？（页3）

按：此乃以庄严之词，尽调侃之意。

《尚书》曰，……五载一巡狩。（页4、5）

此段述祀天子巡狩之情形，义似于封禅，而实与封禅有本质之别，详述之以破傅会而便比较。

此乃与武帝主封禅相对照而成义。

按：汉由五行观念而立五岳之名，史公于此增"中岳"，盖受其影响。

禹遵之。……后稍怠慢也。（页5、6）

此段将好神、修德，作错落之叙述，而其意则指明兴亡在德而不在神，以见封禅之乱德。其所以作错落之叙述，一资比较，一资隐微，且历史中之本来面目，固如此也。

伊陟赞巫咸，巫咸之兴自此始。（页5）

下"咸"字因上文而衍。

《周官》曰，（页6）

按：此乃古文《尚书》之《周官》，今已佚。

天子曰明堂、辟雍，（页7）

按：此"明堂"二字衍文。

《周官》曰，……郊社所从来尚矣。（页6、7）

此段略述古代祭祀之情形及起源，以见无所谓封禅。

　　秦襄公既侯，居西垂，自以为主少皞之神，（页8）

详叙秦之淫祀，以见武帝之直承秦后也。

　　诸神祠皆聚云。（页9）

史公用"云"字作语尾助词，盖表不从之意。

　　而后世皆曰秦缪公上天。（同上）

以上言秦由开国至缪公，用夷狄之俗，无礼义之教，故好神淫祀，虽无封禅之名，而其本质实同于封禅。

　　秦缪公即位九年，（页12）

以此句将两故事加以连结。

　　齐桓公既霸，……桓公乃止。（页12至15）

齐桓公之三十五年，秦缪公之九年。
　　夹入此段以见封禅为管仲所不信，所以与秦之戎俗相对照，亦与汉武相对照也。

《史记》札记　　　　　　　　　　　　　　　　　　551

中夹此段，以见传说中之封禅，亦为管仲所不道，且叙述方士神话之另一来源。

> 传略言易姓而王，封泰山禅乎梁父者七十余王矣。（页15）

按：孔子论叙六艺，其中无封禅之事甚明。而传经者都略言及封禅之事。此指当时小儒迎合傅会之言而言，梁误解。（《考证》梁玉绳说）

> 其俎豆之礼不章，盖难言之。（同上）

因系傅会之词，故俎豆之礼不章。

> 或问禘之说，……其于天下也视其掌。（同上）

此段见孔子即禘之说亦所不言，更何有于封禅，以此破当时儒者假托傅会之说。

> 其后百一十五年而秦并天下。（页19）

以上言秦之好神信怪。神怪之说，秦自为一系统，与正统之祭祀典礼无关。

> 始皇闻此议各乖异，难施用，由此绌儒生。（页40）

按：儒者之议，对始皇有讽谏之意，故为始皇所绌。中井说非是。(《考证》中井积德说）

> 立石颂秦始皇帝德，明其得封也。（页21）

明其所以能封泰山之故，并非偶然。

> 于是始皇遂东游海上，（同上）

由始皇之东游海上而再插叙齐燕系统方士之怪说，使两大系统，融合得非常自然。而始皇为集方士怪说之大成，于是而益显。

> 而宋毋忌、正伯侨、充尚、羡门高最后皆燕人，（页23）

按："最后"者，指此四人而言。与前"神将"对，故曰"最后"也。

> 然则怪迂阿谀苟合之徒自此兴，不可胜数也。（页24）

以上言秦始皇由秦俗而接受燕齐方士之怪说，集迷信之大成。其所祠者既皆由燕齐方士而来，可见其全为诈伪。

> 其傅在勃海中。（同上）

"其傅"当为"其传"或"共传",形近而误。

其物禽兽尽白,(页25)

与秦之尚白相傅会。

船交海中,(页26)

"交"者,来往之意。

令祠官所常奉天地名山大川鬼神可得而序也。(页28)

"序",整理而定其次序。

唯雍四畤上帝为尊,(页33)

按:此皆根据秦之传说,不可以为考典之资。梁说迂。(《考证》梁玉绳说)

即有灾祥,辄祝祠移过于下。(页35)

以上因封禅而总述秦之各种祭祀,为以后《郊祀志》之所自出。

封禅为特典,而上段所述者为祭祀之常典。

祠蚩尤，衅鼓旗。(同上)

刘邦之行事，不必皆与古合。梁说迂。(《考证》梁玉绳说)

四帝，有白、青、黄、赤帝之祠。(页36)

按：何妄说。(《考证》何绰说)

是时丞相张苍好律历，以为汉乃水德之始，(页40)

按："始"字是水德之始，言秦不足以当水德，而水德实始于汉。以言汉非继秦之水德也，《汉志》误。(《考证》)

而使博士诸生刺六经中作《王制》，(页42)

按：六经中无封禅之事。此明言"刺六经中作《王制》"，其为今《礼记》之《王制》无疑。
许将《逸礼》误为《礼记》。(《考证》许慎说)

尤敬鬼神之祀。(页45)

先总揭一句，武帝之纲领乃显，精神乃现。

使人微伺得赵绾等奸利事，(同上)

按："奸利事"当另有所指，徐说迂。(《考证》徐孚远说)

是时李少君亦以祠灶、谷道、却老方见上,（页46）

封禅与不死，原为两事。至李少君乃结合而为一，于是益增汉武诞妄之心。

而海上燕齐怪迂之方士多更来言神事矣。（页48）

以上叙汉武迷信诞妄之始，由此而愈演愈诞。史公以此等承上同时即明下之方法，使此一复杂之事象，能在演变中得到清楚之线索。

太一、泽山君地长用牛；（页49）

按：当为三神。

锡诸侯百金，风符应合于天也。（页51）

以风示符应之合于天也。
以见封禅之事由迷信之积累而来。

一者壹统，天地万物所系终也。（页62）

按："系终"或为始终之义。

泰山之草木叶未生，（页74）

草木叶未生，乃气候使然。所以叙之者，以见其决无所谓瑞应也。

兕牛犀象之属不用。（页75）

按：此亦有不杀生之意。

屑如有望，（页76）

"屑"，同"屑"，杂碎众多之貌。

有星茀于东井。（页78）

"茀"，蔽。光掩蔽于东井。

于是退而论次自古以来用事于鬼神者，（页88）

当时之所轻所略者，史公觉其有历史之意义，故为之拾遗补缺。

卷二十九　河渠书

　　蚡言于上曰：……塞之未必应天。（页8）

　　按：钱说非是。果如钱说，则武帝何以因封禅亲见梁楚之敝，而卒塞瓠子乎？（《考证》钱大昕说）

　　太史公曰：……而作《河渠书》。（页18）

　　按：先有经纶天下之志，故随其所见而能发现历史上之大利大害。

卷三十　平准书

　　平准书第八（页1）

　　《平准书》主要述人主之根本动机、政治设施、财经问题、社会经济之相互影响。且实系一整套构造，在政治上有如发条之绞练，其势不能不愈转愈紧。

　　自文学言之，通篇头绪纷繁，而条理分明，勾连密切。千门万户，一气贯通，故成其为大文章。

　　自史学言之：（一）史公特重视经济问题，以《河渠书》述水利，以《平准书》述财经政策，以《货殖列传》述社会工商之活动，此三篇当合看。（二）史公不孤立地把握财经问题，而系在政治、财经、社会三者之互相影响中把握问题。《平准书》即在说明由人主之政治动机而形成政治之方向，由政治之方向而促成财经之设施，由财经之设施而影响社会生活与治安。由社会生活与治安而又影响到政治之方向，三者互相激射，以形成整个之危机。在史公心目中，汉之不亡于武帝，盖亦侥幸耳。(三)武帝设平准令以调剂物资之流通与物价之贵贱，乃实行统制经济政策，为其财经政策之重心及其发展之最高峰，故即以此名篇。《汉书》改为《食货志》，则以"食"与"货"为财经之主要内容。

此《书》特重视货币之作用，因货币可以发生控制物资、物价之关系。

后尾之"太史公曰"一段，应移置于开首之处。

史公以《封禅书》描述汉武之愚昧性格，以《平准书》叙述武帝之政治、社会危机，以《酷吏列传》叙述武帝政治之本质，以《魏其武安侯列传》叙述当时朝廷之政治结构与政治斗争。

一黄金一斤，(页3)

《国语》："二十两为一镒。"《孟子·公孙丑下》"于宋，馈七十镒而受"，赵岐注："古者以一镒为一金。"按：因汉金少而钱多，故将秦以二十两金为一锭值钱一万者，改为十六两为一锭值钱一万，以见其币值之下落也。

至今上即位数岁，……物盛而衰，固其变也。(页6、7)

此极言政治、社会之安定。

《史记》札记　559

此段言生养休息，上下富足，风俗醇厚。

此在今日则表现以比较之数字。史公则举出具体之事例。数字明确而事例生动，一为科学的，一则带文学的意义。

因财富之增加而引起社会之侈心，因社会之侈心而引起朝廷好大喜功之念。

总上两小段，言武帝即位之初，物力雄厚，为以下武帝开边黩武政策作张本，且与以后之虚耗作对照。

> 而乘字牝者傧而不得聚会。（页7）

按："字牝"当为已生产之母马。

> 役财骄溢，（同上）

因人力少而骄，因财富多而溢。

> 以武断于乡曲。（同上）

武断与讲理相反，是以强暴之力决定是非。

> 自是之后，……兴利之臣自此始也。（页8、9）

此段总言兴利之所自始。概括当时大势，分四方面叙述，文势整齐而文笔变化。此乃史公文章之得力处。

此段言武帝凭富厚之治具实财，因开边政策而引起政治、社会之败坏,因政治、社会之败坏而引起严刑峻罚,因继续消耗而引起兴利之法。严刑峻罚与兴利之法为不可分,此乃通篇之主眼。

> 散币于邛僰以集之。……吏发兵诛之。……悉巴蜀租赋不足以更之,(页9、10)

因系一事,故连用三"之"字。

> 于是大农陈藏钱经耗,赋税既竭,犹不足以奉战士。(页11)

按:"经"或即已经之意,与下"既"字相对成文。文景之储积,至此而零。

> 留蹛无所食。(同上)

按:"留蹛无所食",或系留滞于北边而无所得食之意。

> 请置赏官,命曰武功爵。(页12)

因原有王爵不足,故特设武节。

> 自公孙弘以《春秋》之义绳臣下取汉相,……穷治之狱用矣。(页13)

《史记》札记　　561

按：此点醒黩武与言利及政治关系之相互影响。

按：同一《春秋》也，董生以之贬天子，公孙以之绳臣下，小人巧饰辞说以济其奸，盖无所不至。

加入此数句，以见当时整个政治形势之演变。

当是之时，……稍骛于功利矣。（页14）

此段言因官职耗废，乃不能不严刑督责。因吏道杂乱，乃不得不加以文饰。因买爵得官，提高有钱者之社会地位，有钱者趋于淫侈，故不得不提倡节俭。然皆不能改变由财货消耗所造成之趋向。

按：功利与礼义相对，社会皆趋于武功，趋于货利。

而富商大贾或蹛财役贫，……而吏民盗铸白金者不可胜数。（页16至20）

此段言货币改革。

搜括贵族豪商之财富为言利之第二阶段。此次之货币改革，有两面之意义，系以"法令货币"，代替实质货币，使实质货币之财富，受到重大打击。另一则以三铢钱代五铢钱，并消灭私铸之钱，对一般社会，行通货膨胀。

天子乃思卜式之言，……拜为齐王太傅。（页25至28）

先叙结果，再叙缘起，乃与上文紧相凑合，且在文势上特为振拔，能作势。

此段述汉武欲以卜式激励天下。

卜式急国家之急。其所以夹叙在此，乃与下文天下趋利犯法者蜂起相对照，以见上言利而欲下为义，乃不可能之事。

稍稍置均输以通货物矣。（页28）

按："均输"者，将有余之物资不必输于京师而输于郡之输官，使物资、物价得以调剂之谓。

赦吏民之坐盗铸金钱死者数十万人。（页29）

按：《通鉴》删"赦吏民"之"赦"字是，此因下文而衍。（《考证》）

其不发觉相杀者，不可胜计。（同上）

"相杀"乃互相保密、互相抵消之意。

而御史大夫张汤方隆贵用事，……而直指夏兰之属始出矣。而大农颜异诛。（页30）

连用三"而"字作连接词，乃急转直下，紧接"犯者众"，此三事皆其直接结果也。不详述诛颜异事，则其惨急深刻无法作具体之表现。

> 是岁也，张汤死而民不思。（页32）

张汤死而民不思，此乃当然之事。特表而出之者，盖以微词反映张汤之为当时所痛恨也。其意有甚于"不思"者。

> 其后二岁，……唯真工大奸乃盗为之。（同上）

此段述以前币制之失败及再改革。此种改革，皆以政治的强制力代替经济自身之法则，故可收暴利于一时，结果终归于失败。

> 即治郡国缗钱，（页33）

按："即治"者，就地而治之。

> 益广关，（同上）

因搜括特多，故须广关也。

> 徒奴婢众，而下河漕度四百万石，（页35）

按："下"犹消耗之意。

> 天下郡国皆豫治道桥，……而望以待幸。（页37）

因鉴于前数太守之自杀。

> 斥塞卒六十万人戍田之。（页38）

按："斥"是动词，"斥塞卒"者，指定边塞戍卒之意。

> 齐桓公用管仲之谋，通轻重之权，（页45）

按："轻重"当犹贵贱。
不叙周，盖以周重礼治而未尝重利。

> 及至秦，中一国之币为二等，（页48）

按："中"犹定也。

> 古者尝竭天下资财以奉其上，（同上）

此言"古"而实指汉。

> 事势之流，相激使然。（同上）

按："激"者，以言强烈之影响。
此为一篇之眼目。全文即系将相激之情形，加以陈述。

卷三十一　吴太伯世家

　　太王欲立季历以及昌,（页2）

立嫡立长,至周公定宗法,始成为定制,前此无之。

卷三十三　鲁周公世家

　　周公卒后,……以褒周公之德也。（页16、17）

史公用《尚书大传》,乃今文家说。故史公实今古文并用。

卷三十四　燕召公世家

　　燕召公世家第四（页1）

燕僻处北方,无足纪之史料,故录入有关键之当时大事,以使燕在中国之地位,借此以显。

卷三十五　管蔡世家

　　十四年,晋文公败楚于城濮。（页7）

此世家中带叙楚事最多,因与蔡息息相关。

武王发，其后为周，有本纪言。……周公旦，其后为鲁，有世家言。（页12）

按：所谓"世家言"、"本纪言"者，指其原有此种材料，似非指史公之"本纪"、"世家"也。《卫世家》赞可证。因之"世家"、"本纪"恐系旧有名称，非史公所创。

世家所以表封建之政治形势。封建由周初而始著，故周初所封，皆应列为世家。尤其是周之宗室。其未列为世家者，因无文献可征。故特于此发其例。

太史公曰：……故附之世家言。（页13）

史公因蔡曹之先，皆为武王之同母弟，在始封时，有其主要意义，故特于赞中发之。但其后微弱不足道，既不能独立自救，更无关春秋大局，故特于首尾述周初封建同姓之大势。

曹叔振铎者，周武王弟也。（页14）

按：《索隐》所见者，乃偶失题之本。《管蔡世家》及《曹叔世家》，各有"太史公曰"，其原另立标题明矣。《自序》中无之者，因无义可述也。（《索隐》、《考证》）

宋华父督弑其君殇公，及孔父。（页15）

曹灭于宋，故附叙宋事。

卷三十六　陈杞世家

　　杞小微，其事不足称述。……故弗采著于传云。（页 21 至 24）

杞小，不足道，故列述与周异姓之封建形势，且以明立世家之体例。

卷三十八　宋微子世家

　　箕子者，纣亲戚也。……乃遂杀王子比干，刳视其心。（页 5、6）

箕子、比干，无世家可立，然其人不可没，故特于《宋微子世家》中附出之。

按：亲戚者，家族内之泛称，不必拘于专指父兄或子弟。

　　微子曰：……则其义可以去矣。（页 7）

此虽史公推论，盖欲以此发君臣之义耳。

　　于是太师、少师乃劝微子去，遂行。（同上）

刘乃以后人之观点说历史。（《考证》刘敞说）

此皆迁论。(《考证》刘敞、崔述说)

　　天乃锡禹鸿范九等，常伦所序。(页9)

泷见甚卓。(《考证》)
林说迂。此乃古代神话，不可以后人之见律之。(《考证》林之奇说)
观本文所述五行之具体情态，其非万有之原的抽象物明甚。

　　故殷之余民，甚戴爱之。(页22)

《管蔡世家》明言诛武庚、杀管叔，后分殷顽民为二，一卫，一宋。陈说妄。(《考证》陈子龙说)

　　君子讥华元不臣矣。(页36)

援引《左氏》之"君子曰"，可知史公于左氏，非仅便其述事，且于义有取也。

　　太史公曰：……殷有三仁焉。(页43)

焦妄说。小儒妄探圣人之用心。微子、箕子、比干，为社稷人民而弃独夫纣，此其所以为仁也。(《考证》焦循说)

《史记》札记　　　　　　　　　　　　　　　　　　　　　569

春秋讥宋之乱，自宣公废太子而立弟，国以不宁者十世。（页44）

《左氏》得其原义。《公羊》以传子为正，后起之义。（《索隐》）

卷三十九　晋世家

　　六年春，秦缪公将兵伐晋。（页33）

春乃始谋之时，九月乃合战之时，史不误。（《考证》）

　　文公之卫徒与战，（页49）

所谓史公以意补者，安知非出于《晋世家》言。（《考证》）

　　十二月，秦兵过我郊。（页63）

按：此正出于《晋世家》言之证，故称"我"。

卷四十　楚世家

　　十八年，楚人有好以弱弓微缴加归雁之上者。（页69）

按：正因《战国策》所无，故详录之。史公著书之例，因以一家言，即欲包罗二千年往事遗言，故凡已有记载者，但择要录

入，以保持历史之线索与天下大势，力避繁复。《世家》诸文，皆应以此意读之。(《考证》)

卷四十一　越王句践世家

蠡对曰："持满者与天，（页5）

按：《史记》常用同义异字，非避讳。(《考证》)

卷四十三　赵世家

春秋祠之，世世勿绝。（页14）

按：史公必有所据。若屠岸贾系秉晋军之命，此处乃《左》、《国》所未尽之委曲，则赵氏之疑为多事矣。(《考证》赵翼说)

使太子毋恤将而围郑。（页28）

按：卿之子称"太子"，乃私称。(《考证》梁玉绳说)

四年，魏败我兔台。（页38）

此下纪事称"我"，当皆根据《赵世家》言。

卷四十七　孔子世家

孔子世家第十七（页1）

按：孔子及陈涉之列为世家，乃史公作史之特例。孔子以学术，陈涉以政治，一影响于后世，一影响于当时。诸说皆非，《索隐》、《正义》之说为可信。

《孔子世家》之问题：（一）史公力求详备，有简择不精者。（二）有承其师说而不尽当于事实者。（三）有为后人所羼入者。然史公曾见到今日所不能见到之史料，而出之以虔敬之心，故言孔子生年者，仍必以此为基础。又关于内容之问题，过去所认为不实者，由今日观之，或反为信史，此则时代之异，而对史料评判之尺度亦因之不同。

纥与颜氏女野合而生孔子，（页5）

此"生"字义与"妊"同。

景公曰："吾老矣，（页20）

此迂论。古人年四、五十亦有称老者。（《考证》崔述说）

季桓子穿井，得土缶，中若羊。（页21）

按："若"字是。一言"中有物若羊形"，非真有羊也。盖古代陶塑之物。(《考证》李笠说)

由大司寇行摄相事。(页33)

按：《自序》"太史公曰，余闻董生曰，周道衰废，孔子为鲁司寇……由此益可证明此处"由大司寇行摄相事"，为后人所加。

今孔丘述三五之法，(页62)

按：作"三王"者是。(《考证》)

古者诗三千余篇，及至孔子，去其重，(页69)

按："删"者实整理之意。经整理者三百五篇。(《考证》)

孔子以诗书礼乐教，(页75)

"孔子"以下，总述孔子立身行己之大节，而终之作《春秋》。此乃史公所把握之孔子之人格与学术。对他人则常以有其人之著作，更不多费笔墨。

据鲁亲周故殷，运之三代。(页83)

> 案:"亲周"者亲附于周。如"春,王正月",标周时以为定准,亦亲周之意。阮说缪。(《考证》阮元说)

> 而诸儒亦讲礼乡射大饮于孔子冢。(页89)

> 按:"冢"者,乃指冢地而言。犹后人之所谓"墓田"。"往从冢而家"之"冢",其意甚明。阎说非。孔子之冢,定能大射。(《考证》阎若璩说)

> 孔子布衣,……可谓圣矣。(页93)

此正以见学术与政治之不同。政治之势力表现于空间,随时间之经过而缩小。学术之影响表现于时间,随时间之经过而扩大。

卷四十八　陈涉世家

> 陈涉世家第十八(页1)

陈胜以匹夫起事,乃历史上之创举,而此一创举,与当时整个之社会有关。史公对陈之功与其短皆作客观之叙述,并穿插当时形势以及对以后之影响,故叙一人,亦即叙一时代。

> 陈胜者,阳城人也,字涉。吴广者,阳夏人也,字叔。(页2)

因起事时二人同谋,故先于此提出,以清眉目。

> 陈涉少时尝与人佣耕,……燕雀安知鸿鹄之志哉!(同上)

此段所以表现陈涉之志气,以见其起事并非偶然。

> 乃行卜。卜者知其指意,曰:"足下事皆成,有功。(页4)

此乃六国游士之余。盖亦沉机观变之人,惜二人失之交臂耳。

> 然足下卜之鬼乎!(页5)

此一句,遂开中国二千年农民暴起之形式。

> 又间令吴广之次近所旁丛祠中,(同上)

"次"是驻地。"近所旁",近处之旁。
按:"近"字不衍。"次近所旁",军舍附近之一侧也。

> 狐鸣呼曰:"大楚兴,陈胜王。"(页6)

按:《考证》之说甚附会。乃作狐鸣之中,夹入此二句耳。(《考证》)

《史记》札记 575

陈涉乃立为王，号为张楚。（页8）

以上叙起事之经过。
以无所凭借之戍卒起事，在历史上为特出，在事势上极艰难，故详述其经过。

陈王诛杀葛婴。（页9）

陈涉颇似《水浒传》中之王伦。
此见陈涉局量之小。

悉发以击楚大军，尽败之。（页10）

按："大军"与上"卒数十万"相应，不衍。（《考证》）

当此之时，诸将之徇地者，不可胜数。（页13）

总结一句，以醒眉目。

陈王故涓人将军吕臣为仓头军，……复以陈为楚。（页16至18）

以上皆系陈胜之余波。乃向另一发展作交代。
事变并非陈死而告一结束，反之形势尚在发展演变之中。故择其与陈有渊源者，详加叙述。

会项梁立怀王孙心为楚王。（页18）

有"会项梁……"一句，对形势之发展，提供一强有力之线索。而本文与《项羽本纪》，实有贯通呼应之妙。

卷四十九　外戚世家

外戚世家第十九（页1）

宦官、外戚，为随专制而来之大灾祸。史公时，宦官之害未著，而外戚之祸已深，故特立《外戚世家》。此与后来正史之《外戚传》、《后妃传》不同。此以言鉴戒，而后人则以张大皇室耳。不了解此《世家》，即不能了解《史记》中其他有关之文字。

人能弘道，无如命何！（页3）

按：史公有鉴于汉初宫廷之斗争惨烈，故提出一"命"字以痛之。

此篇命意，表面以"命"为主题，而实则以"人能弘道"为主题。夫妇之道行，而外戚之祸可免。汉室不能行夫妇之道，故宫闱中之惨祸无已时，而卒以亡国。史公不便直书，故以"命"字隐约其辞。

婚姻之道，固已立矣，然行之者在人，人知之而不能行之，以至祸乱相循，以其中似有命焉。

按："无如命何"四字，盖深讥之也。

> 甚哉，妃匹之爱，君不能得之于臣，父不能得之于子，况卑下乎！（页4）

此数语乃探索外戚何以能对政治有如此之影响。

此言妃匹与人主之关系，非其他关系可以相比，故其影响之深切，亦非其他关系所能比。及其关系于天下之兴亡时，亦非臣子之力所能挽救。

> 既欢合矣，或不能成子姓；（同上）

按：此指吕后以张敖女为孝惠皇后而言。

> 能成子姓矣，或不能要其终。（同上）

按：此指汉武帝生子者，无不谴死而言。

> 孔子罕称命，盖难言之也。（同上）

上二句言人主已尽其心机，而仍不能避免悲惨之结果，故特以"命"言之。

> 太史公曰：……唯独无宠疏远者得无恙。（页4、5）

按：另有《吕后本纪》，故此段乃概略言之，以为此篇之开端。

此岂非天邪？非天命孰能当之？（页6）

事势发展全出于吕后意料之外，故曰"天命"。

绛侯、灌将军等曰："吾属不死，命乃且县此两人。"（页13）

由此可见刘家外戚为祸之烈。

卷五十　楚元王世家

楚元王世家第二十（页1）

由汉立诸王之淫秽，亦可知周室礼教之意义。

卷五十一　荆燕世家

荆王刘贾者，诸刘，不知其何属。初起时。（页2）

按：《汉书》作"不知其初起时"。此仅有"初起时"，语意不全，应据《汉书》补。

太史公曰：荆王王也，（页9）

按："荆王"下当有"之"字。

事发相重,（页10）

封王之事,发于相仗为重。

按：吕后欲仗刘泽以为重,故刘泽因而得王,此所谓"事发相重"也。

卷五十二　齐悼惠王世家

深耕穊种,（页4）

按："穊"与"概"通,平也。平土以下种之意。

勃请为君将兵卫卫王。（页6）

按："兵卫"连词,下"卫"字乃动词。

卷五十三　萧相国世家

以文无害,（页2）

熟于律令。

高祖为布衣时,何数以吏事护高祖。（同上）

此小段叙何与刘邦之关系,且以见萧何对人周到之性格。

写何与刘邦之关系，特为细密深刻，因此决定其命运之重大因素。

萧何之地位，与刘邦之私人之关系，重于其个人之勋业。此传之着眼点在此。

高祖为亭长，常左右之。（同上）

"左右之"，帮助之意。

秦御史监郡者与从事，（页3）

"从事"者，助其治事。

数使使劳苦君者，有疑君心也。（页5）

"疑君心"三字，为以下文章之骨干，此为后文埋伏之线索。

至如萧何，发踪指示，功人也。……功不可忘也。（页6）

按："踪"者，兽之踪迹。"发踪"者，发现兽之踪迹也。

此惟张良、韩信可以当此。萧何不足以当之。其真意乃在"举宗数十人随我"一语。

此段乃叙述萧何所受之赏，关系重于功勋。

前事之本身若无独立价值，而又与后事不相应，即无叙述之价值。琐事之所以宜叙述者，一为表现其人之性格，一为有后事相应。此种琐事之所以被选择，常为暴露历史表面现象之后面所隐藏之真实。此种真实常为表面理由、事象所遮蔽，仅能由最具体之琐事的脉络表现之。

关内侯鄂君进曰：（页7）

按：鄂君之言，后世皆艳称之，但此仅能说明萧何克尽厥职而已。

因刘邦原自亲厚萧何，而仍不免于猜忌，此见其猜忌之出于天性而非偶然也。

中段叙述刘邦对萧何之亲厚。一以点明萧何对刘邦之关系，与其功绩所应得之报酬，可谓前文之自然结果。一以陪衬出刘邦对自己所亲厚之人，仍无解于其猜忌之性。此可谓系为后文作势。

以帝尝繇咸阳时，何送我独赢奉钱二也。（页9）

必须补足此一语，乃见仍以关系为主。

召平者，……从召平以为名也。（同上）

插叙召平之生平，极自然而无生凑之痕迹。

因其人其事可存，故因势顺便插叙，且可使文章曲折生动。

召平谓相国曰：……高帝乃大喜。（页10）

由此可知鄂君之言非实。

　　数使使问相国何为。（同上）

正面点出疑。
由此可知刘邦所要求于萧何者，不在其治功。
刘邦大悦大喜者凡三次，即萧何之解脱危机凡三次，乃表现刘邦猜忌之心理过程愈演愈深，非平列之叙述也。

　　上大怒曰：（页11）

此处之"大怒"，与下文之"不怿"，上文之"大喜"、"大说"相映带、对照，而文意愈显。
"大说"、"大怒"，乃猜忌心之直接表现，"不怿"乃猜忌心与理智互相矛盾中之表现。
"不怿"乃猜忌与情理相矛盾，而无可奈何之心理状态。

　　乃下相国廷尉，械系之。（同上）

以见其械系之轻易。
因小忠而卒不得自全。
小说之内容不以理论之形式表现，而系由故事之结构表现传证，文学亦然。如此篇全由材料之安排选择而自然表现出刘邦之猜忌心理，不俟外者加一说明语也。

陛下奈何乃疑相国受贾人钱乎！（页12）

点出"疑"字。

以王卫尉语，揭穿刘邦之用心，并以事实纠正刘邦用心之不当。

相国年老，素恭谨，（页13）

"素恭谨"三字，点出无可致疑之理。

高帝曰：……欲令百姓闻吾过也。（同上）

此乃不正当之心理，被揭穿后，不能不服输，而又不肯服输中，所流露出之无赖语。

何置田宅必居穷处，……毋为势家所得。（同上）

此见前以自污者、自全之苦心，且说明"素恭谨"之实，且见自全之难。

萧何能善终于刘邦之后，实经惊涛骇浪而得之。

太史公曰：……与闳夭、散宜生等争烈矣。（页14、15）

此乃点破何功第一者，非真第一也。

按：此世家仅前半段言何之功，后半段则写何之所以求自免于罪。盖何之功在守关中及"顺流与之更始"，故只点醒即足。

此篇除以简要手法叙何之功勋外，为主则以何与刘邦之关系，写出刘邦之猜忌而复杂之心理及何谨守自全之苦心，实系刘邦之补传，乃一篇绝好文字也。

又刘邦得天下后，何为相国，实仅重行故事，无所施为，故亦无可叙述也。

卷五十四　曹相国世家

曹相国世家第二十四（页1）

史公对特出人物，始就各人物自身之性格才能加以叙述。对普通人物，则仅录功册而已。因此等人因缘时会，无特殊之人格与智能值得叙述也。

按：史公于此等处，并未自定义例以自缚也。(《考证》钱大昕说)

参功：凡下二国，……御史各一人。（页12）

按：曹参先随刘邦，后随韩信，未尝独将。故此处总叙之功，实则多系主将之功。将丰沛人，即以此记入曹参名下耳。此见赞语而可见。

盖公为言治道贵清静而民自定，（页 13）

按：参身更战乱，故能体悟盖公之言。

参闻之，告舍人趣治行，"吾将入相"。（页 14）

按：刘邦临死答吕后之问，参必已有所闻，故言"吾将入相"也。
又参功次第二，何死，故以次当及参。

至何且死，所推贤唯参。（同上）

按：何亦因其势而成之耳，非真能推荐之耳。

日夜饮醇酒。（页 15）

此亦免祸之一术耳。
此正吕后称制之时，参惟有以此术免祸。盖公之术的另一面，即全身免祸也。

府中无事。（同上）

府中无事，非天下无事也。

太史公曰：……故天下俱称其美矣。（页19）

史公之意，曹之功非真功，曹之治非真治也。前文歌颂乃写当时之反映，赞则报导历史之真实也。

卷五十五　留侯世家

留侯世家第二十五（页1）

按："世家"一词，或为战国各国所固有。其意为世代相传之家，原指有封土之贵族。然史公使用此一名词，恐另含较一般人之地位更为重要之意，故孔子、陈涉、外戚，皆列为世家。汉初诸侯王有土，可列为世家，至列侯则有赋而无土，不应列为世家。史公仅在列侯中选择五人列入世家，其意可见。班氏概改为传，此乃对体例之一大改进。

东见仓海君。（页3）

"仓海君"，盖海滨隐者之名，不应以地名实之。（《集解》《索隐》《正义》）

战国游士最盛，秦灭六国，六国游士中之杰出者，多隐名以避祸，但非无沉机观变之心。故此时多如仓海君之伦。

良尝间从容步游下邳圯上，……良因异之，常习诵读之。（页4至6）

此段述良得化才气为智略，并化坚锐为深密柔退之所本。

当时豪杰率多负气之士，虽良亦如此。黄石之教特教以能柔能忍，张良卒以此佐刘邦成帝业，并以此免祸。其神秘性乃张良所自添附，亦以坚沛公之信心，且以为避祸留地步，以示彼早无意人间事也。

齐后亡而近海，与秦相距较远，故避秦者，多匿于此一地区。当时为黄老言者，多集于齐，或亦因此故耳。

> 然卒破楚者，此三人力也。（页12）

前者划策之功易见，而此策关系特大，但其效果乃系间接的，三人又皆为汉所诛戮，其效果不易见，故史公特为点出。此等处皆系史心之所在。

> 张良多病，……时时从汉王。（页13）

按：在此总点醒一句以绾带上下，始连接不懈。

> 食其未行，张良从外来谒。……令趣销印。（页14至17）

因郦食其援汤武为立言之根据，陈义甚高，故必须详述彼此形式之不同，而不嫌烦复。

按：八难仅有三意：一为古人于强敌既灭之后，方能控制分封之诸侯，否则强敌在前，分封或且以资敌。二为分封乃偃武修文时，整个设施中之一事，若时机未至而单独行之，适以滋乱。三则分封反足以绝攀龙附凤者之望，不足以激励此辈之智力，失取天下之工具。其所以分作八项者，或张良故张大其立说之势。盖沮已成之事，必出之以铺排以张已说之势。

六年，上已封大功臣二十余人，……我属无患矣。（页18至20）

按：子房之语，乃当时未得封者，一般心理之反映，虽并非真谋反，但可向谋反方向发展，所谓乱萌也。故张良借机提醒刘邦，使其忘恩仇以消乱萌。

留侯之谋，盖深通于人之心理状态，不仅深于事势也。鸿门之事，封雍齿之事，及四皓之事，皆其明证。

留侯性多病，（页21）

篇中言留侯病者六："张良多病"、"留侯性多病"、"留侯病"、"病甚"、"子房虽病"、"因病不视事"，则知"病"之一字，在留侯一生中有其重要之意义，而赞曰："余以为其人计魁梧奇伟"，则史公不信留侯为真病明矣。"病"者乃张良柔退之术的具体表现。

东园公、甪里先生、绮里季、夏黄公。（页27）

按：刘邦鞭笞天下，天下游士无不入其牢笼，彼自定高出一世。此世若有不能为彼所罗致之人，其内心当自视阙然，觉其较所能罗致者高出一等，对之反增敬慕之心。张良深知此种心理，故推荐四皓以达成自己所不能直接达成之目的。及刘邦见四皓侍其子，遂以为其子能罗致彼所不能罗致之人，天下皆可入其牢笼而无不能守成之顾虑矣。孔明谓："若法孝直在，必能制主上东行也。"此种心理之曲折，恒为政治上之重大因素，非碌碌者所知也。

　　学者多言无鬼神，然言有物。（页 30）

鬼神乃另一世界，怪物乃同在此一世界中，不为人所常见之物。

卷五十六　陈丞相世家

　　伯闻之，逐其妇而弃之。（页 2）

按：后张负"事嫂如母"之言，则其兄固已再娶，其盗嫂与否，与此处之逐妇无关。许说迂曲可笑。（《考证》许应元说）

　　其计秘，世莫得闻。（页 14）

史公于张良之计，则择其有关于天下存亡者备录之。而陈平之计，两言其秘莫得闻，则其仅投刘邦好恶之私，而不足为外人道明矣。

卷六十一　伯夷列传

伯夷列传第一（页1）

此传极开阖变化、顿挫抑扬之能事，故广为古文家所称，而不知其开阖变化、抑扬顿挫之所由来。

《伯夷列传》之用意有二：一为推重伯夷让国在政治人生中之重大价值；一为表明作史者发微阐幽之重大责任。而其方法上因材料之限制，乃采"疑以传疑"之方法。

梁玉绳因不知选择材料，有须以价值为标准，而在叙述方法上又有"疑则传疑"之方法，故有此妄论。伯夷见称于孔子，则为必有其人，必有其事。孔子称其为"求仁而得仁"，即一己之自觉，自心之所安，而视政治之利益为如敝屣，此乃人格之直接完成表现，由此而下开"独行"、"逸民"一型。"独行"乃个人德性之所独至。"逸民"乃志节不为现实政治所屈。在政治牢笼外，另立一人生境界，其意义可谓大矣。但彼等让国而隐逸于史公千年之前，其传闻异辞，乃至多所附益或傅会，而无可取证。此乃无可如何之事。史家于此，乃不得不存其义而传其疑。作史之义莫大乎此矣。诸人龌龊，何足以知此哉！（《考证》）

史公身处皇权专制下的权力剧烈斗争之中，一切政治之黑暗面，多由此而来，亦多由此而显，此乃政权自身之死结。故其以吴泰伯为世家第一，以伯夷为列传第一，推重政治中之让德，乃由此真实背景而来，非泛泛可比。

此传为"疑以传疑"之标准文例。

又此实为一汇传，以伯夷主领之。

文章之跌宕乃来自感情之丰富盘郁。

此文极开阖变幻之妙。盖许由、务光之伦，其义可取，而文献可疑。可取则应为史者不可弃。可疑则史者难于载策。史公徘徊于可取、可舍之间，终以其补天命而主人极之大责任，将其矛盾心理完全表达出来。此种矛盾心理之由来，乃由于此类有价值之史料，乃在若存若亡之间，为能不引发而为慨叹之情，故自然形成此跌宕唱叹之大文章。

按：史公激于天道之难凭，行善积德者既多穷饿于当时，且被埋没于后世，故感发而写此传，系多慨叹跌宕之辞，前说非是。（一九七二年十二月十二日夜）

夫学者载籍极博，……其文辞不少概见，何哉？（页5～7）

此段先述与伯夷相类似之人物，引起写伯夷传之困难与必要。

此段就史法言，此传乃汇述事义相同之人物，故其前先叙许由诸人，以构成此传之一部分。就文章言，伯夷之事迹不多，欲先叙同类之人物，以为陪衬引导，然后文章有远势而不陷于单寒拘迫。

许由、卞随、务光之事，为先秦道家所盛为称道，故史公不能加以抹煞。

如吴太伯、伯夷之伦详矣。（页7）

按："详"字乃确实之意，非详密之意。

伯夷在全篇为主,而在此处为客。有此一句,下文过渡至主题方极自然而不唐突。

其文辞不少概见,何哉?(同上)

此处之"何哉"有二义,一为可疑,一为叹惜。无史家之记述,使其高义至于堙没。

盗跖日杀不辜,肝人之肉,(页12)

"肝"不必字讹,殆文学上之险句。(《考证》)

暴戾恣睢,(同上)

按:"恣睢",犹放纵自适也,《李斯传》可证。

至若近世,……是邪非邪?(页13、14)

此乃就眼前事、本身事指点,实其寄慨之由来,系此一篇之眼目,亦史公发愤著书之眼目。

君子疾没世而名不称焉。(页15)

此句应自为顿挫,似结上而实以起下。

此句实又一转折。君子虽可独立特行于当时,然未尝不欲垂名于后世,此乃人情之最大安慰,亦为人心世道之一大保证。

"君子"句实系一转折。君子可轻视当时之富贵,但不能忘情于后世之声名,此种声名乃人心世道所系,而声名之传播,端赖茫茫千载中精神上之知己,而此为史学家之真正责任感。

> 名堙灭而不称,悲夫!(页17)

此"悲夫"二字,乃史公对历史责任感之所由来。

此段言圣人补天道之穷,使独立特行之士,得以遂其徇名之志。

> 闾巷之人,……恶能施于后世哉?(同上)

此暗示彼之所以作《伯夷列传》之故。

圣人不世出,则此显微阐幽之责,不能不属望于史家。

卷六十二　管晏列传

管晏列传第二(页1)

管、晏为《论语》所称道,故次传及之。

管传前段实附鲍传以存友道,而管传则重事功。管传之特附鲍传,以见友情之可贵,此即系通过自身之经验以发现历史价值之一例。

下令如流水之原，令顺民心。（页5）

按：水由源而出，乃出于自然而非强制，以见其顺民心也。（《考证》）

桓公实怒少姬，……诸侯由是归齐。（同上）

按：苏说陋。一人之行为，常有内心之动机与外在之借口，二者常有一距离。动机真而不必义，借口义而不必真。管仲不必争桓公之动机而付与适合之借口，此所谓因祸为福。苏氏所引《左传》材料，不能证明桓公之动机实怒少姬。至北征山戎以救燕，固也。然燕之受侵，正由不修召公之政。管仲因此机会而使其修召公之政，乃真正使燕得自存之道，其征山戎之意义，不更重大乎？（《考证》苏辙说）

后百余年而有晏子焉。（页6）

结上起下，使两传打成一片，因而使其成一统一之结构。

以节俭力行重于齐。（页7）

此句系晏传一篇之提纲，以下再分述。"节俭"者，不放肆而守礼。"力行"者，有责任感。下文之"志念深"，由此而来。

弗谢，入闺。（页8）

按:"弗谢"者,晏子不向越石父为礼之意。即今日之所谓不打招呼也。

晏子为齐相,……晏子荐以为大夫。(页9)

此乃从侧面写晏子之为人,乃与节俭力行有关。

其书世多有之,是以不论。(页10)

《老子韩非列传》、《司马穰苴列传》、《孙子吴起列传》、《孟子荀卿列传》,皆叙明不论其著作。

论其轶事。(同上)

轶事之意义:(1)有附传之作用,如《萧相国世家》中之召陵瓜,此传之鲍叔。(2)表现其人之性格。(3)与作者之思想感情相契合,因而存其义。(4)表现一特殊之情调、色彩。

管仲世所谓贤臣,……岂管仲之谓乎?(同上)

按:史公之意,不仅本《孟子》,且亦为公羊家思想。俞说乃沉浸于专制中妄语。(《考证》俞正燮说)

假令晏子而在,余虽为之执鞭,所忻慕焉。(页11)

按：此乃针对当时侈靡成风、阿谀成习之政治风气而言。

晏子力行节俭，与当时政风，正成一对比，《考证》之说甚陋。（《考证》）

卷六十三　老子韩非列传

老子韩非列传第三（页1）

按：老子与伯夷同为隐逸之士，其平生传说多而不能断于一是，于是史公择其较近情理者为传之正文，而将其他传说则作为插叙、插曲，以备后人参考。自"或曰老莱子……世莫知其然否"，皆为插叙，而一则曰"以自隐无名为务"，再则曰"莫知其所终"，三则曰"老子隐君子也"，以见其歧说之所由来，乃不能断而归之于仍故。此乃史公"疑以传疑"之谨慎态度。在记录文字未发达以前之先秦时代，凡在政治中无地位之人物传记，皆遇有此类之困难。后人不善读书，徒成纷扰可笑。

在司马迁心目中，以为老学有两枝：（1）庄子——在人生方面之发展。（2）申、韩——在政治方面之发展。

周守藏室之史也。（页3）

按：春秋之末，王官散而之四方者甚多，《论语》"入河"、"入海"可证。

老子盖先仕而后隐，汪氏颠倒其序矣。（《考证》汪中说）

不得其时则蓬累而行。(页4)

"蓬累",或随世俗之意。

其言洸洋自恣以适己。(页11)

老庄之学全以自身为主。
"适己"二字为庄学之主干。

《说难》曰:(页16)

史公录《说难》全文,乃其特例。盖有所感发而然。

卷六十四　司马穰苴列传

司马穰苴列传第四(页1)

按:司马穰苴之故事,或系田氏(篡齐)所渲染。史公所以传之者,以其与《司马法》有关。而汉武用兵所用将帅皆倖臣,或亦有取于斩庄贾之事欤?要未可知也。

又按:史公当时汉武对外用兵,求将急而将非其人,故史公列传中对兵家特详。

卷六十五　孙子吴起列传

君弟重射，（页6）

按："重射"，以重金作射之赌注耳，《索隐》误。(《索隐》)

卷七十三　白起王翦列传

太史公曰：……彼各有所短也。（页19）

按：史公明言"尺有所短"，其意盖以天下非仅可恃军事耳。与贾谊《过秦论》同意。中井说迂。(《考证》中井积德说)

卷七十四　孟子荀卿列传

梁惠王不果所言，（页3）

"不果所言"，不卒听其所言。果者决也，乃完全采纳之意。

故武王以仁义伐纣而王，（页9）

按："故武王"之"故"，当作"昔"字解。《郦生陆贾列传》，朱建"故尝为淮南王黥布相"。史公如此用法甚多。

卷七十六　平原君虞卿列传

喜宾客。（页2）

"喜宾客"乃一篇之主题。

平原君乃一无才而有量之人。无才，故不能相士立功。有量，故尚能容物而纳谏。

卷八十一廉颇蔺相如列传

廉颇蔺相如列传第二十一（页1）

由史学观点言之，廉、蔺、赵、李，关系赵国之存亡，而蔺、李又极为西汉时人所称道，故史公特为之立传。

由文学观点言之，廉、蔺事赵，其行迹互相关涉，史公于此传特著组织分合之妙。

先点明廉颇之功勋地位。两人事赵，先点出，而文字之线索始明。

赵王以为贤大夫，（页7）

按：赵必非以缪贤舍人之身份，使相如于秦，乃假以大夫之名耳。李说谬。（《考证》李笠说）

赵奢曰："请受令。"（页14）

"请受令"者，谓请受许历之令。《通鉴》改"令"为"教"者是。(《考证》)

廉颇之免长平归也，……有何怨乎？（页19）

史公甚有感于世态之炎凉，故特记此。此乃一种插话（曲），文章赖此而特为活泼有生气。

李牧者，赵之北边良将也。（页20）

此时赵王甚孱弱，秦统一天下之势已成，而李牧两破秦军，可见其将才之卓绝。

卷八十三　鲁仲连邹阳列传

鲁仲连邹阳列传第二十三（页1）

为鲁仲连立传乃史公之特识。鲁仲连之性格近游侠，而其识及其自处之高，非一般游侠所能企及，故特立一传。悲邹阳之遇，而不能为之特立一传，故因其为齐人而附于鲁仲连之后，史公在赞语中叙述甚明。其录《上梁王书》，与全录韩非《说难》同意。盖悲专制时代遇合之难也。

卷八十四　屈原贾生列传

屈原贾生列传第二十四（页1）

西汉文学之主流，皆受屈原之影响，而其端则发自贾谊，故屈、贾合传。

汉人著作，不以抄袭为嫌，史公深有契于淮南王安所作之《离骚传》，故即袭用其文，其中当有所增益。

淮南王当时已因汉廷之猜忌，而危殆不自安，故武帝命其作《传》时，即借以自明其志。

淮南王安之传《离骚》，乃所以自明其志，而史公发愤著书之心，亦即屈原作《离骚》之心。

屈平既绌，（页5）
屈平既嫉之，虽放流，（页8）
顷襄王怒而迁之。（页9）

"绌"，绌其位，然仍在朝列。"放"乃去其官，然仍在楚都。"迁"则迁于江南而远离楚都。

怀王时之"流放"，乃流放在外，不使与朝政。顷襄王时之"迁"，乃安置于江南，使离其江北之故国。各说皆谬。（《考证》页9至11）

卷八十六　刺客列传

刺客列传第二十六（页1）

在史学上：此传乃缀辑先秦原有故事编成，文字亦多仍前人之旧。史公特合为一传，使此类守信重义、感激轻生之人，特显出其生命之形态与价值，而给与以历史中之地位。盖以此类型之难能可贵，而不愿其湮没，且以激励末俗，开东汉节义之风。此乃将原故事赋与以新的意义。

在文学上言：此传乃缀辑《左传》、《战国策》以成篇，而弥缝无间，使其成一整体。间于其中加入若干议论或材料，在风格上亦无不谐和统一。

此传所记者乃社会中守节重义轻生敢死之人，此可以反映先秦及当时之风气，特为史公所重视。故特表而出之，此亦为东汉名节来源之一。

　　政姊荣闻人有刺杀韩相者，……辛于邑悲哀而死政之旁。（页20）

此段叙聂政之姊为扬聂政之名而死。后所以加一段议论，乃所以发明聂政性情之真挚笃厚。其轻生敢死，皆出自其性情之自然，亦即皆出自其人格之直接显现。

　　鲁句践已闻荆轲之刺秦王，……彼乃以我为非人也！（页39）

按：顾亭林以此为论断之法，恐迂。实乃文章之余波荡漾，使人发生叹息怅惘之情。(《考证》)

卷八十七　李斯列传

李斯列传第二十七（页1）

赵高事，分见于《李斯》、《蒙恬》两传中。始皇死，秦政一出于赵高，而李斯为傀儡。史公所以不为之立传者，殆以其不足齿数也。

在史学上言，秦统一天下后，所建制度规模皆出于李斯之手，此乃历史中之关键人物，故为之立传。在文学上，以一具体之小故事，反映出李斯之人格，即以其人格与知识之分裂，解释其一生之活动，而终无以自全，故其一生实由此一分裂之人格所贯穿。

人格系以价值判断为目的。价值判断中，必有知识作用。此时之知识，亦系纯正之知识。无人格之人，系以价值判断者以外之一时利益为目的，判断是虚伪的，在判断中的知识活动也是虚伪的。

顾谓其中子曰：……岂可得乎！（页43）

此段言李斯为赵高所玩弄所构陷，欲以自明而不可得，以见逐权势之终不可恃。

李斯之真正心理，必待权势绝望时乃肯说出，可知以前之种种言论，皆非出自其本心而系为巩固权势。此正可见其人格与知识之分裂。

李斯已死，……遂以亡天下。（页 43 至 45）

此段述李斯死后，赵高与秦之结局。盖李斯一人本关系全局，必如此而此篇乃完整。

察其本。（页 46）

本者乃其志之所存，即所谓动机与目的。

卷九十三　韩信卢绾列传

太史公曰：……于人也深矣。（页 18、19）

"哀"、"悲"两字，乃史公对汉初诸臣之共同感慨，特于此发之。

卷九十五　樊郦滕灌列传

余与他广通，为言高祖功臣之兴时若此云。（页 35）

《索隐》误。史公仅从他广得诸人之出身及与刘邦之关系耳。功则当另有纪录。（《索隐》）

卷九十六　张丞相列传

张丞相列传第三十六（页1）

此传乃就曹、陈后之丞相，择其尚可称述者，作一总传，而以张苍贯穿之。此不仅为文章结构之方法，盖在诸人中，亦以张为前出也。御史大夫为副相，为升任丞相必经之阶段，故并序列。且由此亦可见其未经立传者之更为不堪。

此传乃以张苍为主，而将官职相同，无独立作传之价值者附入之，乃史家之经济手段。但在文章上如何保持其统一性，乃文学上之一大要求也。

按：由此传可知立传与不立传，以人为主。而于同官位之人，可分三等，一主传，二附传，三附名而已。此亦史法之主要意义。

张苍为计相时，绪正律历。（页10）

按："绪"者始也，与后文"卒"相对称。

按：就下文"至于为丞相，卒就之"之言，则所谓"绪正律历"者，乃始正律历耳。此事非朝夕可以就功，张苍开始于为计相之时，而成功于为计相之后也。

按此文，则所谓张苍善历者，仅指水德之历而言，即终始五德与历的配合，非推步之历。

若百工，天下作程品。（页11）

"程品"，规定之样式，犹标品也。

> 苍之免相后，……尝孕者不复幸。（页12）

有些种插曲，文字乃有生气。此盖由史公生活兴趣之高之故。

卷九十七　郦生陆贾列传

> 郦生陆贾列传第三十七（页1）

此乃"军吏"以外之人物。在"军吏"以外之人物（儒生、读书人），择其有成就者，加以叙述。因郦、陆两人皆以辩说进，故合传。

> 沛公方倨床使两女子洗足，而见郦生。（页4）

按：洗足乃休息不治事时也，《考证》陋说可笑。（《考证》）

> 此蚩尤之兵也，非人之力也，（页10）

按："蚩尤之兵"，犹言"神兵"之意。

> 号其书曰《新语》。（页17）

按：号其书曰《新语》者，乃刘邦号之。以闻所未闻，故号曰《新语》。此乃一有天才之流氓，初与文化接触，故其精神受感至深，因而有惊异之感也。

> 此两人深相结，则吕氏谋益衰。（页20）

按：此处之"则"与"而"同意。

> 平原君朱建者，楚人也。（页21）

朱建之得以附见，不仅因陆贾之余波，且亦借以尽宫廷之隐秘。此隐秘乃历史之真实也。且杀戮功臣，多出于吕后之手，太史公对之隐痛深矣，安得不表而出之乎！

> 皆陆生、平原君之力也。（页23）

中井积德陋见。史公所以著汉家之丑也。（《考证》）

卷九十八　傅靳蒯成列传

傅靳蒯成列传第三十八（页1）

按：以史笔调推之，傅宽、靳歙乃后人所补。周緤及论赞乃史公手笔或系未经整理之史料。

此传应在《郦陆传》前而反列其后，由此亦可知系后人所羼入。

卷九十九　刘敬叔孙通列传

刘敬叔孙通列传第三十九（页1）

按：以上诸人，乃活动于刘邦打天下之时。而此二人乃活动于刘邦打天下已成功之后，但与刘氏政权有密切关系，故史公将此二人合传。

叔孙通儒服，（页12）

以上在叙述中表现叔孙氏之投机的性格。

臣颇愿采古礼与秦仪杂就之。（页14）

按：叔孙通定朝仪，关系于尔后二千年之世运，而其根源所在，乃来自叔孙之人格，故此传全以表现叔孙人格者为取材之标准。《留侯传》表明以影响之大小为取材之标准。《伯夷传》以价值为取材之标准。

按：儒家安定上下之关系以德，乃情意之感通及对人民共同之责任感。叔孙之所以安定上下关系者乃以权威。

高帝欲以赵王如意易太子，叔孙通谏上曰：（页18）

其所以为保全太子而尽力，一为其自己着想，二存吕后为兴援。

叔孙通希世度务，（页22）

《汉书·董仲舒传》："希世用事"，注："希，观相也。"故"希世"乃观察时世。度务者，揣摩时代需求。

卷一百　季布栾布列传

遂斩丁公，（页8）

按：丁公见刘邦，盖自以有德于刘邦，而不知此实所以暴刘邦之短，故刘邦杀之。此与陈胜之杀其故人尝与佣耕者同一心理。顾假口于不忠项氏，千古为大猾所欺。

栾布者，梁人也。

栾布实无可传。其所以为之立传，盖欲借栾布以明彭越之冤耳。

卷一百一　袁盎晁错列传

邓公，城固人也，……显于诸公间。（页20、21）

附见之例。其所以附见者，著晁错之冤也。

太史公曰：……岂错等谓邪！（页21）

按："善傅会"三字，已尽袁之品格。"傅会"者，迎合也。"仁心为质"者，袁不为已甚矣。

盖错之所变者，皆以申韩加强秦之遗耳，故史公恨之。

卷一百二　张释之冯唐列传

文帝曰："卑之，毋甚高论，令可施行也。"（页3）

按：此文帝之言，正法家之教也。

尉左右视，尽不能对。（页4）

"左右视"，描写呆窘之状。必有此等笔，文章乃有生气也。

其敝徒文具耳，无恻隐之实。（页5）

此乃大智慧语。

虽固南山犹有隙，（页7）

按："南山"当指终南山而言。

冯公之论将率，有味哉！有味哉！（页17）

冯唐之所以入传，乃因其用将之道，正可与汉武用将相对照也。

卷一百三　万石张叔列传

万石张叔列传第四十三（页1）

在专制之下，无复才略节概之士，能敦厚醇谨，已为难得。此传言石家三人及卫绾、直不疑、周文、张叔凡七人。

按：此传所描叙之人物，以敦厚醇谨为主，即所谓庸言庸行。无才智功业可言，故叙述最为困难。然此人对社会亦甚有影响，汉初社会风气之形成，此等人有力，故史公特为立传。其以细事微言表现其人之精神面貌，乃叙事中之最难者也。后世传人孝谨之文，皆自此开出。又每人在各方面所发生之影响，其好坏并非一致。普通人只顺着某一方面叙述下去，于史为不客观，于文学为离开现实，而不切合具体之形相。史公则采纯客观之方法。此亦最为难得者。

按：此传卫绾等，乃另一型态之人物。此乃极平常之人物，然成为另一典型。史家须对各型人物当有兴趣，乃能理解一个时代。因时代系由各型人物构成也。此传之妙在其叙述寻常琐事，以表现人之性格。其琐事之叙述，极委曲之能事。此等处乃与文学相通。

石奋一家，乃无才无能、谨小慎微，保持禄位之起身微侧者之官僚典型。此型人物，在专制政治中，乃至在一切政府中皆占一地位。惟此君笃厚出于天性耳。

"恭敬"乃一篇之纲领。

重用谨厚无能之人，以预防祸变，其意盖发自刘邦之用王陵、周勃，此殆为汉家家法，亦一切专制之家法。由此《传》可以了解，中国历史上，每当承平之际，即为人才凋弊之时，读此《传》可以了解。

常衣敝补衣溺裤。（页16）

按："溺裤"疑为便于溺之裤，即吾故乡小儿所着之开裆裤。

卷一百四 田叔列传

田叔列传第四十四（页1）

田叔乃一节可取之士，为田叔立传，亦以见当时之无人也。

叔为人刻廉自喜，（页2）

按："刻"即下文之所谓"切直"。

故云中守孟舒，长者也。（页4）

此妄言。魏尚获罪之情形与孟舒异，何能疑为一人。(《考证》洪迈说)

代人为求盗亭父。(页9)

"代人"乃"托人"之意。(《正义》)

其后有诏募择卫将军舍人以为郎，……此两人立名天下。(页10至12)

叙卫青庸劣如画。

卷一百五　扁鹊仓公列传

扁鹊仓公列传第四十五(页1)

此乃曾氏之无识，正以见史公之卓绝也。(《考证》曾国藩说)
按：良医多传闻、傅会之言，故此传于时间上不能完全吻合。

虢太子死。(页6)

按：下"先生过小国"及"偏国寡臣"之言，则当为"虢"而不当为"赵"。(《考证》梁玉绳说)

卷一百七　魏其武安侯列传

魏其武安侯列传第四十七（页1）

按：此传在史学上言，乃所以暴露当时政治权力之结构，乃以外戚近倖为中心，其中矛盾斗争之胜，一决于外戚势力之消长，不仅无是非可言，且必发生反淘汰之作用。史公盖以此一传，作为汉武政治人物之消长进退之典型。

在文学上言之：（一）以三人情节之互相穿插，阐明问题发展之因果关系及文章之线索关连，使全篇之结构为完整统一。（二）在各种对比之描述中，显见其是非之所在及势力消长之形势。（三）在势力消长斗争中，描写两方之心理状态。（四）由三人交往情景之具体描述，而可以反映当时此一社会层之活动面貌，历历如绘，此甚为难得。

此传所以见汉武用相之无状也。当与《匈奴列传》赞合观。

史公穷究人类行为所引起之病祸因果关系，而有不得其解者，即采社会早已风行的报应之说，以济现世之穷。此实为佛教思想之先导，亦以见佛教所以容易流行中土之故。

相提而论，（页5）

按："相提而论"者，将废太子及屏闲处两事相并而论也。中井积德妄说。（《考证》）

魏其侯为寿，（页18）

按:"为寿"乃敬酒祝宾客健康之意。

卷一百八 韩长孺列传

韩长孺列传第四十八(页1)

按:韩安国智而质厚,又曾谏伐匈奴,故史公有取焉。

韩安国为梁使,见大长公主而泣曰:……而太后弗恤也?(页3、4)

此真善于语言者,盖揣太后之意而出此。

名由此显,结于汉。(页4)

以上言其事梁王,能以才智成其忠。

语曰:"虽有亲父,安知其不为虎?虽有亲兄,安知其不为狼?"(页6)

法家语。

今匈奴负戎马之足,……虏以全制其敝。(页8)

按:此为秦汉时一般人之看法。

史公深不满于武帝之伐匈奴,故凡谏匈奴者皆记之。

> 安国为人多大略,智足以当世取合,而出于忠厚焉。(页12)

此乃史公之断语,及其所以作传之故。

> 所推举者皆廉士,贤于己者也。(同上)

史公最重举士。

> 安国既疏远,默默也。……病欧血死。(页14)

史公叙此,如闻安国叹息之声。

卷一百九　李将军列传

李将军列传第四十九(页1)

以内宠起家之晚辈,其地位一旦凌驾于前辈而又有才能者之上,必力加排挤构陷,而特别提拔其无才能者之部下,其心理始得以安宁、满足。此古今之所同,而李广之悲剧,即为其显例。史公特为此而立传,此乃良心对现实之反抗。

> 惜乎!子不遇时!(页2)

"不遇时"三字，遂注定李广一生之命运。叙此一句，以见汉武之不能用将也。有此一叹息，而后叙述李广一生之数奇，乃为有势有力。

皆以力战为名。（页3）

此皆为李广不侯之反烘托。以与大将军而侯者相对照，更显。

而程不识亦为长乐卫尉。（页6至8）

此段插入程不识，将两人之性格及治军方法，作对比的叙述，而李广之特性更为明显，且以副传程不识。

顷之，家居数岁。……至军而斩之。（页9）

夹叙其屏居时之轶事，以见人情之冷暖，然亦见广之器量有所不足，不及韩安国。

大将军使长史急责广之幕府对簿。（页17）

此与《卫青传》（页13）对苏建之态度对看。

太史公曰，……可以谕大也。（页21）

此应《卫霍传》合观。

618　　　　　　　　　　　　　　　　　　　　两汉思想史（三）

卷一百十　匈奴列传

匈奴列传第五十（页1）

史公有《匈奴》、《南越》、《东越》、《朝鲜》、《西南夷》五列传，其书实已具备世界史之规模。

为其切当世之文而罔褒，忌讳之辞也。（页69）

按："为其切当世之文而罔褒"者，谓当世之公文书多无实之饰词也。
《索隐》乃溺于专制下之邪说。
此数语暗示对当时之大事，多不能明言，故只得托微言以见意。以下乃对伐匈奴事之微言。

以便偏指，（同上）

按："偏指"者，指汉武片面之企图。将率（帅）仅借中国之广大而气奋，言其非真有能力，据庙算以出兵也。
伐匈奴为汉武一代大事，其内情，史公仅以"席中国广大，气奋"及"偏指"尽之。

唯在择任将相哉！（页70）

汉武之任将，已见《卫霍列传》，而其用相则应参阅《张丞相列传》后"为丞相备员而已"一段。平津侯犹其中之佼佼者。

卷一百十一　卫将军骠骑列传

卫将军骠骑列传第五十一（页1）

应与《匈奴传》及《李广传》合看。
此传将卫青与其姊卫子夫之事迹参错并叙，以明卫青之地位及所谓功勋，皆由其姊之内宠而来。

捕伏听者三千七十一级。（页8）

按：此所谓"伏听"者，实即无武装之匈奴人民。

宁乘说大将军曰：……徒以皇后故也。（页16）

按：此处乃点出卫青贵幸之真正原因及汉武之真正用心所在。

诸宿将所将士马兵亦不如骠骑，……比大将军。（页21）

此见李广不侯之真原因。

其校尉裨将以从大将军侯者九人。（页34）

按：用"以从"二字，见得侯之故在从大将军，而不在战功也。此参阅以下各文可见。

为裨将者曰李广，自有传。（同上）

李广以裨将而另立传，此乃史公之特识。

其校吏有功为侯者凡六人，（页41）

此处须与卫青处对照观之。卫青下称"以从大将军侯者九人"，而此处则称"其校吏有功为侯者凡六人"，以见封侯之原因不同也。

《游侠列传》所以著社会势力，所以著社会对不合理之反抗精神。

专制日久，一以权力属于政治，而社会之权力为大禁，固不能知史公立此传之本意。

游侠乃社会之反抗精神，故凭借政治势力以招贤纳士，似游侠而实非游侠。此指当时田蚡之属而言。

游侠乃同情弱者之正义的反抗。豪暴恣欲自快，有似于游侠，而正与游侠相反。

按：此时去刘、项起兵时不远，社会豪杰奋起之力量与影响，正未可轻视，《通鉴考异》及李笠皆自己时代之社会推论古人，此最为无识。

而学士多称于世云。（页2）

按："学士多称于世"，以见侠者多被埋没，伏作此传之用意。

"学士"中有两种人。一为以术取宰相卿大夫者，此种人显名于当世，"故无可言者"，此五字含有无限讽刺之意。另一种人为季次、原宪，则有《弟子志》云。故此一段乃"学士多称于世"一语之申述。

> 于戏，惜哉！（页17）

史公于此盖有无穷之叹息。

卷一百二十五　佞幸列传

> 延年善承意，弦次初诗。（页8）

"弦次初诗"者，为初诗作乐谱耳。李说误。（《考证》李笠说）

> 太史公曰：……虽百世可知也。（页9）

佞幸为封建专制下之必然产物，史公谓"虽百世可知"，痛哉此言，确哉此言也。

以卫、霍之勋贵，而不能免列名于佞幸，此史家之尊严，为不可犯也。

卷一百二十七　日者列传

　　日者列传第六十七（页1）

司马季主之言，乃对当时仕途之总批评。

史公此传，乃有感于司马季主之言。借此为季主立传以传之耳。梁说妄。(《考证》梁玉绳说）

又按：史公似无全录人文入传者。此乃未完成之传。

卷一百二十八　龟策列传

　　龟策列传第六十八（页1）

褚先生未尝冒史公之名，后之说者，反纷纷乎。

褚未见《龟策列传》。

按：《序论》乃真史公手笔。与《封禅书》同意。

卷一百二十九　货殖列传

　　货殖列传第六十九（页1）

应与《平准书》合看。

史公以《平准书》言政府之财经政策及财经政策与政治社会之关连、影响。以《货殖列传》言国家社会之经济活动，及经济活动对人生社会之意义。儒家主张藏富于民，承认合理之经济自由竞争。而此种合理之经济竞争，乃人类生活之重要条件，史公特表而出之，于此正可见其特识。

此传之特色：（一）先作历史之叙述，再作当时之叙述。（二）将原则与事实相关连。（三）有国家之叙述，有民间之叙述。（四）有社会全面之叙述，有各别成就之叙述。（五）重视财富，亦分别财富自身之等第。

诸家议论皆迂腐可笑。（《考证》）

> 而白圭乐观时变，（页14）

商业以生产为基础。农业社会之商业活动，必考虑到年岁之丰穰问题。此时大规模之商业活动，多以农民为对象之屯积居奇为主，由此亦可反映出商业对农民的剥削性。